Nichtsequentielle und Verteilte Programmierung mit Go

Christian Maurer

Nichtsequentielle und Verteilte Programmierung mit Go

Synchronisation nebenläufiger Prozesse: Kommunikation – Kooperation – Konkurrenz

4., aktualisierte Auflage

 Springer Vieweg

Christian Maurer
Institut für Informatik
Freie Universität Berlin
Berlin, Deutschland

Ergänzendes Material zu diesem Buch finden Sie auf http://www.springer.com/978-3-658-26290-7

ISBN 978-3-658-26289-1   ISBN 978-3-658-26290-7 (eBook)
https://doi.org/10.1007/978-3-658-26290-7

Die Deutsche Nationalbibliothek verzeichnet diese Publikation in der Deutschen Nationalbibliografie; detaillierte bibliografische Daten sind im Internet über http://dnb.d-nb.de abrufbar.

Springer Vieweg
© Springer Fachmedien Wiesbaden GmbH, ein Teil von Springer Nature 1999, 2012, 2018, 2019
Die 1. Auflage ist unter dem Titel „Grundzüge der Nichtsequentiellen Programmierung", die 2. Auflage unter dem Titel „Nichtsequentielle und Verteilte Programmierung mit Go 1 kompakt" und die 3. Auflage unter dem Titel „Nichtsequentielle und Verteilte Programmierung mit Go" erschienen.

Springer Vieweg ist ein Imprint der eingetragenen Gesellschaft Springer Fachmedien Wiesbaden GmbH und ist ein Teil von Springer Nature.
Die Anschrift der Gesellschaft ist: Abraham-Lincoln-Str. 46, 65189 Wiesbaden, Germany

Meinem Goldengel gewidmet

Vorwort

Grundlegende Techniken der Nichtsequentiellen Programmierung sind entweder Thema einer eigenen Vorlesung im Bachelor-Studiengang des Informatikstudiums oder bilden Bestandteile von Vorlesungen über Gebiete, in denen nichtsequentielle Algorithmen eine wesentliche Rolle spielen.

Das Adjektiv *nichtsequentiell* – mit der Gleichstellung „nichtsequentiell = nicht sequentiell"– trifft dabei den Kern der Sache sehr viel besser als die Übernahme des englischen Lehnworts „*concurrent*"[1] ins Deutsche, denn „Konkurrenz" hat den Zweck, Vorteile zu erlangen, und das trifft nur *eine* Seite dessen, worum es in der Nichtsequentiellen Programmierung geht:

Kooperation[2] in der Kommunikation[3] von Prozessen untereinander ist die andere Seite des Themas – genauso bedeutend.

In diesem Buch werden grundlegende Konzepte zur Synchronisation nebenläufiger Prozesse und zu ihrer Kommunikation – auch im verteilten Fall – systematisch entwickelt:

- Schlösser,
- Semaphore,
- Fairness und Verklemmungen,
- Monitore,
- Botschaftenaustausch,
- netzweiter Botschaftenaustausch,
- Erkundung von Netzwerken,
- Traversieren in Netzwerken und
- Auswahl eines Leiters in ihnen.

---

[1]lat. *concurrere* = zusammenlaufen, von allen Seiten herbeieilen, zusammentreffen, zugleich stattfinden.

[2]lat. *cum* = (zusammen) mit, *opus* = Arbeit, Tat, Handlung, *operari* = mit etwas beschäftigt sein.

[3]lat. *communicare* = (mit)teilen, besprechen, verkehren mit.

Die Algorithmen sind in Go formuliert (s. https://golang.org). Diese Sprache zeichnet sich
u. a. durch folgende Merkmale aus:

- eine C-ähnliche Syntax – allerdings mit signifikantem Einfluss von Seiten der Wirth-
  schen Sprachen (s. https://golang.org/ref/spec),
- den Trend zu *knapper Ausdrucksweise* und die Freiheit von Sprachballast von der Art
  „`foo.Foo* myFoo = new(foo.Foo)`",
- Speicherbereinigung („*garbage collection*"),
- die „Rebellion" gegen umständliche („*cumbersome*") Typsysteme wie z. B. in C++ oder
  Java, infolgedessen
- ein sehr ausdrucksstarkes *Typsystem* mit *statischer Typprüfung beim Übersetzen* eines
  Quelltextes und *dynamischer Typanpassung zur Laufzeit* sowie einer rigiden *Abhängig-
  keitsanalyse*,
- aber *ohne* Typhierarchie („*types just are, they don't have to announce their relation-
  ships*") – also *leichtgewichtiger* als in typischen OO-Sprachen –,
- „Orthogonalität" der Konzepte („Methoden können für jeden Typ implementiert werden; Verbunde repräsentieren Daten, „*interfaces*" repräsentieren Abstraktion."),
- den Einbau diverser Konstrukte für die NSP, u. a. Botschaftenaustausch – orientiert
  an CSP-Kalkül von Hoare – sowie Unterstützung von Parallel-, Multiprozessor- und
  Netzprogrammierung.

Näheres dazu findet man im Netz am Anfang der „*Frequently Asked Questions*" von Go
(https://golang.org/doc/faq).

Zur Ausführung der Programme aus dem Buch wird die Installation der Go-Version 1.9
(oder höher) vorausgesetzt.

Grundkenntnisse in Go sind zum Verständnis der grundlegenden Konzepte sicherlich
hilfreich, wegen der einfachen Syntax aber nicht unbedingt erforderlich. Sich in Go
einzuarbeiten ist allerdings *erheblich* (!) leichter als z. B. der Erwerb der zum Verständnis
in vergleichbarer Tiefe erforderlichen Kenntnisse in Java.

Wer das nicht tun will, kann die Go-Quelltexte „metasprachlich" begreifen – so wie
z. B. die sprachunabhängigen Darstellungen von Algorithmen in den Lehrbüchern von
Andrews, Ben-Ari, Herrtwich/Hommel, Raynal oder Taubenfeld.

An „Schaltstellen" – bei den *Schlössern*, den *Semaphoren*, den *Monitoren* und beim
netzweiten Botschaftenaustausch – werden auch einige grundlegende Ansätze zur Programmierung in C und in Java vorgestellt.

Kenntnisse imperativer Repräsentationen *abstrakter Datenobjekte*, der Prinzipien des
„*information-hiding*" und der Grundkonzepte der *objektorientierten* Programmierung
werden allerdings vorausgesetzt; das Wichtigste dazu – soweit es für dieses Buch benötigt
wird – findet sich im Kap. 2 über Pakete, Interfaces und abstrakte Datentypen.

Der inhaltliche Aufbau ist induktiv:

Die wachsende Entfernung von der Maschine ist mit zunehmender Abstraktion verbunden, was auf sehr natürliche Weise der historischen Entwicklung der NSP entspricht:

Schlösser – Semaphore – Monitore – Botschaftenaustausch. Dieser Aufbau ist durchaus schon als „traditionell" zu bezeichnen, als er sich auch in den meisten anderen Lehrbüchern findet.

Das Lesen ist deswegen im Wesentlichen nur sequentiell sinnvoll, d. h. in der Reihenfolge der Kapitel.

Mit der Fokussierung auf Go hätte sich auch eine Reihenfolge angeboten, die mit der höchsten Abstraktionsstufe beginnt, dem Austausch von Botschaften über Kanäle – einem Kernbestandteil dieser Sprache –, was von ihren Entwicklern als Mittel der Wahl zur Synchronisation besonders empfohlen wird (s. Abschn. 1.9 über Prozesszustände in der Einführung und Kap. 11 über Botschaften). Dieser Weg wird hier aber bewusst nicht beschritten, um das Buch auch in Umgebungen verwenden zu können, in denen andere Sprachen favorisiert werden.

Ein grundsätzliches Prinzip des Buches besteht darin, dass *immer wieder die gleichen klassischen Beispiele* aufgegriffen werden, was den Vergleich zwischen den vorgestellten Konzepten und Sprachmitteln erleichtert.

Den Leserinnen und Lesern wird *nachdrücklich* empfohlen,

- diese Beispiele sorgfältig durchzuarbeiten, um an ihnen vertiefte Einsicht in Gemeinsamkeiten und Unterschiede zwischen den Konzepten zu gewinnen,
- die Anregungen zu eigener Tätigkeit wahrzunehmen, d. h. möglichst viele Anregungen zu Übungsaufgaben aufzugreifen,
- *ad fontes* zu gehen (Originalarbeiten sind fundamentale Quellen, weil sie tiefere Einblicke in die Systematik der Entwicklung der NSP ermöglichen),
- und – entweder – Go zu installieren und alle angegebenen Beispiele und Programme „zum Laufen zu bringen" oder Entsprechendes in der bevorzugten Programmiersprache umzusetzen, um dadurch auch praktische Programmierkompetenz zu erwerben.

Gegenüber der 3. Auflage wurden einige Fehler beseitigt und kleinere Erweiterungen aufgenommen. Der *wesentliche* Unterschied zur 3. Auflage besteht allerdings darin, dass – veranlasst durch eine Änderung im Go-System – Anpassungen erforderlich wurden:

Die früher vorausgesetzte Grundannahme, dass eine Wertzuweisung einer Konstanten oder Variablen an eine Variable eines elementaren Typs atomar ist, gilt jetzt in Go nur noch, wenn der verwendete Rechner nur *einen* Prozessor hat oder wenn `runtime.GOMAXPROCS(1)` aufgerufen wurde.

Deshalb müssen die in den Ein- und Austrittsprotokollen zum Schutz kritischer Abschnitte verwendeten Wertzuweisungen an die gemeinsamen Variablen jetzt *grundsätzlich* durch eine atomare Anweisung – realisiert mit einer unteilbaren Maschineninstruktion – ersetzt werden.

Für etlich der im Buch angegebenen Algorithmen können Probeläufe durchgeführt werden, in denen ihr Ablauf dynamisch visualisiert wird. Die entsprechenden Programmdateien, die zum Teil per Durchgriff auf C-Bibliotheken von Linux (insbesondere von header-Dateien aus `/usr/include`) Gebrauch machen, sind in den Quelltexten zum Buch enthalten.

Bei Frau Dipl.-Inf. Sybille Thelen vom Springer-Verlag möchte ich mich herzlich bedanken; sie hat auch die Publikation dieser Auflage wieder sehr freundlich unterstützt. Auch Herrn Stefan Schmidt gilt mein Dank für Anregungen zu den Änderungen im Go-System.

Zum Schluss ein wichtiger Hinweis:

Trotz ständigem gründlich durchgeführtem Abgleich aller im Buch wiedergegebenen Quelltexte im Laufe ihrer Entwicklung ist nicht mit *absoluter* Sicherheit auszuschließen, dass es irgendwo Inkonsistenzen gibt. Hinweise auf entdeckte Unstimmigkeiten oder Fehler werden natürlich sehr dankbar angenommen!

Alle Quelltexte sind auf den *Seiten des Buches im weltweiten Netz* verfügbar: https://maurer-berlin.eu/nspbuch/4.

Berlin, 7. April 2019   Christian Maurer

Inhaltsverzeichnis

Abbildungsverzeichnis

Tabellenverzeichnis

Zusammenfassung

In diesem Kapitel werden zentrale Begriffe der Nichtsequentiellen Programmierung definiert und konzeptionelle Unterschiede zur Sequentiellen Programmierung herausgearbeitet. Dabei wird gezeigt, dass die Größenordnungen der Anzahlen möglicher Abläufe nichtsequentieller Programme jegliches menschliche Vorstellungsvermögen übersteigen. Danach werden Schreibweisen für nebenläufige Anweisungen vorgestellt und der Prozessbegriff informell eingeführt.

An einigen Beispielen wird die extreme Anfälligkeit für Fehler demonstriert, die sich aus Konflikten beim Zugriff mehrerer Prozesse auf gemeinsame Ressourcen ergeben können. Sie verdeutlichen, dass Programme ohne Synchronisation dieser Zugriffe völlig unbrauchbar oder sogar beliebig schädlich sind.

Nach der Erklärung, was unter atomaren (unteilbaren) Anweisungen verstanden wird, werden das Wechselspiel zwischen dem Begriff der Unteilbarkeit und dem der kritischen Abschnitte erläutert und darauf basierend die Sperrsynchronisation als ein erstes Konzept zur Vermeidung von Zugriffskonflikten definiert. Den Schluss des Kapitels bildet die Entwicklung des Prozessbegriffs und die Darstellung der Übergänge zwischen Prozesszuständen. Sie dienen dem Verständnis der abstrakten Begriffe und ermöglichen den Einblick in innere Abläufe im Rechner.

1.1 Begriffsklärungen

Vor der Beschäftigung mit der Nichtsequentiellen Programmierung ist es zur Klärung dieses Begriffs notwendig, einige Eigenschaften von Algorithmen voneinander abzugrenzen.

© Springer Fachmedien Wiesbaden GmbH, ein Teil von Springer Nature 2019
C. Maurer, *Nichtsequentielle und Verteilte Programmierung mit Go*,
https://doi.org/10.1007/978-3-658-26290-7_1

Ein Algorithmus heißt

- *determiniert*, wenn er bei gleichen Eingabewerten gleiche Ausgabewerte liefert, d. h. sein *Ergebnis reproduzierbar* ist;
- *deterministisch*, wenn die Reihenfolge der Abarbeitung der Anweisungen eindeutig festgelegt, d. h. sein *Ablauf reproduzierbar* ist;
- *sequentiell*, wenn seine einzelnen Schritte in der – durch die Folge der Anweisungen in seinem Text eindeutig definierten – Reihenfolge *nacheinander* ausgeführt werden (wobei natürlich *alle* Konstrukte der imperativen Programmierung zur Erzeugung von Anweisungen – beginnend bei atomaren – zugelassen sind: *Sequenz, Fallunterscheidung* und *Wiederholung*);
- *nichtsequentiell* („*concurrent*"), wenn er *nicht sequentiell* ist, also die *lineare* Ordnung seiner einzelnen Schritte durch eine *nichtlineare* Ordnung ersetzt wird;
- *parallel*, wenn er in mehrere Teile zerlegt ist, die jeweils für die Bearbeitung durch einen *eigenen Prozessor* entworfen sind;
- *verteilt* („*distributed*"), wenn er in mehrere Teile zerlegt ist, die jeweils für die Bearbeitung durch einen *eigenen Rechner*, d. h. *ohne* Rückgriff auf *gemeinsamen Arbeitsspeicher* („*shared memory*") entworfen sind.

Zwischen diesen Begriffen bestehen folgende Zusammenhänge:

▶   Jeder deterministische Algorithmus ist determiniert, aber nicht *jeder* determinierte Algorithmus ist notwendig deterministisch.

Die erste Aussage folgt sofort aus den Definitionen. Ein einfaches Beispiel für die Ungültigkeit der Umkehrung sind zwei Zuweisungen von Konstanten an zwei verschiedene Variablen – das Ergebnis ist unabhängig von deren Reihenfolge.

▶   Jeder deterministische Algorithmus ist sequentiell, aber nicht *jeder* sequentielle Algorithmus ist notwendig deterministisch.

Die Sequenz eines deterministischen Algorithmus ist einfach die Folge der Schritte seines wohlbestimmten Ablaufs.

Gegenbeispiele zur Umkehrung sind die bewachten alternativen und iterativen Anweisungen bei Dijkstra in [4] und Andrews in [1] – der schmale „Ring" um den zentralen Bereich der deterministischen Algorithmen in Abb. 1.1. Wir gehen darauf aber nicht näher ein, denn unser Thema sind die *nichtsequentiellen* Algorithmen – der **grau hinterlegte Bereich** in dieser Abbildung.

▶   Jeder Algorithmus, der zur Ausführung auf mehreren Prozessoren konzipiert ist, ist nichtsequentiell.

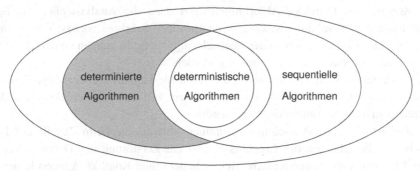

Abb. 1.1 Grobeinteilung des Universums der Algorithmen

In diesem Fall kann es keine lineare Reihenfolge der einzelnen Schritte geben, weil der Algorithmus Teile enthält, die von verschiedenen Prozessoren zeitlich überlappend oder gleichzeitig ausgeführt werden.

Auf parallele Algorithmen gehen wir nicht näher ein; sie sind zum großen Teil wohl eher der Mathematik als der Informatik zuzuschlagen – weit außerhalb des für dieses Buch gesteckten Rahmens der Entwicklung *grundlegender* nichtsequentieller Programmiertechniken.

Verteilte Algorithmen sind wohl mittlerweile der mit Abstand größte Teil der Nichtsequentiellen Programmierung; sie stellen aufgrund ihrer Größe und Bedeutung ein eigenständiges Fachgebiet dar.

In den hinteren Kapiteln über netzweiten Botschaftenaustausch, Pulsschlag-Algorithmen, Traversierungsalgorithmen und Auswahlalgorithmen geben wir einen kleinen Einblick in dieses Gebiet.

Jetzt wenden wir uns der logischen Konsequenz der beiden ersten Punkte zu:

▶   Jeder nichtsequentielle Algorithmus ist nichtdeterministisch, kann aber durchaus determiniert sein.

Unter *nebenläufiger* Ausführung eines nichtsequentiellen Algorithmus verstehen wir, dass – über die festgelegte Reihenfolge der Ablaufschritte seiner sequentiellen Bestandteile hinaus – *überhaupt keine Annahmen über die Reihenfolge seiner Ausführung gemacht werden*, d. h., dass *jede denkbare Form* von Nebenläufigkeit zulässig ist, also jede zeitlich beliebig verzahnte Ausführung, wenn nur *ein* Prozessor vorhanden ist, oder jede zeitlich beliebig überlappende parallele Ausführung auf Systemen, die über *mehrere* Prozessoren verfügen.

Bei der Entwicklung nichtsequentieller Algorithmen, also solchen, bei denen Nichtdeterminismus durch nebenläufige Ausführung von Anweisungsfolgen nicht nur zugelassen, sondern sogar erwünscht ist, ist die Forderung nach Determiniertheit natürlich unabweisbar.

Die Konstruktion korrekter Algorithmen setzt dazu die Analyse aller möglichen Auswirkungen der Interaktion zwischen ihren einzelnen Schritten voraus; z. B. wenn sie auf gemeinsamen Daten operieren oder wechselseitig von Bedingungen abhängen, die von nebenläufigen Anweisungsfolgen beeinflusst werden.

Das geschieht im Wesentlichen durch die Kontrolle konkurrierender Zugriffe mittels *Synchronisation*,[1] d. h. durch Einschränkungen ihrer zeitlichen Beliebigkeit und durch Maßnahmen zu ihrer Abstimmung untereinander.

Das Ziel ist dabei der Ausschluss unsinniger Abläufe, die beim Zugriff auf Daten zur Nichtreproduzierbarkeit des Ergebnisses und zur Zerstörung der Daten führen. Im Abschn. 1.6 werden wir einige typische Beispiele derartiger Konflikte kennen lernen, die man sich bei der Programmierung nebenläufiger Systeme einhandelt und die einen Kern der Probleme der Nichtsequentialität andeuten.

Das Paradigma der *Nichtsequentiellen Programmierung* lässt sich damit plakativ *so* umreißen:

▶   Nichtsequentielle Algorithmen in Verbindung mit geeigneten Maßnahmen zur Synchronisation sind determiniert.

Ihr zentrales Thema ist daher,

- passende Synchronisationsmaßnahmen zu bestimmten Typen von Problemen zu finden,
- sie zu klassifizieren
- und zur Lösung geeignete Algorithmen zu spezifizieren und zu implementieren.

1.2   Motivation und Anwendungen

Für die Entwicklung von nebenläufigen Programmen ist im Kleinen Folgendes von Bedeutung: Rechner werden mittels peripherer Geräte zur Ein- und Ausgabe von Daten benutzt, wie z. B. Tastatur, Maus, Graphiktablett, Mikrophone, Kameras, Messgeräte, Sticks, optische Speicher, Platten, Disketten, Bänder, Netzwerkkarten, Bildschirm, Drucker, Plotter, Lautsprecher, Projektoren, Steuergeräte, …

Die Verwaltung und Zuteilung des Arbeitsspeichers; und die Koordinierung des Zugriffs auf derartige Geräte – zusammengefasst unter dem Begriff *Betriebsmittel* – ist das Anliegen der Konstruktion von *Betriebssystemen*.

Diese Betriebsmittel arbeiten in komplexen Abhängigkeiten voneinander und müssen in der Regel synchronisiert werden. Das entscheidende Ziel ist dabei die Vorbeugung gegen die Zerstörung von Daten unter gleichzeitigen Zugriffen mehrerer Benutzer oder

---

[1]altgr. $\sigma\acute{\nu}\nu$ = mit, zugleich mit, zusammen mit; $\chi\varrho\acute{o}\nu o\varsigma$ = Zeit, $\chi\varrho o\nu\acute{\iota}\zeta\varepsilon\iota\nu$ = die Zeit zubringen, auf sich warten lassen.

Geräte, weil sie in Inkonsistenz geraten können, wenn die konkurrierenden Operationen nicht sorgfältig aufeinander abgestimmt werden.

(Versuchen Sie bitte einmal, sich an geeigneten Beispielen den nicht synchronisierten Zugriff auf einige der genannten Betriebsmittel auszumalen – mit etwas Phantasie landen Sie dabei recht schnell bei Szenarios mit Slapstick-Charakter.)

Die mit der Verwaltung der Betriebsmittel zwangsläufig verbundene *Nebenläufigkeit* bringt es mit sich, dass so gut wie alle dabei aufgeworfenen Fragen außerhalb des Paradigmas der Nichtsequentiellen Programmierung nicht einmal formulierbar, geschweige denn beantwortbar sind.

Im Größeren existieren weitere Einsatzfelder:

Bei vielen rechenintensiven Problemen, bei denen sehr große Datenmengen mit aufwendigen numerischen Verfahren bearbeitet werden, wie z. B. in der Wettervorhersage, sind parallele Algorithmen, bei denen es um eine geschickte Aufteilung der Systemlast auf mehrere Prozessoren geht, sequentiellen Lösungen an Effizienz natürlich deutlich überlegen (und größtenteils nur *auf diese Weise* in vertretbarer Zeit durchführbar).

Ferner werden in massiv zunehmendem Maße große – teils weltweite – Vorhaben automatisiert, zu deren Bewältigung die Rechenkapazität einzelner Maschinen bei Weitem nicht ausreicht oder bei denen Daten verwaltet werden müssen, die über viele Orte verteilt gehalten werden.

Dazu sind die Zusammenschaltung mehrerer – teils sehr vieler und extrem unterschiedlicher – Rechner in einem Netz und ihre Koordinierung erforderlich. Die Basis dafür bilden Programmiertechniken, die es ermöglichen, von einem Rechner auf andere „durchzugreifen".

Manche Systeme, z. B. zur Steuerung von Straßen-, Schienen- oder Luftverkehr oder von Produktionsprozessen, stellen aus naheliegenden Gründen extrem enge zeitkritische Anforderungen bis hin zu scharf definierten maschinellen *Reaktionen in Echtzeit*.

Zu den zentralen Aufgaben von *Datenbanksystemen* gehört die Sicherstellung der Atomarität der Zugriffe auf die verwalteten Daten, die Isolation der Daten beim Zugriff und schließlich die Zusicherung ihrer Konsistenz und Dauerhaftigkeit. Dazu sind viele nebenläufige komplexe Ablauffolgen, sogenannte *Transaktionen*, in ihren Zugriffen auf möglicherweise gemeinsame Datenbestände zu synchronisieren.

Mit diesen Bemerkungen sind diejenigen Fachgebiete der Informatik umrissen, aus denen einerseits die Techniken der Nichtsequentiellen Programmierung erwachsen sind, die sie andererseits sowohl voraussetzen als auch weiterentwickeln:

- *Betriebssysteme*,
- *Parallele Algorithmen*,
- *Netzprogrammierung*,
- *Verteilte Systeme*,
- *Echtzeitprogrammierung* und
- *Datenbanktransaktionen*.

Für alle diese Fälle gilt das Postulat:

▶ Die Architektur eines Programms sollte die Struktur der Aufgabe widerspiegeln,
    die unter Rechnereinsatz erledigt wird.

Diese Struktur ist aber nicht notwendig sequentiell; folglich stellt das Paradigma der
Sequentialität häufig eine indiskutable Restriktion an den Entwurf eines Programms dar.
    Ergänzend sei ein prägnanter Aphorismus aus den NSP-Vorlesungen von Löhr zitiert:

▶ Nichtsequentielles Verhalten der Umwelt induziert nichtsequentielle Pro-
    grammstrukturen.

Im Großen gibt es unzählige inhärent massiv nebenläufige Systeme, deren gemeinsames
Kennzeichen die Verwaltung ungeheurer Datenmengen für sehr viele Nutzer ist und deren
Lösung deshalb ohne Einsatz von (mitunter sehr) vielen Rechnern; überhaupt nicht mehr
vorstellbar ist, wie z. B. zur

- weltweiten Suche, Information und Dokumentation,
- Kommunikationsvermittlung und Live-Übertragung,
- Verwaltung von Personal- und Lebensarbeitsdaten,
- Kontoführung und Durchführung von Finanztransaktionen,
- Buchhaltung und Warenwirtschaft,
- Buchung, Bestellung und Kauf im weltweiten Netz,
- Leistungs- und Schadenserfassung und -abrechnung,
- Erstellung von Expertisen, Gutachten, Vorhersagen,
- apparativen medizinischen Diagnostik und Therapie,
- Rechnerunterstützung bei riskanten Operationen,
- Entwicklung, Konstruktion und Fertigung,
- Maschinen-, Anlagen- und Produktionssteuerung,
- Steuerung von Straßenfahrzeugen, Zügen, Schiffen und Flugzeugen,
- Herstellung von Simulationen und Animationen,
- Beobachtung und Kontrolle automatisierter Prozesse,
- Überwachung sicherheitsempfindlicher Bereiche,
- Registrierung zulassungspflichtiger Stoffe und Geräte,
- sozialen Vernetzung zwischen Personen oder Personengruppen,
- Teilnahme an Online-Spielen und -Wetten,
- Modellierung klimatischer und maritimer Vorgänge,
- geographischen Kartierung und Visualisierung,
- Navigation im Straßen-, Schienen- und Luftverkehr,
- Frühwarnung vor Katastrophen,
- Steuerung in der Satelliten- und Raumfahrttechnik.

1.3 Vom (Un-)Sinn des Testens

Die Notwendigkeit einer drastischen Einschränkung der möglichen Ablaufreihenfolgen nichtsequentieller Programme mit dem Ziel der Beherrschbarkeit ihrer Konstruktion und ihrer Verständlichkeit wird durch die folgenden Überlegungen einsichtig.

Der Entwurf korrekter nichtsequentieller Algorithmen erhält allein schon deshalb eine gegenüber den sequentiellen ungewohnte Qualität, weil die Anzahl aller möglichen Abläufe *kombinatorisch explodiert*:

Bei p Folgen aus n_1, n_2, ..., n_p atomaren Anweisungen, d. h. solchen, deren Ablauf nicht unterbrechbar ist, sind

$$a(n_1, n_2, \ldots, n_p) - \frac{\left(\sum_{i=1}^{p} n_i\right)!}{\prod_{i=1}^{p} n_i!} = \frac{(n_1 + n_2 + \cdots + n_p)!}{n_1! \cdot n_2! \cdot \ldots \cdot n_p!}$$

Ablaufreihenfolgen möglich:

Insgesamt gibt es

$$n_1 + n_2 + \cdots + n_p$$

Anweisungen, folglich haben wir

$$(n_1 + n_2 + \cdots + n_p)!$$

Permutationen *aller* Anweisungen; da für jede einzelne Folge nur *eine*, nämlich ihre sequentielle Original-Reihenfolge zulässig ist, muss diese Zahl noch für jedes i $(1 \leq i \leq p)$ durch die Anzahl

$$n_i!$$

der Permutationen Ihrer Anweisungen dividiert werden.

Dieses Ergebnis lässt sich natürlich auch rekursiv entwickeln. Für die Formulierung bietet sich natürlich funktionale Programmierung an – z. B. in Haskell:

```
a :: [Int] -> Int

a(0:ns) = a ns
a(n:ns) = (n + sum ns) * a((n-1):ns) `div` n
a []    = 1
```

Wegen

$$a(0, n2, \ldots, np) = \frac{(n_2 + \cdots + n_p)!}{n_2! \cdot \ldots \cdot n_p!} = a(n_2, \ldots, n_p)$$

und

$$\frac{n_1 + n_2 + \cdots + n_p}{n_1} \cdot a(n_1 - 1, n_2, \ldots, n_p) = a(n_1, n_2, \ldots, n_p)$$

liefert das die obige Formel.

Die Bedeutung der Formel wird allerdings erst durch konkrete Zahlenbeispiele erfassbar, die das Paradigma der „kombinatorischen Explosion" sehr anschaulich verdeutlichen:

- Bei 2 Folgen aus je 3 Anweisungen sind das nur 20 Möglichkeiten
  (Sie sollten sich durch Aufzählung aller möglichen Fälle davon überzeugen,
  z. B. rekursiv mit $a(0, k) = a(k, 0) = 1$ und
  $a(n + 1, k) = a(n, k) + a(n + 1, k - 1) = (n + 1 + k) * a(n, k)/(n + 1)$.),
- bei 4 Folgen aus je 4 Anweisungen über 60 Millionen,
- bei 6 Folgen aus je 5 Anweisungen bereits 90 Trillionen
  (Mit den Ausdrucken auf DIN-A4-Papier – doppelseitig, eine Anweisung pro Zeile
  – könnte man die Erde fast hundertmal einwickeln.),
- bei 8 Folgen aus je 6 Anweisungen dagegen über 170 Sextillionen.
  (Für den Ausdruck wäre handelsübliches Papier vom Volumen des mehr als 6000-
  fachen unserer Sonnenkugel notwendig.)

Diese auf den ersten Blick völlig aberwitzig erscheinenden Zahlen sind nun aber keineswegs übertrieben: Schauen Sie – z. B. mit dem Unix-Kommando „top" – einmal nach, wieviele Prozesse auf Ihrem Rechner bereits unmittelbar nach dem Bootvorgang laufen. (Auf einem Rechner, der unter Linux betrieben wird, sind es mindestens ungefähr 12 Dutzend.)

Und dafür, dass der Ansatz eines Umfangs von 3 bis 6 atomaren Anweisungen für einen *kritischen Abschnitt*, einen durch bestimmte Eigenschaften definierten sequentiellen Programmausschnitt, absolut realistisch ist, werden Sie in diesem Buch jede Menge Beispiele finden.

(Lassen Sie sich von den Begriffen *atomare Anweisung*, *Prozess* und *kritischer Abschnitt* nicht abschrecken; jedem von ihnen ist in dieser Einführung ein eigener Abschnitt zur Präzisierung gewidmet.)

Eine fundamentale Folgerung aus dieser Erkenntnis ist, dass jeder Versuch einer Überprüfung der Korrektheit nebenläufiger Algorithmen durch *Testen*, der schon im Sequentiellen lediglich zum Beweis der *Anwesenheit* (sic!) von Fehlern taugt, im Nichtsequentiellen von vornherein nicht nur äußerst fragwürdig ist, sondern einen groben Kunstfehler darstellt:

▶ Selbst wenn ein Programm unzählige Male problemlos „läuft", kann daraus *keinesfalls* geschlossen werden, dass es fehlerfrei ist.

1.4 Beispiele nichtsequentieller Algorithmen

Wir wollen an drei sehr einfachen Beispielen paralleler Algorithmen einige Grundideen demonstrieren.

Ein mögliches Einsatzfeld für Nebenläufigkeit ist die *nichtlineare Rekursion* – etwa beim *mergesort*,

```
func mergesort (a []int, e chan int) {
  if len(a) > 1 {
    m := len(a)/2
    c, d := make(chan int), make(chan int)
    go mergesort (a[:m], c)
    go mergesort (a[m:], d)
    <-c
    <-d
    merge (a, m)
  }
  e <- 0
}
```

bei dem eine zu sortierende Folge in zwei „Hälften" zerlegt wird, die nebenläufig sortiert und danach mit dem *merge*-Algorithmus

```
func merge (a []int, m int) {
  n := len(a)
  b := make([]int, len(a))
  for j, i, k := 0, 0, m; j < n; j++ {
    if i < m && k < n {
      if a[i] < a[k] {
        b[j] = a[i]; i++
      } else {
        b[j] = a[k]; k++
      }
    } else if i < m {
      b[j] = a[i]; i++
    } else if k < n {
      b[j] = a[k]; k++
    }
  }
  copy (a, b)
}
```

zu einer geordneten Folge verschmolzen werden.

Die Anwendung erfolgt im folgenden Programm:

```
package main

func merge (a []int, m int) {
  ... wie oben
```

```
func mergesort (a []int, e chan int) {
  ... wie oben

func main() {
  done := make(chan int)
  is := []int{7,9,1,4,0,6,8,2,5,3}
  go mergesort (is, done)
  <-done
  for _ , i := range is { print(i, " ") }
  println()
}
```

Im Grunde ist dabei natürlich die Praktikabilität zu hinterfragen: Bei größeren Eingabefolgen können sich unvertretbare Anzahlen an abgezweigten Prozessen ergeben.

Bei dem vorgestellten Beispiel ist zunächst noch unklar, welche Rolle die *Kanäle* vom Typ chan int spielen, die durch die Aufrufe make(chan int) erzeugt werden, und was das *Senden* und *Empfangen* von *Botschaften* mit den Anweisungen c <- und <-c für einen Kanal c zu tun hat.

Vorab sei nur soviel gesagt, dass es sich hierbei um eine *Kernidee* der Sprache Go zur Synchronisation handelt.

Die Leserinnen und Leser sind gebeten, das vorläufig hinzunehmen, bis wir im Abschn. 1.9 über *Prozesszustände* begründen, warum es notwendig ist, einen aufrufenden Prozess per *Botschaft* über die Terminierung der von ihm abgezweigten zu informieren, und im Kap. 11 über Botschaftenaustausch auf die syntaktischen Aspekte dazu eingehen.

Als zweites Beispiel zeigen wir ein Verfahren, bei dem bestimmte Teile voneinander unabhängig berechnet werden können – etwa die Multiplikation von 3×3-Matrizen, die lineare Abbildungen $\mathbb{R}^3 \to \mathbb{R}^3$ bezüglich gegebener Basen repräsentieren; die Bildung ihres Produkts entspricht der Komposition der zugehörigen Abbildungen.

Das Produkt $(c_{ik}) = (a_{ij}) \cdot (b_{jk})$ $(0 \leq i, j, k < 3)$ zweier Matrizen ist dadurch definiert, dass die Zahl $c_{ik} = \sum_{j=0}^{2} a_{ij} b_{jk}$ in ihrer i-ten Zeile und k-ten Spalte das Skalarprodukt der i-ten Zeile von (a_{ij}) und der k-ten Spalte von (b_{jk}) ist.

Dazu brauchen wir das Skalarprodukt:

```
type vector [3]int

func scalarproduct (v, w vector, p *int, d chan int) {
  for j := 0; j < 3; j++ {
    *p += v[j] * w[j]
  }
  d <- 0
}
```

Die Werte der Produktmatrix lassen sich nebenläufig berechnen:

```
type matrix [3]vector

func column (a matrix, k int) (s vector) {
  for j := 0; j < 3; j++ {
    s[j] = a[j][k]
  }
  return s
}

func product (a, b matrix) (p matrix) {
  done := make (chan int)
  for i := 0; i < 3; i++ {
    for k := 0; k < 3; k++ {
      go scalarproduct (a[i], column(b, k), &p[i][k], done)
    }
  }
  for j := 0; j < 9; j++ {
    <-done
  }
  return p
}
```

In einem Programm wird das wie folgt benutzt:

```
package main

... Typen und Funktionen wie oben

func main() {
  a := matrix { vector{1,2,3}, vector{4,5,6}, vector{7,8,9} }
  b := matrix { vector{9,0,7}, vector{6,5,4}, vector{3,2,1} }
  c := product (a, b)
  for i := 0; i < 3; i++ {
    for k := 0; k < 3; k++ {
      print(c[i][k], " ")
    }
    println()
  }
}
```

Das dritte Beispiel sei nur angedeutet, seine Codierung als Übungsaufgabe überlassen:

Wir nennen zwei Bäume *äquivalent*, wenn sie gleichviele Knoten haben und deren Inhalte (in Preorder-Reihenfolge) paarweise übereinstimmen.

Zum Test darauf bietet es sich an, drei Prozesse zu erzeugen, von denen zwei jeweils einen Baum traversieren und die Blätter in je eine Folge schreiben, während der dritte sofort damit anfängt, diese Folgen simultan zu traversieren und deren Elemente paarweise auf Gleichheit zu überprüfen.

1.5   Nebenläufigkeit und der informelle Prozessbegriff

Für das Konstrukt *Sequenz* aus zwei sequentiellen Anweisungen; oder Anweisungsfolgen; A und B verwenden wir die Notation

```
A; B
```

mit Trennung durch ein Semikolon, wenn sie hintereinanderstehen, und lassen das Semikolon weg, wenn sie – wie in mehrzeiligen Programmtexten üblich –

```
A
B
```

untereinander stehen.

Zur Notation der *Nebenläufigkeit* von A und B wird ein entsprechendes einfaches Konstrukt gebraucht.

Wir bezeichnen mit

```
A || B
```

eine *nichtsequentielle Anweisung* mit der folgenden Semantik:

Die Anweisungsfolgen A und B werden nebenläufig ausgeführt; das Ende der Anweisung A || B ist *genau dann* erreicht, wenn *sowohl* A *als auch* B beendet sind. Die Reihenfolge von A und B spielt dabei natürlich keine Rolle:

```
A || B
```

und

```
B || A
```

sind *effektgleich*.

Dieses Konstrukt ist natürlich auf endlich viele Anweisungsfolgen

```
A || B || ... || X
```

erweiterbar.

In der Literatur findet man ähnliche metasprachliche Notationen; z. B. heißt es bei Dijkstra in [3]

parbegin A; B **parend**

bei Andrews in [1]

co A // B **oc**

und bei Herrtwich und Hommel in [5]

conc A || B **end conc**

Ein typisches kleines nichtsequentielles Programm, z. B. aus einer sequentiellen Anweisungsfolge A zur Eingabe von Daten, einer nichtsequentiellen Anweisung B || C zur Erledigung zweier Teile einer Aufgabe und einer abschließenden sequentiellen Anweisungsfolge D zur Verarbeitung der Teilergebnisse und Ausgabe sieht dann so aus:

```
A
B || C
D
```

Außer Pascal-FC von Burns und Davies (s. [2]) gibt es aber wohl kaum Programmiersprachen, die über ein solches Konstrukt verfügen.

Man findet stattdessen Aufrufe zur *Abzweigung* einer Anweisungsfolge und zum Abwarten auf deren Ende.

In Anlehnung an Unix-Systemaufrufe, die in ihrer Semantik in etwa dem entsprechen, was hier ausgedrückt werden soll, verwenden wir dafür die Bezeichner fork und wait mit der folgenden Semantik:

- Die Anweisung fork A zweigt die Anweisungsfolge A ab und führt sie nebenläufig zur anschließenden Anweisungsfolge aus;
- die Anweisung wait A verzögert den Aufruf der darauf folgenden Anweisung solange, bis A beendet ist, falls das zum Zeitpunkt des Aufrufs von wait A nicht schon der Fall war.

Damit liefert die Folge fork C; B; wait C das Konstrukt B || C und unser obiges kleines Programm lautet jetzt – syntaktisch nahe an gängigen Programmiersprachen:

```
A
fork C
B
wait C
D
```

Dieses Sprachmittel ist untrennbar mit einem zentralen Begriff der Nichtsequentiellen Programmierung verbunden, dem des *Prozesses*. Er soll vorerst nur *informell* definiert werden.

Vorab sei bemerkt, dass wir in diesem Buch allerdings nicht auf *Betriebssystem-Prozesse* eingehen, die als *„virtuelle Rechner"*

- in einem eigenen Adressraum ablaufen und alle vom Betriebssystem verwalteten Betriebsmittel separat nutzen,

sondern überlassen diese *„Schwergewichtsprozesse"* dem Folgethema *Betriebssysteme*.

Mit dem Blick auf Kooperation und Konkurrenz beschränken wir uns auf die *virtuellen Prozessoren*, die *Ausführungsfäden* (*„threads"*) *innerhalb* von Betriebssystem-Prozessen (auch *Leichtgewichtsprozesse* genannt), die

- im gleichen Adressraum wie der abzweigende Prozess ausgeführt werden und somit Zugriff auf die gleichen Daten haben.

▶   Daher sei grundsätzlich vereinbart, dass der Begriff *Prozess* als Synonym für
      einen *Leichtgewichtsprozess* verwendet wird.

Nun zur Definition: Ein Prozess ist

- *statisch*:
  der Quelltext einer elementaren Anweisung (einer Wertzuweisung oder des Aufrufs
  einer Funktion ohne Rückgabewert) oder der einer Anweisungsfolge in einem nichtsequentiellen Programm, die
  – in Pascal-FC durch den Start einer `process`-Prozedur durch Aufruf zwischen
    `cobegin` und `coend` (Details siehe [2]),
  – in C durch die Erzeugung eines Threads mit `pthread_create`,
  – in Modula-2 durch den Start einer Koroutine mit `NEWPROCESS` (Details siehe [8],
    Kap. 30),
  – in Java durch eine Implementierung des Interfaces `Runnable` und den Start eines
    neuen Threads und
  – in Go durch die Abzweigung einer *Goroutine* mit `go`
  aufgerufen wird.
- *dynamisch*:
  ein Teil eines Programms in seiner Ausführung auf einem Prozessor – vom Aufruf
  seiner ersten bis zur Beendigung seiner letzten Anweisung, also die tatsächlichen
  Effekte dieser Folge von Anweisungen in Form von *Zustandsänderungen* im Rechner.

Der Abschn. 1.9 über *Prozesszustände* am Ende dieser Einführung ist einer genaueren
Darstellung gewidmet. Wenn im Folgenden von einem *Prozess* die Rede ist, ist aus dem
jeweiligen Kontext ersichtlich, ob es sich dabei um den statischen oder den dynamischen
Prozessbegriff handelt.

Jeder Prozess stellt einen sequentiellen Programmausschnitt dar, der konzeptionell auf
einem eigenen Prozessor läuft. Zur Realisierung dieser *logischen Prozessoren* gibt es
folgende Möglichkeiten:

- Sie benutzen gemeinsam nur *einen realen* Prozessor, den ihnen die Prozessverwaltung
  nach einer bestimmten Strategie zuteilt, z. B. durch Vergabe nach dem *Rundum-
  Verfahren*
- Jeder Prozess erhält für die Dauer seiner Ausführung einen *eigenen Prozessor*, d. h., die
  Prozesse laufen *parallel* ab.
- Es werden *Mischformen* aus diesen beiden Verfahren verwendet, da die Anzahl der
  Prozesse von Fall zu Fall sehr unterschiedlich sein kann, die der realen Prozessoren
  dagegen eine statische Größe eines Rechnersystems ist.

Weil das Paradigma der Nichtsequentiellen Programmierung dazu grundsätzlich keinerlei
Aussage macht, soll noch einmal ausdrücklich betont werden, was wir schon im ersten
Abschnitt postuliert hatten:

▶   Alle Algorithmen müssen völlig unabhängig von derartigen Überlegungen
    entworfen werden!

1.6   Konflikte beim Zugriff auf gemeinsame Daten

Die Interaktion zwischen Prozessen erfolgt im einfachsten Fall über gemeinsam benutzte
Variable. Um die Probleme beim Zugriff auf sie zu untersuchen, sehen wir uns ein ganz
einfaches Beispiel an, in dem zwei Prozesse unabhängig voneinander einen Zähler mit
dem Anfangswert 0 jeweils um 1 erhöhen.

Als Protokoll werden die Zählerstände während des Programmlaufs ausgegeben.

```go
package main
import ("math/rand"; "time")

var (
  counter uint
  done chan bool
)

func v() {
  time.Sleep (Duration(rand.Int63n (1e5)))
}

func inc (n *uint) {
  accu := *n // "LDA n"
  v()
  accu++      // "INA"
  v()
  *n = accu  // "STA n"
  println(*n)
  v()
}

func count (p uint) {
  const N = 5
  for n := uint(0); n < N; n++ {
    inc (&counter)
  }
  done <- true
}

func main() {
  done = make (chan bool)
  go count (0); go count (1)
  <-done; <-done
  println("Zähler ==", counter)
}
```

Aufrufe dieses Programms liefern aber meistens einen Endstand des Zählers zwischen 5 und 9, nicht jedoch die erwartete 10.

Werden die zeitlichen Verzögerungen v() weggelassen, ergibt sich (immer?) der Endstand 10. Ihr Einbau hat lediglich dem Zweck, dem jeweils anderen Prozess die Möglichkeit zu geben, den laufenden hier zu unterbrechen und damit für unsinnige Ergebnisse zu sorgen.

Dem gleichen Zweck dient die Zerlegung der Anweisung counter++ in die drei Schritte

```
accu := *counter
accu++
*counter = accu
```

– wir schauen uns das gleich genauer an.

Vorher noch ein Rat:

Es lohnt sich durchaus, mit diesem kleinen fehlerhaften Programm etwas zu „spielen": Sie sollten etwa die Anzahl der beteiligten Prozesse hochsetzen, die Konstante N um Zehnerpotenzen vergrößern oder die Verzögerungen (durch Parametrisierung mit der Prozessnummer p) unsymmetrisch machen. Sie erhalten dann recht unterschiedliche Ergebnisse.

Entsprechend werden Sie feststellen, dass immer (?) bis zum Ende „richtig" weitergezählt wird, wenn der Schleifenrumpf in der Funktion count einfach nur aus der Anweisung „n++" besteht.

Um zu klären, was hier passiert, stellen wir uns die Anweisung counter++ in einer fiktiven Assemblersprache mit den Befehlen

- LDA und STA zum Laden und Speichern von Werten von Speicherzellen in bzw. aus dem Akku und
- INA zum Erhöhen des Wertes im Akku

als Folge dieser drei Maschineninstruktionen vor, wie es (mit dem Literal „;" als Einleitung für einen Kommentar) in Tab. 1.1 dargestellt ist

Bei einem nichtdeterministischen Ablauf ist eine von den 20 möglichen (s. Absch. 1.3, insbesondere Fußnote 2) wie z. B. in Tab. 1.2 nicht ausgeschlossen

Tab. 1.1 Fiktive Assemblersprache

Maschineninstruktion	Kommentar
LDA X	Inhalt der Speicherzelle X in den Akku laden
INA	Akku um eins erhöhen
STA X	Inhalt des Akku in Speicherzelle X speichern

Tab. 1.2 Mögliche
Ablaufreihenfolge

Prozess 1	Prozess 2
	LDA X
LDA X	
INA	
	INA
	STA X
STA X	

Bei ihr erhöhen beide Prozesse den ursprünglichen Wert des Zählers unabhängig voneinander um 1 und speichern dann diesen erhöhten Wert, was dazu führt, dass eine Erhöhung verloren geht. Genau das haben wir oben mit dem „Umweg"

```
accu := *n
accu++
*n = accu
```

provoziert.

Offensichtlich ist eine solche (oder ähnliche) Verzahnung zwischen Anweisungen aus den beiden beteiligten Prozessen die Ursache für das Desaster!

Mit diesen Schwierigkeiten sind wir auf ein zentrales Problem der Nichtsequentiellen Programmierung gestoßen:

▶ *Unsynchronisierter* Zugriff von mehreren Prozessen auf gemeinsame Daten kann sie verfälschen oder ihren Verlust hervorrufen und dadurch Programme total unbrauchbar machen.

Um dies zu beheben, ist es offenbar notwendig, derartige zeitliche Interferenzen zwischen dem Lesen von Daten und der Änderung ihrer Werte zu vermeiden.

Als zweites Beispiel sei gezeigt, wie zerstörerisch der nebenläufige Zugriff auf komplexere Datenobjekte sein kann:

Wir überschreiben die Zeichenkette `012345678901234567890123456789012345` Zeichen für Zeichen mit `abcdefghijklmnopqrstuvwxyz` und kopieren sie nebenläufig dazu in eine zweite Variable – aus den gleichen Gründen wie oben mit Verzögerungen, die dafür sorgen, dass sich der schreibende und der lesende Prozess mehrmals gegenseitig überholen können:

```
package main
import ("strings"; "time")

var (
  a, b string
  done = make(chan int)
)
```

```go
func pause() {
  time.Sleep (1e6)
}

func write() {
  for n := 0; n < len(a); n++ {
    switch n {
    case 5, 11, 14, 22:
      pause()
    }
    a = strings.Replace (a, string(byte(n % 10) + '0'),
                            string(byte(n) + 'a'), 1)
  }
  done <- 0
}

func read() {
  for n := 0; n < len(a); n++ {
    switch n {
    case 3, 10, 17, 23:
      pause()
    }
    b += string(a[n])
  }
  done <- 0
}

func main () {
  a = "012345678901234567890123456789012345"
  go write()
  go read()
  <-done
  <-done
  println(b)
}
```

Ein Programmlauf liefert, was Sie nach dem vorigen Beispiel kaum noch verwundern dürfte, weder das Original noch die Kopie, sondern z. B. das heillose Durcheinander `012defghijk123456rstuv2345`.

Dynamische Datenstrukturen sind vor solchen Fehlern genauso wenig sicher:

Gegeben sei eine doppelt verkettete Liste mit der Knotenstruktur

```go
type node struct {
  content interface{}
  next, prev *node
}
```

A sei ein Verweis auf einen Knoten in dieser Liste. Nehmen wir an, Prozess 1 will hinter diesem Knoten einen neuen einfügen und Prozess 2 den Knoten dahinter entfernen. B sei der Verweis auf einen neuen Knoten, den Prozess 1 gerade erzeugt hat, um ihn einzufügen.

Tab. 1.3 Möglicher Ablauf

Prozess 1	Prozess 2
B.next = A.next	
B.prev = A	
	A.next = A.next.next
B.next.prev = B	
	A.next.prev = A
A.next = B	

Dann ist die Ablaufreihenfolge möglich, die in Tab. 1.3 dargestellt ist.

Sie führt dazu, dass beim Traversieren in Richtung next sowohl der neue Knoten als auch der zu entfernende durchlaufen wird, in umgekehrter Richtung dagegen keiner von beiden. Die Prozesse haben nicht nur ihr jeweiliges Ziel verfehlt, sondern die Liste in einem inkonsistenten Zustand hinterlassen – völlig inakzeptabel.

Bei stärkerer innerer Verflechtung dynamischer Datenobjekte durch Verweise, z. B. bei Bäumen oder Graphen, kann sich noch ein weitaus größeres Chaos ergeben.

Alle vorgestellten Fehler haben offensichtlich die gleiche Ursache: Anweisungen wurden noch während der Veränderung von Daten, bei der sie zwangsläufig zwischenzeitige Inkonsistenzen in Kauf nehmen, von anderen nebenläufigen Anweisungen unterbrochen, die auch mit diesen Daten arbeiten wollten. Daher konnten sie ihre Aufgaben nicht mehr mit der Wiederherstellung der Konsistenz ihrer Datenstruktur abschließen, was wiederum dazu führte, dass die anderen Anweisungen keine definierten Voraussetzungen für ihre Operationen vorfanden.

Die Folge war in allen Fällen die mindestens teilweise Zerstörung der Daten, was zur totalen Unbrauchbarkeit des Programms führt.

Als Übungsaufgabe sei angeregt, darüber nachzudenken, welche Ergebnisse möglich sind, wenn 3 Prozesse nebenläufig einen Zähler mit dem Anfangswert 0 um 1, 2 bzw. 4 erhöhen.

1.7 Atomare Anweisungen

Aus dieser Erkenntnis resultiert die Forderung nach Anweisungen, die *nicht unterbrechbar* sind, also der folgende Begriff:

Eine Anweisungsfolge heißt *atomar* (auch: *unteilbar*), wenn sie nicht durch nebenläufige Anweisungen unterbrochen werden kann.

Die Zustandsänderungen des Rechners; während der Ausführung einer atomaren Anweisungsfolge sind für andere nebenläufige Prozesse „nicht sichtbar"; sie erscheinen ihnen wie eine Anweisung, die durch eine einzige unteilbare Maschineninstruktion implementiert ist.

Für atomare Anweisungen benutzen wir in Anlehnung an [1] die Schreibweise mit *Unteilbarkeitsklammern*:

Für eine Anweisungsfolge A bedeutet

$$<A>$$

die *unteilbare* Ausführung von A. Diese Konstruktion eignet sich zur Spezifikation des *gegenseitigen Ausschlusses*, den wir im folgenden Abschnitt behandeln werden.

Die Unteilbarkeit einer Anweisungsfolge A lässt sich damit einfach durch A=<A> ausdrücken.

Mit dieser Notation können wir auch ein allgemeines Konstrukt zur *Spezifikation* einfacher Algorithmen zur Synchronisation angeben:

Für eine Anweisungsfolge A und einen booleschen Ausdruck B ist die *bedingte atomare Anweisung*

$$<await\ B;\ A>$$

dadurch definiert, dass der aufrufende Prozess solange blockiert ist, bis die Bedingung B erfüllt ist, und dann die Anweisungsfolge A atomar ausführt, wobei B als Voraussetzung für A zugesichert ist.

Wenn A die leere Anweisung ist, ergibt sich die Anweisung zur *bedingten Synchronisation*

$$<await\ B>.$$

So gut sich dieses Konstrukt zur *Spezifikation* von Algorithmen zur Synchronisation auf hoher Abstraktionsebene auch erweisen wird, so schwierig ist es natürlich im Allgemeinen zu *implementieren*.

Auf unterster Ebene sind atomare Anweisungen Instruktionen aus dem Befehlssatz eines Prozessors, deren Ausführung durch andere Instruktionen nicht unterbrochen werden kann – auch nicht von einem anderen Prozessor im gleichen Rechner.

Außerdem gehen wir davon aus, dass eine Wertzuweisung y = x an eine Variable y eines elementaren Typs atomar ist, wenn x eine Konstante oder eine Variable eines zuweisungsverträglichen Typs ist, weil sie wohl jeder optimierende Übersetzer als unteilbare Maschineninstruktion realisiert. Für komplexere Ausdrücke trifft das in der Regel nicht zu – ihre Auswertung ist durchaus unterbrechbar.

Die Prozessoren von Intel® oder AMD® verfügen über die Instruktion LOCK (Details siehe *Manuals* der Prozessoren), die als Präfix vor bestimmten Operationen dafür sorgt, dass in einem System mit mehreren Prozessoren jeweils der dem aufrufenden Prozess zugeteilte Prozessor exklusiven, d. h. durch Zugriffe anderer Prozessoren auf den Speicher nicht unterbrechbaren, Lese- und Schreibzugriff auf den Arbeitsspeicher hat. Als Präfix vor einer der dafür zugelassenen Operationen hat diese Instruktion den Effekt, dass die darauf folgende Operation atomar ausgeführt wird. Dazu gehören u. a. einige Additions- und Subtraktionsbefehle, logische Operatoren sowie gewisse Vergleichs- und Austauschoperationen.

Im ersten Teil des folgenden Kapitels werden wir einige einfache Synchronisationsprobleme unter Einsatz von unteilbaren Maschineninstruktionen aus der letztgenannten Befehlsgruppe lösen.

Die *Konstruktion* atomarer Anweisungsfolgen auf *höheren Sprachebenen* ist dagegen ein Thema der Nichtsequentiellen Programmierung, das uns durchgehend beschäftigen wird.

1.8 Kritische Abschnitte und Sperrsynchronisation

Um Ansätze zur Lösung der vorgestellten Probleme formulieren zu können, werden erst einmal diejenigen Teile von Programmtexten gekennzeichnet, die beim Aufruf durch mehrere Prozesse mit Zugriff auf die gleichen Daten deren Verlust oder Inkonsistenz verursachen können:

Ein *kritischer Abschnitt ("critical section")* ist

- eine *sequentielle* Anweisungsfolge innerhalb einer *nichtsequentiellen* Anweisungsfolge, in der von mehreren Prozessen auf die *gleichen* Daten zugegriffen wird,

wobei der Fall nicht auszuschließen ist,

- dass in mindestens *einer* der beteiligten nebenläufigen sequentiellen Anweisungsfolgen ein *schreibender* Zugriff erfolgt.

Dieser Begriff ist eng mit der im vorigen Abschnitt eingeführten *Unteilbarkeit* verwoben: Kritische Abschnitte, in denen auf die gleichen Daten zugegriffen wird, müssen

- aus der Sicht der am Zugriff auf die Daten beteiligten nebenläufigen Prozesse *atomar* – d. h. von anderen Anweisungsfolgen *nicht unterbrechbar* – sein, also
- in *dem* Sinne unter *gegenseitigem Ausschluss ("mutual exclusion")* stattfinden, dass die Zugriffe auf gemeinsame Daten aus kritischen Abschnitten, die von *verschiedenen* Anweisungsfolgen nebenläufig ausgeführt werden, *nicht untereinander verzahnt* ablaufen.

Diese Forderungen dienen auch der Definition kritischer Abschnitte:

- in [1] als Abschnitte *von Anweisungen, die Zugriff auf gemeinsame Objekte haben,*
- in [2] als die *eines Programmstückes, das aus der Sicht der anderen Prozesse unteilbar erscheint,* und
- in [5] als die von *Anweisungen, deren Ausführung einen gegenseitigen Ausschluss erfordert.*

Unter *Sperrsynchronisation* werden Maßnahmen zur Vermeidung von Datenverlusten oder -inkonsistenzen verstanden, die durch den nebenläufigen Zugriff mehrerer Prozesse auf gemeinsame Daten entstehen können.

Sie ist durch die folgenden vier Eigenschaften charakterisiert:

- *Gegenseitiger Ausschluss*:
  Zu jeder Zeit befindet sich höchstens ein Prozess im kritischen Abschnitt.
- *Behinderungsfreiheit*:
  Wenn Prozesse einen kritischen Abschnitt betreten wollen, wird einem von ihnen
  unverzüglich der Eintritt ermöglicht, sofern sich kein Prozess im kritischen Abschnitt
  befindet und sie nicht untereinander verklemmt sind.
- *Verklemmungsfreiheit*:
  Wenn mehrere Prozesse einen kritischen Abschnitt betreten wollen, darf unter ihnen
  kein Wartezyklus bestehen, d. h., es dürfen unter ihnen nicht n Prozesse ($n > 1$) P_1, P_2,
  ..., P_n *derart* vorkommen, dass P_1 auf P_2, P_2 auf P_3, usw. ... und P_n auf P_1 wartet.
- *Fairness*:
  Kein eintrittswilliger Prozess wird auf Dauer *dadurch* am Eintritt in einen kritischen
  Abschnitt gehindert, dass *andere* Prozesse ständig vor ihm eintreten: Jeder Prozess
  muss *irgendwann* eintreten dürfen.

Die ersten beiden Punkte ziehen sich als roter Faden durch das ganze Buch, den beiden
letzten sind eigene Kapitel gewidmet.

Eine Möglichkeit der Garantie des gegenseitigen Ausschlusses ist, dass jeder Prozess
vor dem Eintritt in einen kritischen Abschnitt ein *Eintrittsprotokoll* durchläuft, das
jeweils *einem* Prozess den Eintritt gestattet, ihn dann aber weiteren Prozessen verwehrt;
dual dazu muss er beim Verlassen des kritischen Abschnitts diese Tatsache in einem
Austrittsprotokoll bekannt geben.

1.9   Prozesszustände

Zum Abschluss der Einführung wollen wir jetzt den Prozessbegriff präzisieren. Seine
Dynamik erhält ein Prozess durch die Übergänge zwischen seinen Zuständen; sein
statischer Aspekt ist allein durch die Anweisungsfolge definiert, die er ausführt.

Wir unterscheiden folgende Zustände von Prozessen:

- *nicht existent*,
- *erzeugt* oder *ausführbar*, unterschieden nach
  - *bereit*, d. h. auf die Zuteilung eines Prozessors wartend, und
  - *aktiv*, in Ausführung, im Besitz eines Prozessors,
- *blockiert*, nicht ausführbar, auf ein bestimmtes Ereignis wartend, z. B.
  - auf die Terminierung eines anderen Prozesses,
  - um eine bestimmte Zeit verzögert,
  - auf die Freigabe eines *Semaphors*,

- auf die Erlaubnis, einen *Monitor* zu betreten, oder das Eintreten einer *Bedingung* in einem Monitor,
- auf die Empfangsquittung oder den Empfang einer *Botschaft* auf einem *Kanal*,
- *beendet*.

Zwischen den einzelnen Zuständen eines Prozesses gibt es die *Übergänge*, die in Abb. 1.2 dargestellt sind.

- *nicht existent → bereit*
  durch Erzeugung des Prozesses im Sinne unseres `fork`-Konstrukts unter Angabe des von ihm auszuführenden statischen Prozesses in Form einer Anweisungsfolge oder Funktion,
- *bereit ⇄ aktiv*
  durch seine Aktivierung bzw. Deaktivierung, d. h. die Zuteilung eines Prozessors bzw. durch seinen Entzug,
- *aktiv → blockiert*
  durch den Aufruf einer Anweisung zum Abwarten, z. B. auf
  - die Beendigung eines anderen Prozesses,
  - den Ablauf einer bestimmten Zeitspanne,
  - die Möglichkeit, einen kritischen Abschnitt zu betreten, in dem sich ein gerade anderer Prozess befindet, durch das Entsperren eines *Schlosses*, die Freigabe eines *Semaphors* oder ein *Signal* zum Eintritt in einen *Monitor*,
  - den Eintritt einer *Bedingung* in einem Monitor,
  - die Empfangsquittung einer gesendeten oder das Eintreffen einer *Botschaft*,
  - die *Dienstleistung* eines fernen Rechners, der gerade mit anderen Prozessen beschäftigt ist,

  die dazu führt, dass der Prozess erst dann weiterarbeiten kann, wenn der Übergang
- *blockiert → bereit*
  durch einen äußeren Einfluss ermöglicht wird, z. B.
  - wegen der Beendigung des Prozesses, auf dessen Terminierung er gewartet hat,

Abb. 1.2 Zustandsübergänge

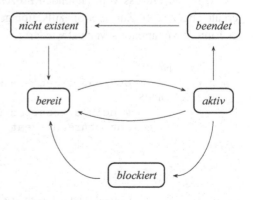

- weil die vorgesehene Zeit abgelaufen ist,
- weil ein anderer Prozess einen kritischen Abschnitt verlassen hat und damit das Schloss entsperrt, das Semaphor freigibt oder die Eintrittsmöglichkeit in den Monitor signalisiert,
- dadurch, dass ein anderer Prozess bewirkt, dass die erwartete Bedingung erfüllt ist,
- durch die erfolgreiche Abnahme der gesendeten oder durch den Empfang der erwarteten Botschaft,
- dadurch, dass der aufgerufene Dienst des fernen Rechners für ihn verfügbar wird.
- *aktiv → beendet*
  nach Abarbeitung seines statischen Prozesses, falls der terminiert, oder dadurch, dass ihn ein Betriebssystem-Prozess zwangsweise beendigt, weil er aufgrund eines nicht abgefangenen fundamentalen Fehlers nicht sinnvoll hätte weiterarbeiten können.
- *beendet → nicht existent*
  durch die Freigabe aller von ihm benutzten Ressourcen.

Hier muss noch einmal – wie schon im Abschn. 1.3 – um Ihre Geduld gebeten werden:
Die oben verwendeten Begriffe *Schloss*, *Semaphor*, *Signal*, *Monitor*, *Bedingung*, *Botschaft* und *Dienst* sind hier nur kumulatorisch im Vorgriff auf die detaillierten Erörterungen in den entsprechenden Kapiteln zu verstehen.

1.9.1 Die Zustandsübergänge in C, Java und Go

Wir gehen jetzt detaillierter auf die einzelnen Übergänge und ihre Umsetzung in C, Java und Go ein.

1.9.1.1 nicht existent → bereit
Bei diesem Übergang handelt es sich um die Realisierung unseres abstraktes Konstrukts fork B für eine Anweisungsfolge B.

Umsetzung in C
In C wird ein Prozess vom laufenden Prozess mit einem Aufruf der Funktion thread-_create abgezweigt. Zur ihrer Spezifikation geben wir hier einen Auszug aus der *manpage* des Linux Programmer's Manual wieder:

```
        NAME
                pthread_create – initialize a mutex
        SYNOPSIS
                #include <pthread.h>
                int pthread_create(pthread_t *thread,
                                const pthread_attr_t *attr,
                                void *(*start_routine) (void
        *),
                                void *arg);
                Compile and link with -pthread.
```

DESCRIPTION

The pthread_create() function starts a new thread in the calling process. The new thread starts execution by invoking start_routine(); arg is passed as the sole argument of start_routine()....

If attr is NULL, then the thread is created with default attributes.

Before returning, a successful call to pthread_create() stores the ID of the new thread in the buffer pointed to by thread; this identifier is used to refer to the thread in subsequent calls to other pthreads functions.

RETURN VALUE

On success, pthread_create() returns 0; on error, it returns an error number, and the contents of *thread are undefined.

Dieser Funktion sind also Zeiger auf

* den abzuzweigenden Prozess thread,
* eine Attribut-Struktur attr (NULL für die Standardattribute),
* eine Funktion f mit dem Prototyp void *f (void *x) sowie
* auf das von ihm zu bearbeitende Objekt arg (ggf. NULL)

mitzugeben.

In /usr/include/bits/pthreadtypes.h ist der Typ pthread_t der Prozessvariablen als unsigned long int definiert; er realisiert also natürliche Zahlen als *Henkel* („*handle*") auf die Prozesse. Auf die Prozessvariablen soll allerdings *auf keinen Fall direkt* zugegriffen werden – sie sind vielmehr als *Variable eines abstrakten Datentyps* aufzufassen.

Die Inkarnation von fork B sieht in einfachen Fällen, also ohne Variable für ein von B zu bearbeitendes Objekt, in C so aus:

```
pthread_t p;
pthread_create (&p, NULL, &f, NULL);
```

wobei der statische Prozess B den Rumpf der Funktion

```
void *f (void *x) { B; return NULL; }
```

bildet.

Umsetzung in Java

In Java ist die Abzweigung eines Prozesses syntaktisch etwas aufwendiger:

* Der statische Prozess bildet – als Anweisungsfolge oder beliebig parametrisierter Methodenaufruf – den Rumpf der run-Methode einer Implementierung des Runnable-Interfaces,
* wovon ein Exemplar erzeugt werden muss,
* das wiederum dem Konstruktor zur Erzeugung eines Exemplars der Klasse Thread als Parameter übergeben wird,

- wonach mit der Methode start() dieses Threads der dynamische Prozess bereit gemacht wird.
  (Details siehe java.lang.Runnable und java.lang.Thread)

Insgesamt erhalten wir damit in Java im Grundsatz als Inkarnation von fork B Folgendes:

```
Runnable r = new Runnable() { public void run() { ... }};
Thread t = new Thread (r);
t.start();
```

wobei für ... entweder der statische Prozess B oder der Aufruf einer statischen Methode einzusetzen ist, deren Rumpf B ist.

Umsetzung in Go
In Go geht das etwas einfacher:

Ein Leichtgewichtsprozess, *Goroutine* genannt, wird vom laufenden Prozess mit der go-Anweisung abgezweigt (Details: https://golang.org/ref/spec#Go_statements).

Die Umsetzung von fork B ist in Go also einfach der Aufruf

```
go f()
```

mit einem Funktions- oder Methodenaufruf f(), dessen Rumpf aus der Anweisungsfolge B besteht. Dabei dürfen dem Aufruf von f beliebige Parameter übergeben werden.

Der go-Anweisung können auch anonyme Funktionen (ähnlich wie anonyme Klassen in Java) übergeben werden:

```
go func() { B }()
```

wobei B wiederum die Anweisungsfolge des statischen Prozesses ist.

Wenn in den Klammern hinter f oder func eine Parameterliste steht, sind in den hinteren Klammern die entsprechenden aktuellen Parameter zu übergeben.

Festzuhalten bleibt ein wesentlicher Unterschied zu C und Java:

▶   In Go gibt es keinen expliziten Datentyp für Prozesse.

Wir greifen hier die Zusage aus dem Abschn. 1.4 über Beispiele nichtsequentieller Algorithmen auf:

In allen diesen Fällen fährt der Prozess, der auf diese Weise einen weiteren Prozess erzeugt, danach sofort – nebenläufig zum erzeugten Prozess – mit seiner Ausführung fort. Ein *gemeinsames* Ende *beider* Prozesse kann folglich nur *so* erreicht werden, dass der abzweigende Prozess ggf. solange „wartet", bis der abgezweigte Prozess beendet ist.

Wie dessen Beendigung dazu führt, dass der abzweigende Prozess wieder „aufgeweckt" wird, wird in den Punkten *aktiv → blockiert* und *blockiert → bereit* dargestellt.

1.9.1.2 bereit ⇌ aktiv
Die beteiligten Prozesse haben keinen Einfluss auf die Steuerung des Ablaufs der Nebenläufigkeit durch die Verteilung der vorhandenen Prozessorressourcen auf die bereiten

Prozesse, also die Deaktivierung aktiver und die Aktivierung bereiter Prozesse. Diese Umschaltungen gehören für Schwergewichtsprozesse zu den Kernaufgaben des Betriebssystems und werden für Leichtgewichtsprozesse unter Einsatz spezieller Bibliotheken erledigt; sie sind wesentlicher Bestandteil der Zeitplanung der Ablaufsteuerung im Rechner, des *„scheduling"*.

Dabei wird unter Rückgriff auf den Systemtakt aktiven Prozessen *zeitscheibengesteuert,* d. h. nach Ablauf einer gewissen Zeitspanne, der Prozessor entzogen (*„preemption"*) und einem übergeordneten Betriebssystem-Prozess, dem *Zuteiler* (*„scheduler"*) übergeben, der die Aufgabe hat, die vorhandenen Prozessoren den anderen Prozessen, den virtuellen Prozessoren, zuzuteilen.

Wer darüber nachdenkt, mag über drohende *Antinomien* stolpern:

Der Zuteiler ist ein *Prozess*, der *Prozessen* einen Prozessor zuteilt.

- Also auch sich selbst?
- Und wer entzieht ihm den Prozessor?
- Welcher Prozess steuert den Systemtakt und wer teilt ihm den Prozessor zu?
  (Wie war das doch mit dem Barbier, der alle *diejenigen* barbiert, die sich nicht selbst barbieren, oder dem Kreter, der behauptete, alle Kreter lögen ...)

Eine widerspruchsfreie Lösung dieses Problems ist im Grunde ganz einfach – Sie kommen sicherlich von alleine darauf. Ihre Ideen können Sie überprüfen, indem Sie in der einschlägigen Literatur, z. B. in [7] oder in [6], nachsehen.

Dafür werden gewisse Attribute eines Prozesses, wie z. B.

- ein *Henkel* als Identitätsmerkmal (in der Regel eine natürliche Zahl)
- sein *Zustand* und
- seine *Verzeigerung* mit anderen Prozessen

im *Prozess-Kontrollblock* zusammengefasst, einer Datenstruktur, die hinter jeder Implementierung einer Prozessverwaltung steckt.

In einem Einprozessorsystem wird deren Fairness im einfachsten Fall dadurch garantiert, dass der Zuteiler die bereiten Prozesse in der *Bereitliste* (*„ready list"*) verwaltet, einer ringförmig verketteten Liste, die er zyklisch durchläuft (*Rundumverfahren, „round robin"*), um jeweils *einen* von ihnen zu aktivieren. Bei Mehrprozessorsystemen ist das schwieriger; Scheduling-Algorithmen können ein ganzes Kapitel in Lehrbüchern über Betriebssysteme füllen.

1.9.1.3 aktiv → blockiert

Es geht hierbei um die Umsetzung des abstrakten Konstrukts

```
wait C
```

für eine Anweisungsfolge C.

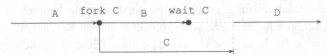

Abb. 1.3 D ist bis zur Terminierung von C blockiert

Das Ende der nichtsequentiellen Anweisung B || C, bestehend aus einer Anweisungs-folge B und einer dazu nebenläufigen Anweisungsfolge C, ist genau dann erreicht, wenn beide Anweisungsfolgen beendet sind.

Eine B folgende Anweisungsfolge D muss folglich solange blockiert werden, bis der abgezweigte Prozess, der C ausführt, beendet ist, sofern das bei der Terminierung von B nicht schon der Fall war (s. Abb. 1.3).

C

In der Programmiersprache C wird das mit Hilfe der Funktion pthread_join durch den Aufruf

pthread_join(t, &r)

für void *r erledigt, wenn t der Prozess vom Typ pthread_t ist, der zur Ausführung von B mit pthread_create(&t, ...) abgezweigt wurde. Hier dazu ein Auszug aus der entsprechenden *manpage*:

```
        NAME
                pthread_join – join with a terminated thread
    SYNOPSIS
                #include <pthread.h>
                int pthread_join(pthread_t thread, void **retval);
                Compile and link with -pthread.
    DESCRIPTION
                The pthread_join() function waits for the thread specified by
                thread to terminate. If that thread has already terminated, then
                pthread_join() returns immediately. The thread specified by
                thread must be joinable.
                If retval is not NULL, then pthread_join() copies the exit status
                of the target thread (i.e., the value that the target thread supplied to
                pthread_exit(3)) into the location pointed to by *retval. If the
                target thread was canceled, then PTHREAD_CANCELED is placed in
                *retval.
    RETURN VALUE
                On success, pthread_create() returns 0; on error, it returns an error
                number.
```

Dadurch wird der aufrufende Prozess genau bis zu dem Zeitpunkt blockiert, in dem t terminiert, um dann sofort wieder in den Zustand *bereit* überführt zu werden. War t zum

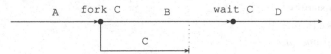

Abb. 1.4 D kann sofort nach dem Ende von B beginnen

Zeitpunkt des Aufrufs schon beendet, ist der Aufruf natürlich effektfrei (s. Abb. 1.4): D wird sofort nach dem Ende von B ausgeführt, weil C schon vorher beendet war.

Java

In Java wird ganz ähnlich verfahren:

Die Klasse `Thread` verfügt über die Methode `join`, die in einen `try/catch`-Block verpackt werden muss, weil der wartende Thread währenddessen abgebrochen sein könnte, wodurch eine entsprechende Ausnahme ausgelöst wird.

Wir erreichen den gewünschten Zweck mit der Anweisung

```
try {
  t.join();
catch(InterruptedException e) {...}
```

wobei t der Prozess ist, der mit dem Aufruf der Methode `start()` abgezweigt war, und für ... der Code zur Behandlung der Ausnahme eingesetzt wird.

Go

In Go kann es dagegen keine vergleichbare Lösung geben, weil es dort keine Prozessvariablen gibt. Die Konstrukteure von Go favorisieren eine andere Technik, gemäß ihrem Motto aus den *„Frequently Asked Questions"* (https://golang.org/doc/faq/):

▶ Kommunizieren Sie nicht durch Zugriff auf gemeinsame Daten, sondern greifen
   Sie auf gemeinsame Daten durch Kommunikation zu. (*„Do not communicate by
   sharing memory. Instead, share memory by communicating.")*

Go stellt dieses Konzept ins Zentrum der Behandlung von Nebenläufigkeit – wir behandeln das ausführlich an späterer Stelle im Kap. 11 über den Botschaftenaustausch.

Hier nennen wir im Vorgriff darauf nur ganz knapp die für unseren aktuellen Zweck benötigten Grundbegriffe über das Senden und Empfangen von *Botschaften* über *Kanäle*:

Go verfügt über den Typkonstruktor

```
chan
```

zur Konstruktion eines abstrakten Datentyp „Kanal"(*„channel"*) von Objekten eines beliebigen Typs zum Austausch von Botschaften dieses Typs: mit ihm wird einem Typ T der Kanaltyp `chan T` zugewiesen.

Die Basisoperationen für einen Kanal `var c chan t` für Botschaften vom Typ t sind

- seine Initialisierung:

  c = make(chan t),

- die *Empfangsoperation* <-c:

  <-c ist ein Ausdruck vom Typ t, sein Wert ist der auf dem Kanal c empfangene Wert.

  Beispielsweise ist für var x t die Anweisung x = <-c die Zuweisung des Wertes der empfangenen Botschaft an x.

- die *Sendeoperation* c <-:

  ein Ausdruck y vom Typ t wird durch die Anweisung c <- y gesendet.

Ein Prozess wird nach einer Sendeoperation solange *blockiert*, bis die Botschaft von einem anderen Prozess *empfangen* wurde, und nach einer Empfangsoperation solange, bis eine Botschaft eingetroffen ist. (Damit haben wir Zustandsübergänge *aktiv* → *blockiert* → *bereit*.)

Unter Einsatz dieses Konzepts ist das wait-Konstrukt in Go wie folgt realisierbar:

Für jeden abgezweigten Prozess wird ein Kanal eingerichtet, auf dem er am Ende seiner Anweisungen eine Botschaft – in der Regel mit belanglosem Inhalt – sendet und dadurch über sein Ende informiert.

Wenn der abzweigende Prozess eine Empfangsoperation auf diesem Kanal ausführt, hat das zur Folge, dass er genau *solange* blockiert ist, bis diese Botschaft eingetroffen ist. Wenn er mehrere Prozesse abgezweigt hat, muss er auf entsprechend viele Botschaften warten, womit er blockiert ist, bis sie alle beendet sind.

Die oben erwähnten weiteren Zustandsübergänge *aktiv* → *blockiert* sind zentrale Gegenstände der Kap. 4 über Semaphore und Kap. 9 über Monitore; der hier kurz angerissene *Botschaftenaustausch über Kanäle* wird in den Kap. 11 und 13 über Botschaftenaustausch ausführlich behandelt.

1.9.1.4 blockiert → bereit

Ein Prozess wird deblockiert, wenn derjenige, auf den er gewartet hat, beendet ist. Dafür sorgen in C und in Java die oben angegebenen Inkarnationen von wait.

In Go wird dieser Effekt dadurch erreicht, dass ein Prozess, der eine Empfangsoperation auf einem Kanal aufgerufen hat, deblockiert wird, wenn eine Botschaft auf diesem Kanal eingetroffen ist, d. h., wenn er sie tatsächlich empfängt.

Für die vielfältigen anderen möglichen Übergänge *blockiert* → *bereit* sei – wie am Ende des vorigen Punktes – auf die späteren Kapitel verwiesen.

1.9.1.5 aktiv → beendet

Entweder terminiert ein Prozess und geht damit in den Zustand *beendet* über, oder nicht, bleibt also bis zum Ende des ihn enthaltenden Betriebssystem-Prozesses aktiv.

In C kann ein abgezweigter Prozess durch den Aufruf von pthread_exit) beendet werden; in Go durch den Aufruf der Funktion Goexit() aus der Datei panic.go im Paket runtime.

1.9.1.6 beendet → nicht existent

Mit diesem Übergang befassen wir uns nicht, denn spätestens bei der Beendigung des umfassenden Betriebssystem-Prozesses wird das vom Laufzeitsystem erledigt, wobei alle vom Prozess belegten Ressourcen freigegeben werden.

1.9.2 Beispiel in C, Java und Go

Zum Abschluss fassen wir noch unser kleines Programmfragment aus dem Abschn. 1.5 über Nebenläufigkeit und den informellen Prozessbegriff in den drei Sprachen zusammen.

Dabei sind für A, B, C und D ganz banale Anweisungsfolgen eingesetzt, um bei einem „Ausprobieren" der Programme die Nebenläufigkeit der beiden Prozesse mit den Anweisungsfolgen B und C „zu sehen"). (Beim C-Programm muss die pthread-Bibliothek eingebunden werden!)

1.9.2.1 C

```
#include <stdio.h>
#include <pthread.h>

const int N = 10000;

void *c (void *x) {
  int i; for (i - 0; i < N; i++) { printf ("-"); };
  return NULL;
}

void main () {
  pthread_t p;
  printf ("Anfang\n");                              // A
  pthread_create (&p, NULL, &c, NULL);              // fork C
  int i; for (i = 0; i < N; i++) { printf ("."); }  // B
  pthread_join (p, NULL);                           // wait C
  printf ("\nEnde\n");                              // D
}
```

1.9.2.2 Java

```
class Beispiel {

  static final int N = 10000;

  static Runnable c = new Runnable() {
                  public void run() {
                      for (int i = 0; i < N; i++) {
                        System.out.print ("-");
                      }
                  }
              };
```

```
public static void main(String[] arg) {
  Thread p;
  System.out.println("Anfang");                              // A
  p = new Thread(c); p.start();                              // fork C
  for (int i = 0; i < N; i++)
  { System.out.print("."); }                                // B
  try { p.join(); } catch(InterruptedException e) {} // wait C
  System.out.println("\nEnde");                              // D
  System.exit(0);
  }
}
```

1.9.2.3 Go

```
package main

const N = 10000
var done = make (chan int)

func c() {
  for i := 0; i < N; i++ {
    print ("-")
  }
  done <- 0
}

func main() {
  println ("Anfang")       // A
  go c()                   // fork C
  for i := 0; i < N; i++ {
    print (".")            // B
  }
  <-done                   // wait C
  println ("\nEnde")       // D
}
```

Literatur

1. Andrews, G.R.: Concurrent Programming, Principles and Practice. Addison-Wesley, Menlo Park (1991)
2. Burns, A., Davies, G.: Concurrent Programming. Addison-Wesley, Harlow (1993)
3. Dijkstra, E.W.: Solution of a problem in concurrent programming control. Commun. ACM **8**, 569 (1965). https://doi.org/10.1145/365559.365617
4. Dijkstra, E.W.: Guarded commands, nondeterminacy and formal derivation of programs. Commun. ACM **18**, 453–457 (1975). https://doi.org/10.1145/360933.360975. https://www.cs.utexas.edu/users/EWD/ewd04xx/EWD418.PDF

5. Herrtwich, R.G., Hommel, G.: Nebenläufige Programme (Kooperation und Konkurrenz). Springer, Berlin/Heidelberg/New York (1994, 1989). https://doi.org/10.1007/978-3-642-57931-8
6. Maurer, C.: Die Unlösbarkeit des Halteproblems und sein Bezug zu klassischen Antinomien. epubli-Verlag (2012). https://www.epubli.de/shop/buch/Unlösbarkeit-des-Halteproblems-und-sein-Bezug-zu-den-klassischen-Antinomien-Christian-Maurer-9783844227857/18908
7. Tanenbaum, A.S.: Moderne Betriebssysteme. Pearson Studium, München (2003)
8. Wirth, N.: Programming in Modula 2. Springer, Berlin/Heidelberg/New York (1982)

Pakete, Interfaces und abstrakte Datentypen

2

Zusammenfassung

In diesem Kapitel gehen wir auf die im Vorwort angedeuteten wichtigen – von der NSP unabhängigen – Programmierprinzipien ein. Es dient lediglich dazu, einige Aspekte der in diesem Buch verwendeten programmiertechnischen Verfahrensweisen darzustellen. Im Wesentlichen geht es dabei darum, wie sich fundamentale softwaretechnische Grundprinzipien in Go realisieren lassen.

Es werden einige grundlegende Pakete aus den Quelltexten aus diesem Buch, dem nUniversum, vorgestellt und anhand einiger Beispiele – dem Interface Object und den abstrakten Datentypen „Warteschlange" und „beschränkter Puffer" – wird die Umsetzung softwaretechnischer Grundsätze detailliert erläutert.

2.1 Die Rolle von Paketen

Zur Konstruktion von *Paketen* und zu deren Abgrenzung von anderen ist ein ganz einfacher Standpunkt vertretbar, der sich an dem Postulat der Softwaretechnik nach *information hiding* orientiert und deswegen nachdrücklich empfohlen wird:

▶ Ein Paket kann *genau einen* abstrakten Datentyp oder ein abstraktes Datenobjekt definieren.

Abstrakt heißt dabei, dass die Implementierung des Datentyps nicht sichtbar ist, sondern dass auf sie nur über ihre Spezifikation zugegriffen wird. Daraus folgt:

▶ Spezifikation und Implementierung innerhalb eines Pakets sind textuell sauber zu trennen, d. h. in verschiedene Textdateien aufzuspalten.

© Springer Fachmedien Wiesbaden GmbH, ein Teil von Springer Nature 2019
C. Maurer, *Nichtsequentielle und Verteilte Programmierung mit Go*,
https://doi.org/10.1007/978-3-658-26290-7_2

Diese Grundsätze hat uns Parnas in seinen bahnbrechenden Arbeiten [2, 3] zur Softwaretechnik schon Anfang der Siebziger Jahre gelehrt.

Dabei kann intensiv von der Tatsache Gebrauch gemacht werden, dass in Go Interfaces – schlicht mittels der `import`-Klausel – *vererbt* werden können; wir kommen darauf detailliert zu sprechen.

Entscheidend bei diesen Grundsätzen ist der Hinweis darauf, dass in Go Bezeichner genau *dann* von einem Paket exportiert werden, wenn sie mit einem Großbuchstaben beginnen; auf Bezeichner mit einem kleinen Anfangsbuchstaben kann dagegen von außerhalb des Pakets nicht zugegriffen werden (s. https://golang.org/ref/spec → Exported Identifiers).

Die Spezifikation eines abstrakten Datentyps hat die syntaktische Form eines *Interface*, das mit der Typdeklaration beginnt. Danach können sowohl

- die Namen benutzter Interfaces als auch
- die Syntax exportierter Methoden

folgen.

Der erste dieser beiden Fälle zeigt, dass es sich im Grunde um eine rekursive Definition handeln kann, die einen sehr mächtigen Aspekt von Go darstellt. Dieser Mechanismus der *„Vererbung auf der Ebene der Spezifikationen"* ist womöglich viel bedeutender als auf der Ebene der Implementierungen, weil es – wenn geschickt eingesetzt – Berge von Quelltextzeilen erspart.

Verschiedene Implementierungen eines abstrakten Datentyps in einem Paket realisieren unterschiedliche Entwurfsentscheidungen, die Alternativen für Klienten anbieten, z. B. in Bezug auf Laufzeitbetrachtungen oder Speichereffizienz.

Konstruktoren haben syntaktisch eigentlich nichts in einer Spezifikation zu suchen, weil das – im Widerspruch zum objektorientierten Ansatz – die mögliche Vielfalt von Implementierungen einschränken würde.

Aber mit einem einfachen „Trick" lässt sich das umgehen:

Es wird eine Konstruktorfunktion in die Spezifikation aufgenommen, die ihrerseits eine – von außen unzugängliche, weil kleingeschriebene – Funktion aus der Implementierung aufruft und damit die Details ihrer Konstruktion versteckt. Damit wird erreicht, dass Klienten über die Syntax und Semantik der Konstruktoren informiert werden, ohne in den Quelltext der Implementierung schauen zu müssen (was einen zwar häufig zu beobachtenden, aber äußerst kritikwürdigen Verstoß gegen den Grundsatz des *„information hiding"* darstellt).

Wenn ein Paket mehrere Implementierungen enthält, sollten die Konstruktorfunktionen Hinweise – in Form von Kommentaren – zu den semantischen Unterschieden zwischen den entsprechenden Implementierungen enthalten, damit ein Klient diejenigen Konstruktoren auswählen kann, die zu seinen Anwendungszwecken passen.

Ein Paket kann auch ein abstraktes Daten*objekt* realisieren, was z. B. bei Durchgriffen auf die Hardware sinnvoll ist – ein Rechner verfügt nur über *eine* Tastatur, *eine* Maus oder *eine* tty-Konsole.

In der Regel ist es aber grundsätzlich möglich, auch abstrakte Datenobjekte unter Rückgriff auf abstrakte Datentypen zu konstruieren. Dazu wird – nur in der Implementierung – ein Datentyp definiert und von ihm ein einziges Exemplar erzeugt.

Die Spezifikation gibt in diesem Fall keinen Interface-Typ mehr an, sondern besteht nur aus den Zugriffsfunktionen auf das Objekt „hinter den Kulissen", was den Begriff *abstraktes* Datenobjekt ausmacht; zweckmäßigerweise auf die Art, wie es oben bei den Konstruktoren gemacht wurde: Die Zugriffsfunktion in der Spezifikation ruft eine Funktion aus der Implementierung auf (z. B. mit dem gleichen Namen, aber einem führenden Kleinbuchstaben).

Zur drastischen Verkürzung des Textes in Spezifikationen gilt *im ganzen Buch* die folgende Sprachregelung:

▶ In allen Spezifikationen in diesem Buch wird *grundsätzlich* das *aufrufende Objekt* mit x bezeichnet.

Pakete können aber auch eine andere Rolle spielen:

2.1.1 Pakete nur als Interfaces

Der im obigen Abschnitt erwähnte *rekursive* Aspekt bei den Interfaces legt es natürlich nahe, dass das Paketkonzept auch durchaus einen Sinn ergibt, *ohne* einen abstrakten Datentyp oder ein abstraktes Datenobjekt zu spezifieren – einfach als Muster („*pattern*") zur Verwendung in anderen Interfaces.

▶ Ein Paket kann auch nur ein Interface definieren, *ohne* einen Datentyp zu spezifizieren.

Auch dazu wird im folgenden Abschn. 2.3.3 ein hübsches Beispiel gegeben, das der „Objekte".

2.1.1.1 Zur Namensgebung von Bezeichnern

Abschließend möchte ich noch auf eine „Marotte" von mir hinweisen und bei meinen Leserinnen und Lesern um Nachsicht dafür bitten:

Die Namen von Paketen sind – mit dem Ziel der Begrenzung der Textlänge der import-Klauseln – in der Regel sehr kurz, z. B. seq für Folgen („*sequence*"), buf für Puffer („*buffer*"), sem für Semaphore und nchan für Netz(werk)kanäle („*netchannel*"). Das ist im Wesentlichen durch die Kürze der Namen vieler Go-Pakete (z. B. `cmd`, `fmt`, `io`, `math`, `net`, `os`) motiviert.

Entsprechendes gilt für manche Namen von Methoden, z. B. `Ins` zum Einfügen („*insert*"), `Del` zum Entfernen („*delete*"), `Num` für Anzahl („*number*"), `Val` für Wert („*value*") und `Trav` für Durchlaufen („*traverse*").

Wem das nicht gefällt, möge diese Bezeichner durch eigene Kreationen ersetzen.

2.2   Alle Quelltexte aus diesem Buch im nUniversum-Paket

Alle Quelltexte für die vielen Beispiele in diesem Buch werden in Pakete „verpackt", die ihrerseits im nUniversum-Paket `nU` untergebracht sind („n" steht für „Nano"). Es handelt sich dabei um *diejenigen* Teile des μUniversums (s. [1]), die in diesem Buch verwendet werden.

▶   Dieses Paket ist auf der Seite zum Buch im weltweiten Netz abrufbar:
     https://maurer-berlin.eu/nspbuch/3/

Es liegt dort als komprimierte tar-Datei namens `nu.tgz`, die mit dem Befehl `tar xfzv nu.tgz` im persönlichen Go-Heimatverzeichnis `$HOME/go/src/` ausgepackt werden muss.

Die Installation aller Pakete und Programme aus dem nUniversum erfolgt, indem im durch erzeugten Unterverzeichnis `$HOME/go/src/nU` das folgende Shell-Skript (das unter dem Namen `install.sh` in den Quelltexten zum Buch enthalten ist) aufgerufen wird:

```
#!/bin/sh

for f in $(ls *.go); do
  go install $f
done
```

2.3   Das Paket Object

Wir benötigen an diversen Stellen in diesem Buch eine Reihe von grundlegenden Typen und Interfaces, die eigentlich *direkt* nichts mit NSP zu tun haben, sich aber in verschiedenen Zusammenhängen als äußerst nützlich oder sogar notwendig erweisen werden.

Wir versammeln derartiges in einem Paket, das wir hier vorstellen. Es wird in späteren Kapiteln um weitere Interfaces und Funktionen ergänzt, die textuell natürlich in verschiedenen Dateien in diesem Paket untergebracht werden sollten, um die Dinge etwas zu strukturieren.

2.3.1   Any

Begonnen sei mit der Definition eines grundlegenden Datentyps, hinter dem sich *alle*
Datentypen „verstecken" können, des *leeren Interface*. Aus Abkürzungszwecken erhält
er einen eigenen Namen.

Aus Gründen, die im folgenden Abschnitt klar werden, packen wir ihn in das dort
definierte Paket:

```
package obj

type Any interface{}
```

2.3.2   Interfaces zur Beschreibung von Objekten

Wir stellen zunächst vier Interfaces vor:

```
Equaler
Comparer
Clearer
Coder
```

Motivation und Grundlage für deren Konstruktion ist die Bedeutung, die die folgenden
Interfaces in Java für viele Klassen haben – insbesondere teils auch für die Klasse
Object:

```
java/lang/Cloneable.java
java/lang/Comparable.java
java/util/Collection.java
java/io/Serializable.java
```

2.3.2.1 Equaler

Die meisten Objekte in der Informatik können mit anderen daraufhin verglichen werden, ob sie gleich sind, und sie können kopiert werden. Dafür dient das folgende
Interface:

```
package obj

type Equaler interface {

// Liefert genau dann true, wenn x den gleichen Typ wie y hat
// und vollständig mit x übereinstimmt.
  Eq (y Any) bool

// Liefert eine Kopie von x, d.h. x.Eq(x.Clone()).
  Clone() Any
```

```
// Wenn y den gleichen Typ wie x hat, dann gilt x.Eq(y).
// y ist unverändert.
  Copy (y Any)
}
```

```
// Vor.: a und b sind atomar oder implementieren Equaler.
// Liefert genau dann true, wenn a und b gleich sind.
func Eq (a, b Any) bool { return eq(a,b) }
```

```
// Vor.: a ist atomar oder implementiert Equaler.
// Liefert eine Kopie von a.
func Clone (a Any) Any { return clone(a) }
```

Die Implementierung der Funktionen eq und clone zeigen wir hier nicht, sondern verweisen dazu auf den Quelltext zu diesem Buch.

2.3.2.2 Comparer

In der Regel können Objekte auch angeordnet werden, wozu es notwendig ist, sie der Größe nach zu vergleichen. Damit wird es z. B. möglich, Folgen von ihnen zu sortieren.

```
package obj
```

```
type Comparer interface {

// Vor.: y ist vom gleichen Typ wie x.
// Liefert genau dann true, wenn x kleiner als y ist.
  Less (y Any) bool
}
```

```
// Vor.: a und b sind atomar oder implementieren Equaler.
// Liefert genau dann true, wenn a kleiner als b ist.
func Less (a, b Any) bool { return less(a,b) }
```

2.3.2.3 Clearer

Objekte können leer sein und mit dem Effekt, dass sie leer sind, gelöscht werden.

Was „leer" bedeutet, hängt von der Semantik des Typs der aufrufenden Objekte ab. Handelt es sich um eine Menge oder Folge, ist die Bedeutung klar; andernfalls ist es z. B. ein Objekt mit einem undefinierten Wert, repräsentiert durch einen Text nur aus Leerzeichen.

```
package obj
```

```
type Clearer interface {

// Liefert genau dann true, wenn x leer ist.
  Empty() bool

// x ist leer.
  Clr()
```

2.3.2.4 Coder

Objekte können in (im Speicher zusammenhängende) Bytefolgen serialisiert werden, z. B.
um sie auf einem externen Speicher persistent abzulegen oder sie als „Datenpakete" über
das Netz zu transportieren. Der passende Typ für solche Bytefolgen sind Slices von Bytes
([]byte), dem wir den eigenen Namen *Strom* („*Stream*") geben:

```
package obj

type (
  Stream = []byte
  AnyStream = []Any
  UintStream = []uint
)
```

Derartige „*type aliases*" sind mit Go 1.9 in die Spezifikation von Go aufgenommen.

Codierung und Decodierung von Objekten muss natürlich umkehrbar eindeutig sein,
d. h., diese Funktionen sind zueinander invers.

```
package obj

type Coder interface {

// Liefert die Anzahl der bytes, die nötig sind,
// um x eineindeutig umkehrbar zu serialisieren.
  Codelen() uint

// x.Eq (x.Decode (x.Encode()))
  Encode() Stream

// Vor.: b ist das Ergebnis eines Aufrufs von y.Encode()
//       für ein genau ein Objekt y vom gleichen Typ wie x.
// Die Objekte x und y stimmen überein und
// die slices x.Encode() und b sind identisch.
  Decode (b Stream)
}

// Liefert codelen(int(0)) (== codelen(uint(0))).
func C0() uint { return c0 }

// Vor.: a ist atomar oder implementiert Object.
// Liefert die Codelänge von a.
func Codelen (a Any) uint { return codelen(a) }

// Vor.: a ist atomar oder implementiert Object.
// Liefert a als codierten Strom.
func Encode (a Any) Stream { return encode(a) }

// Vor.: a ist atomar oder implementiert Object.
//       bs ist ein codierter Strom.
// Liefert das Objekt, das darin codiert ist.
func Decode (a Any, bs Stream) Any { return decode(a,bs) }
```

Auf die Implementierung der Funktionen `codelen`, `encode` und `decode` gehen wir hier auch nicht weiter ein, sondern verweisen dazu auf die Werkzeuge aus den Paketen `asn1`, `json` und `gob` aus dem Go-Paket `encoding` oder unsere simplen Konstruktionen in den Paketen von nU.

Gezeigt wird nur ein Auszug aus der Funktion `codelen`, die u. a. das – von der Adressbreite des verwendeten Rechners abhängige – Ergebnis von `C0()` liefert, das wir später brauchen werden:

```go
var c0 uint

func init() {
  switch runtime.GOARCH {
  case "amd64":
    c0 = 8
  case "i386":
    c0 = 4
  }
}

func codelen (a Any) uint {
  switch a.(type) {
  ...
  case int, uint:
    return c0
  ...
}
```

2.3.3   Das Interface des Pakets

Themen wie *Generizität* oder *parametrische Polymorphie* werden in diesem Buch nicht behandelt, weil das — wie sich zeigen wird – in Go viel einfacher geht. Einen entscheidenden Beitrag dazu liefert die Spezifikation des Datentyps, der in diesem Abschnitt vorgestellt wird.

Stark beeinflusst durch die Ideen, die sich um die Wurzel der Klassenhierarchie in Java, der Klasse „`Object`" ranken, bietet es sich an, in Go ein Interface zu definieren, das „Objekte" definiert.

Jedes „vernünftige" Objekt sollte – aus den im jeweiligen Interface angeführten Gründen – alle vier oben genannten Interfaces implementieren. Ausgenommen von dieser Forderung sind natürlich „atomare Objekte", d. h. Variable einfacher Datentypen (s. `func Atomic`).

```go
package obj

type Object interface {
```

```
    Equaler
    Comparer
    Clearer
    Coder
}
```

```
// Liefert genau dann true, wenn der Typ von a
// [u]int{8|16|32}, float[32|64], complex[64|128],
// string oder Stream ist (diese beiden Typen
// behandeln wir zweckmäßigerweise auch als "atomar".
func Atomic (a Any) bool { return atomic(a) }
```

```
// Liefert genau dann true,
// wenn der Typ von a Object implementiert.
func IsObject (a Any) bool { return isObject(a) }
```

Da es sinnvoll ist, nichtatomare Variablen in abstrakte Datentypen zu verpacken, ist diese „Klassifizierung" in

- atomare Variablen und
- Objekte

durchaus stringent.

Alle diese soweit entwickelten Interfaces, Methoden und Funktionen werden uns im hinteren Teil des Buches, der sich mit netzweitem Botschaftenaustausch und verteilten Algorithmen befasst, sehr dabei helfen, außer atomaren Variablen auch „Variable", die den Typ Object implementieren, als Botschaften durch das Netz zu transportieren.

2.3.4 Warteschlangen als abstrakter Datentyp

Wir ranken die folgenden Beispiele zur Erläuterung der vorgestellten Grundsätze um eine Standardstruktur, die in der Informatik eine fundamentale Rolle spielt: Warteschlangen nach dem FIFO-Prinzip „first-in-first-out".

Der entsprechende Datentyp Buffer sei als Paket namens nU/buf konstruiert. Er wird als Interface spezifiziert, das neben dem Namen des Datentyps einige Methoden exportiert und einen Konstruktor nach dem im Abschn. 2.1 geschilderten Prinzip definiert.

Damit sind sämtliche Implementierungsdetails konsequent verborgen, was das dort genannte Postulat erfüllt.

```
package buf
import . "nU/obj"
```

```
type Buffer interface {
```

```
// Liefert genau dann true, wenn x leer ist,
// d.h. keine Objekte enthält.
```

```
  Empty() bool
// Liefert die Anzahl der Objekte in x.
  Num() int

// a ist als letztes Objekt in x eingefügt.
  Ins (a Any)

// Liefert das Musterobjekt von x, wenn x leer ist.
// Liefert andernfalls das erste Objekt aus x
// und dieses Objekt ist aus x entfernt.
  Get() Any
}

// Vor.: a ist atomar oder implementiert Equaler.
// Liefert eine leere Schlange für Objekte des Typs von a
// mit Musterobjekt a.
func New (a Any) Buffer { return new_(a) }
```

Man findet auch andere Namen für diesen Datentyp und seine Methoden, z. B. Queue für Buffer, Enqueue für Ins und Dequeue für Get.

Eine mögliche Implementierung beruht auf dem Konstrukt der „slices" in Go (s. https://golang.org/ref/spec#Slice_types und https://blog.golang.org/go-slices-usage-and-internals), die als dynamische Felder („arrays") aufgefasst werden können:

```
package buf
import . "nU/obj"

type buffer struct {
  Any "Musterobjekt"
  s []Any
}

func new_(a Any) Buffer {
  x := new(buffer)
  x.Any = Clone(a)
  x.s = make([]Any, 0)
  return x
}

func (x *buffer) Empty() bool {
  return len(x.s) == 0
}

func (x *buffer) Num() int {
  return len(x.s)
}
func (x *buffer) Ins (a Any) {
  x.s = append(x.s, a)
}
```

```
func (x *buffer) Get() Any {
  if x.Empty() {
    return x.Any
  }
  a := x.s[0]
  x.s = x.s[1:]
  return a
}
```

Es sind aber auch andere Implementierungen möglich; etwa mit einem abstrakten Datentyp Sequence für (endliche) Folgen von Objekten eines bestimmten Typs, spezifiert durch

```
package seq
import . "nU/obj"

type Sequence interface {

// Liefert genau dann true, wenn x keine Objekte enthält.
  Empty() bool

// Liefert die Anzahl der Objekte in x.
  Num() int

// a ist als letztes Objekt in x eingefügt.
  InsLast (a Any)

// Wenn x leer ist, ist nichts verändert.
// Andernfalls ist das erste Objekt aus x entfernt.
  DelFirst()

// Liefert das Musterobjekt von x, falls x leer ist,
// andernfalls das erste Objekt aus x.
  GetFirst() Any
}

// Vor.: a ist atomar oder implementiert Equaler.
// Liefert eine leere Folge mit Musterobjekt a.
func New (a Any) Sequence { return new_(a) }
```

Ein ernsthaft brauchbarer derartiger Datentyp müsste natürlich eine Reihe weiterer Methoden zur Verfügung stellen.

Wir beschränken uns hier aber auf solche, die für die folgende alternative Implementierung von Schlangen erforderlich sind:

```
package buf
import (. "nU/obj", "nU/seq")
```

```
type bufferSeq struct {
  Any "Musterobjekt"
  seq.Sequence
}

func newS (a Any) Buffer {
  x := new(bufferSeq)
  x.Any = Clone(a)
  x.Sequence = seq.New(a)
  return x
}

func (x *bufferSeq) Ins (a Any) {
  x.InsLast (a)
}

func (x *bufferSeq) Get() Any {
  if x.Empty() {
    return x.Any
  }
  defer x.DelFirst()
  return x.GetFirst()
}
```

Um diese Alternative nutzen zu können, muss das Interface um die Konstruktorfunktion

```
func NewS (a Any) Buffer { return news(a) }
```

ergänzt werden (im Grunde mit Hinweisen der oben genannten Art).

Bemerkenswert bei dieser Implementierung ist zunächst, dass die Methoden `Empty` und `Num` nicht auftauchen. Genau das ist einer der brillanten Aspekte des Designs der Entwickler von Go, die überflüssige Quelltextzeilen erspart:

Dank der „*Vererbbarkeit*" von Interfaces (in diesem Fall durch den Import von `seq`) ist das nicht notwendig – es wird einfach auf die gleichnamigen Methoden des benutzten Interface durchgegriffen.

Entsprechendes gilt auch für die verwendeten Methoden `InsLast`, `DelFirst` und `GetFirst` aus dem Paket `nU/seq`; das jeweilige Präfix `x.Sequence` kann ausgelassen werden, weil es keine Verwechslung mit gleichnamigen Methoden des Datentyps `Buffer` geben kann – auch in diesem Fall werden einfach die Methoden aus dem Datentyp `Sequence` aufgerufen.

Bei derartigen Überlegungen ist allerdings Sorgfalt geboten:

Gehörte z. B. die Funktion `Num` auch zum Datentyp `Sequence`, müsste diese Methode *doch* in `Buffer` implementiert werden, und zwar so:

```
func (x *BufferSeq) Num() int {
  return x.Sequence.Num()
}
```

Warum? (Hinweis: nichtterminierende Rekursion)

2.3.5   Eine Warteschlange als abstraktes Datenobjekt

Wenn – aus welchen Gründen auch immer – nur *eine* Warteschlange gebraucht wird, ist folgende (um Kommentare wie oben zu ergänzende) Spezifikation eines abstrakten Datenobjekts angebracht:

```
package buf1 // Zugriffe auf eine FIFO-Warteschlange
import ("nU/obj", "nU/buf")


func Empty() bool { return empty() }
func Num() int { return num() }
func Ins (a Any) { insert(a) }
func Get() Any { return get() }
```

Die Funktionen `empty`, `num`, `insert` und `get` in der Implementierung stützen sich dann auf einen abstrakten Datentyp `Buffer` wie oben.

2.3.6   Beschränkte Puffer

Eine weitere wichtige Anwendung in der Informatik ist ein Datentyp, der üblicherweise als *beschränkter Puffer* bezeichnet wird – nichts als FIFO-Schlangen mit einer beschränkten Aufnahmekapazität. Das bedeutet, dass in einen vollen Puffer kein weiteres Objekt mehr aufgenommen werden kann.

Damit diese Vorbedingung von einem Klienten eingehalten werden kann, muss selbstverständlich eine Methode zur Verfügung gestellt werden, die angibt, ob der Puffer voll ist.

Damit ist die Spezifikation ganz einfach:

```
package bbuf
import (. "nU/obj"; "nU/buf")


type BoundedBuffer interface {
  buf.Buffer

// Liefert genau dann true,
// wenn x bis zu seiner Kapazitätsgrenze gefüllt ist.
// ! Full() ist die Vor.g für einen Aufruf von Ins(a).
  Full() bool
}


// Vor.: a ist atomar oder implementiert Equaler; n > 0.
// Liefert einen leeren Puffer der Kapazität n
// für Objekte des Typs von a.
func New (a Any, n uint) BoundedBuffer { return new_(a,n) }
```

Die Kürze dieser Spezifikation zeigt ganz deutlich die Eleganz des oben genannten Prinzips.

Da in späteren Kapiteln von dieser Struktur Gebrauch gemacht wird, sei auch noch die „klassische" Implementierung in Form eines *Ringpuffers* gezeigt:

```
package bbuf
import . "nU/obj"

type boundedBuffer struct {
  Any "Musterobjekt"
  int "Anzahl der Objekte im Puffer"
  cap, in, out uint
  content AnyStream
}

func new_(a Any, n uint) BoundedBuffer {
  x := new(boundedBuffer)
  x.Any = Clone(a)
  x.cap = n
  x.content = make(AnyStream, x.cap)
  return x
}

func (x *boundedBuffer) Empty() bool {
  return x.int == 0
}

func (x *boundedBuffer) Num() int {
  return x.int
}

func (x *boundedBuffer) Full() bool {
  return x.int == int(x.cap - 1)
}

func (x *boundedBuffer) Ins (a Any) {
  if x.Full() { return }
  CheckTypeEq (a, x.Any)
  x.content[x.in] = Clone (a)
  x.in = (x.in + 1) % x.cap
  x.int++
}

func (x *boundedBuffer) Get() Any {
  if x.Empty() {
    return x.Any
  }
  a := Clone (x.content[x.out])
  x.content[x.out] = Clone (x.Any)
  x.out = (x.out + 1) % x.cap
  x.int--
  return a
}
```

2.4 Zur Problematik von Verweisen

Vielleicht wundern Sie sich darüber, dass in den vorgestellten Implementierungen immer Clone(a) anstelle von a verwendet wird.

Nehmen wir z. B. an, wir hätten beim Einfügen nur a übergeben. Wenn denn wenn das anzuhängende Objekt die Form

```
*a
```

hat, also ein *Verweis* auf ein Objekt ist, dann ist es in der Warteschlange nicht mehr sicher, weil von außen auf das Objekt zugegriffen und es dabei verändert werden kann, wie das folgende Beispiel zeigt:

```
package main
import "nU/buf"

func main() {
  a, b := new(int), 1
  *a = b
  buffer := buf.New(0)
  buffer.Ins(a) // vermeintlich ist 1 in der Schlange,
  c := a // aber:
  *c = 2 // durch diesen Zugriff wird das verfälscht
  println(*buffer.Get().(*int)) // gibt 2 aus, nicht 1
}
```

Folglich muss statt

```
*a
```

ein *Verweis auf eine Kopie* des Objekts, auf das a verweist, übergeben werden, – und falls dieses Objekt selber wiederum ein Verweis wäre, dann . . .

Mit der Übergabe *einer Kopie* von a werden derartige Fehler grundsätzlich vermieden. Das erklärt auch, warum in den Voraussetzungen für die Konstruktoren verlangt wird, dass das „Musterobjekt", wenn es nicht atomar ist, den Typ Equaler implementiert.

Literatur

1. Maurer, C.: Das μUniversum. https://maurer-berlin.eu/mU
2. Parnas, D.L.: A technique for software module specification with examples. Commun. ACM **15**, 330–336 (1972). https://doi.org/10.1145/355602.361309
3. Parnas, D.L.: On the criteria to be used in decomposing systems into modules. Commun. ACM **15**, 1053–1058 (1972). https://doi.org/10.1145/361598.361623

Schlösser

3

Zusammenfassung

Dies ist das erste Kapitel, das sich mit der Konstruktion bestimmter Algorithmen zur Synchronisation nebenläufiger Prozesse befasst – den Ein- und Austrittsprotokollen zum Schutz kritischer Abschnitte. Den Effekt eines Eintrittsprotokolls kann man sich intuitiv etwa so vorstellen: Ein Prozess verschließt bei seinem Durchlaufen den Zugang zu einem kritischen Abschnitt hinter sich, um ihn nach dem Verlassen des kritischen Abschnitts im Austrittsprotokoll wieder aufzuschließen. Deshalb nennt man die Implementierungen dieser Protokolle *Schlossalgorithmen* und die zugehörigen Datentypen *Schlösser*.

Nach der Spezifikation von Schlössern werden sie unter Verwendung von – an gängigen Prozessoren ausgerichteten – Maschineninstruktionen implementiert und diese Verfahrensweisen bewertet. Danach werden Möglichkeiten vorgestellt, Ein- und Austrittsprotokolle zum Betreten kritischer Abschnitte mit elementaren Methoden der sequentiellen Programmierung durch den Zugriff auf gemeinsam benutzte Variablen zu implementieren. Viele dieser Lösungen sind „klassische Algorithmen", die die Forschung über Jahre geprägt haben. Allerdings stellen sich dabei auch eine Reihe von – konzeptionellen wie praktischen – Nachteilen und Einschränkungen heraus.

3.1 Spezifikation von Schlössern

Unter einem *Schloss* (oder einer *Schlossvariablen*) („*lock*") versteht man ein *abstraktes Datenobjekt* `locked` vom Typ `bool`, auf das mittels zweier Operationen, `Lock` und `Unlock`, zum Sperren und Entsperren eines kritischen Abschnitts zugegriffen wird. Hier die Spezifikation:

© Springer Fachmedien Wiesbaden GmbH, ein Teil von Springer Nature 2019
C. Maurer, *Nichtsequentielle und Verteilte Programmierung mit Go*,
https://doi.org/10.1007/978-3-658-26290-7_3

```
Lock:      <await !locked; locked = true>
Unlock:    <locked = false>
```

mit dem initialen Wert `locked == false`.

Wenn mehrere Prozesse im Initialzustand `Lock` aufrufen, gelingt es *einem* von ihnen, diese Operation auszuführen: Er setzt dabei – durch Aufrufe von `Lock` oder `Unlock` anderer Prozesse nicht unterbrechbar – `locked` auf `true`, sodass alle anderen warten müssen, bis er `Unlock` ausgeführt hat und damit genau einem der Wartenden die Terminierung seiner Ausführung von `Lock`, d. h. den Eintritt in den kritischen Abschnitt, ermöglicht.

Das sichert den *gegenseitigen* Ausschluss.

Die *Verklemmungsfreiheit* folgt aus der Unteilbarkeit von `Lock`.

Behinderungen sind ausgeschlossen, da einer der Prozesse, die `Lock` aufgerufen haben, diese Funktion ausführt, sobald er aktiv wird.

Lediglich über die *Fairness* ist nichts ausgesagt.

Ein erster Versuch einer umgangssprachlichen Formulierung der Spezifikation beschreibt die Zustandsänderungen von `locked`:

```
// Verwaltet ein abstraktes Datenobjekt locked vom Typ bool mit
// dem initialen Wert false. Die Funktionen Lock und Unlock sind
// atomar, d.h. sie können durch Aufrufe von Lock und Unlock
// anderer Prozesse nicht unterbrochen werden.

// locked == true. Der aufrufende Prozess ist genau dann
// auf locked blockiert, wenn locked schon vorher true war.
   lock()

// Wenn es vorher auf locked blockierte Prozesse gab, ist
// genau einer von ihnen deblockiert und locked == true;
// andernfalls ist locked == false.
   unlock()
```

Das ist aber aus folgendem Grund suboptimal:

Spezifikationen sollten orthogonal zu Implementierungen sein, also *völlig unabhängig* von ihnen:

Sie sollen den Zustand *nach Terminierung des Aufrufs* einer Funktion beschreiben, also statische Aussagen über das, „was" getan ist, machen, nicht dynamische Aussagen darüber, „wie" das getan wird, was letztlich eine diffuse Vorwegnahme von Implementierungsdetails, also ein gravierender Verstoß gegen das softwaretechnische Gebot des *Geheimnisprinzips* („*information hiding*") wäre.

Diese Forderung erfüllt folgende Formulierung der Spezifikation:

```
// Sichert den Zugang zu einen kritischen Abschnitt.
// Die Funktionen Lock und Unlock sind durch Aufrufe von
// Lock oder Unlock anderer Prozesse nicht unterbrechbar.
```

```
// Vor.: Der aufrufende Prozess ist nicht im kritischen
//       Abschnitt.
// Er ist es als einziger Prozess.
  Lock()


// Vor.: Der aufrufende Prozess ist im kritischen Abschnitt.
// Er ist es jetzt nicht mehr.
  Unlock()
```

Das oben angesprochene Fairness-Problem könnte hier dadurch einbezogen werden, dass in der Spezifikation von Lock explizit die Terminierung des Aufrufs in endlicher Zeit zugesagt würde.

3.2 Schlösser in C, Java und Go

Es liegt auf der Hand, die Spezifikation von Schlössern zu einem *abstrakten Datentyp* zu erweitern.

Das ist nicht nur aus allgemeinen *softwaretechnischen* Erwägungen *grundsätzlich* sinnvoll, sondern letztlich eine Frage der Praktikabilität:

Für Anwender ist das Konzept nur brauchbar, wenn es die Möglichkeit eröffnet, in einem größeren System *mehrere* kritische Abschnitte *unabhängig voneinander* durch verschiedene Schlösser zu sichern.

3.2.1 Schlösser in C

Für C liefert die glibc („*GNU C Library*") den Typ pthread_mutex_t mit der Funktion thread_mutex_init zur Initialisierung einer Variablen dieses Typs (Details siehe /usr/include/bits/pthreadtypes.h).

Zur Spezifikation dieser Funktion hier ein Auszug aus der *manpage*:

NAME
    pthread_mutex_init – initialize a mutex
SYNOPSIS
    #include <pthread.h>
    int pthread_mutex_init(pthread_mutex_t *restrict mutex,
        const pthread_mutexattr_t *restrict attr);
DESCRIPTION
    The pthread_mutex_init() function shall initialize the mutex referenced by
    mutex with attributes specified by attr. If attr is NULL, the default mutex attributes
    are used; the effect shall be the same as passing the address of a default mutex attributes
    object. Upon successful initialization, the state of the mutex becomes initialized and
    unlocked.

RETURN VALUE
   If successful, the `pthread_mutex_init()` function shall return zero; otherwise an
   error number shall be returned to indicate the error.

Zum Sperren und Entsperren kritischer Abschnitte gibt es die Funktionen

   `pthread_mutex_lock` und `pthread_mutex_unlock`

Auch zu ihrer Spezifikation ein Auszug aus der *manpage*:

NAME
   `pthread_mutex_lock`, `pthread_mutex_unlock` – lock and unlock a mutex
SYNOPSIS   #include <pthread.h>
   `int pthread_mutex_lock(pthread_mutex_t *mutex);`
   `int pthread_mutex_unlock(pthread_mutex_t *mutex);`
DESCRIPTION
   The mutex object referenced by `mutex` shall be locked by calling `pthread_mutex_-`
   `lock()`. If the mutex is already locked, the calling thread shall block until the mutex
   becomes available. This operation shall return with the mutex object referenced by mutex
   in the locked state with the calling thread as its owner.
       The `pthread_mutex_unlock()` function shall release the mutex object refe-
   renced by `mutex`. The manner in which a mutex is released is dependent upon the mutex's
   type attribute. If there are threads blocked on the mutex object referenced by `mutex` when
   `pthread_mutex_unlock()` is called, resulting in the mutex becoming available, the
   scheduling policy shall determine which thread shall acquire the mutex.
RETURN VALUE
   If successful, the `pthread_mutex_lock()` and `pthread_mutex_unlock()`
   functions shall return zero; otherwise, an error number shall be returned to indicate the
   error.

3.2.2 Schlösser in Java

In Java konnte gegenseitiger Ausschluss ursprünglich nur dadurch erreicht werden,
dass die Methoden, die einen kritischen Abschnitt enthalten, mit dem Schlüsselwort
`synchronized` modifiziert werden. Bei einer Klassenmethode führt das zur Sperrung
der Klasse vor der Ausführung der Methode, bei einer Instanzmethode zur Sperrung der
Klasseninstanz.

Seit der Version 1.5 von Java geht das geradliniger: Es gibt jetzt das – hier nur im
Auszug wiedergegebene – Interface `Lock`

```
package java.util.concurrent.locks;
import java.util.concurrent.TimeUnit;

public interface Lock {
  /**
   * Acquires the lock.
```

```
 *
 * If the lock is not available then the current thread
 * becomes disabled for thread scheduling purposes and
 * lies dormant until the lock has been acquired.
 */
void lock();
/**
 * Releases the lock.
void unlock();
```

im Paket `java.util.concurrent.locks`, das die Klasse `ReentrantLock` als Implementierung davon zur Verfügung stellt.

3.2.3   Schlösser in Go

In der Go-Bibliothek findet man das Paket `sync` mit einem Interface. Hier ein Auszug daraus:

```
package sync

// A Locker represents an object
// that can be locked and unlocked.
type Locker interface {
  Lock()
  Unlock()
}
```

Es stellt für diesen abstrakten Datentyp auch eine Implementierung der Spezifikation bereit:

```
// A Mutex is a mutual exclusion lock.
// Mutexes can be created as part of other structures;
// the zero value for a Mutex is an unlocked mutex.
// A Mutex must not be copied after first use.
type Mutex struct ...

// Lock locks m. If the lock is already in use, the
// calling goroutine blocks until the mutex is available.
func (m *Mutex) Lock() {

  ...


// Unlock unlocks m. It is a run-time error
// if m is not locked on entry to Unlock.
// A locked Mutex is not associated with a particular goroutine.
// It is allowed for one goroutine to lock a Mutex and then
// arrange for another goroutine to unlock it.
func (m *Mutex) Unlock() {

  ...
```

Prozesse müssen `Lock()` und `Unlock()` in kritischen Abschnitten zur Gewährleistung des gegenseitigen Ausschlusses der Zugriffe auf gemeinsame Daten *grundsätzlich* paarweise wie folgt nutzen:

```
var mutex sync.Mutex
...
mutex.Lock()    // Eintrittsprotokoll
...             // Anweisungen des kritischen Abschnitts
mutex.Unlock()  // Austrittsprotokoll
```

Die komplizierten Implementierungen der vorgestellten Schlösser basieren unter anderem auf Operationen der niedrigsten Ebene:

3.3   Schlösser auf der Basis unteilbarer Maschineninstruktionen

Eine grundlegende Möglichkeit zur Implementierung von Schlössern ist die Verwendung von Instruktionen eines Prozessors.

Die früher beobachteten Fehler lassen sich *darauf* zurückführen, dass nicht sichergestellt war, dass ein Prozess einen Zustand auslesen und ihn danach verändern konnte, ohne dabei von nebenläufigen Prozessen unterbrochen zu werden. In diesem Abschnitt werden wir einige atomare Maschineninstruktionen vorstellen, mit denen sich so etwas verhindern lässt.

3.3.1   Test and Set

Die Gründe für die Konflikte beim Zugriff auf gemeinsame Daten waren unzulässige Verzahnungen im Ablauf nebenläufiger Prozesse. Die dafür ursächlichen Unterbrechungen lassen sich mit der Funktion `TestAndSet` unterbinden, die den Wert einer booleschen Variablen liefert und sie *unteilbar davon* auf `true` setzt:

```
// *a = true. Liefert den Wert von *a zum Zeitpunkt des Aufrufs.
func TestAndSet (a *bool) bool
```

Wir bringen diese Funktion – wie auch alle weiteren unteilbaren Funktionen aus diesem Abschnitt – im Paket `nU/atomic` des nUniversums `nU`, den Quelltexten aus dem Buch, unter (s. Abschn. 2.2).

Die Implementierung eines Schlosses ist damit recht einfach:

```
var locked bool

func Lock() {
  for TestAndSet (&locked) {
    Nothing()
  }
}
```

```
func Unlock() {
  locked = false
}
```

Dabei ist die Funktion Nothing *im Prinzip* zwar die „leere Anweisung"

```
func Nothing() { }
```

Aber: In Go ist es *zwingend erforderlich*, dem Zuteiler die Möglichkeit zu geben, innerhalb solcher beschäftigter Warteschleifen auf eine andere Goroutine umzuschalten, damit die Programme, die solche Schleifen benutzen, nicht in ihnen hängen bleiben. Das Setzen derartiger Unterbrechungspunkte kann mit einem Aufruf von Sleep aus dem Paket time erreicht werden (time.Sleep(1) reicht); eine Alternative ist ein expliziter Hinweis an den Zuteiler, dass er umschalten kann. Genau *das* leistet der Aufruf der Funktion Gosched() aus dem Go-Paket runtime (s. https://golang.org/pkg/runtime/# Gosched).

Wir implementieren also die Funktion Nothing() wie folgt:

```
func Nothing() {
  runtime.Gosched()
}
```

Diese Funktion bringen wir in unserem Paket nU/obj (s. Abschn. 2.3) unter.

Eine Sperrung des kritischen Abschnitts innerhalb der Schleife in der Funktion count mit diesen Protokoll-Aufrufen

```
Lock()          // Eintrittsprotokoll
accu := counter // "LDA counter"
v()
accu++          // "INA"
v()
counter = accu  // "STA counter"
Unlock()        // Austrittsprotokoll
```

führt dann zu einer korrekten Zählererhöhung bis zum Ende.

Die Motorola®-Prozessorfamilie 680×0 verfügt über die Instruktion TAS mit einer sinngemäß vergleichbaren Spezifikation. Hier die – sinngemäß vergleichbare Spezifikation – aus [16]:

Tests and sets the byte operand addressed by the effective address field. The instruction tests the current value of the operand and sets the N and Z condition bits appropriately. TAS also sets the high-order bit of the operand. The operation uses a locked or read-modify-write transfer sequence. This instruction supports use of a flag or semaphore to coordinate several processors.

Für AMD®- und Intel®-Prozessoren kann TestAndSet mit der Instruktion XCHG realisiert werden. Hier ein Auszug aus der Spezifikation von XCHG aus [1]:

Exchanges the contents of the two operands. The operands can be two general-purpose registers orregister and a memory location. If either operand references memory, the processor locks automatically, whether or not the LOCK prefix is used and independently of the value of IOPL.

und aus [10]:

Exchanges the contents of the destination (first) and source (second) operands. The operands can be two general-purpose registers or a register and a memory location. If a memory operand is referenced, the processor's locking protocol is automatically implemented for the duration of the exchange operation, regardless of the presence or absence of the LOCK prefix or of the value of the IOPL. (See the LOCK prefix description in this chapter for more information on the locking protocol.) This instruction is useful for implementing semaphores or similar data structures for process synchronization. (See "Bus Locking" in Chapter 8 of the Intel® 64 and IA-32 Architectures Software Developer's Manual, Volume 3A, for more information on bus locking.)

Sie kann mit der Maschineninstruktion LOCK unteilbar gemacht werden. Hier ein Auszug aus der Spezifikation dazu aus [1]:

The LOCK prefix causes certain kinds of memory read-modify-write instructions to occur atomically. ... The prefix is intended to give the processor exclusive use of shared memory in a multiprocessor system. ...
    The LOCK prefix can only be used with ... CMPXCHG, ..., DEC, ..., XADD, XCHG ...

und aus [10]:

Causes the processor's LOCK# signal to be asserted during execution of the accompanying instruction (turns the instruction into an atomic instruction). In a multiprocessor environment, the LOCK# signal ensures that the processor has exclusive use of any shared memory while the signal is asserted. ...
    The LOCK prefix can be prepended only to the following instructions and only to those forms of the instructions where the destination operand is a memory operand: ... CMPXCHG, ..., DEC, INC, ..., XADD, and XCHG.

Zu den Spezifikationen aller hier angegebenen Maschineninstruktionen verweisen wir auf die Handbücher für Software-Entwickler von AMD [1] und Intel [10] sowie auf https://golang.org/doc/asm.

TestAndSet wird in der Go-Assemblersprache für 64-bit-AMD®- und Intel®-Prozessoren wie folgt implementiert:

```
TEXT ·TestAndSet(SB),NOSPLIT,$0
  MOVQ a+0(FP), BP    // BP = &a
  MOVL $1, AX         // AX = 1
  LOCK                // Bus sperren
  XCHGL AX, 0(BP)     // AX = *a || *a = 1 (= true)
  MOVL AX, ret+8(FP)  // AX ist Rückgabewert
  RET
```

und für 32-bit-Prozessoren so:

```
TEXT  ·TestAndSet(SB),NOSPLIT,$0
  MOVL a+0(FP), BP
  MOVL $1, AX
  LOCK
  XCHGL AX, 0(BP)
  MOVL AX, ret+4(FP)
  RET
```

Diese Funktion bringen wir – wie auch diejenigen aus den folgenden Abschnitten – im Paket nU/atomic unter.

Lassen Sie sich nicht dadurch verwirren, dass wir oben nicht das Interface Locker implementiert, d.h. einen abstrakten Datentyp mit den Methoden Lock und Unlock konstruiert haben, sondern nur ein abstraktes Datenobjekt, d.h. Lock und Unlock als Funktionen.

Eine Implementierung von Locker ist natürlich etwas aufwendiger, wir kommen im Abschn. 3.6 darauf zurück.

Hier nur ein einfaches Beispiel:

Dazu ist – z.B. in einem Paket lock – die Definition eines Typs als Träger für die Methoden Lock und Unlock sowie der Export eines Konstruktors – einer Funktion zur Konstruktion von Exemplaren der Klasse – notwendig.

Das führt zu einer Erweiterung des obigen Quelltextes etwa so:

```
package lock
import "nU/atomic"

type tas struct {
  bool "locked"
}

func newTAS() Locker {
  return new(tas)
}

func (x *tas) Lock() {
  for TestAndSet (&x.bool) {
    Nothing()
  }
}

func (x *tas) Unlock() {
  x.bool = false
}
```

Der Einfachheit halber verzichten wir auch im Folgenden auf diesen syntaktischen Ballast, da er nichts Wesentliches zu den eigentlichen Ideen, um die es hier geht, beiträgt.

Wer sich nicht in die Niederungen der Assembler-Programmierung begeben will, kann auch einfach Gebrauch davon machen, dass ein Go-Paket eine sehr nützliche Funktion exportiert:

3.3.2 Compare and Swap

Eine Verallgemeinerung der obigen Konstruktion ist die Funktion `CompareAndSwap`, hinter der sich eine unteilbare Maschineninstruktion zum Vergleich zweier Variablenwerte und der davon abhängigen Änderung eines Wertes verbirgt:

```
// Liefert genau dann true, wenn zum Zeitpunkt des Aufrufs
// *n == k galt. In diesem Fall gilt jetzt *n == m,
// andernfalls ist *n unverändert.
func CompareAndSwap (n *uint, k, m uint) bool
bluse
```

Ein Blick in die Implementierung der Funktion `ComparcAndSwapUint64` aus `sync/atomic` – den Assembler-Quelltext `runtime/internal/atomic/asm_amd64.s`

```
TEXT runtime/internal/atomic·Cas64(SB), NOSPLIT, $0-25
  MOVQ ptr+0(FP), BX
  MOVQ old+8(FP), AX
  MOVQ new+16(FP), CX
  LOCK
  CMPXCHGQ CX, 0(BX)
  SETEQ ret+24(FP)
  RET
```

– zeigt uns, dass sich die Implementierungen für die AMD®- und Intel®-Prozessoren – auch bei der 32-bit-Version in `asm_386.s` – auf die Instruktion `CMPXCHG` stützen.

Zu dieser Instruktion Auszüge aus den Spezifikationen aus [1]:

> Compares the value in the AL, AX, EAX, or RAX register with the value in a register or a memory location (first operand). If the two values are equal, the instruction copies the value in the second operand to the first operand and sets the ZF flag in the rFLAGS register to 1. Otherwise, it copies the value in the first operand to the AL, AX, EAX, or RAX register and clears the ZF flag to 0. The OF, SF, AF, PF, and CF flags are set to reflect the results of the compare. When the first operand is a memory operand, CMPXCHG always does a read-modify-write on the memory operand. If the compared operands were unequal, CMPXCHG writes the same value to the memory operand that was read. The forms of the CMPXCHG instruction that write to memory support the LOCK prefix.

und aus denen aus [10]:

> Compares the value in the AL, AX, EAX, or RAX register with the first operand (destination operand). If the two values are equal, the second operand (source operand) is loaded into the destination operand. Otherwise, the destination operand is loaded into the AL, AX, EAX or RAX register....
>
> This instruction can be used with a LOCK prefix to allow the instruction to be executed atomically.

Zusammen mit einer analogen Implementierung für 32-bit-Rechner kann diese Funktion auch für den Datentyp `uint` verwendet werden.

Ein Schloss haben wir damit fast genauso wie oben, womit klar wird, dass TestAndSet im Grunde ein Spezialfall von CompareAndSwap ist:

```
var n uint

func Lock() {
  for ! CompareAndSwap (&n, 0, 1) {
    Nothing()
  }
}

func Unlock() {
  n = 0
}
```

3.3.3 Exchange

Auch die atomare Funktion

```
// *n = k. Liefert den Wert von *n vorher.
func Exchange (n *uint, k uint) uint
```

– durch

```
TEXT ·Exchange(SB),NOSPLIT,$0
  MOVQ n+0(FP), BX
  MOVQ k+8(FP), AX
  XCHGQ AX, 0(BX)
  MOVQ AX, ret+16(FP)
  RET
```

für 64-bit-Prozessoren und

```
TEXT ·Exchange(SB),NOSPLIT,$0
  MOVL n+0(FP), BX
  MOVL k+4(FP), AX
  XCHGL AX, 0(BX)
  MOVL AX, ret+8(FP)
  RET
```

für 32-bit-Prozessoren mit der Intel®/AMD®-Instruktion XCHG implementiert – die gewissermaßen zwei boolesche Variablen unteilbar untereinander vertauscht. Sie lässt sich gemäß der folgenden intuitiven Idee zur Implementierung eines Schlosses benutzen:

Alle Prozesse sind im Besitz einer eigenen ungültigen Marke. Ferner ist global genau eine gültige Marke verfügbar, die den Prozess, der sie besitzt, zum Eintritt in den kritischen Abschnitt berechtigt.

Wenn Prozesse laufend ihre Marke gegen die allgemein verfügbare austauschen, wobei der Austauschvorgang unteilbar ist, kommt immer *genau einer* von ihnen in den Besitz der gültigen Marke, der sie nach seinem Austritt aus dem kritischen Abschnitt im Austausch gegen die allgemein verfügbare (ungültige) Marke wieder zurückgibt:

```
var valid uint

func Lock() {
  local := uint(1)
  for Exchange (&valid, local) == 1 {
    Nothing()
  }
}

func Unlock() {
  valid = 0
}
```

3.3.4 Decrement

Es lassen sich noch andere Instruktionen zur Konstruktion von Ein- und Austrittsprotokollen benutzen. Ein weiteres Beispiel dafür ist die Funktion Decrement zum Dekrementieren einer ganzzahligen Variablen, die – untrennbar davon – das Negativ-Flag setzt:

```
// Vor.: n - 1 liegt im Bereich int64 bzw. int32 (je nach Rechner).
// *n ist um 1 dekrementiert.
// Liefert genau dann true, wenn jetzt *n < 0 gilt.
func Decrement (n *int) bool
```

Das lässt sich geschickt zur Konstruktion von Protokollen einsetzen:

```
var n int = 1

func Lock() {
  for Decrement(&n) {
    Nothing()
  }
}

func Unlock() {
  n = 1
}
```

Auf Assemblerebene wird ein atomares Decrement für 64-bit-Prozessoren wie folgt realisiert:

```
TEXT ·Decrement(SB),NOSPLIT,$0
  MOVQ n+0(FP), BP
  LOCK
  DECQ 0(BP)
  SETMI ret+8(FP)
  RET
```

Die Implementierung für 32-bit-Prozessoren ist als Übungsaufgabe überlassen; anhand der bisherigen Beispiele dürfte das sehr einfach sein.

3.3.5   Fetch and Increment

Als letztes Beispiel eines effizienten Werkzeugs für die Entwicklung von Algorithmen zur Synchronisation stellen wir `FetchAndIncrement` vor, eine Funktion zum unteilbaren Auslesen und Inkrementieren einer natürlichzahligen Variablen:

```
// Vor.: *n + 1 liegt im Bereich uint.
// Liefert den Wert von k vorher.
// *n ist jetzt um 1 inkrementiert.
func FetchAndAdd (n *uint) uint
```

Diese Funktion wird im Abschn. 3.5.5 für die Konstruktion eines hochsprachlichen Schlosses für mehrere Prozesse verwendet.

Auf Assemblerebene steckt dahinter die Instruktion XADD. Dazu aus [1]:

> Exchanges the contents of a register (second operand) with the contents of a register or memory location (first operand), computes the sum of the two values, and stores the result in the first operand location. The forms of the XADD instruction that write to memory support the LOCK prefix.

und aus [10]:

> Exchanges the first operand (destination operand) with the second operand (source operand), then loads the sum of the two values into the destination operand. The destination operand can be a register or a memory location; the source operand is a register....
>
>   This instruction can be used with a LOCK prefix to allow the instruction to be executed atomically.

Hier die die Implementierung für einen 64-bit-Prozessor:

```
TEXT ·FetchAndIncrement(SB),NOSPLIT,$0
    MOVQ n+0(FP), BP
    MOVQ $1, AX
    LOCK
    XADDQ AX, 0(BP)
    MOVQ AX, ret+8(FP)
    RET
```

– und für einen 32-bit-Prozessor?

3.3.6   Das Zählerproblem

Funktionen, die unter Benutzung von unteilbaren Maschineninstruktionen implementiert sind, sind natürlich auch für andere einfache Synchronisationsproblem einsetzbar; beispielsweise für unser Zählerproblem aus dem Abschn. 1.6.

Mit der Verwendung der Funktion

```
func Add (*n uint, k uint)
```

– für 64-bit-Prozessoren implementiert durch

```
TEXT ·Add(SB),NOSPLIT,$0
  MOVQ n+0(FP), BP
  MOVQ k+8(FP), AX
  LOCK
  XADDQ AX, 0(BP)
  RET
```

– in der Funktion `count` im ersten `main`-Paket aus 1.6 liefert jeder Aufruf des Programms für eine Zählvariable `var counter uint`

```
const
  N = ...

func count (p uint) {
  for n := 0; n < N; n++ {
    Add (&counter, 1)
  }
  done <- true
}
```

grundsätzlich das erwartete Ergebnis; auch für große Prozesszahlen und großes `N`.

3.3.7   Wertung des Einsatzes von Maschineninstruktionen

Die exemplarisch vorgestellten Techniken, Maschineninstruktionen zur Implementierung unteilbarer Anweisungsfolgen einzusetzen, sind einerseits historisch bedeutend, weil sie sehr wichtige Methoden in den Anfängen der nichtsequentiellen Programmierung darstellten und später die technische Entwicklung von Prozessoren stark beeinflussten.

Andererseits haben sie auch heute keineswegs ihre Bedeutung verloren; sie werden in Teilen des Kerns von Linux eingesetzt (z. B. findet man `cmpxchg` im Quelltext der header-Datei `/usr/src/linux/arch/x86/include/asm/spinlock.h`).

Unbestreitbare *Vorteile* dieser Implementierungen sind

* gute *Verständlichkeit*:
  es handelt sich um sehr einfache Algorithmen, deren Korrektheit unmittelbar einsichtig oder elementar nachweisbar ist;
* leichte *Verallgemeinerbarkeit* auf $n > 2$ Prozesse:
  sie erlauben unmittelbar, nicht nur zwei, sondern mehrere Prozesse zu synchronisieren;
* hohe *Effizienz*:
  die Implementierungen bestehen aus sehr kurzen Anweisungsfolgen, daher ist die Ausführung der Protokolle sehr effizient.

Allerdings gibt es auch eine Reihe von schwerwiegenden *Nachteilen*

- *Hardwareabhängigkeit*:
  ein Programm kann nur auf einem Rechner mit *dem* Prozessor laufen, für den es geschrieben wurde; infolgedessen gibt es
- *Probleme bei der Portierbarkeit*:
  lösbar nur durch bedingte Übersetzung oder Übersetzeroptionen, wobei – je nach Prozessor der Zielmaschine – unterschiedliche Anweisungsfolgen auf Maschinenebene erzeugt oder eingesetzt werden, oder durch Kapselung in mehr oder weniger gleichlautenden hochsprachlichen Aufrufen, hinter denen sich Implementierungen für verschiedene gängige Prozessoren verbergen, wie z. B. in dem `sync/atomic`-Paket von Go;
- *Ressourcenverschwendung durch aktives Warten („busy waiting")*:
  Prozesse warten im aktiven Zustand darauf, in einen kritischen Abschnitt eintreten zu können, d. h., sie verbrauchen Prozessorzeit, ohne in ihrem Algorithmus auch nur einen Schritt weiterzukommen.

Die ersten beiden Nachteile sind mit den angedeuteten Methoden beherrschbar; der letzte Punkt stellt dagegen einen *äußerst gravierenden Nachteil* dar: Wenn sich n Prozesse nebenläufig um den Eintritt in einen kritischen Abschnitt bewerben, werden im Grundsatz $\frac{n-1}{n}$ der Prozessorzeit nicht genutzt, was natürlich völlig inakzeptabel ist.

Die Implementierung von Schlössern durch den Rückgriff auf solche maschinennahen („*low level*")Konstruktionen eignet sich daher in der Regel *nicht* als Maßnahme zur Synchronisation. Ausnahmen sind Routinen im Betriebssystemkern, bei denen sichergestellt ist, dass die Zeiten im aktiven Warten unerheblich oder vernachlässigbar sind.

Vom übernächsten Kapitel an werden mächtigere Konzepte höherer Abstraktionsebenen – u. a. zur Vermeidung des aktiven Wartens – entwickelt, weshalb wir jetzt darauf nicht weiter eingehen, sondern in den folgenden Abschnitten zunächst die ersten beiden Nachteile mit elementaren hochsprachlichen Methoden beseitigen.

Abschließend soll noch ein grundsätzlich anderes Verfahren erwähnt werden, Unteilbarkeit von Anweisungsfolgen auf Maschinenebene zu erreichen, auch wenn das in unserem Kontext keine Rolle spielt:

Durch die Unterdrückung von *Unterbrechungen* („*interrupts*") bei Einprozessor- bzw. durch entsprechende weitergehende Maßnahmen bei Mehrprozessorrechnern. Derartige Maßnahmen sind allerdings nur sinnvoll, wenn die zu schützenden kritischen Abschnitte kurz sind, weil die Lebendigkeit des Systems sonst stark eingeschränkt wird. Außerdem ist das Unterdrücken und Wiederzulassen von Interrupts durch Nutzerprogramme in der Regel nicht zulässig, u. a. weil unterdrückte Interrupts auch missbraucht werden könnten.

3.4   Schlossalgorithmen für 2 Prozesse auf Hochsprachenebene

Bevor wir versuchen, derartige Algorithmen zu entwickeln, müssen wir auf eine Besonderheit in Go eingehen, auf die im Vorwort schon hingewiesen wurde:

3.4.1   Zur Unteilbarkeit von Wertzuweisungen

Wie im Vorwort bemerkt, ist für Rechner mit mehreren Prozessoren nicht sichergestellt,
dass Wertzuweisungen y = x an eine Variable y eines elementaren Typs unteilbar sind,
wenn x eine Konstante oder eine Variable eines zuweisungsverträglichen Typs ist. Leider
fehlt eine entsprechende Information in der Spezifikation von Go.

Deshalb müssen die in den Ein- und Austrittsprotokollen zum Schutz kritischer Abschnitte verwendeten Wertzuweisungen an die gemeinsamen Variablen jetzt *grundsätzlich*
durch eine unteilbare Anweisung – realisiert mit einer unteilbaren Maschineninstruktion –
ersetzt werden.

Aus diesem Grunde ergänzen wir unser nU/atomic-Paket mit einer Funktion, die das
sicherstellt:

```
// *n = k. Die Ausführung dieser Funktion kann
// von anderen Prozessen nicht unterbrochen werden.
func Store (n *uint, k uint)
```

Wir realisieren sie für 64-bit-Rechner wie folgt:

```
TEXT  ·Store(SB),NOSPLIT,$0
  MOVQ n+0(FP), BX
  MOVQ k+8(FP), AX
  LOCK
  XCHGQ AX, 0(BX)
  RET
```

und ganz entsprechend für 32-bit-Rechner:

```
TEXT  ·Store(SB),NOSPLIT,$0
  MOVL n+0(FP), BX
  MOVL k+4(FP), AX
  LOCK
  XCHGL AX, 0(BX)
  RET
```

Gemeinsame zweiwertige (also im Grunde Boolesche) Variablen werden in den folgenden
Schlossalgorithmen durch Variablen vom Typ uint mit Werten < 2 realisiert, damit auch
ihnen mit dieser Funktion Werte zugewiesen werden können.

3.4.2   Ansätze zur Entwicklung eines korrekten Algorithmus

Um eine rein hochsprachliche Konstruktion eines Schlosses zum Schutz kritischer Abschnitte zu finden, führen wir zur Synchronisation eine Zustandsvariable ein, die protokolliert, ob es einen Prozess gibt, der in den kritischen Abschnitt eintreten will (genau dann, wenn interested == 1:

```
var interested uint // interested < 2

func Lock() {
  for interested == 1 {
    Nothing()
  }
  v()
  Store (&interested, 1)
}

func Unlock() {
  Store (&interested, 0)
}
```

Programmläufe zeigen jedoch, dass dieser Ansatz überhaupts nichts taugt (der Einbau der Funktion v() zur Verzögerung dient diesem Nachweis):

Am Ende ergeben sich falsche Zählerstände.

Nach den vorbereitenden Überlegungen aus der Einführung dürfte die Ursache der Fehler klar sein:

Das Prinzip der *Unteilbarkeit* der Abfrage eines Zustandes und seiner Veränderung ist nicht eingehalten; es handelt sich also nicht um eine korrekte Implementierung der Spezifikation eines Schlosses, sondern lediglich um den naiven Versuch, das await-Konstrukt mit aktivem Warten zu implementieren.

Es ist z. B. die zeitliche Ablaufreihenfolge wie in Tab. 3.1 möglich, die beweist, dass der gegenseitige Ausschluss nicht gewährleistet ist.

Offenbar ist es unmöglich, Lock nur mit *einer* Variablen atomar zu implementieren, weil sie von *mehreren* Prozessen nebenläufig gelesen und überschrieben wird.

Also beschränken wir uns auf zwei Prozesse und spendieren jedem von ihnen seine eigene Variable, die nur *er selber* verändern darf, konsequenterweise auch jedem sein eigenes Protokoll:

Tab. 3.1 Gegenseitiger Ausschluss nicht gewährleistet

Prozess	Aufruf	Kommentar
0	interested == 1 ?	nein
1	interested == 1 ?	nein
1	Store (&interested, 1)	Eintritt in den kritischen Abschnitt
0	Store (&interested, 1)	Eintritt in den kritischen Abschnitt

```
var interested [2]uint

func Lock (p uint) { // p < 2
  for interested[1-p] == 1 {
    Nothing()
  }
  interested[p] = 1
}

func Unlock (p uint) { // p < 2
  interested[p] = 0
}
```

Das reicht aber noch nicht zum gegenseitigen Ausschluss weil es wie im ersten Ansatz zur Interferenz zwischen der (gewährleisteten) Nachbedingung interested[0]
von Lock(0) und der (erwünschten) Nachbedingung !interested[0] von Lock(1)
kommen kann.

Um zu vermeiden, dass *vor* der Bekanntgabe der Eintrittswilligkeit eines Prozesses der
andere durch die Schleife rauscht und nicht mehr am Betreten des kritischen Abschnitts
zu hindern ist, muss jeder Prozess seine Eintrittswilligkeit dokumentieren, *bevor* er den
Zustand des anderen abfragt:

```
func Lock (p uint) { // p < 2
  interested[p] = 1
  for interested[1-p] == 1 {
    Nothing()
  }
}
```

Der gegenseitige Ausschluss ist bei diesem Ansatz gesichert, denn bevor Prozess 0 den
kritischen Abschnitt betritt, hat er die Anweisung interested[0] = true ausgeführt,
was dazu führt, dass Prozess 1 nach Erklärung seiner Eintrittswilligkeit die Schleife
in seinem Eintrittsprotokoll Lock(1) nicht verlassen kann. Da wegen der Symmetrie
der Protokolle Entsprechendes auch umgekehrt gilt, ist das nebenläufige Betreten des
kritischen Abschnitts durch beide Prozesse ausgeschlossen.

Ein typischer Probelauf dieses Ansatzes bringt jedoch leider einen ernüchternden
„Absturz": Das Programm terminiert nicht.

Der Grund dafür ist, dass sich die beiden Prozesse untereinander wie folgt *verklemmt*
haben: Einer von ihnen ist *nach* Erklärung seiner Eintrittswilligkeit *vor* dem Eintritt in die
Schleife durch den anderen unterbrochen worden, der dann ebenfalls seine Eintrittswilligkeit festgestellt hat.

Nun warten beide in ihrer Schleife darauf, dass der andere seine Eintrittswilligkeit
aufgibt, was aber nicht möglich ist, weil jener seine Schleife nicht verlassen kann.

Streng genommen handelt es sich dabei aber nicht um eine echte („harte") Verklemmung (einen „*deadlock*"), sondern „nur" um einen „*livelock*" (wir nennen das eine

„weiche" Verklemmung): Beide Prozesse führen zwar nur nutzlose Anweisungen durch, sind jedoch nach wie vor *aktiv*.

Der Effekt ist aber der Gleiche wie bei einer harten Verklemmung, deswegen ist die Unterscheidung hier im Grunde bedeutungslos.

Auch der etwas aufwendigere nächste Versuch mit dem Einbau einer auf den anderen rücksichtnehmenden Abfrage in der Schleife

```
func Lock (p uint) { // p < 2
  for interested[p] == 0 {
    interested[p] = 1
    if interested[1-p] {
      interested[p] = 0
    }
  }
}
```

ist durch eine „klassische" Form von *„livelock"* bedroht, bei der sich zwei Personen vor einer Tür dadurch gegenseitig blockieren, dass jede der anderen den Vortritt lassen will (der „bitte-nach-Ihnen-Effekt").

Der Verklemmungsgefahr begegnen wir mit der Einführung einer zusätzlichen Variablen zur Begünstigung eines der beiden Prozesse:

```
var favoured uint // < 2

func Lock (p uint) { // p < 2
  for favoured == 1-p {
    Nothing()
  }
}

func Unlock (p uint) { // p < 2
  Store (&favoured, 1-p)
}
```

Dieses einfache Protokoll erfüllt zwar wichtige Bedingungen einer Sperrsynchronisation: Weil die Variable `favoured` stets genau *einen* der beiden möglichen Werte 0 oder 1 annimmt, ist die Invariante

```
! (favoured == 0 && favoured == 1)
```

für den gegenseitigen Ausschluss garantiert; und weil deshalb genau eine der Schleifen in den beiden Eintrittsprotokollen unmittelbar nach Aufruf terminiert, sind auch Verklemmungen ausgeschlossen.

Was diesen Lösungsansatz aber völlig unbrauchbar macht, ist die Präsenz massiver wechselseitiger *Behinderung*:

Beide Prozesse können den kritischen Abschnitt nur *streng abwechselnd* betreten. Schon bei leichter zeitlicher Unsymmetrie im Ablauf der beiden Prozesse kann das dazu führen, dass einer von ihnen nur mit aktivem Warten auf den Lauf des anderen durch den kritischen Abschnitt beschäftigt ist, anstatt in seinen Anweisungen fortzuschreiten.

(Stellen Sie sich vor, Sie wollen durch das Löwentor gegenüber dem Bahnhof Zoologischer Garten in den Berliner Zoo, aber vor Ihnen steht schon eine hunderte von Metern lange Schlange von Touristen aus siebenundzwanzig Bussen – vor dem Elefantentor neben dem Aqarium auf der anderen Seite des Zoos warten aber nur drei Personen auf Einlass …)

3.4.3 Algorithmus von Peterson

Durch geschickte Kombination der Ideen aus den vorherigen Ansätzen führt allerdings *doch* zu einer recht einfachen Lösung, die von Peterson – zusammen mit einer Verallgemeinerung auf mehrere Prozesse, dem „*Tiebreaker*"-Algorithmus – in [17] veröffentlicht wurde.

```
var (
  interested [2]uint // < 2
  favoured uint      // < 2
)

func Lock (p uint) { // p < 2
  Store (&interested[p], 1)
  Store (&favoured, 1-p)
  for interested[1-p] == 1 && favoured == 1-p {
    Nothing()
  }
}

func Unlock (p uint) { // p < 2
  Store (&interested[p], 0)
}
```

Wir werden jetzt beweisen, dass er eine korrekte Implementierung der Sperrsynchronisation für zwei Prozesse darstellt.

3.4.3.1 Gegenseitiger Ausschluss
Beim Eintritt eines Prozesses in den kritischen Abschnitt spielen folgende Zustände des anderen Prozesses wegen ihrer Unterbrechbarkeit eine Rolle:

(a) Er ist außerhalb seines kritischen Abschnitts und hat seine Eintrittswilligkeit noch nicht erklärt.
(b) Er hat seine Eintrittswilligkeit erklärt, aber noch nicht die Variable zur Begünstigung des erstgenannten Prozesses gesetzt.
(c) Er hat diese Variable gesetzt und befindet sich vor oder in seiner Schleife.
(d) Er ist aus seiner Schleife ausgetreten und hat Zugang zum kritischen Abschnitt.

Zur erhöhten Lesbarkeit benutzen wir im Folgenden für p == 0, 1 die booleschen Ausdrücke

$$i_p \quad \text{für interested[p]} == 1$$

und

$$f_p \quad \text{für favoured} == \text{p},$$

wobei wegen der oben genannten Invariante

$$f_p = \neg f_{1-p}$$

gilt. Wenn sich Prozess 0 im Zustand (d) befindet, gilt zum Zeitpunkt seines Eintritts in den kritischen Abschnitt

$$i_0 \wedge (\neg i_1 \vee f_0) \tag{d}$$

Bevor auch Prozess 1 den Zustand (d) annehmen kann, muss er die Zustände (b) und (c) durchlaufen haben, wobei er

$$i_1 \wedge f_0$$

gesetzt hat.

Solange Prozess 0 den kritischen Abschnitt nicht verlassen und dabei $\neg i_0$ gesetzt hat, kann Prozess 1 ihn nicht betreten, weil seine Schleifenaustrittsbedingung

$$\neg i_0 \vee f_1 = \neg(i_0 \wedge f_0)$$

gerade die Negation des Folgezustandes von (d)

$$i_0 \wedge (\textit{false} \vee f_0) = i_0 \wedge f_0$$

darstellt, bei dem Prozess 1 in den Zustand (b) übergegangen ist.

Aus Symmetriegründen ist es folglich ausgeschlossen, dass beide Prozesse zum gleichen Zeitpunkt im kritischen Abschnitt sind.

3.4.3.2 Behinderungsfreiheit

Wenn nur *ein* Prozess, z. B. 0, eintrittswillig ist, ist sein Eintritt wegen $\neg i_0$ möglich, weil er damit die Austrittsbedingung für seine Schleife erfüllt.

Wenn *beide* Prozesse in den kritischen Abschnitt eintreten wollen, ist der Eintritt *eines* der beiden gesichert, denn für die Disjunktion der Austrittsbedingungen in den Schleifen

Tab. 3.2 Kurzzeitige Verzögerung

Prozess 0	Prozess 1
	Store (&interested[1], 1)
Store (&interested[0], 1) Store (&favoured, 1) Prozess „wartet"	
	Store (&favoured, 0) Prozess hängt in seiner Schleife
Prozess betritt den kritischen Abschnitt	

der Eintrittsprotokolle gilt wegen $f_1 = \neg f_0$

$$\neg(i_1 \wedge f_1) \vee \neg(i_0 \wedge f_0) = \neg i_1 \vee \neg i_0 \vee f_0 \vee \neg f_0 = true \ .$$

Eine kurzzeitige Verzögerung wie z. B. bei der Ablaufreihenfolge aus Tab. 3.2 spielt hierbei keine Rolle, weil sie keine Behinderung darstellt.

Wenn andererseits z. B. Prozess 0 im kritischen Abschnitt ist und daher Prozess 1 in der Schleife seines Eintrittsprotokolls warten muss, terminiert diese Schleife, nachdem Prozess 0 das Austrittsprotokoll durchlaufen hat:

Dessen Effekt $\neg i_0$ hat zur Folge, dass die Austrittsbedingung

$$\neg(i_0 \wedge f_0) = \neg i_0 \vee f_1$$

für die Schleife erfüllt ist.

Aus Symmetriegründen folgt, dass jeder Prozess in den kritischen Abschnitt eintreten kann, sobald der andere ihn freigegeben hat.

3.4.3.3 Verklemmungsfreiheit

Eine Verklemmung ist nur möglich, wenn bei Erfüllung der Vorbedingungen i_0 und i_1 für den Eintritt in die Schleifen in beiden Eintrittsprotokollen keine von ihnen terminiert, also wenn

$$(i_1 \wedge f_1) \wedge (i_0 \wedge f_0)$$

gilt, was wegen $f_1 = \neg f_0$, also $\neg(f_0 \wedge f_1)$, nicht geht.

3.4.3.4 Fairness

Wie das oben angeführte Beispiel zeigt, ist es zwar möglich, dass ein später eintrittswilliger Prozess einen vorher eintrittswilligen in dessen Warteschleife überholt, aber in seinem Austrittsprotokoll schafft er durch seinen Rücktritt von der Eintrittswilligkeit die Voraussetzungen dafür, dass die Warteschleife des anderen terminiert, der dadurch beim nächsten Prozesswechsel in den kritischen Abschnitt eintritt.

Folglich kann kein Prozess den anderen mehr als einmal überholen.

Zu Übungszwecken sollten Sie diesen Beweis mit dem *assertional proof* von Dijkstra in [5] vergleichen.

Als weitere Übungsaufgabe sei die folgende Frage gestellt: Ist der Algorithmus auch korrekt, wenn die beiden ersten Anweisungen im `Lock`-Protokoll vertauscht werden?

3.4.4 Algorithmus von Kessels

Kessels hat in [11] den Algorithmus von Peterson modifiziert. Seine Grundidee dabei war, die Zugriffe auf gemeinsame Variable zu reduzieren. Das wird durch die Ersetzung der gemeinsamen Variablen `favoured` erreicht, auf die *beide* Prozesse lesend *und schreibend* zugreifen, durch eine Variable `turn [2]uint` mit der Semantik

- `favoured == 0` genau dann, wenn `turn[0] != turn[1]` und
- `favoured == 1` genau dann, wenn `turn[0] == turn[1]`,

wobei Prozess p nur „seine" Variable `turn[p]` beschreibt.

Damit lautet das Eintrittsprotokoll für Prozess 0:

```
Store (&interested[0], 1)
Store (&turn[0], turn[1])
for interested[1] && turn[0] == turn[1] {
  Nothing()
}
```

und das für Prozess 1:

```
Store (&interested[1], 1)
Store (&turn[1], 1 - turn[0])
for interested[0] && turn[1] != turn[0] {
  Nothing()
}
```

– zusammengefasst:

```
func Lock (p uint) { // p < 2
  Store (&interested[p], 1)
  Store (&turn[p], (p + turn[1-p]) % 2)
  for interested[1-p] == 1 && turn[p] == (p + turn[1-p]) % 2 {
    Nothing()
  }
}
```

Der Beweis, dass auch dieser Algorithmus alle Anforderungen an die Sperrsynchronisation erfüllt, ist als Übungsaufgabe überlassen. Er lässt sich in direkter Anlehnung an den Beweis der Korrektheit des Algorithmus von Peterson führen. (Einen detaillierten Beweis findet man in der Arbeit voo Kessels.)

3.4.5 Algorithmus von Dekker

Peterson fand seine elegante Lösung erst fast zwei Jahrzehnte nach der ersten Lösung von Dekker (s. [4]). Wir stellen hier den Algorithmus erst einmal fast wörtlich in dem „*Spaghetti*"-Stil vor, der zur Zeit der Veröffentlichung von Dijkstra in [3] üblich war – allerdings nach Go übersetzt:

```go
func Lock (p uint) { // p < 2
  A:
  Store (&interested[p], 1)
  L:
  if interested[1-p] == 1 {
    if favoured == p {
      goto L
    }
    Store (&interested[p], 0)
    B:
    if favoured == 1-p {
      goto B
    }
    goto A
  }
}

func Unlock (p uint) { // p < 2
  Store (&favoured, 1-p)
  Store (&interested[p], 0)
}
```

Sollten Sie bei dem Versuch verzweifeln, dieses historische Stückchen Quelltext zu verstehen, tröstet Sie vielleicht Dijkstras Bemerkung in seiner Arbeit [4]: „*The solution for two processes was complicated, ...*" (Die Fortsetzung dieses Zitats finden Sie im Abschn. 3.5.2 über Dijkstras Verallgemeinerung dieses Algorithmus.)

Bevor Sie die Seite mit dem obigen Text von Lock() nun allerdings wütend aus dem Buch reißen, sollten Sie ihn in eine strukturierte Form übersetzen, ohne vorher in die folgende „Musterlösung" zu schauen:

```go
func Lock (p uint) { // p < 2
  Store (&interested[p], 1)
  for interested[1-p] == 1 {
    if favoured != p {
      Store (&interested[p], 0)
      for favoured != p {
        Nothing()
      }
      Store (&interested[p], 1)
    }
    Nothing()
  }
}
```

Der Beweis der Korrektheit des Algorithmus sei als Übungsaufgabe überlassen. Wir deuten hier nur die Grundidee an:

Die Bedingung $i_0 \wedge \neg i_1 \wedge f_0$ ist die Voraussetzung dafür, dass der Prozess 0 in den kritischen Abschnitt eintreten kann, was im Falle seiner Eintrittswilligkeit dazu äquivalent ist, dass Prozess 1 nicht eintrittswillig ist oder in seiner inneren Schleife hängt, weil f_0 gilt, und erst aus ihr austreten kann, wenn Prozess 0 den kritischen Abschnitt verlassen hat, was $f_1 = \neg f_0$ zur Folge hat.

Wenn *beide* Prozesse eintrittswillig sind, kann nur der Begünstigte in den kritischen Abschnitt eintreten, weil im Fall $i_0 \wedge i_1$ nur der Begünstigte die Austrittsbedingung seiner inneren Schleife erfüllt und der andere dagegen vorher seine Eintrittswilligkeit zurückgenommen hat, was zur Folge hat, dass der Begünstigte die Austrittsbedingung seiner äußeren Schleife erfüllt.

Der Algorithmus ist auch fair:

Wenn z. B. Prozess i in seiner inneren Schleife hängt, führt der andere Prozess 1-i beim Verlassen des kritischen Abschnitts die Anweisung favoured = i aus. Danach setzt Prozess i interested[i] auf true und wartet nun darauf, dass interested[1-i] wieder false wird, wobei er die Anweisungen in der inneren Schleife nicht mehr ausführt. Wenn der andere Prozess wieder den kritischen Abschnitt betreten will, passiert das in seiner äußeren Schleife, bevor er in seiner inneren Schleife hängen bleibt. Das führt dazu, dass Prozess i irgendwann die äußere Schleife verlässt und in den kritischen Abschnitt eintreten kann.

Bemerkenswert bleibt, dass es – in einer Zeit sehr aktiver Forschung über das Gebiet – ungefähr fünfzehn Jahre gedauert hat, bis es jemand geschafft hat, die komplizierte Dekkersche Idee zu vereinfachen ...

3.4.6 Algorithmus von Doran und Thomas

Als Übungsaufgabe sei gestellt, die Korrektheit der folgenden Varianten des Eintrittspro-tokolls von Doran und Thomas aus [6] nachzuweisen:

```
func Lock (p uint) { // p < 2
  Store (&interested[p], 1)
  if favoured == 1 - p {
    Store (&interested[p], 0)
    for favoured != p {
      Nothing()
    }
    Store (&interested[p], 1)
  }
  for interested[1-p] {
    Nothing()
  }
}
```

und – mit der zusätzlichen Variablen var afterYou [2]uint –

```
func Lock (p uint) {
  Store (&interested[p], 1)
  if interested[1-p] == 1 {
    Store (&afterYou[p], 1)
    for interested[1-p] == 1 &&
        (favoured != p || afterYou[1-p] == 0) {
      Nothing()
    }
    Store (&afterYou[p], 0)
  }
}

func Unlock (p uint) {
  Store (&favoured, 1 - p)
  Store (&interested[p], 0)
}
```

3.4.7   Algorithmus von Hyman

Hyman hat in [9] die folgende „Vereinfachung" des Algorithmus von Dekker angegeben, dessen „Lock"-Auszug wir hier – befreit von dem grauenhaften Stil unstrukturierter „Spaghetti-Programmierung" im Original – wiedergeben:

```
func Lock (p uint) { // p < 2
  Store (&interested[p], 1)
  for favoured != p {
    for interested[1-p] == 1 {
      Nothing()
    }
    Store (&favoured, p)
  }
}
```

Dieses Eintrittsprotokoll ist allerdings *falsch*:

Es garantiert nicht den gegenseitigen Ausschluss

Das ist z. B. an der möglichen Ablaufreihenfolge in Tab. 3.3 zu sehen, wenn anfangs favoured == 1 und interested[1] == false gilt.

3.5   Schlossalgorithmen für mehrere Prozesse

Ein naheliegender Versuch einer direkten Verallgemeinerung des Eintrittsprotokolls im Algorithmus von Peterson auf 3 Prozesse wäre etwa der folgende:

Tab. 3.3 Möglicher Ablauf in Hymans Algorithmus

Prozess	Prozess	Kommentar
0	Store (&interested[0], 1)	
0	favoured != 0 ?	ja, also in die äußere Schleife
0	interested[1] ?	nein, also kein Verbleib in der inneren Schleife
		in der inneren Schleife
1	Store (&interested[1], 1)	
1	favoured != 1 ?	nein, also nicht die äußere Schleife,
		also betritt Prozess 1 den kritischen Abschnitt
		den kritischen Abschnitt
0	Store (&favoured, 1)	auch Prozess 0 betritt den kritischen Abschnitt !
		den kritischen Abschnitt !

```
func Lock (p uint) { // p < 3
  interested[i] = true
  j, k := (p + 1) % 3, (p + 2) % 3
  favoured = j
  for interested[j] && favoured == j
     || interested[k] && favoured == k {
    Nothing()
  }
}
```

Der mögliche Ablauf in Tab. 3.4 zeigt aber, dass das zu kurz gedacht ist.

Bei diesem Ablauf sind die Prozesse 0 und 2 nicht gegenseitig ausgeschlossen. Folglich sind subtilere Überlegungen notwendig, um das Problem zu lösen.

3.5.1 Tiebreaker-Algorithmus von Peterson

Es gab zwar schon vor [17] Verallgemeinerungen des Algorithmus von Dekker; wir zeigen aber erst die Lösung von Peterson, weil die „*extremely simple structure*" (Zitat des Autors) seines Algorithmus eine leichte Verallgemeinerung auf $n > 2$ Prozesse erlaubt.

Die Grundidee ist, bei n Prozessen auf einer jeden von $n - 1$ Ebenen, wobei sich auf der i-ten Ebene für $1 \leq i \leq n$ höchstens $n + 1 - i$ Prozesse befinden dürfen, jeweils mindestens einen Prozess warten zu lassen, bis schließlich auf der $n - 1$-ten Ebene nur noch einer der beiden übrigbleibt, der den kritischen Abschnitt betreten darf.

Da ein Prozess im Eintrittsprotokoll nicht *den* anderen begünstigen kann, weil es *mehrere* andere gibt, wird stattdessen (in einem durch die Ebenen indizierten Feld last) protokolliert, welcher Prozess jeweils der letzte ist, der eine bestimmte Ebene erreicht hat (die Prozesse erklären also gewissermaßen die eigene Nachrangigkeit).

Tab. 3.4 Der gegenseitige Ausschluss ist verletzt

Prozess	Aufruf	Kommentar
0	`Store (&interested[0], 1)`	
0	`j, k = 1, 2`	
0	`Store (&favoured, 1)`	
1	`Store (&interested[1], 1)`	
1	`j, k = 2, 0`	
2	`Store (&interested[2], 1)`	
2	`j, k = 0, 1`	
2	`Store (&favoured, 0)`	
0	`interested[1] &&` `favoured == 1?`	nein
0	`interested[2] &&` `favoured == 2?`	nein
0		Prozess 0 betritt den kritischen Abschnitt
1	`Store (&favoured, 2)`	
2	`interested[0] &&` `favoured == 0?`	nein
2	`interested[1] &&` `favoured == 1?`	nein
2		auch Prozess 2 betritt den kritischen Abschnitt

Außerdem werden die booleschen Variablen `interested` zu einem durch die Prozessnummern indizierten Feld aus natürlichen Zahlen `accessed` verallgemeinert, in das jeder Prozess die von ihm erreichte Ebene einträgt.

Zu Beginn sind alle Prozesse in der 0-ten Ebene.

Die äußere Schleife repräsentiert den Aufstieg von der 0-ten in die $(n-1)$-te Ebene, bei der jeder aufsteigende Prozess protokolliert, dass er die betreffende Ebene erreicht hat und als letzter auf ihr angekommen ist; in der Schleife innerhalb einer Ebene vergleicht sich der aufrufende Prozess sukzessive mit allen anderen, wobei er jeweils warten muss, wenn der andere diese Ebene oder eine höhere erreicht hat und er selber der letzte auf dieser Ebene ist, also erst fortfahren kann, wenn der andere diese Ebene noch nicht erreicht hat oder ein anderer Prozess später dort angekommen ist.

Damit hat ein Prozess genau dann alle Warteschleifen durchlaufen und kann in den kritischen Abschnitt eintreten, wenn er der einzige oder der erste von zweien auf der höchsten Ebene ist.

Im Austrittsprotokoll steigt ein Prozess wieder in die nullte Ebene herab.

Konflikte bei den nebenläufigen Lese- und Schreibzugriffen auf die Werte der Felder `accessed` und `last` gibt es nicht, weil nur ganze Zahlen ausgelesen bzw. gesetzt werden, es sich also um atomare Anweisungen handelt.

```
const N = ... // Anzahl der beteiligten Prozesse
var accessed, last [N] int

func Lock (p uint) { // p < N
  for e := 1; e < N; e++ {
    Store (&accessed[p], e)
    Store (&last[e], p)
    for a := 0; a < N; a++ {
      if p != a {
        for e <= accessed[a] && p == last[e] {
          Nothing()
        }
      }
    }
  }
}

func Unlock (p uint) {
  Store (&accessed[p], 0)
}
```

Für den Fall n==2 ist das mit den entsprechenden Umbenennungen natürlich genau der Peterson-Algorithmus für zwei Prozesse.

Der Beweis, dass der Algorithmus alle Bedingungen an Sperrsynchronisation erfüllt, ist eine einfache Verallgemeinerung des entsprechenden Beweises für den Algorithmus von Peterson im Abschn. 3.4.3; er ist als Übungsaufgabe überlassen.

Andere Mehrprozesslösungen, die später als der Algorithmus von Dekker entwickelt wurden, haben mit ihm aber nur die Grundidee gemeinsam, zwei Schleifen geschickt ineinanderzuschachteln; insofern stellen sie letztlich neue Algorithmen dar.

3.5.2 Algorithmus von Dijkstra

Als nächstes sei die älteste hochsprachlich formulierte Lösung, der *Algorithmus von Dijkstra* aus [3] vorgestellt, von der der Autor in [4] schrieb „... *the solution for N processes was terribly complicated. The program pieces for "enter" and "exit" are quite small, but they are by far the most difficult pieces of program I ever made*".

Hier die Original-Version in wörtlicher Übersetzung – allerdings mit Prozessnummern 0...N-1 statt 1...N – nach Go:

```
var (
  turn uint
  b, c [N] uint
)

func Lock (p uint) {
  b[p] = 0
```

```
L:
  if turn != p { // begin
    c[i] = 1
    if b[turn] == 1 {
      turn = p
      goto L
    }
  } // end
  c[i] = 0
  for j := 0; j < N; j++ { // begin
    if j != i && c[j] == 0 {
      goto L
    } // end
  }
}

func Unlock (p uint) {
  turn = N
  c[p], b[p] = 1, 1
}
```

Die Übersetzung in eine strukturierte Form fällt Ihnen nach dem Training an der 2-Prozess-Version von Dekker sicherlich leicht. Versuchen Sie es, bevor Sie sich folgende Lösung anschauen!

Zur Anpassung des Quelltextes an unsere anderen Beispiele ist dabei favoured in turn umbenannt und die Variablen b, c [N] uint sind durch interested, critical [N] bool mit 0 = true und 1 = false ersetzt:

```
var (
  favoured uint
  interested, critical [N]uint
)

func otherCritical (p uint) bool {
  for j := uint(0); j < N; j++ {
    if j != p {
      if critical[j] == 1 {
        return true
      }
    }
  }
  return false
}

func Lock (p uint) {
  Store (&interested[p], 1)
  for {
    for favoured != p {
      Store (&critical[p], 0)
```

```
      if interested[favoured] == 0 {
        Store (&favoured, i)
      }
    }
    Nothing()
    Store (&critical[i], 1)
    Nothing()
    if otherCritical (i) == 0 {
      break
    }
  }
}

func Unlock (p uint) {
  Store (&favoured, (p + 1) % N)
  Store (&interested[p], 0)
  Store (&critical[p], 0)
}
```

Wer diesen verzwickten Algorithmus nachvollzieht, wird Dijkstra wohl zustimmen: es bedarf in der Tat scharfen Nachdenkens, seine Korrektheit einzusehen.

Der gegenseitige Ausschluss ist dadurch garantiert, dass für Prozess i im kritischen Abschnitt

```
critical[p] == 1
```

gilt, was wegen der Abbruchbedingung nur möglich ist, wenn alle anderen Prozesse noch nicht kritisch sind, d. h., wenn für sie

```
critical[j] == 0 // j != p
```

gilt. Nach dem Eintritt eines Prozesses in den kritischen Abschnitt können die anderen die äußere Schleife nicht verlassen, weil er bis zum Austritt einziger Begünstigter ist und kritisch bleibt.

In der inneren Schleife versucht jeder Prozess, sich selbst zu begünstigen, was mindestens einem von ihnen gelingt. Daher ist auch die Behinderungs- und Verklemmungsfreiheit gesichert.

Der Algorithmus garantiert aber keine Fairness, weil jeder Prozess sofort nach seinem Austritt aus der Schleife im Eintrittsprotokoll von demjenigen Prozess überholt werden kann, dem es als erstem gelingt, sich nach dem Austritt eines dritten Prozesses aus dem kritischen Abschnitt zu begünstigen.

3.5.3 Algorithmus von Knuth

Knuth hat in [12] einen Algorithmus veröffentlicht, der diesen Effekt ausschließt, indem er die boolesche Zustandsbeschreibung der Prozesse mit dem Feld interested durch eine „dreiwertige Logik" mit dem Feld flag ersetzt:

```
const (passive = iota; requesting; active)

var (
  favoured = uint(N)
  flag [N]uint
)

func test (p uint) bool {
  for j := uint(0); j < N; j++ {
    if j != p {
      if flag[j] == active {
        return false
      }
    }
  }
  return true
}

func (x *knuth) Lock (p uint) {
  for {
    Store (&flag[p], requesting)
    j := favoured
    for j != i {
      if flag[j] == passive {
        j = (j + N - 1) % N
      } else {
        j = favoured
      }
    }
    Nothing()
    Store (&flag[p], active)
    if test (p) {
      break
    }
  }
  Store (&favoured, p)
}

func Unlock (p uint) {
  Store (&favoured, (p + N - 1) % N)
  Store (&flag[p], passive)
}
```

Der gegenseitige Ausschluss ist gesichert, weil für i != j auch test(i) != test(j)
gilt. Behinderungs- und Verklemmungsfreiheit sind aus dem gleichen Grund wie bei
Dijkstra gesichert.

Wenn der Algorithmus *unfair* wäre, gäbe es einen Prozess i, der den kritischen
Abschnitt *nie* betreten kann. Dann muss es aber mindestens *ein* j != i geben, für das
Prozess j immer wieder in den kritischen Abschnitt eintritt und dadurch Prozess i ständig

am Eintritt hindert. Das bedeutet, dass Prozess j bei jeder Ausführung von Lock(j), bei der flag[i] != passive gilt, der Wert von favoured in der Zeile j := favoured von einem Prozess k mit i > k > j in dem absteigenden Zyklus N-1, N-2, ..., 1, 0, N-1 gesetzt worden sein muss, denn wenn es so einen Prozess k nicht gäbe, wäre Prozess i ja nicht blockiert.

Wenn Prozess j den Prozess i fortlaufend überholt, muss dieser Effekt auch laufend auftreten, d. h., Prozess k betritt immer den kritischen Abschnitt vor Prozess j. Folglich muss es einen Prozess n mit i > n > k geben, ..., und so weiter ...

Weil die Anzahl der beteiligten Prozesse aber endlich ist, muss Prozess i irgendwann den kritischen Abschnitt betreten können.

Damit ist die Fairness des Algorithmus nachgewiesen.

Knuth stellt den Nachweis, dass die Wartezeit $O(2^{N-1})$ betragen kann, als Übungsaufgabe.

De Bruijn hat in [2] diese Zeit auf $O(N^2)$ verkürzt, indem er favoured anfangs auf uint(k) für k < n statt auf uint(N) setzt, die letzte Anweisung favoured = i im Eintrittsprotokoll weglässt und die erste Anweisung im Austrittsprotokoll durch

```
func Lock (p uint) {
  if flag[turn] == passive || turn == p {
    turn = (turn + N - 1) % N
  }
}
```

ersetzt.

Eisenberg und McGuire haben es in ihrem Algorithmus in [7] sogar geschafft, die Wartezeit auf $O(N)$ zu drücken.

3.5.4 Algorithmus von Habermann

Fairniess wird auch durch eine Verfeinerung des Dijkstraschen Algorithmus von Habermann (s. [8]) garantiert. Er legt vermöge einer – durch die Prozessnummern gegebenen – zyklischen Ordnung die Reihenfolge der Begünstigung fest:

```
var (
  favoured uint
  interested, critical [N]bool
)

func Lock (p uint) {
  for {
    Store (&interested[p], 1)
    for {
      Store (&critical[p], 0)
      f := favoured
      otherInterested := false
```

```
        for f != p {
          otherInterested += interested[f]
          if f + 1 < N {
            f++
          } else {
            f = 0
          }
        }
        if otherInterested == 0 {
          break
        }
        Nothing()
      }
      Store (&critical[p], 1)
      otherCritical := 0
      for j := uint(0); j < N; j++ {
        if j != p {
          otherCritical += critical[j]
        }
      }
      if otherCritical == 0 {
        break
      }
      Nothing()
    }
    Store (&favoured, p)
}

func Unlock (p uint) {
  f := p
  for {
    f = (f + 1) % N
    if interested[p] == 1 || f == p {
      break
    }
  }
  Store (&favoured, f)
  Store (&interested[p], 0)
  Store (&critical[p], 0)
}
```

Die Einsicht in die Funktionsweise dieses Algorithmus, der die Ideen von Dijkstra weiterführt, und die Begründung für seine Korrektheit ist als anspruchsvolle Übungsaufgabe
überlassen. (Hinweis: Dieser Algorithmus wird in [8] ausführlich besprochen).

3.5.5 Ticket-Algorithmus

Eine in ihrer Struktur deutlich überschaubarere Alternative ist der *Ticket-Algorithmus*.

Er bildet ein verbreitetes Verfahren in Behörden und Supermärkten nach: Kunden ziehen bei ihrem Eintreffen fortlaufende Nummern, in deren Reihenfolge sie nach Aufruf ihrer Nummer bedient werden.

Zur Implementierung der Vergabe der fortlaufenden Nummern eignet sich die Funktion FetchAndIncrement, weil damit sichergestellt ist, dass die Nummern nur einmal vergeben werden:

```
var number, turn uint

func Lock() {
  ticket := FetchAndIncrement (&number)
  for ticket != turn {
    Nothing()
  }
}

func Unlock() {
  FetchAndIncrement (&turn)
}
```

Die Unteilbarkeit von *unlock* ist verzichtbar, weil jeweils nur *ein* Prozess das Austrittsprotokoll ausführen kann.

Um den gegenseitigen Ausschluss des inneren kritischen Abschnitts

```
ticket[i] = number; number++
```

sicherzustellen, könnte man auch einen anderen Schlossalgorithmus verwenden, beispielsweise eine Implementierung mittels *TestAndSet* oder den Tiebreaker-Algorithmus.

Dann ist zwar die Fairness nicht garantiert; wegen der Kürze dieses Abschnitts kann die Verzögerung darin aber gegenüber derjenigen in der Schleife im Eintrittsprotokoll vernachlässigt werden

Ein Überlauf der fortlaufenden Nummer wird durch eine kleine Modifikation der Implementierung von *unlock* vermieden:

```
FetchAndAdd (&turn, turn % M + 1)
```

wobei M als Konstante mit M > Prozesszahl gewählt werden muss, um die Eindeutigkeit der gezogenen Nummern zu gewährleisten.

Die Fairness dieses Algorithmus ist unmittelbar einsichtig, weil die Bedingung ticket == turn für den Schleifenaustritt auf jeden Fall erreicht wird.

3.5.6   Bäckerei-Algorithmus von Lamport

Eine Vereinfachung des Algorithmus von Dijkstra, die sich ohne Rückgriff auf Maschineninstruktionen implementieren lässt, ist der *Bäckerei-Algorithmus* von Lamport aus [13].

Seine Grundidee ist eine Variante des Ticket-Algorithmus, bei dem eintreffende Kunden aber nicht eine zentral vergebene fortlaufende Nummer erhalten, sondern ihre Nummer selbst festsetzen: um eins größer als die größte Nummer der Wartenden.

Da die Nebenläufigkeit dieser Festsetzung aber nicht sichert, dass verschiedene Prozesse auch wirklich verschiedene Nummern erhalten, wird bei gleicher Nummer willkürlich der Prozess mit der kleineren *Prozessnummer* begünstigt:

Eine wesentliche Eigenschaft dieses Algorithmus ist, dass jeder beteiligte Prozess schreibend nur auf seine eigenen Variablen zugreift, folglich keine Schreibkonflikte auftreten können.

```
var (
  number,
  draws [N]uint
)

func max() uint {
  m := uint(0)
  for j := uint(0); j < N; j++ {
    if number[j] > m {
      m = number[j]
    }
  }
  return m
}

func less (j, k uint) bool {
  if number[j] < number[k] {
    return true
  }
  if number[j] == number[k] {
    return j < k
  }
  return false
}

func Lock (p uint) { // p < N
  Store (&draws[i], 1)
  Store (&number[p], max() + 1)
  Store (&draws[p], 0)
  for j := uint(0); j < N; j++ {
    for draws[j] {
      Nothing()
    }
    for number[j] > 0 && less(j, p) {
      Nothing()
    }
  }
}
```

```
func Unlock (p uint) {
  Store (&number[p], 0)
}
```

Unmittelbar klar ist:

1. Wenn die Prozesse i und k „in der Bäckerei sind" (d. h., wenn sie „ihr" draws auf false gesetzt haben, aber noch im Eintrittsprotokoll oder im kritischen Abschnitt sind), wobei Prozess i die Bäckerei betreten hat, bevor Prozess k draws[k] auf true gesetzt hat, gilt number[i] < number[k].

Ferner gilt:

2. Wenn Prozess i im kritischen Abschnitt ist und Prozess k in der Bäckerei, gilt less(i, k), was wie folgt zu sehen ist:

Für k != i sei t_1 der Zeitpunkt, zu dem Prozess i in seiner letzten Ausführung der ersten for-Schleife den Wert von draws[k] gelesen hat, und t_2 derjenige, zu dem er für j == k seine letzte Ausführung der zweiten for-Schleife begonnen hat. Dann ist $t_1 < t_2$ und zur Zeit t_1 gilt !draws[k].

Für Prozess k seien die Zeitpunkte $t_3 < t_4 < t_5$ die nach den Anweisungen draws[k] = true, number[k] = max()+1 bzw. draws[k] = false. Dann folgt entweder (i) $t_1 < t_3$ oder (ii) $t_5 < t_1$.

Im Fall (i) liefert 1. die Behauptung.

Im Fall (ii) gilt $t_4 < t_5 < t_1 < t_2$, also $t_4 < t_2$. Weil Prozess i für j == k nach dem Zeitpunkt t_2 nicht noch einmal die Bedingung der zweiten for-Schleife geprüft hat, muss er (wegen i != k) die Schleife mit less(i, k) verlassen haben.

Wegen 2. kann höchstens *ein* Prozess im kritischen Abschnitt sein, und aus 1. und 2. folgt, dass Prozesse den kritischen Abschnitt nach dem FIFO-Prinzip betreten.

Einige Jahre später hat Lamport das Eintrittsprotokoll in [14] vereinfacht:

```
func Lock (p uint) { // p < N
  Store (&number[p], 1)
  Store (&number[i], max() + 1)
  for j := uint(0); j < N; j++ {
    if j != p {
      for number[j] > 0 && less(j, p) {
        Nothing()
      }
    }
  }
}
```

Die initiale Setzung der Nummern auf 1 ist dabei zwingend notwendig, um das folgende Desaster auszuschließen:

Ein Prozess stellt fest, dass alle anderen die Nummer 0 haben, wird dann, bevor er seine Nummer auf 1 gesetzt hat, von einem weiteren eintrittswilligen Prozess unterbrochen, der seine Nummer auf 1 setzt und den kritischen Abschnitt betritt. Falls danach der erste Prozess fortfährt, ist er nicht mehr am Betreten des kritischen Abschnitts zu hindern.

Auch dieser Algorithmus ist fair: Die Austrittsbedingung für die Schleife in seinem Eintrittsprotokoll besagt, dass er im Besitz der kleinsten Nummer ist und daher von keinem anderen Prozess mehr überholt werden kann.

Es ist als Übungsaufgabe überlassen, die Korrektheit der beiden Versionen zu begründen und den feinen Unterschied zwischen ihnen herauszufinden, wozu – was grundsätzlich gilt – das Studium der Originalarbeiten sehr hilfreich sein kann und deshalb nachdrücklich empfohlen wird.

3.5.7 Algorithmus von Kessels für n Prozesse

Hier noch ein *Turnier-Algorithmus* („*tournament algorithm*"), die Verallgemeinerung des Algorithmus von Kessels, den wir im Abschn. 3.4.4 vorgestellt haben.

Er erweitert die Lösung des binären Problems, indem er diese Lösungen in einem *Turnierbaum* (wie bei einem „K.-o.-Turnier" – daher der Name) „ineinanderschachtelt".

Der Turnierbaum ist ein Binärbaum; seine Blätter repräsentieren die teilnehmenden Prozesse und die anderen Knoten repräsentieren binäre Entscheidungen. Um den kritischen Abschnitt betreten zu können – also ein exklusives Privileg über die anderen Prozesse zu erreichen –, muss ein Prozess den Pfad von seinem Blatt nach oben zur Wurzel durchlaufen, wobei jede Kante auf diesem Pfad ein binäres Entscheidungs-Eintrittsprotokoll repräsentiert.

Das Austrittsprotokoll – die Aufgabe des Privilegs – wird durch den umgekehrten Durchlauf dieses Pfades durchgeführt; jede Kante repräsentiert dabei ein binäres Austrittsprotokoll.

Die Tatsache, dass die Knoten in umgekehrter Reihenfolge verlassen werden, stimmt mit der totalen Entscheidung überein, erfasst als verschachtelte binäre Entscheidungen; das ist sogar notwendig, weil es garantiert, dass höchstens zwei Prozesse in jedem Knoten zusammentreffen.

Die Knoten werden wie beim „*heapsort*" nummeriert: Die Nummer des Elternknotens von n ist $n/2$, seine Kinder haben die Nummern $2n$ und $2n+1$, womit zu jedem Knoten sowohl der Elternknoten als auch die Kinder direkt zugreifbar sind.

Der Einfachheit halber schränkt Kessels das Problem auf eine Anzahl N von Prozessen ein, die eine Zweierpotenz ist; damit ist der Turnierbaum total ausgeglichen. In diesem Baum hat Prozess i die Blattnummer $N + i$.

Um den Pfad beim Rückwärts-Durchlauf im Austrittsprotokoll wiederzufinden, wird ein Feld `var e [N]uint` eingesetzt, in dem die Knotennummern auf dem Pfad nach oben im Eintrittsprotokoll archiviert werden. Damit bewahren die Schleifen in beiden Funktionen folgende Invariante: Nur genau alle Knoten auf dem Pfad von Blatt $N + i$ aufwärts sind dem Prozess i zugeordnet.

Weitergehende Details sind den Ausführungen in [11] zu entnehmen.

```
const N = ... // Anzahl der beteiligten Prozesse, Zweierpotenz
var (
  interested, turn [N][2]uint
  edge [N]uint
)

func Lock (p uint) { // p < N
  for n := N + p; n > 1; n /= 2 {
    k, m := n / 2, n % 2
    Store (&interested[k][m], 1)
    Store (&turn[k][m], (turn[k][1-m] + m) % 2)
    for interested[k][1-m] == 1 &&
        turn[k][m] == (turn[k][1-m] + m) % 2 {
      Nothing()
    }
    Store (&edge[k], m)
  }
}

func Unlock (p uint) { // p < N
  n := uint(1)
  for n < N {
    n = 2 * n + edge[n]
    Store (&interested[n/2][n%2], 0)
  }
}
```

3.5.8 Algorithmus von Morris

Wenn die Implementierung von Schlössern nur *schwach* konstruiert ist, d. h. gemäß Spezifikation im Abschn. 3.1 ohne Aussage über ihre Fairness, ist nicht gewährleistet, dass die Standardlösung

```
s.Lock()
... // kritischer Abschnitt
s.Unlock()
```

zur Sicherung des gegenseitigen Ausschlusses eines kritischen Abschnitts mit einem Schloss s bei mehr als zwei beteiligten Prozessen Fairness garantiert, weil beim Aufruf von s.Unlock() undefiniert ist, *welcher* der auf s blockierten Prozesse deblockiert wird. Daher kann es im Prinzip passieren, dass mehrere Prozesse, die sich beim Eintritt in den kritischen Abschnitt ständig untereinander abwechseln, einen bestimmten anderen auf s blockierten laufend überholen.

Diese Gefahr wird dadurch ausgeschlossen, dass die Lock- und Unlock-Operationen *stark* implementiert sind, was bedeutet, dass ein derartiger Effekt nicht möglich ist. Das kann beispielsweise durch eine Konstruktion erreicht werden, bei der blockierte Prozesse

Abb. 3.1 Räume und Türen
im Algorithmus von Morris

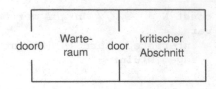

grundsätzlich nach dem FCFS-Prinzip („*first come, first serve*") in den kritischen Abschnitt gelassen werden.

Wir stellen hier den Algorithmus von Morris aus [15] vor, mit dem er die Vermutung widerlegte, dass das Problem ohne eine solche starke Implementierung nicht lösbar sei.

Sein Konzept sieht vor dem durch ein – anfangs gesperrtes – Schloss door geschützten kritischen Abschnitt einen „Warteraum" vor, der durch ein Schloss door0 geschützt wird (s. Abb. 3.1).

Zwei Zähler, n0 und n, dokumentieren dabei die Anzahl derjenigen Prozesse, die auf door0 bzw. door blockiert sind, wobei die nebenläufigen Zugriffe auf n0 durch ein weiteres Schloss mutex geschützt werden.

Die Grundidee des Ablaufs ist ein Kreislauf mit zwei Phasen:

Zuerst können Prozesse den Warteraum solange betreten, wie das „Gedrängel" anhält; in dieser Zeit kann keiner in den kritischen Abschnitt eintreten. Danach kommt keiner mehr in den Warteraum, bis alle dort Wartenden sukzessive ihre Arbeit im kritischen Abschnitt verrichtet haben.

```
var (
  door0, door, mutex sync.Mutex
  n0, n uint
)

func init() {
  door.lock()
}

func Lock() {
  mutex.Lock()
  Store (&n0, n0+1)
  mutex.Unlock()
  door0.Lock()
  Store (n, n+1)
  mutex.Lock()
  Store (&n0, n0-1)
  if n0 > 0 {
    mutex.Unlock()
    door0.Unlock()
  } else { // n0 == 0
    mutex.Unlock()
    door.Unlock()
  }
}
```

```
  door.Lock()
  Store (&n, n-1)
}

func Unlock() {
  if n > 0 {
    door.Unlock()
  } else { // n == 0
    door0.Unlock()
  }
}
```

Hier eine etwas genauere Beschreibung des Algorithmus:

Jeder Prozess, der in den kritischen Abschnitt will, erhöht zuerst n0 und ruft dann door0.Lock() auf. Danach erhöht er n und erniedrigt n0. Wenn dann n0 > 0 gilt, also andere Prozesse auf door0 blockiert sind, lässt er mit der Ausführung von door0.Unlock() einen von ihnen in den Warteraum. Danach ist er erst einmal auf door blockiert (siehe func init()).

Da die Anzahl der beteiligten Prozesse endlich ist, findet ein Prozess in dieser Situation irgendwann einmal n0 == 0 vor. Das hat zur Folge, dass er mit der Ausführung von door.Unlock() einem der im Warteraum Wartenden den Eintritt in den kritischen Abschnitt ermöglicht und das mit der Erniedrigung von n dokumentiert. Da door0.Unlock() dabei nicht aufgerufen wurde, werden weitere Prozesse bei der Ausführung von door0.Lock() blockiert, d. h., sie sind daran gehindert, den Warteraum zu betreten.

Jetzt beginnt die zweite Phase des Kreislaufs der Ereignisse: Falls n > 0 ist, werden die weiteren n-1 Prozesse, die auf door blockiert sind, einer nach dem anderen zum kritischen Abschnitt zugelassen, weil jeder beim Austritt door.Unlock() aufruft, solange n > 0 gilt. Der letzte dieser Prozesse öffnet beim Austritt wegen n == 0 durch den Aufruf von door.Unlock() wieder das Tor zum Warteraum (wenn n == 0 war, ist das der oben genannte).

Damit kann das Ganze von Neuem beginnen.

Wir begründen im Folgenden kurz die Korrektheit des Algorithmus. Als Übungsaufgabe sei empfohlen, diese umgangssprachlichen Plausibilitätsbetrachtungen in einen formalen Korrektheitsbeweis im Stil des Beweises der Korrektheit des Algorithmus von Peterson zu überführen. (Hinweis: Arbeiten Sie dazu die sehr ausgefeilten Überlegungen bei [15] durch! Eine der Grundideen von Morris dabei ist, dass die Schlösser door0 und door ein „aufgespaltenes binäres Semaphor" bilden. Wir kommen auf diesen Begriff im Abschn. 5.1.1 von Kap. 5 über den Staffelstabalgorithmus zurück.

3.5.8.1 Gegenseitiger Ausschluss

Der gegenseitige Ausschluss ist durch das Schloss door gewährleistet, das anfangs verschlossen ist:

Wenn ein Prozess im kritischen Abschnitt ist, wurde vorher `door.Unlock()` aufgerufen, was – gesichert durch das Schloss `mutex` unteilbar davon – `n0 == 0` voraussetzt. Das kann danach aber erst wieder geschehen, wenn der letzte aus dem Warteraum in den kritischen Abschnitt gekommene Prozess bei seinem Austritt aus ihm wieder `door0.Unlock()` aufgerufen hat, denn weitere vor dem Warteraum ankommende Prozesse hätten `n0 > 0` zur Folge und waren solange auf `door0` blockiert.

3.5.8.2 Behinderungsfreiheit

Prozesse werden solange am Eintritt in den kritischen Abschnitt gehindert, bis die Drängelei vor dem Warteraum vorbei ist, d. h., bis von einem dort Eintretenden `n0 == 0` festgestellt wird.

Wenn das benutzende System sehr viele Prozesse verwaltet, die häufig den Zugriff auf einen bestimmten kritischen Abschnitt benötigen, kann das zwar den Durchsatz des Systems erheblich ausbremsen; das ist jedoch nur ein akademisches Problem, denn der Zweck der Konstruktion dieses Algorithmus ja nicht besondere Effizienz ist, sondern der Nachweis, dass die oben erwähnte Vermutung falsch ist.

Diese Behinderung muss in Kauf genommen werden, weil ein Verzicht auf sie, d. h., den Eintritt in den kritischen Abschnitt schon vorher zu ermöglichen, dazu führt, dass Fairness – der entscheidende Gehalt dieses Algorithmus – nicht mehr gewährleistet ist. Es kann z. B. nicht mehr sichergestellt werden, dass irgendwann der Fall `n0 == 0` beobachtet wird. (Sie sollten sich ein entsprechendes Szenario mit drei Prozessen überlegen.)

3.5.8.3 Verklemmungsfreiheit

Verklemmungen können beim Schloss `mutex` nicht auftreten, weil jeder Aufruf von `mutex.Lock()` unmittelbar nach einem Zugriff auf `n0` sofort wieder `mutex.Unlock()` nach sich zieht.

Wenn ein Prozess durch die Ausführung von `door.Lock()` deblockiert ist, tritt er in den kritischen Abschnitt ein; beim Austritt deblockierter dann im Fall `n0 > 0` einen der auf `door0` blockierten, andernfalls einen möglicherweise auf `door` blockierten.

Damit sind Verklemmungen ausgeschlossen.

3.5.8.4 Fairness

Jeder Prozess, der den kritischen Abschnitt betreten will, muss zuerst durch den Warteraum. Wenn p die Anzahl der beteiligten Prozesse ist, wird er nach einem Aufruf von `mutex.Lock()` spätestens nach $p - 1$ nebenläufigen ebensolchen Aufrufen deblockiert, so dass er `n0` erhöht. Entweder führt sein anschließender Aufruf von `door0.Lock()` dazu, dass er den Warteraum sofort betritt, oder es gilt `n0 > 0`, solange er auf `door0` blockiert ist. In diesem Fall gehört er zu dem Schub der Prozesse, die den Warteraum betreten können, bevor `door0` wegen `n0 == 0` verschlossen wird.

In der zweiten Phase landet er als einer der n Prozesse im Warteraum auf jeden Fall irgendwann im kritischen Abschnitt bevor er von irgendeinem der Prozesse überholt werden kann, die nach dem Verschluss von `door0` wieder `door0.Lock()` aufrufen.

3.5.9 Algorithmus von Szymanski

Szymanski hat in [19] einen Algorithmus von Peterson aus [18] verbessert.

Seine Lösung braucht für die Beschreibung der Prozesszustände im Eintrittsprotokoll gemeinsame Variable, repräsentiert durch drei Felder von Booleschen Variablen, die der Autor „*process specific*" nennt. Damit meint er, dass ein Prozess nur auf seine „eigene" Variable *schreibend* zugreift und die Werte der Variablen der *anderen* Prozesse nur *liest*.

Er weist in seiner Arbeit auf eine Reihe vorteilhafter Details hin, die sich daraus ergeben: Alle Zustandsänderungen erfordern nur *einen* Schreibzugriff auf ein bit (eine Boolesche Variable).

Darüber hinaus ist sein Algorithmus in dem Sinne „*stark fair*", als kein Prozess den kritischen Abschnitt betreten kann, wenn schon andere in ihrem Eintrittsprotokoll warten, und er lässt sich mit geringem Aufwand so erweitern, dass er robust gegen zwei Klassen von Fehlern ist:

- Absturz und Neustart eines Prozesses – verbunden mit der Zurücksetzung aller seiner Variablen auf ihre initialen Werte;
- Lesefehler während Schreibzugriffen („*flickering bits*"): Wenn ein Prozess den Wert einer gemeinsamen Variablen mit einem neuen Wert überschreibt, könnten Lesezugriffe sowohl alte als auch neue Werte liefern.

Seine Grundidee ist die gleiche wie beim Algorithmus von Morris aus dem vorigen Abschnitt.

Zur Erläuterung seiner Funktionsweise halten wir uns eng an [19]:

Im Eintrittsprotokoll gibt es einen Warteraum mit einer Eingangs- und einer Ausgangstür. Genau *eine* dieser beiden Türen ist immer offen; anfangs ist das die Eingangstür. Prozesse, die etwa zur gleichen Zeit ihre Eintrittswilligkeit erklärt haben, treten durch sie in den Warteraum und versammeln sich dort.

Nach dem Durchgang durch die Eingangstür prüft jeder Prozess, ob es weitere Prozesse gibt, die *auch* den kritischen Abschnitt betreten wollen. Ist das der Fall, lässt er die Eingangstür offen und tritt in den Warteraum; andernfalls schließt er sie und öffnet die Ausgangstür.

Dann betreten die Prozesse aus dem Warteraum – einer nach dem anderen – den kritischen Abschnitt; zuerst jeweils immer der mit der niedrigsten Prozessnummer. Damit ist der gegenseitige Ausschluss gesichert.

Alle anderen Prozesse, die zu dieser Zeit in den kritischen Abschnitt wollen, müssen vor der Eingangstür des Warteraums warten.

Kein Prozess bleibt *auf Dauer* im Warteraum, denn in der Menge von Prozessen, die ihn durch die Eingangstür betreten haben, hat immer einer *als letzter* den Warteraum betreten, d. h., er muss nicht auf weitere Prozesse warten, sondern kann dann sofort den Warteraum durch die Ausgangstür verlassen.

Tab. 3.5 Zustände im Algorithmus von Szymanski

Zustand	Bedeutung
0	Prozess befindet sich im unkritischen Bereich
1	Prozess will in den kritischen Abschnitt eintreten
2	Prozess wartet darauf, dass andere Prozesse durch die Eingangstür gehen
3	Prozess hat den Warteraum durch die Eingangstür betreten
4	Prozess hat den Warteraum durch die Ausgangstür verlassen

Tab. 3.6 Codierung der Zustandswerte

Zustand	intent	doorIn	doorOut
0	false	false	false
1	true	false	false
2	false	true	false
3	true	true	false
4	true	true	true

Wenn ein Prozess den Warteraum durch die Ausgangstür verlassen hat, bleibt sie solange offen, bis alle Prozesse aus dem Warteraum das Eintrittsprotokoll verlassen haben. Der letzte dieser Prozesse verschließt die Ausgangstür und öffnet wieder die Eingangstür.

Die Variable `flag [N]uint` beschreibt für jeden der N Prozesse seinen aktuellen Zustand. Sie kann die Werte 0 bis 4 annehmen, deren Bedeutung in Tab. 3.5 erklärt ist.

Die möglichen Zustandsübergänge sind $0 \to 1$, $1 \to 3$, $3 \to 2$, $2 \to 4$ (funktionell äquivalent zu $2 \to 3 \to 4$), $3 \to 4$ und $4 \to 0$. Szymanski realisiert diese Zustände mit drei Feldern Boolescher Variablen `intent`, `doorIn` und `doorOut`, die für jeden Prozess die Werte seines Zustands wie in Tab. 3.6 angegeben codieren.

Wir verzichten in unserer Implementierung auf diese Codierung, weil sie den Algorithmus im Zweifel eher etwas weniger verständlich machen.

Die obengenannte starke Fairness *„linear wait"* wird dadurch erreicht, dass ein Prozess, der einen anderen beim Eintritt in den kritischen Abschnitt überholt hat, nicht durch die Eingangstür kann, bis alle Prozesse, die er überholt hat, den kritischen Abschnitt verlassen haben.

Die Details zu diesen Überlegungen stellen den Beweis dar, dass der Algorithmus *alle vier* Bedingungen der Sperrsynchronisation (s. Abschn. 1.8) erfüllt. Sie seien als Übungsaufgabe überlassen (die „Musterlösungen" stehen in der Originalarbeit).

Im Original steckt ein kleiner Fehler: Das „und" (`&&`) in der Austrittsbedingung (Marke `E0`) muss durch ein „oder" (`||`) ersetzt werden.

Hier zunächst die abstrakte Formulierung des Algorithmus aus [19] (mit den Markenpräfixen P/E für *„Prologue"/„Epilogue"*):

```
Lock (p uint) {
P10: flag[p] = 1
P11: wait until ∀j: flag[j] <= 2
P20: flag[p] = 3
```

```
P21: if ∃j: flag[j] == 1 {
        flag[p] = 2
P22:    wait until ∃j: flag[j] == 4
     }
P30: flag[p] = 4
P31: wait until ∀j < p: flag[j] <= 1
}

Unlock (p uint) {
E0: wait until ∀j > p: flag[j] <= 1 || flag[j] == 4
E1: flag[p] = 0
}
```

Die erste Anweisung aus dem Austrittsprotokoll kann auch in das Eintrittsprotokoll hinter die Anweisung P30 verschoben werden. Im Austrittsprotokoll erhöht das aber die Effizienz, weil ein Prozess den kritischen Abschnitt betreten kann, ohne darauf warten zu müssen, dass alle anderen Prozesse den Warteraum verlassen haben.

Hier die Übersetzung des Algorithmus nach Go mit dieser Änderung, wobei die Kommentare genau die oben angegebene abstrakte Formulierung enthalten:

```
const (outsideCS = uint(iota); interested;
        waitingForOthers; inWaitingRoom; behindWaitingRoom)
var flag [N]uint

func allLeqWaitingForOthers() bool {
  for j := uint(0); j < N; j++ {
    if flag[j] >= inWaitingRoom {
      return false
    ]
  }
  return true
}

func exists (i, k uint) bool {
  for j := uint(0); j < N; j++ {
    if flag[j] == k {
      return true
    }
  }
  return false
}

func allLeqInterested (i uint) bool {
  for j := uint(0); j < i; j++ {
    if flag[j] >= waitingForOthers {
      return false
    }
  }
  return true
}
```

```
func allOutsideWaitingRoom (i uint) bool {
  for j := i + 1; j < N; j++ {
    if flag[j] == waitingForOthers || flag[j] == inWaitingRoom {
      return false
    }
  }
  return true
}

func Lock (p uint) {
  Store (&x.flag[p], interested)
  for { // wait until ∀j: flag[j] <= waitingForOthers
    if allLeqWaitingForOthers (p) {
      break
    }
    Nothing()
  }
  Store (&x.flag[p], inWaitingRoom)
  if x.exists (p, interested) { // if exists j:
                               // flag[j] == interested {
    Store (&x.flag[p], waitingForOthers)
    for { // wait until ∃j: flag[j] == behindWaitingRoom
      if exists (p, behindWaitingRomm) {
        break
      }
      Nothing()
    }
  }
  Store (&x.flag[p], behindWaitingRoom)
  for { // wait until ∀j > p: flag[j] <= interested ||
                        //      flag[j] = behindWaitingRomm
    if allOutsideWaitingRoom (p) {
      break
    }
    Nothing()
  }
  for { // wait until ∀j < p: flag[j] <= interested
    if allLeqInterested (p) {
      break
    }
    Nothing()
  }
}

func Unlock (p uint) {
  Store (&x.flag[p], outsideCS)
}
```

3.6   Schlösser als abstrakte Datentypen

Es ist natürlich sinnvoll, alle in diesem Kapitel vorgestellten Schlösser als abstrakte Datentypen zu konstruieren, also als Interfaces und deren Implementierungen, wie zu Beginn von Abschn. 3.2 und im letzten Teil von Abschn. 3.3.1 bemerkt.

Ihre Interfaces sind sehr ähnlich wie das von Go (s. Abschn. 3.2.3. Wir bringen sie in drei Paketen unter. In welchem dieser drei unsere Algorithmen „verpackt" sind, ist anhand der Namensgebung klar.

3.6.1   lock2

Dieses Paket enthält die Schlösser für zwei Prozesse.

```
package lock2
// Funktionen zum Schutz kritischer Abschnitte, die
// durch Aufrufe dieser Funktionen von anderen Prozessen
// nicht unterbrochen werden können.

type Locker2 interface {

// Vor.: p < 2.
//       Der aufrufende Prozess ist nicht im kritischen Abschnitt.
// Er ist es als einziger Prozess.
  Lock (p uint)

// Vor.: p < 2. Der aufrufende Prozess ist im kritischen Abschnitt.
// Er ist es jetzt nicht mehr.
  Unlock (p uint)
}


// Liefern neue offene Schlösser für 2 Prozesse.
func NewPeterson() Locker2 { return newPeterson() }
func NewKessels() Locker2 { return newKessels() }
func NewDekker() Locker2 { return newDekker() }
func NewDoranThomas() Locker2 { return newDoranThomas() }
```

Am Beispiel des Algorithmus von Peterson zeigen wir die Syntax der Implementierungen:

```
package lock2
import (. "nU/obj"; . "nU/atomic")

type peterson struct {
  interested [2]uint
  favoured uint "identity of the favoured process"
}
```

```
func newPeterson() Locker2 {
  return new(peterson)
}

func (x *peterson) Lock (p uint) {
  Store (&x.interested[p], 1)
  Store (&x.favoured, 1 - p)
  for x.interested[1-p] == 1 && x.favoured == 1-p {
    Nothing()
  }
}

func (x *peterson) Unlock (p uint) {
  Store (&x.interested[p], 0)
}
```

3.6.2 lock

In diesem Paket befinden sich die Schlösser für n ($n \geq 2$) Prozesse, bei denen die Protokolle keine Prozessidentität als Parameter benötigen.

```
package lock
// ... (wie oben)

type Locker interface {

// Vor.: p < Anzahl der durch den Konstruktor definierten Prozesse.
// ... (wie oben)
  Lock()

// ... (wie oben)
  Unlock()
}

// Liefern neue offene Schlösser.
func NewMutex() Locker { return newMutex() }
func NewTAS() Locker { return newTAS() }
func NewCAS() Locker { return newCAS() }
func NewXCHG() Locker { return newXCHG() }
func NewDEC() Locker { return newDEC() }
func NewUdding() Locker { return newUdding() }
func NewMorris() Locker { return newMorris() }
```

Im Abschn. 3.3.1 finden Sie die TAS-Version als Beispiel für die Syntax der Implementierungen.

3.6.3 lockn

Dieses Paket enthält die Schlösser für n ($n \geq 2$) Prozesse, für die der Wert von n mit dem Aufruf des Konstruktors festgelegt wird.

```
package lockn
// ... (wie oben)

type LockerN interface {

// ... (wie oben)
  Lock (p uint)

// ... (wie oben)
  Unlock (p uint)
}

// Liefert neue offene Schlösser für n Prozesse (n > 1 ).
func NewTiebreaker (n uint) LockerN { return newTiebreaker(n) }
func NewDijkstra (n uint) LockerN { return newDijkstra(n) }
func NewKnuth (n uint) LockerN { return newKnuth(n) }
func NewHabermann (n uint) LockerN { return newHabermann(n) }
func NewTicket (n uint) LockerN { return newTicket(n) }
func NewBakery (n uint) LockerN { return newBakery(n) }
func NewBakery1 (n uint) LockerN { return newBakery1(n) }
func NewKessels (n uint) LockerN { return newKessels(n) }
func NewSzymanski (n uint) LockerN { return newSzymanski(n) }
```

Literatur

1. Advanced Micro Devices Corporation, Inc.: AMD64 Architecture Programmer's Manual (2018). https://developer.amd.com/resources/developer-guides-manuals/
2. De Bruijn, J.G.: Additional comments on a problem in concurrent programming control. Commun. ACM **9**, 321–322 (1967). https://doi.org/10.1145/355606.361895
3. Dijkstra, E.W.: Cooperating sequential processes. Technical Report EWD-123, Technological University Eindhoven (1965). https://www.cs.utexas.edu/users/EWD/ewd01xx/EWD123.PDF
4. Dijkstra, E.W.: Hierarchical ordering of sequential processes. Acta Informatica **1**, 115–138 (1971). https://www.cs.utexas.edu/users/EWD/ewd03xx/EWD310.PDF
5. Dijkstra, E.W.: An Assertional Proof of a Program by G. L. Peterson (1981). https://www.cs.utexas.edu/users/EWD/ewd07xx/EWD779.PDF
6. Doran, R.W., Thomas, L.K.: Variants of the software solution to mutual exclusion. Inf. Proc. Lett. **10**, 206–208 (1980). https://doi.org/10.1016/0020-0190(80)90141-6
7. Eisenberg, M.A., McGuire, M.R.: Further comments on Dijkstra's concurrent programming control problem. Commun. ACM **15**, 999 (1972). https://doi.org/10.1145/355606.361895
8. Herrtwich, R.G., Hommel, G.: Nebenläufige Programme (Kooperation und Konkurrenz). Springer, Berlin/Heidelberg/New York (1994). https://doi.org/10.1007/978-3-642-57931-8

9. Hyman, H.: Comments on a problem in concurrent programming control. Commun. ACM **9**, 45 (1966). https://doi.org/10.1145/365153.365167

10. Intel Corporation: Intel® 64 and IA-32 Architectures Software Developer Manuals (2019). https://software.intel.com/en-us/articles/intel-sdm

11. Kessels, J.L.W.: Arbitration without common modifiable variables. Acta Informatica **17**, 135–141 (1982). https://doi.org/10.1007/BF00288966

12. Knuth, D.E.: Additional comments on a problem in concurrent programming control. Commun. ACM **9**, 321–322 (1966). https://doi.org/10.1145/355592.365595

13. Lamport, L.: A new solution of Dijkstra's concurrent programming problem. Commun. ACM **17**, 453–455 (1974). https://doi.org/10.1145/361082.361093. https://research.microsoft.com/en-us/um/people/lamport/pubs/bakery.pdf

14. Lamport, L.: A new approach to proving the correctness of multiprocess programs. ACM Trans. Program. Lang. Syst. **1**, 84–97 (1979). https://doi.org/10.1145/357062.357068. https://rcscarch.microsoft.com/en-us/um/people/lamport/pubs/new-approach.pdf

15. Morris, J.M.: A starvation: free solution to the mutual exclusion problem. Inf. Proc. Lett. **8**, 76–80 (1979). https://doi.org/10.1016/0020-0190(79)90147-9

16. Motorola Inc.: Programmers Reference Manual. Motorola. https://www.nxp.com/files-static/archives/doc/ref_manual/M68000PRM.pdf

17. Peterson, G.L.: Myths about the mutual exclusion problem. Inf. Proc. Lett. **2**, 115–116 (1981). https://doi.org/10.1016/0020-0190(81)90106-X

18. Peterson, G.L.: A new solution to Lamport's concurrent programming problem using small shared variables. ACM Trans. Program. Lang. Syst. **5**, 56–65 (1983). https://doi.org/10.1145/357195.357199

19. Szymanski, B.K.: A simple solution to Lamport's concurrent programming problem with linear wait. In: Lenfant, J. (ed.) ICS'88, pp. 621–626. ACM, New York (1988). https://doi.org/10.1145/55364.55425

Semaphore

4

Zusammenfassung

Wenn sich auch einfache Synchronisationsprobleme durch die Verwendung von Schlossalgorithmen lösen lassen, bergen ihre Implementierungen jedoch eine ganze Reihe von Nachteilen. Die älteste Idee zur Beseitigung einiger dieser Nachteile ist das Synchronisations-Konstrukt der Semaphore von Dijkstra. In diesem Kapitel werden seine Ideen vorgestellt und an vielen Anwendungen wird demonstriert, wie sich Semaphore einsetzen lassen.

In diesem Kapitel werden binäre und – im Kontext beschränkter Puffer – allgemeine Semaphore spezifiziert und die wechselseitigen Beziehungen zwischen ihnen erörtert; und nachdem Dijkstras schlafender Barbier geweckt ist, wird auf die Tücken der Konstruktion allgemeiner Semaphore aus binaren hingewiesen. Das Leser-Schreiber-Problem und einige seiner Lösungen mit Semaphoren führen zum Muster des Staffelstab-Algorithmus. Ferner werden einige spezielle Fragen behandelt: Additive Semaphore, Barrierensynchronisation, das Links-Rechts-Problem, Dijkstras speisende Philosophen, das Problem der Zigarettenraucher, Hinweise zur Implementierung von Semaphoren und das Konvoi-Phänomen.

4.1 Nachteile der Implementierung von Schlössern

Die in der Zusammenfassung angedeuteten Nachteile sind im Einzelnen:

(1) Das aktive Warten bedeutet einen sinnlosen Verbrauch des Betriebsmittels *Prozessor*.
(2) Die Protokolle sind maschinenabhängig oder recht kompliziert.
(3) Die Prozesse sind für ihre Verzögerung vor dem Eintritt in einen kritischen Abschnitt, falls notwendig, selbst verantwortlich, was die Sicherheit stark beeinträchtigt.

© Springer Fachmedien Wiesbaden GmbH, ein Teil von Springer Nature 2019
C. Maurer, *Nichtsequentielle und Verteilte Programmierung mit Go*,
https://doi.org/10.1007/978-3-658-26290-7_4

(4) Die Maßnahmen zur Synchronisation der Algorithmen sind in komplizierteren Fällen weit über den Programmtext verstreut, was zu seiner Unübersichtlichkeit und damit ggf. zur schweren Auffindbarkeit von Fehlern führt.
(5) Es ist nicht möglich, den unerlaubten Zugriff auf gemeinsame Daten *ohne Synchronisation* zu verhindern.
(6) Die Terminierung eines Prozesses im kritischen Abschnitt vor der Ausführung seines Austrittsprotokolls kann gravierende (eventuell sogar zerstörende) Auswirkungen auf das Programm haben.

Die Nachteile (1) und (2) hat Dijkstra mit der Einführung der Semaphore in seiner bahnbrechenden Arbeit [8] vorgestellt. Sie wurden von ihm im „*THE*-Multiprogramm System" (s. [9]) verwendet; letztlich handelte es sich um Grundlagenforschung für die Konstruktion von Betriebssystemen.

Vorab sei noch festgehalten:

Wir gehen in diesem Kapitel *nicht* auf *Betriebssystem-Semaphore* ein, die für Schwergewichtsprozesse im Prinzip so verwendbar sind wie die hier behandelten Semaphore für Leichtgewichtsprozesse, weil sie eindeutig zum Thema *Betriebssysteme* gehören.

4.2   Dijkstras Ansatz

Die Grundidee von Dijkstra zur Vermeidung des Nachteils (1) ist folgende:

Ein Prozess, der auf eine Bedingung warten muss, um weiterarbeiten zu können, gibt das durch den Aufruf eines *Eintrittsprotokolls* bekannt – im Prinzip wie beim Lock auf ein Schloss.

Wenn die Bedingung nicht erfüllt, also z. B. der kritische Abschnitt belegt ist, wird er dann aber nicht durch den „freiwilligen" Verbleib in einer *aktiven* Warteschleife verzögert, sondern stattdessen von der *Prozessverwaltung* blockiert:

Sie entfernt ihn im Protokoll aus der *Bereitliste*, was dazu führt, dass ihm bis auf Weiteres kein Prozessor zugeteilt wird, er also keine Last im System verursacht.

Erfüllt ein anderer Prozess die Bedingung, auf die der erste wartet, z. B. indem er den kritischen Abschnitt verlässt, meldet dieser das der Prozessverwaltung durch den Aufruf eines Freigabeprotokolls – im Grundsatz wie beim Unlock.

Die Prozessverwaltung nimmt in diesem Protokoll den blockierten Prozess wieder in die Bereitliste auf, so dass er im Zuge der Verteilung der Prozessoren wieder aktiv werden kann.

Die Terminologie von Dijkstra orientiert sich an Begriffen aus dem Eisenbahnwesen:

Ein Zug darf grundsätzlich erst *dann* in einen vor ihm liegenden Streckenblock einfahren, wenn sich kein anderer Zug in ihm befindet. Dazu „passiert" er ein Einfahrtsignal zur Sicherung des Blocks, wobei folgendes geschieht:

Er führt die Operation P aus, die ihm die Einfahrt in den Block per Signal „Fahrt" erlaubt, wenn sich kein Zug darin befindet, und hinter ihm das Signal sofort wieder auf

„Zughalt" stellt und damit einem folgenden Zug die Einfahrt in diesen Block verwehrt; den Zug andernfalls am Signal per „Zughalt" solange warten lässt, bis der Zug vor ihm den Block verlassen hat.

Hat er selber den Block durchfahren, gibt er dessen Einfahrtsignal durch die Operation V wieder frei, d. h., schaltet es auf „Fahrt", womit einem folgenden Zug dann wiederum die Einfahrt ermöglicht wird. Dijkstras Kürzel P und V stammen vom niederländischen *„passeeren"* und *„vrijgeven"*.

Nachteil (2) erledigt sich dadurch von alleine:

Die aufwendigen Algorithmen zur Synchronisation verschwinden hinter der Fassade des Aufrufs von Methoden eines Exemplars der Klasse, die derartige „Signale" realisiert; die maschinenabhängigen Teile werden aus Bibliotheken der verwendeten Programmiersprache eingebunden.

Allerdings wird sich herausstellen, dass dieses Konzept noch nichts gegen die Nachteile (3) bis (6) bewirkt. Dazu werden leistungsfähigere Konstrukte benötigt, die wir in späteren Kapiteln behandeln.

4.3   Binäre Semaphore

Die traditionelle Spezifikation *binärer Semaphore* ist

```
s.P:   <await s; s = false>
s.V:   <s = true>
```

mit dem initialen Wert s == true.

Eine denkbare Alternative zu Effektfreiheit einer V-Operation, die auf ein Semaphor s mit dem Wert true (d. h. eins, auf das keine Prozesse blockiert sind) ausgeführt wird, wäre neben der Erzeugung einer Ausnahme eine blockierende Semantik:

```
s.V:   <await !s; s = true>
```

Diese Varianten spielen für Anwendungen aber keine Rolle, weil Prozesse P- und V-Operationen stets paarig – in dieser Reihenfolge – ausführen müssen (oder stellen Sie sich einmal eine Fahrdienstleitung vor, die jeden Zug beim Verlassen eines Blocks immer solange anhält, bis ein Folgezug da ist, der beim Einfahrtsignal des Blocks, das ihn sichert, wartet . . .).

Damit ist die Spezifikation von binären Semaphoren quasi identisch mit der von Schlössern:

Ein Aufruf von s.P() setzt den Wert des Semaphors s auf false und bewirkt den Zustandsübergang *aktiv → blockiert* des aufrufenden Prozesses, falls der Wert von s schon vorher false war; ein Aufruf von s.V() realisiert den Übergang *blockiert → bereit* für einen der auf s blockierten Prozesse, falls es einen solchen gibt, und belässt in diesem Fall den Wert von s bei `false`, setzt im anderen Fall den Wert von s auf `true` zurück.

Der einzige Unterschied zu Schlössern ist die „inverse Logik":

Ein durch ein Schloss `locked` gesicherter kritischer Abschnitt ist *verschlossen*, wenn `locked == true` gilt; ein Semaphor s signalisiert mit `s == true` dagegen, dass der von ihm zu sichernde Block *frei* ist, da ein Signal mit `s == false` traditionell mit der Semantik *Zughalt* assoziiert ist.

▶ Die Realisierung von Ein- und Austrittsprotokollen zur Sperrsynchronisation kritischer Abschnitte ist also *die* Standard-Anwendung binärer Semaphore.

4.3.1 Äquivalenz von Schlössern und binären Semaphoren

Konsequenz des vorigen Abschnitts ist die folgende Erkenntnis:

Mit einem binären Semaphor s haben wir eine Implementierung von `Lock` und `Unlock`, die sich vor denen im vorigen Kapitel *dadurch* auszeichnet, dass kein durch den Aufruf von `Lock` zeitweilig blockierter Prozess dabei aktiv warten muss:

```
func Lock() {
  s.P()
}

func Unlock() {
  s.V()
}
```

Fazit:

▶ Binäre Semaphore sind als Synchronisationskonzept genauso ausdrucksstark wie Schlösser.

Bei der Implementierung von Schlössern in Go vom Typ `Mutex` wird Assemblercode mit der unteilbaren Maschineninstruktion `CompareAndSwap32` (s. Abschn. 3.3.2) und `AddInt32` eingesetzt.

Wenn nun binäre Semaphore auch ein adäquates Konstrukt zur Beherrschung der Sperrsynchronisation darstellen, lassen sie sich doch auf eine sehr naheliegende Weise verallgemeinern, um nicht nur zu entscheiden, *ob* sich ein Prozess in einem kritischen Abschnitt aufhält *oder nicht*, sondern um mitzuzählen, *wieviele* es sind, wenn mehrere Prozesse gewisse kritische Abschnitte gleichzeitig betreten dürfen.

Binäre Semaphore werden sich als Spezialfälle davon erweisen.

4.3.2 Algorithmus von Udding

Die *Fairness* binärer Semaphore – die Gewährleistung, dass auf sie blockierte Prozesse irgendwann deblockiert werden – kann auch erreicht werden, wenn sie sich auf *nicht* notwendig faire Schlösser stützen, d. h. solchen, von denen lediglich verlangt wird, dass ein Prozess bei einer Lock-Operation, die auf eine von ihm ausgeübte Unlock-Operation aufgerufen wird, nicht sofort wieder als erster durchrauscht, wenn noch andere Prozesse auf diese Lock-Operation blockiert sind.

Udding hat das in [18] bewiesen, wobei er betont, dass eine solche Lösung nicht „vom Himmel fallen" muss, wie es seiner Meinung nach in [14] und [15] geschehen ist, sondern ganz systematisch Schritt für Schritt entwickelt werden kann. Die Quintessenz seiner Überlegungen wird hier kurz dargestellt.

Die Grundidee seines Algorithmus ist – ähnlich wie beim Algorithmus von Morris in Abschn. 3.5.8 –, Prozesse vor dem Betreten des kritischen Abschnitts vor einer Sperre in einem Warteraum – realisiert durch ein Schloss door mit dem Anfangswert locked – zu versammeln, um sie dann nacheinander in den kritischen Abschnitt eintreten zu lassen.

Ein Prozess wird nach seinem Austritt aus dem kritischen Abschnitt nicht wieder in diese „Versammlung" gelassen, sondern bleibt solange an einer „Eingangstür" door hängen, bis alle Prozesse aus dem Warteraum in den kritischen Abschnitt gelangt sind. Die Eingangstür wird erst wieder aufgeschlossen, wenn der letzte Prozess aus dem Warteraum den kritischen Abschnitt betreten und ihn wieder verlassen hat.

Udding nimmt die Standardlösung aus [8] für ein Schloss door, das keine Fairness garantiert, als Ausgangspunkt:

```
door.Lock()
... // k.A.
door.Unlock()
```

Das Problem dabei ist, dass bei mehr als zwei Prozessen ein Prozess, der eine Lock-Operation ausführt, wieder bei einer Unlock-Operation landen kann, bevor alle Prozesse, die bei door warten, den kritischen Abschnitt betreten konnten. Also darf ein Prozess nicht bei door ankommen, bevor alle dort bereits wartenden Prozesse daran vorbei sind.

Üblicherweise wird dazu ein weiteres Schloss mutex eingesetzt, das zusammen mit door ein *aufgespaltenes Schloss* darstellt – ein Paar von Schlössern, bei dem höchstens *eins* von ihnen den Wert unlocked haben kann (s. „aufgespaltenes binäres Semaphor" im Abschn. 5.1.1 im Kapitel über den Staffelstab-Algorithmus).

Wenn der erste der Prozesse, die sich vor door versammeln, daran vorbei darf, muss mutex die Ankunft weiterer Prozesse bei door verhindern, bis alle dort wartenden Prozesse durchgeschleust sind. Mit den Zählern n für die Anzahl der bei door und n1 für die Anzahl der bei mutex wartenden Prozesse entwickelt er in zwei ausführlich begründeten Schritten das folgende Protokoll:

```
func Lock() {
  mutex.Lock()
```

```
  n0++
  mutex.Unlock()
  mutex.Lock()
  n++
  n0--
  if n0 > 0 {
    mutex.Unlock()
  } else { // n0 == 0
    door.Unlock()
  }
  door.Lock()
  n--
}

func Unlock() {
  if n > 0 {
    door.Unlock()
  } else {
    mutex.Unlock()
  }
}
```

Diese Version stellt zwar den gegenseitigen Ausschluss sicher und verhindert Verklemmungen; aber das erste `mutex.Lock` ist noch eine Stelle, die Unfairness verursachen
kann, wobei die Frage von Prioritäten beim Warten an den beiden `mutex.Locks` eine
entscheidende Rolle spielt. Schließlich begründet er, dass die Fairness des bisher entwickelten Eintrittsprotokolls *dadurch* erreicht wird, dass ein weiteres Schloss `queue` mit dem
Anfangswert `locked` eingeführt wird, um die Prozesse, die beim zweiten `mutex.Lock`
blockiert sind, in einer Warteschlange zu verwalten, und weist nach, dass diese Ergänzung
weder zu Unfairness noch zu Verklemmungen führen kann.

Sein endgültiges Eintrittsprotokoll lautet damit:

```
func Lock() {
  mutex.Lock()
  n0++
  mutex.Unlock()
  queue.Lock()
  mutex.Lock()
  n++
  n0--
  if n0 > 0 {
    mutex.Unlock()
  } else {
    door.Unlock()
  }
  queue.Unlock()
  door.Lock()
  n--
}
```

4.4 Puffer im nichtsequentiellen Fall

Ein typische Anwendung der Informatik ist die Pufferung von Daten, die von einem oder mehreren Prozessen erzeugt und nebenläufig von einem oder mehreren anderen Prozessen gelesen werden. Einfache Beispiele sind Ereignispuffer (*„event queues"*) zur Verarbeitung der Eingaben durch Tastatur, Maus usw. sowie ein Drucker-Spooler zur Verwaltung eines gemeinsamen Druckers für mehrere Benutzer.

Das klassische Paradigma ist dabei das Modell von *Produzenten*, die Objekte im Puffer ablegen, und *Konsumenten*, die sie daraus entnehmen.

Meistens sind Puffer *beschränkt* (*„bounded buffer"*) und arbeiten als *Warteschlangen* nach dem FIFO-Prinzip (*„first in, first out"*).

Wir machen jetzt zunächst einen kleinen Exkurs als saubere Grundlage für die Erörterung eines grundsätzlichen Unterschieds zwischen Datentypen für rein sequentielle Anwendungen und solchen, die es durch geeignete Synchronisationsmaßnahmen erlauben, dass auf Variablen ihres Typs nebenläufig – also von mehreren Prozessen – zugegriffen wird.

Mit dem Blick auf Wiederverwendbarkeit ist es natürlich sinnvoll, die Ansätze zur Konstruktion von Puffern von vornherein zu Paketen auszubauen, die gemäß der Erläuterungen im Kap. 2 in Spezifikation und Implementierung zerlegt sind.

Im sequentiellen Fall – gewissermaßen für „Einbenutzersysteme" –, bei dem Synchronisation noch keine Rolle spielt, ist es unsinnig, einen Versuch, ein Element in einem vollen Puffer abzulegen oder aus einem leeren zu entnehmen, *dadurch* zu vermeiden, dass der aufrufende Prozess blockiert wird, weil das die Terminierung des Programms zur Konsequenz hätte.

Die Voraussetzungen, dass der Puffer nicht leer bzw. nicht voll ist, bilden einen „Kontrakt" zwischen Nutzer und Konstrukteur des Pakets:

Ein Klient muss sie zur Ablage bzw. Entnahme erfüllen; die Implementierung kann sich darauf verlassen, dass sie erfüllt sind.

Damit ein Prozess diese Voraussetzungen einhalten kann, muss die Konstruktion die entsprechenden Abfragen ermöglichen. Folglich lautet die Spezifikation für den sequentiellen Fall:

```
package buf

type Buffer interface { // FIFO-Puffer beschränkter Kapazität

// Liefert genau dann true, wenn x keine Objekte enthält.
  Empty() bool

// Liefert genau dann true,
// wenn x bis zu seiner Kapazitätsgrenze gefüllt ist.
  Full() uint

// Vor.: x ist nicht voll.
```

```
// a ist als letztes Objekt in x eingefügt.
  Ins (a Any)

// Vor.: x ist nicht leer.
// Liefert das erste Objekt von x.
// Dieses Objekt ist jetzt aus x entfernt.
  Get() Any
}

// Liefert einen leeren Puffer der Kapazität n.
func New (n uint) Buffer { return new_(n) }
```

Ein Konsument erhält beim Aufruf von Get das „vorderste" Objekt aus dem Puffer, ein
Produzent legt sein Objekt mit Ins immer am „Ende" des Puffers ab. Wenn der Puffer
leer ist, darf ein Konsument Get nicht aufrufen; wenn er voll ist, d. h., wenn die Anzahl
seiner Elemente seine Kapazität erreicht hat, darf ein Produzent kein Objekt ablegen. Der
Überprüfung dieser Voraussetzungen dienen die Funktionen Empty und Full.

Eine mögliche Implementierung dieser Spezifikation wurde in Abschn. 2.3.6 gezeigt.

Unser Ziel – das der Nichtsequentiellen Programmierung – ist, das Paket buf zu einem
solchen auszubauen, das nebenläufig von Konsumenten und Produzenten benutzt werden
kann, ohne dass die typischen Fehler unsynchronisierter Zugriffe entstehen können, bei
denen falsche Werte geliefert oder der Puffer in inkonsistente Zustände gerät, d. h. sein
Inhalt verfälscht oder zerstört wird.

Wir beschränken uns zunächst auf den Fall, dass nur jeweils *ein* Produzent und *ein*
Konsument vorhanden ist; die Synchronisation für nebenläufige Zugriffe von *mehreren*
Produzenten und Konsumenten behandeln wir am Schluss des Abschnitts.

Nun gibt es einen substantiellen Unterschied zwischen dem *sequentiellen* Fall und
der Situation, in der es um den Zugriff durch *mehrere Prozesse* geht, also um einen
mehrprozessfähigen Puffer:

Die Überprüfung darauf, ob ein Puffer nicht voll bzw. nicht leer ist, um dann ein Objekt
in ihn ablegen oder aus ihm entnehmen zu können, gibt keinen Sinn, weil die Abfrage und
eine anschließende Ablage bzw. Entnahme nicht unteilbar wären – in der Zwischenzeit
könnten andere Prozesse den Puffer gefüllt bzw. geleert haben. Also gehört die Funktion
Num aus dem Paket buf nicht in unser zu schaffendes Paket.

Die Voraussetzungen für Ins und Get entfallen; wenn der Puffer voll ist, muss also
der Produzent warten und bei leerem Puffer muss entsprechend der Konsument verzögert
werden.

Folglich haben wir im nebenläufigen Fall eine andere Spezifikation:

```
package mbuf
import . "nU/obj"

type MBuffer interface { // Mehrprozessfähige FIFO-Puffer
                         // beschränkter Kapazität

// Die Funktionen Ins und Get sind atomar, d.h.
```

```
// sie können durch Aufrufe von Ins und Get
// anderer Prozesse nicht unterbrochen werden.
// x bedeutet im Folgenden immer das aufrufende Objekt.

// b ist als letztes Element in x eingefügt.
// Der aufrufende Prozess war ggf. solange verzögert,
// bis das möglich, d.h. bis x nicht voll war.
  Ins (a Any)

// Liefert das erste Element von x.
// Dieses Element ist jetzt aus x entfernt.
// Der aufrufende Prozess war ggf. solange verzögert,
// bis das möglich, d.h. bis x nicht leer war.
  Get() Any
}

// Vor.: a != nil, n > 0.
// Liefert einen leeren Puffer der Kapazität n
// für Objekte des Typs von a.
func New (a Any, n uint) MBuffer { return new_(n) }
```

Eine Implementierung ist zwar mit aktivem Warten möglich, wenn für jeden Pufferplatz zusätzlich die Information aufgenommen wird, ob er belegt ist:

```
package mbuf
import ("sync"; . "nU/obj"; "nU/buf")

type mbuffer struct {
  buf.Buffer
  filled [n]bool
}

func new_(n uint) MBuffer {
  x := new(mbuffer)
  x.Buffer = buf.New (a, n)
  x.filled = make([]bool, n)
  return x
}

func (x *mbuffer) Ins (a Any) {
  for filled[in] {
    Nothing()
  }
  filled[in] = true
  x.Buffer.Ins(a)
}

func (x *mbuffer) Get() Any {
  for ! filled[out] {
    Nothing()
```

```
    }
    filled[out] = false
    return x.Buffer.Get()
}
```

Aber damit sind wir wieder beim verpönten „*busy waiting*". Folglich ist zu untersuchen, ob sich Semaphore zur Lösung des Problems einsetzen lassen.

4.5   Allgemeine Semaphore

Wenn nun die Vorteile des Semaphorkonzepts genutzt werden sollen, reichen dazu *binäre* Semaphore allerdings nicht aus.

Da der Produzent nur *so oft* den kritischen Abschnitt betreten darf, wie es freie Plätze im Puffer gibt, und der Konsument nicht öfter als es belegte Plätze gibt, müssen die binären Semaphore *derart* verallgemeinert werden, dass sie das *Mitzählen* ermöglichen, d. h. dass ihre booleschen Werte durch natürliche oder ganze Zahlen ersetzt werden.

Dabei darf die Anzahl n_P der abgeschlossenen P-Operationen auf einem Semaphor s die Summe aus seinem initialen Wert n und der Anzahl n_V der abgeschlossenen V-Operationen nie überschreiten, was zu der *Semaphorinvariante*

$$n_P \leq n + n_V$$

oder kurz, mit n + nV - nP als Wert eines Semaphors s, zu

$$s\ >=\ 0$$

führt. Diese Invariante erlaubt uns, allgemeine Semaphore zu spezifizieren.

4.5.1   Spezifikation allgemeiner Semaphore

Die Spezifikation für *allgemeine Semaphore* (mit der Operation New zur Initialisierung) lautet:

```
s.New(n):   s = n
s.P:        <await S > 0; S-->
s.V:        <S++>
```

Daraus ergeben sich die binären Semaphore – unter der am Anfang des vorigen Abschnitts begründeten Annahme, dass eine V-Operation immer nur nach einer entsprechenden P-Operation ausgeführt wird – mit den Invarianten

$$0 < n \leq 1 \qquad \text{und} \qquad n_V \leq n_P \leq n_V + 1$$

als Spezialfall:

```
s.New:   s = 1
s.P:     <await s == 1; s = 0>
s.V:     <s = 1>
```

Wir geben hier das Interface für Semaphore mit einem umgangssprachlich formulierten
Kommentar an – erst einmal in einer Version, in der das Blockieren und Deblockieren der
beteiligten Prozesse in die Spezifikation aufgenommen ist:

```
package sem

// Ganzzahlige Werte als Zugangsprotokolle zu kritischen
// Abschnitten zum nebenläufigen Zugriff mehrerer Prozesse
// auf gemeinsame Daten.

type Semaphore interface {

// Die Methoden P und V sind durch Aufrufe von P oder V
// von anderen Prozessen nicht unterbrechbar.

// Der aufrufende Prozess war ggf. solange auf das übergebene
// Semaphor blockiert, bis sein Wert > 0 war.
// Jetzt ist sein Wert dekrementiert.
  P()

// Wenn es vorher Prozesse gab, die auf das übergebene
// Semaphor blockiert waren, ist jetzt genau einer
// von ihnen deblockiert. Der Wert des übergebenen
// Semaphors ist jetzt inkrementiert.
  V()
}
// Liefert ein Semaphor mit dem Wert n,
// auf das kein Prozess blockiert ist.
func New(n uint) Semaphore { return new_(n) }
```

Aus den im Kap. 18 bei der Spezifikation von Schlössern genannten Gründen ziehen wir
die folgende abstraktere Formulierung vor, um nicht gegen das Prinzip des „information
hiding" zu verstoßen (func New wie oben):

```
type Semaphore interface {

// Der aufrufende Prozess ist neben höchstens n-1
// weiteren Prozessen im kritischen Abschnitt, wobei n der
// dem Konstruktor übergebene Initialwert des Semaphors ist.
  P()

// Der aufrufende Prozess ist nicht im kritischen Abschnitt.
  V()
}
```

4.5.2 Entwicklung einer korrekten Implementierung

Um damit eine Lösung für das Problem des beschränkten Puffers zu entwickeln, betrachten wir die Anzahlen e_P bzw. e_K der *Eintritte* des Produzenten bzw. des Konsumenten in den kritischen Abschnitt und die Anzahlen a_P bzw. a_K der jeweiligen *Austritte*.

Da ein Prozess den kritischen Abschnitt erst verlassen kann, wenn er ihn betreten hat, und ihn verlassen haben muss, bevor er ihn wiederum betritt, gilt

$$a_X \leq e_X \leq a_X + 1 \tag{EA}$$

für $X = P, K$. Für die Anzahl a der Objekte in einem anfangs leeren Puffer gilt

$$a_P - e_K \leq a \leq e_P - a_K, \tag{PK}$$

denn einerseits sind die produzierten Objekte, sofern sie noch nicht vom Konsumenten entnommen sind, im Puffer vorhanden, andererseits können nur *die* Objekte im Puffer oder konsumiert sein, die der Produzent insgesamt abgelegt hat.

Bei einem Puffer der Größe n stellen die beiden Invarianten

$$e_P \leq n + a_K \tag{P}$$

$$e_K \leq a_P \tag{K}$$

sicher, dass der Produzent bei vollem Puffer nicht produziert und der Konsument bei leerem Puffer nicht konsumiert.

Mit diesen Größen haben wir die folgenden *Ungleichungen*:

Für die Anzahl a der Objekte in einem Puffer der Größe n gilt

$$0 \leq a \leq n.$$

Ferner gelten stets die Ungleichungen

$$0 \leq e_P - e_K \leq n,$$
$$0 \leq n + a_K - e_P \leq n \quad \text{und}$$
$$0 \leq a_P - e_K \leq n$$

und bei vollem Puffer gilt $e_P = n + a_K$, und, wenn er leer ist, $e_K = a_P$.

Hier die Beweise unserer Behauptungen:

Aus (K) und (PK) folgt $0 \leq a$, (PK) und (P) liefern $a \leq n$.

Aus (K) und (EA) folgt $0 \leq a_P - e_K \leq e_P - e_K$, aus (P) und (EA) folgt $e_P \leq n + a_K \leq n + e_K$, daher $e_P - e_K \leq n$.

(P) ist gleichbedeutend mit $n + a_K - e_P \geq 0$; $0 \leq a$ führt wegen (PK) zu $0 \leq e_P - a_K$, also $a_K \leq e_P$, folglich $n + a_K - e_P \leq n$.

(K) ist zu $a_P - e_K \geq 0$ äquivalent; aus $a \leq n$ folgt wegen (PK) $a_P - e_K \leq n$.

Der Puffer ist genau dann voll, wenn $a = n$ gilt; aus (PK) und (P) folgt in diesem Fall $n \leq e_P - a_K \leq n$, daher $n = e_P - a_K$. Bei leerem Puffer (für $a = 0$), liefern (K) und (PK) $0 \leq a_P - e_K \leq 0$, also $a_P - e_K = 0$.

Aus diesen Ergebnissen können wir korrrekte Spezifikationen der Ein- und Austrittsprotokolle von Produzent und Konsument ableiten:

```
einP:    <await eP < n + aK; eP++>
einK:    <await eK < aP; eK++>
ausP:    <aP++>
ausK:    <aK++>
```

Wenn der Produzent sein Eintrittsprotokoll durchlaufen hat, ist e_P inkrementiert, was wegen der Unteilbarkeit des Protokolls dazu äquivalent ist, dass die Anzahl der freien Plätze im Puffer

$$nichtVoll = n + a_K - e_P$$

dekrementiert ist. Analog ist nach dem Eintritt des Konsumenten in den kritischen Abschnitt e_K inkrementiert, d. h. die Anzahl der belegten Plätze im Puffer

$$nichtLeer = a_P - e_K$$

dekrementiert.

Nach dem Austritt des Produzenten ist a_P, folglich auch *nichtLeer* inkrementiert; analog ist nach dem Austritt des Konsumenten a_K und somit *nichtVoll* inkrementiert.

Mit den obigen Werten für *nichtVoll* und *nichtLeer* ergeben sich daraus die Ein- und Austritts-Protokolle

```
einP:    <await nichtVoll > 0; nichtVoll-->
einK:    <await nichtLeer > 0; nichtLeer-->
ausP:    <nichtLeer++>
ausK:    <nichtVoll++>
```

Der Vergleich dieser Spezifikationen mit derjenigen von allgemeinen Semaphoren zeigt, dass ihr Einsatz das Problem vollständig löst.

Im Konstruktor muss *nichtVoll* mit dem Wert n und *nichtLeer* mit dem Wert 0 initialisiert werden, weil zu Beginn $a_K = e_P = a_P = e_K = 0$ gilt.

Insgesamt ist durch diese Überlegungen bewiesen, dass die folgende Implementierung korrekt ist:

```
package mbbuf
import (. "nU/obj"; "nU/bbuf"; "nU/sem")

type mBuffer struct {
  bbuf.BoundedBuffer
  notEmpty, notFull sem.Semaphore
}

func new_(a Any, n uint) MBuffer {
  x := new(mBuffer)
  x.BoundedBuffer = bbuf.New (a, n)
  x.notEmpty, x.notFull = sem.New(0), sem.New(n)
  return x
}

func (x *mBuffer) Ins (a Any) {
  x.notFull.P()
  x.BoundedBuffer.Ins (a)
  x.notEmpty.V()
}

func (x *mBuffer) Get() Any {
  x.notEmpty.P()
  a := x.BoundedBuffer.Get()
  x.notFull.V()
  return a
}
```

Bei dieser Lösung kann auf den gegenseitigen Ausschluss zwischen Produzent und Konsument verzichtet werden, weil beide immer auf unterschiedlichen Variablen operieren:

Für in != out ist das unmittelbar klar. Der Fall in == out bedarf dagegen einer Begründung:

Er ist äquivalent zu $e_P \bmod n \equiv e_K \bmod n$, wofür es nach der zweiten Ungleichung $0 \leq e_P - e_K \leq n$ nur zwei Möglichkeiten gibt: $e_P = n + e_K$ oder $e_P = e_K$.

Im ersten Fall gilt nach (P) und (EA) $e_P \leq n + a_K \leq n + e_K = e_P$, folglich $n + a_K - e_P = 0$, was dazu führt, dass der Produzent auf das Semaphor notFull blockiert ist; im anderen Fall folgt aus (K) und (EA) $e_P = e_K \leq a_P \leq e_P$, also $e_K = a_P$, d. h., der Konsument ist auf das Semaphor notEmpty blockiert.

In beiden Fällen ist es daher ausgeschlossen, dass ein Produzent und ein Konsument auf die gleiche Variable buffer[in] zugreifen.

Die Situation ist etwas schwieriger, wenn der Puffer von *mehreren* Produzenten und Konsumenten benutzt werden soll.

In diesem Fall müssen die beiden Gruppen jeweils untereinander ausgeschlossen werden, um z. B. zu verhindern, dass mehrere Produzenten nebenläufig auf den gleichen Pufferplatz zugreifen.

Kritisch sind dabei in den Funktionen Ins und Get die Zugriffe auf einen Pufferplatz, weil das mit der zugehörigen Veränderung der internen Daten des Puffers verbunden ist, die seine Konsistenz sichern. Diese Zugriffe müssen mit zwei binären Semaphoren ins und get geschützt werden; d. h., es ist eine Ergänzung der Repräsentation des Puffers notwendig.

Damit haben wir eine Implementierung unseres Pakets, das von beliebig viele Produzenten und Konsumenten verwendet werden kann:

```
package mbbuf
import (. "nU/obj"; "nU/bbuf"; "nu/sem")


type mBuffer1 struct {
  bbuf.BoundedBuffer
  notEmpty, notFull, ins, get sem.Semaphore
}


func new1 (a Any, n uint) MBuffer {
  x := new(mBuffer1)
  x.BoundedBuffer = bbuf.New (a, n)
  x.notEmpty, x.notFull = sem.New(0), sem.New(n)
  x.ins, x.get = sem.New(1), sem.New(1)
  return x
}


func (x *mBuffer1) Ins (a Any) {
  x.notFull.P()
  x.ins.P()
  x.BoundedBuffer.Ins (a)
  x.ins.V()
  x.notEmpty.V()
}


func (x *mBuffer1) Get() Any {
  x.notEmpty.P()
  x.get.P()
  a := x.BoundedBuffer.Get()
  x.get.V()
  x.notFull.V()
  return a
}
```

Mit dieser Implementierung ist z. B. der nebenläufige Zugriff mehrerer Produzenten auf den gleichen Pufferplatz nicht mehr möglich.

4.6   Unbeschränkte Puffer und der schlafende Barbier

Im Falle eines *unbeschränkten Puffers*, d. h. eines, der im Rahmen des verfügbaren Speicherplatzes beliebig viele Daten aufnehmen kann, ist es nicht notwendig, einen Produzenten zu blockieren.

Das Semaphor `notFull` ist also überflüssig.

Eine Repräsentation durch eine Ringliste in einem statischen Feld scheidet bei ihnen aus; sie muss durch eine dynamische Struktur, beispielsweise eine verkettete Liste, ersetzt werden. Zur Vermeidung von Inkonsistenzen ist dabei der gegenseitige Ausschluss *aller* Zugriffe untereinander erforderlich, wofür *ein* Semaphor `mutex` ausreicht.

Damit vereinfacht sich die Synchronisation zur Implementierung eines unbeschränkten Puffers bei der Ablage eines Objekts zu

```
mutex.Lock()
Ins (object)
mutex.Unlock()
notEmpty.V()
```

und bei der Entnahme zu

```
notEmpty.P()
mutex.Lock()
object = Get()
mutex.Unlock()
```

Wir beschränken uns auf einen Konsumenten und zeigen nach [8], dass man zur Synchronisation mit binären Semaphoren auskommt, wobei wir Dijkstras Metapher des *schlafenden Barbiers* aufgreifen (und – wie er – von der Synchronisation der Beteiligten beim Rasieren absehen, wozu ein weiteres Semaphorpaar benötigt wird):

Ein Barbier hat einen Laden mit einem separaten Wartezimmer (s. Abb. 4.1). Von außen kommt man durch eine Schiebetür ins Wartezimmer; durch die gleiche Schiebetür geht es vom Wartezimmer in den Laden mit dem Barbierstuhl. Entweder ist der Eingang ins Wartezimmer oder der Durchgang in den Laden offen. Die Tür ist so schmal, dass immer nur einer durchgehen kann.

Wenn der Barbier mit einem Kunden fertig ist, lässt er ihn hinaus, öffnet die Tür zum Wartezimmer und sieht nach, ob noch Kunden warten. Falls ja, bittet er den nächsten Kunden herein, sonst setzt er sich auf seinen Barbierstuhl und schläft ein.

Abb. 4.1 Der Laden des
Barbiers

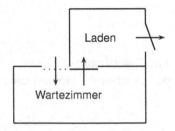

Neu hinzukommende Kunden, die im Wartezimmer andere Kunden vorfinden, warten dort auf den Barbier, sonst sehen sie im Laden nach. Wenn der Barbier arbeitet, gehen sie ins Wartezimmer zurück; wenn er schläft, wecken sie ihn auf.

Entscheidender Punkt ist, dass das allgemeine Semaphor `notEmpty` durch ein binäres Semaphor `customerWaiting` (initial `false`) und eine Variable n als Zähler (initial 0) ersetzt wird, der gegenseitige Ausschluss beim Zugriff auf den Zähler mit einem binären Semaphor `mutex` sichergestellt.

Zur Vermeidung eines typischen Fehlers, auf den wir anschließend eingehen, wird noch eine zusätzliche Variable k gebraucht, die eine Kopie des Zählerwertes aufnimmt:

```
func wait() {
  takeSeatInWaitingRoom()
  mutex.Lock()
  n++
  if n == 1 {
    customerWaiting.Unlock()
  }
  mutex.Unlock()
}

func barber() {
  sleepInBarbersChair()
  if k == 0 {
    customerWaiting.Lock()
  }
  mutex.Lock()
  n--
  k = n
  mutex.Unlock()
  haveSeatInBarbersChair()
}
```

Damit der Barbier blockiert wird, wenn kein Kunde mehr wartet (n == 0), muss er die Kopie k der Anzahl n der wartenden Kunden prüfen, um nicht nach seiner Aufgabe des gegenseitigen Ausschlusses einer möglichen Veränderung von n durch Kunden ausgesetzt zu sein, was z. B. zu der Fehlersituation führen kann, die in Tab. 4.1 entwickelt ist.

Dieses Problem stellt sich bei dem oben angegebenen Algorithmus nicht, weil der Barbier den alten in k geretteten Wert von n benutzt, um zu entscheiden, ob er die `Lock`-Anweisung ausführen muss.

Allerdings lässt er sich noch etwas effizienter gestalten:

Wenn Kunden das Wartezimmer leer vorfinden (n == 0), müssen sie nachsehen, ob der Barbier beschäftigt ist oder nicht, um im ersten Fall blockiert zu werden. Ein Paar von `Lock`/`Unlock`-Anweisungen ist in diesem Fall überflüssig und kann eingespart werden:

Wenn kein Kunde mehr wartet, setzt sich der Barbier auf einen Stuhl im Wartezimmer und schläft dort ein.

Tab. 4.1 Barbier-Fehler

wait()	barber()	n	customerWaiting
initial	blockiert	0	false
mutex.Lock() n++ customerWaiting.Unlock() mutex.Unlock()	deblockiert	1	false
	mutex.Lock() n-- mutex.Unlock()	0	
mutex.Lock() n++ customerWaiting.Unlock() mutex.Unlock()		1	true
	if n == 0 { mutex.Lock() n-- mutex.Unlock() if n == 0 { customerWaiting.Lock() mutex.Lock() n-- mutex.Unlock() **nicht** blockiert!	1 0 0 0 -1	true (!) true false (!)

Neu eintreffende Kunden finden im Wartezimmer andere Kunden vor (n > 0) oder nicht (n <= 0). Im zweiten Fall ist das Wartezimmer entweder leer (n == 0), dann wissen sie, ohne nachzusehen, dass der Barbier beschäftigt ist und warten auf ihn, bis er sie hereinbittet; oder dort schläft der Barbier (n == -1), dann wecken sie ihn auf.

```
func wait() {
  ...
  mutex.Lock()
  takeSeatInWaitingRoom()
  n++
  if n == 0 {
    mutex.Unlock() // *
    customerWaiting.Unlock()
  } else {
    mutex.Unlock()
  }
  ...
```

```
func barber() {
  ...
  mutex.Lock()
  n--
  if n == -1 {
    mutex.Unlock()
    customerWaiting.Lock();
    mutex.Lock() // *
  }
  haveSeatInBarbersChair()
  mutex.Unlock()
  ...
```

Zur weiteren Vereinfachung können die Operationen, die mit „∗" markiert sind, auch weggelassen werden; dann übergibt ein Kunde den kritischen Abschnitt direkt dem Barbier, wenn er ihn weckt.

Wir werden diesen Ansatz im folgenden Abschnitt verallgemeinern, in dem wir zeigen, dass allgemeine Semaphore im Grunde überflüssig sind, weil sie sich mit binären Semaphoren nachspielen lassen.

In den Quelltexten zu diesem Buch befindet die Datei `barbier.go` – ein Programm zur Animation des schlafenden Barbiers.

4.7   Konstruktion allgemeiner Semaphore aus binären

Binäre Semaphore lassen sich durch allgemeine nachbilden – mit Ausnahme der Idempotenz der binären V-Operationen, weil sie auf *allgemeinen* Semaphoren mit dem Wert 1 nicht effektfrei operieren, sondern den Wert auf 2 erhöhen, also die Invariante verletzen.

Das ist im Normalfall aber unerheblich, weil binäre V-Operationen zur Aufgabe exklusiver kritischer Abschnitte eingesetzt werden, was nicht ohne vorherige Ausführung einer P-Operation wiederholt wird.

Da wir einerseits *binäre Semaphore* als Spezialfälle der *allgemeinen* entlarvt haben und andererseits auch *Schlösser* für sie verwenden können – was aus den im Vorfeld dargestellten Gründen eh' eine Grauzone ist –, da der Unterschied nur in der Implementierung besteht – Blockieren durch Entfernen aus der Bereitliste versus durch aktives Warten –, treffen wir folgende Vereinbarung:

▶   Wir setzen für binäre Semaphore *entweder* Schlösser ein *oder* allgemeine Semaphore (mit 1 bzw. 0 für `true` bzw. `false`).

In diesem Abschnitt verwenden wir für binäre Semaphore die Go-typischen Schlösser aus dem Paket `sync`; den Startwert 0 erhalten wir einfach durch eine `Lock`-Operation.

Ziel des Abschnitts ist der angekündigte Nachweis, dass sich allgemeine Semaphore unter Rückgriff auf binäre implementieren lassen.

In Verbindung mit der Erkenntnis aus dem Abschn. 4.3.1, dass binäre Semaphore im Grunde Schlösser sind, ergibt sich daraus:

Alles, was sich unter Einsatz von Semaphoren synchronisieren lässt, kann im Prinzip auch mit Schlössern erledigt werden und umgekehrt.

4.7.1 Repräsentation

Die Repräsentation von allgemeinen Semaphoren ist klar:

Gebraucht wird ein ganzzahliger Wert „zum Mitzählen", ein binäres Semaphor s zum Blockieren, wenn der kritische Ausschluss nicht betreten werden darf, und ein binäres Semaphor mutex zum Schutz des Zugriffs auf den Wert:

```
type semaphore struct {
  int "Wert des Semaphors"
  s, mutex sync.Mutex
}
```

4.7.2 Naiver (falscher) Ansatz

Der folgende erste Versuch mit einem geradlinigen Ansatz birgt, wie sich bei näherer Untersuchung herausstellen wird, allerdings einen subtilen Fehler, der bei dem Beispiel des schlafenden Barbiers nicht auftauchen kann, weil es dort nur *einen* Produzenten gibt:

```
func New (n uint) Semaphore {
  x := new(semaphore)
  x.int = int(n)
  x.s.Lock()
  return x
}

func (x *semaphore) P() {
  x.mutex.Lock()
  x.int--
  if x.int < 0 {
    x.mutex.Unlock()
//  U
    x.s.Lock()
  } else {
    x.mutex.Unlock()
  }
}

func (x *semaphore) V() {
  x.mutex.Lock()
  x.int++
```

Tab. 4.2 V-Operation verloren

Prozess	Aufruf	x.int	x.s	Bemerkung
	New	2	false	initial
1	Lock	1	false	1 im kritischen Abschnitt
2	Lock	0	false	1 und 2 im kritischen Abschnitt
3	Lock bis U	-1	false	
4	Lock bis U	-2	false	
1	Unlock	-1	true	2 im kritischen Abschnitt
2	Unlock	0	true (!)	der kritische Abschnitt ist frei
3	Lock nach U	0	false	3 im kritischen Abschnitt
4	Lock nach U	0	false	4 blockiert
3	Unlock	1	false	der kritische Abschnitt ist frei, aber Prozess 4 ist blockiert!

```
    if x.int <= 0 {
      x.s.Unlock()
    }
    x.mutex.Unlock()
}
```

Wenn mehrere P-Operationen an der Stelle U unterbrochen und dann V-Operationen ausgeführt werden, geht deren Wirkung ab der zweiten verloren.

Das sieht man an dem Ablaufbeispiel, das in Tab. 4.2 dargestellt ist.

In Go kann dieser Ablauf zwar nicht eintreten: weil das beim Aufruf der zweiten Unlock-Operation ausgeführte x.mutex.Unlock() nach dem unmittelbar vorher ausgeführten x.mutex.Unlock() in der Unlock-Operation davor zu einem Laufzeitfehler führen würde.

„unlock of unlocked mutex".

Diese sprachspezifische Besonderheit von Go ändert aber nichts an der grundsätzlichen Feststellung, dass auch dieser Versuch nichts taugt.

4.7.3   Korrektur und Konsequenz

Der Fehler aus dem vorigen Abschnitt lässt sich korrigieren, und zwar in Anlehnung an die letzte Idee zur Vereinfachung beim schlafenden Barbier.

Die direkte Übergabe des durch x.mutex geschützten Zugriffs auf x sorgt dafür, dass eine Unlock-Operation ggf. die Beendigung einer unterbrochenen Lock-Operation erzwingt:

```
func (x *semaphore) P() {
  x.mutex.Lock()
  x.int--
```

```
  if x.int < 0 {
    x.mutex.Unlock()
    x.s.Lock()
  }
  x.mutex.Unlock()
}

func (x *semaphore) V() {
  x.mutex.Lock()
  x.int++
  if x.int <= 0 {
    x.c.Unlock()
  } else {
    x.mutex.Unlock()
  }
}
```

Aber das ist auch noch nicht optimal, weil es die Lebendigkeit des Systems stark einschränkt.

Um das zu vermeiden, könnte man einen Zähler n vom Typ int in die Datenstruktur von semaphore aufnehmen, mit dem die Unlock-Operationen auf das Semaphor s zum Blockieren mitgezählt werden, um dann ggf.eine zusätzliche Unlock-Operation auszulösen:

```
func (x *semaphore) P() {
  ...
  if x.int < 0 {
    x.mutex.Unlock()
    x.c.Lock()
    x.mutex.Lock()
    x.n--
    if x.n > 0 {
      x.c.Unlock()
    }
  }
  ...
}

func (x *semaphore) V() {
  ...
  if x.int <= 0 {
    x.n++
    x.c.Unlock()
  }
  ...
}
```

Beide Probleme lassen sich durch die Aufnahme eines weiteren Schlosses `seq` vom Typ `sync.Mutex` in die Repräsentation von `semaphore` vermeiden, mit dessen Hilfe die Lock/Unlock-Operationen in der ersten Lösung wie folgt „gekapselt" werden:

```
func (x *semaphore) P() {
  x.seq.Lock()
  ...
  x.seq.Unlock()
}
```

Das hat den gegenseitigen Ausschluss der P-Operationen zur Folge, weshalb dann immer nur *ein* Prozess bei U ankommen kann. Folglich stellt sich das Problem aus dem ersten Ansatz nicht.

Mit dieser korrekten Lösung ist das angekündigte Ziel dieses Abschnitts bereits erreicht:

▶ Schlösser und allgemeine Semaphore stellen konzeptionell äquivalente Ausdrucksmittel zur Synchronisation dar.

4.7.4 Algorithmus von Barz

Es gab aber noch viele weitere Versuche, diesen Algorithmus zu verbessern.

Barz hat in [3] systematische mehrere aufeinander aufbauende Versionen entwickelt und diskutiert. Wir beschränken uns hier aber auf die Wiedergabe seiner letzten Version, die auch nur mit zwei Semaphoren auskommt:

```
func New (n uint) Semaphore {
  x := new(semaphore)
  x.int = int(n)
  if x.int == 0 {
    x.s.Lock()
  }
  return x
}

func (x *semaphore) P() {
  x.s.Lock()
  x.mutex.Lock()
  x.int--
  if x.int > 0 {
    x.s.Unlock()
  }
  x.mutex.Unlock()
}
```

```
func (x *semaphore) V() {
  x.mutex.Lock()
  x.int++
  if x.int == 1 {
    x.s.Unlock()
  }
  x.mutex.Unlock()
}
```

Es ist nicht ganz einfach, einzusehen, dass diese Lösung optimal ist. Eine detaillierte Begründung seiner Korrektheit findet man auch in [4].

Ben-Ari bemerkt dazu auch „... *so many incorrect algorithms have been proposed for this problem*".

Die Subtilität der Fehler und die große Vielfalt ihrer Korrekturen machen erneut deutlich:

▶ Es ist ausgesprochen schwierig, nichtsequentielle Programme zu konstruieren, bei denen Prozesse an beliebigen Stellen unterbrochen werden können. Dabei muss sehr viel Sorgfalt aufgewendet werden, um die Korrektheit der Algorithmen sicherzustellen.

Außerdem zeigen die Überlegungen, dass allgemeine Semaphore – *trotz* ihrer Äquivalenz zu binären – eben *doch* ein adäquates Sprachmittel für bestimmte Problemklassen darstellen.

4.8   Semaphore in C, Java und Go

4.8.1   Semaphore in C

Für C werden Semaphore von der gleichen Bibliothek bereitgestellt, in der die `pthreads` konstruiert sind:

Ihr Typ heißt `sem_t` (s. `/usr/include/pthreads.h`).

Ein Semaphor wird mit einer natürlichen Zahl als Wert mit der Funktion

sem_init

initialisiert. Hier ein Auszug aus der *manpage* des Linux Programmer's Manual:

NAME
    sem_init – initialize an unnamed semaphore
SYNOPSIS
    #include <semaphore.h>
    int sem_init(sem_t *sem, int pshared, unsigned int value);
    Link with -pthread.

DESCRIPTION
   sem_init() initializes the unnamed semaphore at the address pointed to by sem. The
   value argument specifies the initial value for the semaphore. The pshared argument ...

Für die P- und die V-Operation gibt es die Funktionen

sem_wait und sem_post,

beschrieben in den *manpages*

NAME
   sem_wait,...– lock a semaphore
SYNOPSIS
   #include <semaphore.h>
   int sem_post(sem_t *sem);
   Link with -pthread.
DESCRIPTION
   sem_wait() decrements (locks) the semaphore pointed to by sem. If the semaphore's
   value is greater than zero, then the decrement proceeds, and the function returns,
   immediately. If the semaphore currently has the value zero, then the call blocks until either
   it becomes possible to perform the decrement (i.e., the semaphore value rises above zero),
   or a signal handler interrupts the call.

und

NAME
   sem_post,... – unlock a semaphore
SYNOPSIS
   #include <semaphore.h>
   int sem_wait(sem_t *sem);
   Link with -pthread.
DESCRIPTION
   sem_post() increments (unlocks) the semaphore pointed to by sem. If the semaphore's
   value consequently becomes greater than zero, then another process or thread blocked in
   a sem_wait call will be woken up and proceed to lock the semaphore.

4.8.2   Semaphore in Java

Java bietet im Paket java.util.concurrent die Klasse Semaphore mit zwei Konstruktoren, mit denen die Fairness gesteuert werden kann, und den Methoden

acquire und release

für die P- bzw. die V-Operation.

Dazu ein Auszug aus der Datei Semaphore.java:

```java
package java.util.concurrent;
import java.util.Collection;
import java.util.concurrent.locks.AbstractQueuedSynchronizer;

public class Semaphore implements java.io.Serializable {
    /**
     * Creates a Semaphore with the given number of
     * permits and nonfair fairness setting.
     * @param permits the initial number of permits available.
     * This value may be negative, in which case releases
     * must occur before any acquires will be granted.
     */
    public Semaphore(int permits) {
        sync = new NonfairSync(permits);
    }
    /**
     * Acquires a permit from this semaphore, blocking until one
     * is available, or the thread is interrupted.
     * Acquires a permit, if one is available and returns im-
     * mediately, reducing the number of available permits by one.
     * If no permit is available then the current thread becomes
     * disabled for thread scheduling purposes and lies dormant
     * until one of two things happens:
     * - Some other thread invokes the release method for this
     *   semaphore and the current thread is next to be assigned
     *   a permit; or
     * - Some other thread interrupts the current thread.
     */
    public void acquire() throws InterruptedException {
        sync.acquireSharedInterruptibly(1);
    }
    /**
     * Releases a permit, returning it to the semaphore.
     * Releases a permit, increasing the number of available
     * permits by one. If any threads are trying to acquire a
     * permit, then one is selected and given the permit that
     * was just released. That thread is (re)enabled for thread
     * scheduling purposes.
     */
    public void release() {
        sync.releaseShared(1);
    }
}
```

Den Konstruktoren können auch negative Zahlen als Werte übergeben werden, was dann aber den Aufruf entsprechend vieler V-Operationen erforderlich macht, bis eine P-Operation den Zugang zum kritischen Abschnitt ermöglicht.

4.8.3 Semaphore in Go

In Go haben Semaphore intern den Typ int32. Vor Go 1 lieferte das Paket runtime die Funktionen Semacquire und Semrelease, die jetzt nur intern in runtime verwendet, aber nicht mehr exportiert werden. Ihre maschinenabhängigen Implementierungen sind auf einer sehr niedrigen Ebene angesiedelt, wobei atomare Maschineninstruktionen (u. a. Xadd) eingesetzt werden. Seit Go 1 muss man daher zur Implementierung auf eine der vielen anderen Methoden zurückgreifen, die in diesem Buch vorgestellt werden – vorzugsweise auf sync.Mutex und auf Botschaftenaustausch.

4.9 Additive Semaphore

Allgemeine Semaphore können noch weiter verallgemeinert werden; z. B. dahingehend, dass die P- und V-Operationen die Semaphorwerte nicht um 1, sondern um eine gegebene natürliche Zahl erniedrigen bzw. erhöhen.

Semaphore gemäß der Spezifikation

```
s.P(n):   <await s >= n; s-=n>
s.V(n):   <s += n>
```

werden als *additive Semaphore* bezeichnet.

Ein naiver Ansatz ist der Versuch einer Implementierung mit der Repräsentation

```
type addSem struct {
  sem.Semaphore
}
```

und den Funktionen

```
func (x *addSem) P (n uint) {
  for i := uint(0); i < n; i++ {
    x.s.P()
  }
}
```

```
func (x *addSem) V (n uint) {
  for i := uint(0); i < n; i++ {
    x.s.V()
  }
}
```

Das ist aber falsch:

Zwei Prozesse, die P-Operationen mit Parametern n1 und n2 auf einem Semaphor mit einem Wert < n1 + n2 ausführen, verklemmen sich zwangsläufig.

Eine korrekte Lösung ist erheblich komplizierter.

Wir betrachten nur den Fall, dass die Parameter durch eine Konstante M beschränkt sind. In diesem Fall bietet es sich an, neben dem Gesamtwert des Semaphors für jeden Wert <= M eines Parameters ein Semaphor b und einen Zähler nB der auf b blockierten Prozesse zu halten, die jeweils für die Prozesse mit dieser Anforderung zuständig sind; beides zweckmäßigerweise in einem Feld. Daneben ist ein binäres Semaphor mutex zum Schutz der Zugriffe auf diese Komponenten nötig:

```
const
  M = ...

type addSemaphrore struc {
  uint "Wert des Semaphors"
  sync.Mutex
  b [M]sync.Mutex
  nb [M]uint // Anzahl der auf die b's blockierten Prozesse
}

func New (n uint) AddSemaphore {
  x := new(addSemaphore)
  x.uint = n
  for i := uint(0); i < M; i++ {
    x.b[i].Lock()
  }
  return x
}
```

Die Implementierung der P-Operationen liegt damit auf der Hand:

```
func (x *addSemaphore) P (n uint) { // n <= M
  x.Mutex.Lock()
  if x.uint >= n {
    Store (&x.uint, x.uint - n)
    x.Mutex.Unlock()
  } else {
    Store (&x.nB[n], x.nB[n] + 1)
    x.Mutex.Unlock()
    x.b[n].Lock()
  }
}
```

Bei V-Operationen können nur dann Prozesse deblockiert werden, wenn der Wert des Semaphor-Zählers groß genug ist:

```
func (x *addSemaphore) V (n uint) {
  x.Mutex.Lock()
  Store (&x.uint, x.uint + n)
  i := x.uint
  for i > 0 {
    for x.nB[i] > 0 && i <= x.uint {
      Store (&x.uint, xuint - 1)
```

```
      Store (&x.nb[i], x.nb[i] - 1)
      x.b[i].Unlock()
    }
    i--
  }
  x.Mutex.Unlock()
}
```

Diese Implementierung deblockiert vorrangig *diejenigen* Prozesse, die wegen zu großer Anforderungen blockiert wurden. Das birgt die Gefahr der Aushungerung von Prozessen mit kleinen Anforderungen, weil sie ständig von den Prozessen der ersten Sorte überholt werden können; im Leser-Schreiber-Fall heißt das Vorrang für die Schreiber.

Man kann auch „den Spieß umdrehen", um Prozesse mit kleineren Anforderungen zu begünstigen:

```
func (x *addSem) V (n uint) {
  ...
  i := uint(1)
  for i <= x.uint {
    for ... {
      ...
    }
    i++
  }
  ...
```

4.9.1 Mehrfache Semaphore

Der Vollständigkeit halber sei noch eine weitere Verallgemeinerung allgemeiner Semaphore erwähnt:

Mehrfache Semaphore sind Semaphore mit n-Tupeln von Werten ($n \geq 1$), auf die zugehörige P-Operationen blockieren, wenn einer der n Werte negativ würde, und deren V-Operationen unteilbar alle n Werte erhöhen, also nach der Spezifikation

```
P(S[1], ..., S[n]):   〈await S[1] > 0 && ... && S[n] > 0;
                          S[1]--;...;S[n]--〉
V(S[1], ..., S[n]):   <S[1]++; ...; S[n]++>
```

4.10 Barrierensynchronisation

Aufwendige Iterationsverfahren zur Berechnung numerischer Werte geben Anlass zum Entwurf paralleler Algorithmen, wenn die Zeiten für die Berechnungen durch den Einsatz mehrerer Prozessoren verkürzt werden sollen. Wenn jeder Schritt der Iteration auf parallele

Prozesse verteilt wird, kann erst weitergerechnet werden, wenn alle Ergebnisse der Teilrechnungen der beteiligten Prozessoren vorliegen.

Daher stellt sich das folgende Synchronisationsproblem:

Bevor der nächste Schritt auf die beteiligten Prozesse verteilt wird, muss abgewartet werden, bis alle ihren Teil des vorherigen ausgeführt haben. Der entsprechende Synchronisationspunkt heißt *Barriere*.

Eine Barriere kann erst überschritten werden, nachdem sie von allen Prozessen erreicht worden ist.

Wir wollen zeigen, wie dieses Problem mit Hilfe von Semaphoren gelöst werden kann, ohne hier auf Anwendungen einzugehen.

Die Implementierung von

```go
type Barrier interface {

// Der aufrufende Prozess war blockiert, bis
// alle beteiligten Prozesse Wait aufgerufen haben.
  Wait()
}


// Vor.: m > 1.
// Liefert eine neue Barriere für m Prozesse.
func New(m uint) Barrier { return new_(m) }
```

besteht aus der Zahl der beteiligten Prozesse, einem Semaphor, um sie zu blockieren, bis alle die Barriere erreicht haben, einem Zähler n zu Protokollzwecken und einem Mutex zum Zugriffsschutz auf diese Daten mit der passenden Initialisierung:

```go
type barrier struct {
  uint "Anzahl der beteiligten Prozesse"
  n uint // Anzahl der blockierten Prozesse
  sem.Semaphore
  sync.Mutex
}

func new_(m uint) Barrier {
  x := new(barrier)
  x.uint = m
  x.Semaphore = sem.New(0)
  return x
}
```

Die Barriere wird durch die Funktion Wait realisiert, welche die ersten m-1 Prozesse blockiert, um sie dann beim letzten alle wieder zu deblockieren, indem dieser – unter Weitergabe des gegenseitigen Ausschlusses – den vorletzten deblockiert, wobei er rückwärts zählt, dieser wiederum einen der verbleibenden usw., bis schließlich der letzte von ihnen keinen weiteren mehr deblockiert, sondern den gegenseitigen Ausschluss aufgibt.

Der triviale Fall M == 1 ist effektfrei.

Die Details der Funktionsweise der folgenden Implementierung sind durch scharfes Hinsehen leicht nachvollziehbar:

```
func (x *barrier) Wait {
  x.Mutex.Lock()
  x.n++
  if x.n == x.uint {
    if x.n == 1 {
      x.Mutex.Unlock()
    } else {
      x.n--
      x.Semaphore.V()
    }
  } else {
    x.Mutex.Unlock()
    x.Semaphore.P()
    x.n--
    if x.n == 0 {
      x.Mutex.Unlock()
    } else {
      x.Semaphore.V()
    }
  }
}
```

Die Synchronisation wird dadurch erreicht, dass jeder Prozess nach Erledigung seiner Teilaufgaben `Wait` aufruft.

4.11 Kürzeste Anforderungen zuerst

Wir zeigen als weitere Anwendung die Lösung des Problems der *Ressourcenzuteilung* nach dem Grundsatz, jeweils *denjenigen* Prozess zu bevorzugen, der die Ressource für die kürzesten Nutzungsdauer angefordert hat („*shortest job next*").

Dazu wird ein abstrakter Datentyp `pqu.PrioQueue` mit naheliegenden Zugriffsoperationen verwendet, in die Paare aus Zeitbedarf und Prozessnummer mit lexikographischer Ordnung eingefügt werden.

Wir überlassen das Studium dieses subtilen Algorithmus und seine Verallgemeinerung auf mehrere Ressourcen als Übungsaufgabe und geben ihn hier nur kurz nach [1] wieder:

```
import ("sync"; "nU/pqu")

const N = ... // Anzahl der beteiligten Prozesse

type pair struct {
  time, proc uint
}
```

```
var (
  q = pqu.New (pair {0, 0})
  free bool = true
  mutex sync.Mutex
  m []sync.Mutex = make([]sync.Mutex, N)
)

func Request (time, p uint) { // p = Prozessnummer
  mutex.Lock()
  if ! free {
    q.Ins (pair {time, p})
    mutex.Unlock()
    m[p].Lock()
  }
  free = false
  mutex.Unlock()
}

func Release() {
  mutex.Lock()
  free = true
  if q.Empty() {
    mutex.Unlock()
  } else {
    m[q.Get().(pair).proc].Unlock()
  }
}

func init() {
  for _, mp := range m {
    mp.Lock()
  }
}
```

4.12   Das Leser-Schreiber-Problem

Im allgemeinen Fall ist der Zugriff auf gemeinsame Daten durch gegenseitigen Ausschluss, d. h. durch die Invariante

$$n_P \leq 1$$

charakterisiert, wobei n_P die Anzahl der Prozesse bezeichnet, die nebenläufig in einem
kritischen Abschnitt arbeiten dürfen.

Wenn Prozesse auf die gemeinsamen Daten *nur lesend* oder *nur schreibend* zugreifen,
kann diese Restriktion abgeschwächt werden:

Wenn n_R die Anzahl der aktiven *Leser* („*reader*") und n_W die Anzahl der aktiven *Schreiber* („*writer*") (d. h. der Prozesse, die sich lesend bzw. schreibend im kritischen Abschnitt befinden) bezeichnet, reicht es, die Invariante

$$(n_W = 0) \lor (n_R = 0) \land (n_W = 1)$$

zu fordern, d. h. entweder beliebig viele Leser zuzulassen und dabei Schreibern den Eintritt zu verwehren oder keinem Leser und nur einem Schreiber zur gleichen Zeit das Betreten des kritischen Abschnitts zu erlauben. Mit $m_R = \min(1, n_R)$ lässt sich das als

$$m_R + n_W \leq 1$$

ausdrücken, denn $m_R + n_W = 1$ ist wegen $m_R \leq 1$ äquivalent zu

$$(n_W = 0) \lor (m_R = 0) \land (n_W = 1)$$

und $m_R = 0$ zu $n_R = 0$.

4.12.1 Das 1. Leser-Schreiber-Problem

Wir stellen jetzt eine Synchronisation von Lesern und Schreibern mit Semaphoren vor, bei der sich allerdings mangelnde Fairness herausstellen wird.

Diese Lösung wurde im Nachhinein als *1. Leser-Schreiber-Problem* bezeichnet.

Mit einem Semaphor rw mit dem Wert 1 - (mR + nW), d. h. 1 für nR == 0 und nW == 0, und 0 andernfalls, liegt das Ein-/Austrittsprotokoll für die Schreiber auf der Hand:

```
func WriterIn() {
  rw.Lock()
}
```

```
func WriterOut() {
  rw.Unlock()
}
```

Der jeweils erste Leser (nR == 1) befindet sich in Konkurrenz zu den Schreibern und muss ggf. solange blockiert werden, bis ein aktiver Schreiber den kritischen Abschnitt verlassen und das Semaphor rw in seinem Austrittsprotokoll auf 1 gesetzt hat.

Weitere Leser können dann (d. h., wenn nR > 1) den kritischen Abschnitt ohne Verzögerung betreten; der jeweils letzte Leser muss ihn wieder freigeben.

Das Lesen und Verändern der Variablen nR wird durch ein binäres Semaphor mutex geschützt, das ebenfalls mit 1 initialisiert wird:

```
func ReaderIn() {
  mutex.Lock()
  nR++
  if nR == 1 {
    rw.Lock()
  }
  mutex.Unlock()
}

func ReaderOut() {
  mutex.Lock()
  nR--
  if nR == 0 {
    rw.Unlock()
  }
  mutex.Unlock()
}
```

Der Nachteil dieses Algorithmus ist seine mangelnde *Fairness*.

Leser haben einen Vorteil:

Sie müssen nicht warten, es sei denn, ein Schreiber befindet sich im kritischen Abschnitt. Sie können vielmehr sogar Schreiber überholen, die darauf warten, dass andere Leser den kritischen Abschnitt verlassen.

Dagegen kann es passieren, dass Schreibern der Zutritt ständig unmöglich ist, weil laufend Leser vor ihnen den kritischen Abschnitt betreten.

4.12.2 Das 2. Leser-Schreiber-Problem

Eine Alternative ist, dass die Schreiber den Vorrang erhalten:

Sowie ein Schreiber blockiert ist, weil der kritische Abschnitt von aktiven Lesern besetzt ist, dürfen diese zwar ihre Arbeit beenden, aber weitere Leser, die sich um Eintritt bewerben, werden solange verzögert, bis der wartende Schreiber Zutritt hatte.

Die Lösung dieses *2. Leser-Schreiber-Problems* ist aufwendiger.

Der folgende Algorithmus stammt von Courtois, Heymans und Parnas, die in [7] das Leser-Schreiber-Problem und die Lösung seiner beiden Varianten vorstellten:

Die Anzahl `bW` der Schreiber, die auf den kritischen Abschnitt warten, wird von ihnen protokolliert; der Zugriff auf `bW` wird dabei durch ein weiteres Semaphor `mutexW` geschützt. Jeder Leser, der sich um den kritischen Abschnitt bewirbt, wird ggf. einzeln auf ein Semaphor `r` blockiert, indem seine Aufnahme in die Menge der Bewerber um den kritischen Abschnitt durch ein zusätzliches Semaphor `r1` „sequentialisiert" wird. Dadurch ist den Schreibern die Möglichkeit gegeben, wartende Leser zu überholen.

Alle beteiligten Semaphore müssen den initialen Wert `1` haben. Der Leseraustritt bleibt (mit `mutexR` anstelle von `mutex`) unverändert.

```
func ReaderIn() {
  r1.Lock()
  r.Lock()
  mutexR.Lock()
  nR++
  if nR == 1 {
    rw.Lock()
  }
  mutexR.Unlock()
  r.Unlock()
  r1.Unlock()
}

func WriterIn() {
  mutexW.Lock()
  bW++
  if bW == 1 {
    r.Lock()
  }
  mutexW.Unlock()
  rw.Lock()
}

func WriterOut() {
  rw.Unlock()
  mutexW.Lock()
  bW--
  if bW == 0 {
    r.Unlock()
  }
  mutexW.Unlock()
}
```

Dass die genannte Arbeit mit der Bemerkung „*We are grateful to A. N. Habermann …for having shown us an error in an earlier version of this report.*" schließt, erinnert an Dijkstras Seufzer (s. Abschn. 3.4.5 und 3.5.2).

4.12.3 Prioritätenanpassung

Kang und Lee haben in [13] eine ganze Reihe weiterer Strategien zur Priorisierung von Lesern oder Schreibern zusammengestellt.

In einem ihrer Algorithmen, den sie „*Counter-based Adaptive Priority*" nennen, werden das „Alter" der Leser und der „Gewichtsfaktor" für die Schreiber dynamisch dem Aufkommen der Leser und Schreiber angepasst. Diese Zahlen werden für die Entscheidung herangezogen, wer die höhere Priorität hat und deshalb den kritischen Abschnitt betreten darf:

Die Prioritäten sind definiert als Produkt pW * bW aus dem Gewichtsfaktor der Schreiber und der Anzahl der blockierten Schreiber bzw. Summe aR + bR des Alters der Leser und der Anzahl der blockierten Leser.

Ein Leser muss beim Eintritt auch warten, falls es blockierte Schreiber gibt, damit die Schreiber nicht ausgehungert werden können.

Weitere Erläuterungen sind als Kommentare im folgenden Quelltext angegeben.

```
import ("sync"; "nU/sem")

var (
  nR, nW,
  bR, bW, // Anzahlen der blockierten Leser bzw. Schreiber
  aR uint // Alter der Leser
  pW uint = 1 // Gewichtsfaktor für die Schreiber
  mutex sync.Mutex
  r, w sem.Semaphore = sem.New(0), sem.New(0)
)

func ReaderIn() {
  mutex.Lock()
  if nW + bW == 0 { // Wenn kein Schreiber aktiv oder blockiert
    pW++            // ist, wird der Gewichtsfaktor für die
    nR++            // Schreiber erhöht und der Leser darf
    mutex.Unlock()  // in den kritischen Abschnitt.
  } else {
    bR++            // Andernfalls wird der Leser blockiert.
    mutex.Unlock()
    r.P()
  }
}

func ReaderOut() {
  mutex.Lock()
  nR--
  if pW * bW < aR + bR {   // Wenn die Schreiber eine kleinere
    if bW > 0 {            // Priorität als die Leser haben,
      pW += bR
    }
    for bR > 0 {           // wird der Gewichtsfaktor
      nR++                 // der Schreiber erhöht
      bR--                 // und alle blockierten Leser
      r.V()                // werden deblockiert.
    }
  } else {                 // Andernfalls werden beim letzten
    if nR == 0 && bW > 0 { // Leseraustritt, falls Schreiber
      if bR > 0 {          // blockiert sind, das Alter der
        aR = bR
      }
      if bW == 0 {         // Leser auf die Anzahl der warten-
        pW = 1
```

```
      }
    nW++                     // den gesetzt, der Gewichtsfaktor
    bW--                     // der Schreiber zurückgesetzt und
    w.V()                    // ein Schreiber wird deblockiert.
    }
  }
  mutex.Unlock()
}

func WriterIn() {
  mutex.Lock()
  if nR + nW + bR + bW == 0 { // Wenn weder Leser noch
    nW++                     // Schreiber aktiv oder blockiert
    mutex.Unlock()           // sind, darf der Schreiber
  } else {                   // in den kritischen Abschnitt.
    bW++
    mutex.Unlock()
    w.P()                    // Andernfalls wird er blockiert.
  }
}

func WriterOut() {
  mutex.Lock()
  nW--
  if pW * bW < aR + bR {     // Wenn die Schreiber eine kleinere
    aR = 0                   // Priorität haben als die Leser,
    if bW > 0 {              // werden das Alter der Leser auf 0
      pW = bR
    }
    for bR > 0 {             // gesetzt, der Gewichtsfaktor für
      nR++                   // die Schreiber erhöht und alle
      bR--                   // blockierten Leser deblockiert.
      r.V()
    }
  } else {                   // Andernfalls werden, wenn es
    if bW > 0 {              // blockierte Schreiber gibt,
      if bR > 0 {            // das Alter der Leser erhöht,
        aR += bR
      }
      if bW == 0 {           // falls das der letzte Scheiber
        pW = 1
      }
      nW++                   // war, deren Gewichtsfaktor
      bW--                   // zurückgesetzt und einer
      w.V()                  // der Schreiber deblockiert.
    }
  }
  mutex.Unlock()
}
```

4.12.4 Implementierung mit additiven Semaphoren

Mit additiven Semaphoren lässt sich das Leser-Schreiber-Problem (wenn auch unter der einschränkenden Bedingung, dass die Anzahl nebenläufiger Leser begrenzt wird) mit einem auf diese Maximalzahl `maxR` initialisierten additiven Semaphor s besonders einfach lösen:

```
func ReaderIn()  { s.P(1) }
func ReaderOut() { s.V(1) }
func WriterIn()  { s.P(maxR) }
func WriterOut() { s.V(maxR) }
```

Diese Kürze wird natürlich dadurch erkauft, dass die eigentliche Problemlösung tiefer angesiedelt ist: in der Implementierung von additiven Semaphoren mittels allgemeiner.

4.12.5 Effiziente Implementierung in Go

In Go gibt es eine besonders gute Unterstützung des Problems:

Die Go-Bibliothek stellt im Paket `sync` in `rwmutex.go` eine effiziente Implementierung des gegenseitigen Ausschlusses zum Leser-Schreiber-Problem bereit, womit eine Implementierung trivial ist:

```
var rwMutex sync.RWMutex

func ReaderIn()  { rwMutex.RLock() }
func ReaderOut() { rwMutex.RUnlock() }
func WriterIn()  { rwMutex.Lock() }
func WriterOut() { rwMutex.Unlock() }
```

4.12.6 Das Leser-Schreiber-Problem als abstrakter Datentyp

Ganz analog zum Abschn. 3.6 über Schlösser als abstrakte Datentypen kann das Leser-Schreiber-Problem in ein entsprechendes Paket verpackt werden.

Seine Spezifikation sieht dann so aus:

```
package rw

type ReaderWriter interface {

// Vor.: Der aufrufende Prozess ist weder aktiver Leser
//       noch aktiver Schreiber.
// Er ist aktiver Leser; kein anderer ist aktiver Schreiber.
// Wenn es zum Zeitpunkt des Aufrufs einen aktiven Schreiber
// gab, war er solange verzögert, bis das nicht der Fall war.
  ReaderIn ()
```

```
// Vor.: Der aufrufende Prozess ist aktiver Leser.
// Er ist es nicht mehr.
  ReaderOut ()

// Vor.: Der aufrufende Prozess ist weder aktiver Leser
//       noch aktiver Schreiber.
// Er ist aktiver Schreiber und kein anderer Prozess ist
// aktiver Leser oder Schreiber. Wenn es zum Zeitpunkt des
// Aufrufs aktive Leser oder einen aktiven Schreiber gab,
// war er solange verzögert, bis das nicht der Fall war.
  WriterIn ()

// Vor.: Der aufrufende Prozess ist aktiver Schreiber.
// Er ist es nicht mehr.
  WriterOut ()
}

func New1() ReaderWriter { return new1() }
func New2() ReaderWriter { return new2() }
func NewSemaphore() ReaderWriter { return newS() }
func NewAddSemaphore (m uint) ReaderWriter { return newAS(m) }
func NewGo() ReaderWriter { return newG() }
```

4.13   Das Links-Rechts-Problem

Ein im Ansatz zunächst etwas einfacheres Problem ist das Folgende:

Um kollisionsfreien Verkehr in beiden Richtungen auf einer einspurigen Fahrstraße (oder die Benutzung eines gemeinsamen Tiergeheges für Löwen und Zebras in einem Zoo, s. [12]) zu ermöglichen, muss dafür gesorgt werden, dass entweder nur Fahrzeuge in die eine Richtung (nach links) oder nur in die andere (nach rechts) unterwegs sind (bzw. sich niemals Löwen und Zebras im Gehege begegnen).

Mit n_L bzw. n_R für die Anzahl der aktiven nach links bzw. nach rechts Fahrenden lautet die Invariante – einfacher als im Leser-Schreiber-Problem –

$$(n_L = 0) \vee (n_R = 0).$$

Eine elementare Lösung ist durch die Protokolle für die Leser im 1. Leser-Schreiber-Problem gegeben (RightIn/RightOut dual dazu):

```
func LeftIn() {
  mutexL.Lock()
  nL++
  if nL == 1 {
    lr.Lock()
  }
```

```
    mutexL.Unlock()
}

func LeftOut() {
    mutexL.Lock()
    nL--
    if nL == 0 {
        lr.Unlock()
    }
    mutexL.Unlock()
}
```

In Anlehnung an die Nomenklatur beim Leser-Schreiber-Problem handelt es sich bei dieser Lösung um das *1. Links-Rechts-Problem.* Sie garantiert natürlich genauso wenig Fairness wie die des 1. Leser-Schreiber-Problems, weil ununterbrochener Verkehr nach links keine Fahrten nach rechts zulässt und umgekehrt.

Faire Algorithmen werden in den nächsten zwei Kapiteln mit dem Einsatz von Techniken entwickelt, die das sehr viel einfacher erlauben als bei der Lösung des 2. Leser-Schreiber-Problems im Abschn. 4.12.2.

Zum Schluss des Abschnitts eine einfache Übungsaufgabe: Geben Sie die Spezifikation des Links-Rechts-Problems als ADT an (`package lr`). (Hinweis: Orientieren Sie sich am Abschn. 4.12.6.)

4.14   Die speisenden Philosophen

Dijkstra hat in [10] das folgende Problem diskutiert:

Fünf Philosophen frönen ihrer Lieblingstätigkeit: Sie philosophieren. Zwischendurch speisen sie an einem runden Tisch, der mit fünf Tellern und fünf Gabeln – je eine zwischen zwei Tellern – gedeckt ist (s. Abb. 4.2). Dazu werden sie ständig mit einer Schüssel verwickelter Spaghetti Bolognese versorgt (das geht natürlich auch mit Philosophinnen, Chop Suey und Stäbchen).

Da jeder Philosoph zum Essen einen Teller und die beiden Gabeln links und rechts vom Teller benutzt, können nebeneinandersitzende Philosophen nicht gleichzeitig essen.

Jeder Philosoph durchläuft also periodisch den Zyklus

```
Philosophieren
Lock()
Speisen
Unlock()
```

wobei `Speisen` wegen des Zugriffs auf die gemeinsam benutzten Gabeln oder Stäbchen der kritische Abschnitt ist, für den `Lock()` und `Unlock()` das Eintritts- bzw. Austrittsprotokoll darstellt.

Abb. 4.2 Der Tisch von Platon, Sokrates, Aristoteles, Cicero und Heraklit

Die Konstruktion von Synchronisationsalgorithmen mit dem Ziel, dass kein Philosoph verhungert, wirft mehrere Probleme auf, die für die Nichtsequentielle Programmierung charakteristisch sind. Das hat dazu geführt, dass das Problem zu den „klassischen" Themen quasi eines jeden Lehrbuchs gehört (z. B. [2, 4, 5, 12]).

Wir bringen unsere Lösungen im Paket nU/phil unter, dessen Interface das der Schlösser für n Prozesse aus Abschn. 3.6.3 erweitert:

```
package phil
import . "nU/lockn"

type Philos interface {

  LockerN
}

func NewNaive() Philos { return new_() }
```

Im Folgenden entwickeln wir diverse Implementierungen dieses Pakets, deren Konstruktoren natürlich auch in diese Spezifikation aufgenommen werden müssen (so wie in Abschn. 3.6.3 des Kapitels über Schlösser).

Der Entschluss der Philosophen zu einer gemeinsamen Mahlzeit kann zu einer *Verklemmung* führen, wenn alle gleichzeitig zur rechten Gabel greifen und sie nicht wieder ablegen, bevor sie auch der linken Gabel habhaft werden konnten.

Wenn jede Gabel durch ein binäres Semaphor dargestellt wird und jeweils die rechts vom Teller liegende Gabel wie der Teller nummeriert ist, spiegelt sich das mit den Hilfsfunktionen

```
func left (p uint) {
  return (p+4)%5
}
func right (p uint) {
  return (p+1)%5
}
```

im Ein- und Austrittsprotokoll für den p-ten Philosophen wieder:

```
package phil
import ("sync")

type naive struct {
  fork []sync.Mutex
}

func new_() Philos {
  x := new(naive)
  x.fork = make([]sync.Mutex, 5)
  return x
}

func (x *naive) Lock (p uint) {
  x.fork[p].Lock()
  x.fork[left(p)].Lock()
}

func (x *naive) Unlock (p uint) {
  x.fork[p].Unlock()
  x.fork[left(p)].Unlock()
}
```

Die Philosophen verhungern in diesem Fall, weil sie das Aufnehmen beider Gabeln nicht als unteilbare Aktion ausgeführt haben.

Die einfachste – aber zugleich restriktivste – Lösung ist, dass immer nur höchstens *vier* Philosophen am Tisch sitzen dürfen, um zu speisen. Das erreichen wir durch eine zusätzliche Synchronisation mit einem allgemeinen Semaphor mit dem initialen Wert 4:

```
package phil
import ("sync"; "nU/sem")

type bounded struct {
  sem.Semaphore "takeSeat"
  fork []sync.Mutex
}
```

```
func newB() Philos {
  x := new(bounded)
  x.Semaphore = sem.New (5 - 1)
  x.fork = make([]sync.Mutex, 5)
  return x
}

func (x *bounded) Lock (p uint) {
  x.Semaphore.P()
  x.fork[left (p)].Lock()
  x.fork[p].Lock()
}

func (x *bounded) Unlock (p uint) {
  x.fork[p].Unlock()
  x.fork[left (p)].Unlock()
  x.Semaphore.V()
}
```

Eine Alternative ist, die *Symmetrie* der Lösung aufzubrechen, die zu einer Verklemmung führen kann: Alle Philosophen mit ungeraden Platznummern (es reicht schon *einer* auf einem ausgezeichneten Platz) nehmen immer zuerst die Gabel links von ihnen, die anderen zuerst die Gabel auf ihrer rechten Seite auf.

```
package phil
import "sync"

type unsymmetric struct {
  fork []sync.Mutex
}

func newU() Philos {
  x := new(unsymmetric)
  x.fork = make([]sync.Mutex, 5)
  return x
}

func (x *unsymmetric) Lock (p uint) {
  if p % 2 == 1 { // oder nur einfach: if p == 0 {
    x.fork[left (p)].Lock()
    x.fork[p].Lock()
  } else {
    x.fork[p].Lock()
    x.fork[left (p)].Lock()
  }
}

func (x *unsymmetric) Unlock (p uint) {
  x.fork[p].Unlock()
  x.fork[left (p)].Unlock()
}
```

Als Alternative stellen wir noch den Ansatz von Dijkstra vor, die Philosophen immer *beide*
Gabeln gleichzeitig aufnehmen zu lassen.

Dazu wird jedem Philosophen sein Zustand (philosophierend, hungrig oder speisend)
zugeordnet

```
const (thinking = iota, hungry, dining)
var status [5]int
```

sowie ein Schloss `plate`, um ihn zu blockieren, falls die benötigten Gabeln nicht
verfügbar sind. Ferner wird noch ein Schloss

```
var m sync.Mutex
```

zum Schutz der Zustandsveränderung eingesetzt. Ein hungriger Philosoph kann beide
Gabeln aufnehmen und den Zustand `dining` annehmen, wenn keiner seiner Nachbarn
gerade am Speisen ist; andernfalls wird er solange blockiert, bis seine Nachbarn fertig
sind.

```
package phil
import "sync"

type semaphoreUnfair struct {
  plate []sync.Mutex
}

func (x *semaphoreUnfair) test (p uint) {
  if status[p] == hungry &&
     status[left(p)] != dining && status[right(p)] != dining {
    status[p] = dining
    x.plate[p].Unlock()
  }
}

func newSU() Philos {
  x := new(semaphoreUnfair)
  x.plate = make([]sync.Mutex, NPhilos)
  for p := uint(0); p < NPhilos; p++ {
    x.plate[p].Lock()
  }
  return x
}

func (x *semaphoreUnfair) Lock (p uint) {
  status[p] = hungry
  m.Lock()
  x.test (p)
  m.Unlock()
  x.plate[p].Lock()
  status[p] = dining
}
```

```
func (x *semaphoreUnfair) Unlock (p uint) {
  status[p] = thinking
  m.Lock()
  x.test (left (p))
  x.test (right (p))
  m.Unlock()
}
```

Diese Lösung ist zwar verklemmungsfrei, aber nicht fair:

Ein Philosoph kann dabei verhungern, wenn sich laufend Kollegen auf seinen Nach-
barplätzen *derart* abwechseln, dass der eine immer noch speist, während sich der andere
schon auf seiner anderen Seite an den Tisch gesetzt und beide Gabeln ergriffen hat.

Fairness lässt sich mit einem weiteren Zustand `starving` zur Priorisierung hungriger
Philosophen mit speisenden Nachbarn erreichen, wobei die Funktion `test` erweitert wird:

```
package phil
import "sync"

type semaphoreFair struct {
  plate []sync.Mutex
}

func (x *semaphoreFair) test (p uint) {
  if status[p] == hungry &&
     (status[left(p)] == dining && status[right(p)] == thinking ||
      status[left(p)] == thinking && status[right(p)] == dining) {
    status[p] = starving
  }
  if (status[p] == hungry || status[p] == starving) &&
   ! (status[left(p)] == dining || status[left(p)] == starving) &&
   ! (status[right(p)] == dining || status[right(p)] == starving) {
    status[p] = dining
    x.plate[p].Unlock()
  }
}

func newSF() Philos {
  x := new(semaphoreFair)
  x.plate = make([]sync.Mutex, NPhilos)
  for p := uint(0); p < NPhilos; p++ {
    x.plate[p].Lock()
  }
  return x
}

func (x *semaphoreFair) Lock (p uint) {
  status[p] = hungry
  m.Lock()
  x.test (p)
```

```
    m.Unlock()
    x.plate[p].Lock()
    status[p] = dining
}

func (x *semaphoreFair) Unlock (p uint) {
    status[p] = thinking
    m.Lock()
    x.test (left(p))
    x.test (right(p))
    m.Unlock()
}
```

Mit mehrfachen Semaphoren lässt sich das Problem der speisenden Philosophen extrem
einfach lösen:

```
func Lock (p uint) {
    P(S[left(p)], S[right(p)])
}

func Unlock (p uint) {
    V(S[left(p)], S[right(p)])
}
```

Unter den Quelltexten zu dem Buch befindet sich die Datei philosophen.go – ein
Programm zur Animation des Problems der speisenden Philosophen.

Chandy und Misra befassen sich in [6] mit den *trinkenden Philosophen* zur Konflikt-
auflösung in verteilten Systemen. Sie betrachten Graphen mit Prozessen als Ecken und
Konfliktmöglichkeiten zwischen ihnen (z. B. gemeinsam benutzbare Betriebsmittel) als
Kanten. Die speisenden Philosophen sind ihr Spezialfall eines kreisförmigen Graphen
mit fünf Ecken (also genau *einem* Betriebsmittel pro Kante), bei dem alle Prozesse *beide*
inzidenten Betriebsmittel benutzen wollen.

4.15   Das Problem der Zigarettenraucher

Drei Raucher sitzen in einer Kneipe am Tisch und wollen rauchen. Einer von ihnen verfügt
über einen großen Vorrat an Zigarettenpapier, der zweite an Tabak und der dritte an
Streichhölzern; aber keiner von den dreien gibt den anderen etwas ab.

Die Raucher rufen die Wirtin; sie kommt und legt zwei verschiedene Utensilien auf den
Tisch. Derjenige Raucher, dem diese Utensilien fehlen, greift zu, dreht sich eine Zigarette
und beginnt zu qualmen. Als er fertig ist, wiederholt sich der Ablauf:

Die Raucher rufen die Wirtin; sie kommt und ...

Dieses Problem hatte Patil in [17] gestellt. Er wollte zeigen, dass die Dijkstraschen
Semaphore nicht ausdrucksstark genug seien, um unter bestimmten Restriktionen Synchronisationsprobleme zu lösen.

Parnas griff das Thema in [16] auf und widersprach Patil in einigen Punkten. Wir gehen auf die subtile Auseinandersetzung hier nicht ein, sondern zeigen lediglich eine naive Lösung sowie die von Parnas.

Zur Lösung des Problems benötigen wir zwei Funktionen für die Wirtin („*the agent*") – zur Ablage zweier zufälliger Utensilien auf den Tisch, um damit *demjenigen* Raucher das Qualmen zu ermöglichen, dem sie fehlen, und eine zur Simulation des Wartens, bis keiner mehr raucht – sowie zwei Funktionen für die Raucher – zum Warten auf die ihnen fehlenden Utensilien und zum erneuten Herbeirufen der Wirtin.

Damit haben wir folgende Spezifikation:

```go
package smoke

type Smokers interface {

// Vor.: u < 3.
// Der aufrufende Prozess hat als Wirtin
// die zu u komplementären Utensilien verfügbar gemacht.
// Er war ggf. solange blockiert, bis keiner mehr raucht.
  Agent (u uint)

// Vor.: u < 3.
// Die zu u komplementären Utensilien sind nicht mehr verfügbar,
// sondern in exklusivem Besitz des aufrufenden Rauchers,
// der jetzt raucht.
// Er war ggf. solange blockiert, bis das möglich war.
  SmokerIn (u uint)

// Der aufrufende Raucher raucht nicht mehr.
  SmokerOut ()
}

// Liefert Wirtin und Raucher mit Verklemmungsgefahr.
func NewNaive () Smokers { return new_ () }

// Liefert Wirtin und Raucher nach Parnas.
func NewParnas () Smokers { return newP () }
```

Wie sich dieses Paket verwenden lässt, ist klar:

```go
package main
import ("math/rand"; . "nU/smok")

var (
  x Smokers = NewNaive () // oder NewParnas ()
  done = make(chan bool) // s.u.
)

func agent () {
  for {
```

```
    x.Agent (uint(rand.Uint32()) % 3)
    // Wirtin legt Komplemente von u auf den Tisch
  }
}

func smoker (u uint) {
    x.SmokerOut() // Bitte an Wirtin um neue Utensilien
  }
}

func main() {
  go agent()
  for u := uint(0); u < 3; u++ {
    go smoker(u)
  }
  <-done // damit das Programm nicht sofort terminiert
}
```

Die Bedingungen zum Rauchen bzw. zur Ablage neuer Utensilien sind, dass die fehlenden Utensilien auf dem Tisch liegen bzw. dass der Raucher mit dem Rauchen fertig ist. Ein Raucher nimmt zum Rauchen die Utensilien vom Tisch, die die Wirtin dort abgelegt hat.

Hier zunächst eine naive Lösung, die allerdings die Gefahr einer Verklemmung birgt: Wenn die Wirtin z. B. Tabak und Zigarettenpapier bringt, könnte der Raucher mit dem Streichhölzervorrat den Tabak greifen, aber bevor er das Zigarettenpapier ergreift, greift der Raucher mit dem Tabakvorrat zu. Keiner der beiden kann jetzt rauchen; folglich wird die Wirtin nicht mehr gerufen ...

```
package smok
import "sync"

type naive struct {
    smokerOut sync.Mutex
    avail [3] sync.Mutex
}

func new_() Smokers {
    x := new (naive)
    for u := uint(0); u < 3; u++ {
        x.avail[u].Lock()
    }
    return x
}

func (x *naive) Agent (u uint) {
    x.smokerOut.Lock()
    x.avail[(u+1) % 3].Unlock()
    x.avail[(u+2) % 3].Unlock()
}
func (x *naive) SmokerIn (u uint) {
```

```
    x.avail[(u+1) % 3].Lock()
    x.avail[(u+2) % 3].Lock()
}

func (x *naive) SmokerOut() {
    x.smokerOut.Unlock()
}
```

Und hier die Lösung von Parnas unter Einsatz von Helferprozessen:

```
package smok
import "sync"

type parnas struct {
    avail [3]bool
    mutex, agent sync.Mutex
    supplied, smoke [3]sync.Mutex
}

func (x *parnas) help (u uint) {
    var first bool
    for {
        x.supplied[u].Lock()
        x.mutex.Lock()
        u1, u2 := (u+1) % 3, (u+2) % 3
        first = true
        if x.avail[u1] {
            first = false
            x.avail[u1] = false
            x.smoke[u2].Unlock()
        }
        if x.avail[u2] {
            first = false
            x.avail[u2] = false
            x.smoke[u1].Unlock() }
        if first {
            x.avail[u] = true
        }
        x.mutex.Unlock()
    }
}

func newP() Smokers {
    x := new(parnas)
    for u := uint(0); u < 3; u++ {
        x.supplied[u].Lock()
        x.smoke[u].Lock()
    }
    for u := uint(0); u < 3; u++ {
```

```
    go x.help (u)
  }
  return x
}

func (x *parnas) Agent (u uint) {
  x.agent.Lock()
  x.supplied[(u+1) % 3].Unlock()
  x.supplied[(u+2) % 3].Unlock()
}

func (x *parnas) SmokerIn (u uint) {
  x.smoke[u].Lock()
}

func (x *parnas) SmokerOut () {
  x.agent.Unlock()
}
```

Unter den Quelltexten zu dem Buch befindet sich die Datei `raucher.go` – ein Programm zur Animation des Problems der Zigarettenraucher.

4.16   Implementierung von Semaphoren

Ein Semaphor besteht aus der Kombination eines ganzzahligen Wertes und einer Warteschlange, in die diejenigen Prozesse eingefügt werden, die auf das Semaphor blockiert sind; im Prinzip also

```
type semaphore struct {
  int "Wert des Semaphors"
  Buffer
}
```

wobei Objekte des Typs `Buffer` als verkettete Ringlisten implementiert sind – zweckmäßigerweise vom gleichen Typ wie die *Bereitliste*.

Bei der Initialisierung eines Semaphors s wird der Wert des übergebenen Parameters, der `>= 0` sein muss, nach `s.int` kopiert und es wird eine leere Warteschlange für s erzeugt.

Wenn ein aktiver Prozess eine P-Operation auf ein Semaphor s aufruft, gibt es zwei Möglichkeiten:

- `s.int > 0` oder
- `s.int <= 0`.

In beiden Fällen wird `s.int` dekrementiert. Das muss natürlich atomar geschehen, weil P- und V-Operationen, die nebenläufig von anderen Prozessen aufgerufen werden können, auf die gleiche Datenstruktur zugreifen, also `s.int` verändern könnten. Im zweiten Fall passiert darüber hinaus Folgendes:

Der aufrufende Prozess durchläuft nicht mehr den Rest der ihm zur Verfügung stehenden Zeitscheibe, sondern wird *sofort deaktiviert*, d. h. vom Zustand *aktiv* in den Zustand *blockiert* überführt: Ihm wird der Prozessor entzogen und er wird aus der Bereitliste entfernt und hinten an die Warteschlange von s angehängt. Anschließend wechselt der nächste Prozess aus der Bereitliste vom Zustand *bereit* in den Zustand *aktiv*, d. h., ihm wird der freigewordene Prozessor übergeben.

Aus dem gleichen Grund wie bei der Änderung des Wertes von s müssen auch alle Operationen, die die Prozesse zwischen den Listen umhängen, unteilbar implementiert sein.

Ruft ein Prozess eine V-Operation auf dieses Semaphor auf, haben wir ebenfalls zwei Fälle zu unterscheiden:

- `s.int < 0` oder
- `s.int >= 0`.

In beiden Fällen wird `s.int` atomar inkrementiert.

Es ist unmittelbar klar, dass im ersten Fall der absolute Betrag von `s.int` mit der Anzahl der auf s blockierten Prozesse identisch ist. In diesem Fall wird der erste Prozess in der Warteschlange von s aus ihr entfernt und an das Ende der Bereitliste angehängt, d. h. vom Zustand *blockiert* wieder in den Zustand *bereit* überführt.

In keinem der beiden Fälle findet eine Prozessumschaltung statt.

Die Realisierung der Unteilbarkeit wird in allen gängigen Systemen durch Rückgriff auf *unteilbare Maschineninstruktionen* erreicht.

Diese Implementierung mit FIFO-Warteschlangen stellt sicher, dass jeder der blockierten Prozesse irgendwann wieder deblockiert ist: Für n > 0 ist der n-te Prozess in der Warteschlange von s nach genau n V-Operationen auf s wieder bereit.

Ein blockierter Prozess kann deshalb – völlig unabhängig von der Strategie der Prozessverwaltung – nie von einem später auf das gleiche Semaphor blockierten überholt werden, d. h., die Implementierung der Semaphoroperationen ist *stark fair* (siehe nächstes Kapitel).

Allerdings sei hier noch einmal darauf hingewiesen, dass Dijkstra das *nicht* in die Spezifikation von Semaphoren aufgenommen hat; in seiner Arbeit [8] lässt er offen, *welcher* Prozess bei einer V-Operation deblockiert wird: *„Which one ... is left unspecified...“*. Grund dafür waren vermutlich Überlegungen von folgendem Typ:

4.16.1 Das Konvoi-Phänomen

Obwohl die Implementierung der Semaphor-Warteschlangen nach dem FIFO-Prinzip naheliegend ist und vorteilhaft scheint, gibt es doch Situationen, in denen sich dieses

Prinzip durchaus negativ auf den Durchsatz eines nebenläufigen Systems auswirken kann. Es kann z. B. passieren, dass Prozesse, die Betriebsmittel längere Zeit belegen oder eine niedrige Priorität haben, schnellere oder höher priorisierte Prozesse über längere Zeit periodisch behindern (s. [11]).

Ein anschauliches Beispiel ist die schlechte Auslastung einer Straße, wenn ein Konvoi mit einem langsamen Fahrzeug an der Spitze und schnelleren Fahrzeugen dahinter beim Überholen anderer langsamer Fahrzeuge unter schwierigen Bedingungen (starker Gegenverkehr o. ä.) immer die gleiche Reihenfolge beibehält:

Bei jedem Überholvorgang bildet sich der gleiche Stau,

Es gibt drei Möglichkeiten, dem Konvoi-Phänomen zu begegnen:

- Bei einer V-Operation, bei der ein Prozess zu deblockieren ist, wird nicht der *älteste* Prozess aus der Warteschlange in die Bereitliste umgehängt, sondern – zufallsgesteuert – *irgendeiner* von ihnen.
- Wenn eine P-Operation zur Blockierung des aufrufenden Prozesses führen muss, wird er nicht hinter das *Ende* der Warteschlange des betreffenden Semaphors gehängt, sondern an irgendeiner *zufälligen* Stelle eingefügt.
- Die Reihenfolge der Prozesse in der Warteschlange eines Semaphors wird, falls sie bei einer V-Operation nicht leer ist, aufgebrochen, indem s.int auf 0 gesetzt wird und *alle* Prozesse aus ihr entfernt werden. Das wird dadurch erreicht, dass der Rumpf der P-Operation von einer Schleife umgeben wird, was zur Folge hat, dass dann genau einer dieser Prozesse bereit wird und die anderen wieder blockiert werden.

Die stochastischen Aspekte, die in allen Fällen durch die Prozessverwaltung ins Spiel kommen, lassen im Mittel ein hohes Maß an Fairness erwarten.

Literatur

1. Andrews, G.R.: Concurrent Programming, Principles and Practice. Addison-Wesley, Menlo Park (1991)
2. Andrews, G.R.: Foundations of Multithreaded, Parallel and Distributed Programming. Addison-Wesley, Reading (2000)
3. Barz, H.W.: Implementing semaphores by binary semaphores. ACM SIGPLAN Not. **18**, 39–45 (1983). https://doi.org/10.1145/948101.948103
4. Ben-Ari, M.: Principles of Concurrent and Distributed Programming, 2nd edn. Addison-Wesley, Harlow (2006)
5. Burns, A., Davies, G.: Concurrent Programming. Addison-Wesley, Harlow (1993)
6. Chandy, K.M., Misra, J.: The drinking philosophers problem. ACM Trans. Program. Lang. Syst. **6**, 632–646 (1984). https://doi.org/10.1145/1780.1804. https://www.cs.utexas.edu/users/misra/scannedPdf.dir/DrinkingPhil.pdf
7. Courtois, P.J., Heymans, F., Parnas, D.L.: Concurrent control with „readers" and „writers". Commun. ACM **14**, 667–668 (1971). https://doi.org/10.1145/362759.362813

8. Dijkstra, E.W.: Cooperating Sequential Processes. Technical Report EWD-123, Technological University Eindhoven (1965). https://www.cs.utexas.edu/users/EWD/ewd01xx/EWD123.PDF
9. Dijkstra, E.W.: The structure of the „THE"-multiprogramming system. Commun. ACM **11**, 341–346 (1968). https://www.cs.utexas.edu/users/EWD/ewd01xx/EWD196.PDF
10. Dijkstra, E.W.: Hierarchical ordering of sequential processes. Acta Informatica **1**, 115–138 (1971). https://www.cs.utexas.edu/users/EWD/ewd03xx/EWD310.PDF
11. Gray, J., Reuter, A.: Transaction Processing, Concepts and Techniques. Morgan Kaufmann, San Francisco (1992)
12. Herrtwich, R.G., Hommel, G.: Nebenläufige Programme (Kooperation und Konkurrenz). Springer, Berlin/Heidelberg/New York (1994, 1989). https://doi.org/10.1007/978-3-642-57931-8
13. Kang, S., Lee, H.: Analysis and solution of non-preemptive policies for scheduling readers and writers. ACM SIGOPS Oper. Syst. Rev. **32**, 30–50 (1998). https://doi.org/10.1145/281258.281268
14. Martin, A.J., Burch, J.R.: Fair mutual exclusion with unfair P and V operations. Inf. Proc. Lett. **21**, 97–100 (1985). https://doi.org/10.1016/0020-0190(85)90041-9
15. Morris, J.M.: A starvation: free solution to the mutual exclusion problem. Inf. Proc. Lett. **8**, 76–80 (1979). https://doi.org/10.1016/0020-0190(79)90147-9
16. Parnas, D.L.: On a solution to the cigarette smoker's problem without conditional statements. Commun. ACM **18**, 181–183 (1975). https://doi.org/10.1145/360680.360709
17. Patil, S.S.: Limitations and Capabilities of Dijkstra's Semaphore Primitives for Coordination among Processes. MIT Computations Structures Group, Project MAC 57 (1971)
18. Udding, J.T.: Absence of individual starvation using weak semaphores. Inf. Proc. Lett. **23**, 159–162 (1986). https://doi.org/10.1016/0020-0190(86)90117-1

Der Staffelstab-Algorithmus

5

Zusammenfassung

In diesem Kapitel stellen wir eine geschickte Konstruktion zur Lösung vieler Probleme vor, die Bedingungssynchronisation erfordern. Mit ihr wird für mehrere disjunkte Prozessklassen erreicht, dass jeweils nur Prozesse aus der *gleichen* Klasse nebenläufig arbeiten dürfen, Prozesse aus *verschiedenen* Klassen dagegen nur unter gegenseitigem Ausschluss.

5.1   Entwicklung des Problems

Gegeben seien N Klassen von Prozessen Γ_0, Γ_1, ..., Γ_{N-1} und ein *kritischer Abschnitt*, charakterisiert durch folgende Eigenschaften ($\infty = 2^{32} - 1$):

- Zu jedem $k < N$ gibt es eine Schranke m_k ($1 \leq m_k \leq \infty$), so dass er von höchstens m_k Prozessen aus *einer* Klasse P_k *gemeinsam* betreten werden darf (für $m_k = \infty$ heißt das, dass das beliebig viele Prozesse aus P_k dürfen).
- Es dürfen sich aber *nie* zwei Prozesse aus *verschiedenen* Klassen P_k und P_i in ihm befinden; für je zwei Prozesse $P \in P_k$ und $Q \in P_i$ mit $i \neq k$ muss also der *gegenseitige Ausschluss* gesichert sein.

Für jedes $k < N$ sei n_k die Anzahl der Prozesse aus der Klasse P_k, die sich im kritischen Abschnitt befinden. Dann lässt sich für alle $k < N$ ein boolescher Ausdruck als Eintrittsbedingung für die Prozesse aus P_k formulieren:

$$c_k = \forall i (i \neq k \implies n_i = 0) \wedge (n_k < m_k).$$

© Springer Fachmedien Wiesbaden GmbH, ein Teil von Springer Nature 2019
C. Maurer, *Nichtsequentielle und Verteilte Programmierung mit Go*,
https://doi.org/10.1007/978-3-658-26290-7_5

Das *Leser-Schreiber-Problem* (s. Abschn. 4.12) ist ein Spezialfall davon. Seine Invariante
ist

$$(n_W = 0) \lor (n_R = 0) \land (n_W = 1).$$

Wir setzen $N = 2$, $R = 0$ als Index für die Leser und $W = 1$ für die Schreiber, (also $P_0 =$
Leser und $P_1 =$ Schreiber), $m_R = \infty$ und $m_W = 1$.

Da sich n_R beim Eintritt eines Lesers und n_W bei dem eines Schreibers erhöht, lautet
die Eintrittsbedingung für einen Leser

$$(n_W = 0) \land (n_R < \infty) = (n_w = 0) \tag{c_R}$$

und die für einen Schreiber

$$(n_R = 0) \land (n_W < m_W) = (n_R = 0) \land (n_W = 0). \tag{c_W}$$

Ein weiteres Beispiel dafür ist das *Links-Rechts-Problem* (s. Abschn. 4.13).

Wenn $m_L = m_R = \infty$, d. h., dass jeweils quasi beliebig viele Prozesse aus *einer*
Klasse nebenläufig im kritischen Abschnitt fahren dürfen, sind die Bedingungen

$$n_R = 0 \quad \text{und} \quad n_L = 0.$$

Die in Abschn. 4.12 und 4.13 vorgestellten Algorithmen lassen sich verfeinern, um ihre
inhärente Unfairness zu beseitigen – laufender Verkehr in einer Richtung bringt den
Gegenverkehr zum Erliegen (oder – wenn die Zebras das Gehege nicht verlassen, ist es
für die Löwen tabu).

Das ist allerdings mit aufwendigen Erweiterungen der Protokolle verbunden (siehe Lösung des 2. Leser-Schreiber-Problems im Abschn. 4.12.2 oder der Lösung mit dynamisch
angepassten Prioritäten im Abschn. 4.12.3).

Im Abschn. 5.3 geben wir ein komplexeres Beispiel dazu und im Kap. 6 erledigen wir
das mit *universellen kritischen Abschnitten* erheblich eleganter.

5.1.1 Der Staffelstab von Andrews

Statt dessen soll ein systematischer Ansatz von Andrews (aus seinen Büchern [1] und
[2]) zur Lösung derartiger Probleme vorgestellt werden, dessen Eleganz auf *Vereinfachung
durch geschickte Verallgemeinerung* beruht.

Seine Grundidee ist das Blockieren und Deblockieren der Prozesse auf beliebige
Bedingungen, deren Spezialisierung die Protokolle liefert und die Änderung der Strategie
zur Privilegierung bestimmter Klassen von Prozessen durch leicht überschaubare lokale
Eingriffe erlaubt.

Für jede Bedingung c_k $(k < N0)$ wird ein binäres Semaphor s[k] mit dem initialen Wert false benötigt, um die auf sie wartenden Prozesse zu blockieren; nB[k] sei die Anzahl der auf s[k] blockierten bzw. zu blockierenden Prozesse.

Zum Eintritt wird ein weiteres binäres Semaphor e, der „*Staffelstab*", initialisiert mit true, eingeführt:

Es hat eine Doppel-Funktion – einerseits zum Schutz des gegenseitigen Ausschlusses der Protokolle und andererseits zur Weitergabe der Kontrolle, falls kein Prozess P_k auf seine Bedingung c_k wartet, d. h. auf s[k] blockiert ist (daher sein Name).

Die Prozesse der Klasse P_k haben im Prinzip die Protokolle

```
func in() {
  e.Lock()
  if ! c[k] {
    nB[k]++
    e.Unlock() // U
    s[k].Lock()
  }
  ... // Anweisungen zum Eintritt
  vall()
}

func out() {
  e.Lock()
  ... // Anweisungen zum Austritt
  vall()
}
```

wobei die Daten, die die Bedingungen c[k] definieren, nur in den Anweisungen zum Eintritt oder Austritt verändert werden dürfen.

Der gemeinsame Teil dieser Protokolle ist

```
func vall() {
  if c[0] && nB[0] > 0 {
    nB[0]--; s[0].Unlock()
  } else if c[1] && nB[1] > 0 {
    nB[1]--; s[1].Unlock()
  } else if ...
    ...
  } else if c[n-1] && nB[N-1] > 0 {
    nB[N-1]--; s[n-1].Unlock()
  } else {
    e.Unlock()
  }
}
```

für deren erste N Verzweigungen allerdings ein Sprachkonzept dem Problem angemessener wäre, das nicht die durch die textuelle Reihenfolge gegebene Priorität erzwingt, sondern eine nichtdeterministische Auswahl unter ihnen erlaubt (wir berücksichtigen das bei der Konstruktion universeller kritischen Abschnitte in Abschn. 6.1.2).

Den Ablauf dieser Protokolle kann man sich als *Weitergabe eines Staffelstabs* („emphpassing the baton") vorstellen, was die Namensgebung dieser Technik erklärt. Sie haben folgende Eigenschaften:

- Die Semaphore bilden ein *aufgespaltenes binäres Semaphor*:
  Es gilt `s[0] + ...+ s[N-1] <= 1`, d. h., jeweils höchstens *eins* der beteiligten Semaphore hat den Wert `true` (folglich ist zu jeder Zeit höchstens *ein* Prozess im Besitz des „Staffelstabs").
- Der gegenseitige Ausschluss der Protokolle ist gesichert, weil jede mögliche Anweisungsfolge mit `e.P()` beginnt und jeweils mit genau einer V-Operation endet.
- Eine Unterbrechung an der Stelle U ist unschädlich, weil immer nur *eine* V-Operation auf `s[k]` dazwischen kommen kann, denn weitere Prozesse sind zu dieser Zeit auf e blockiert.
- Für jeden Prozess ist seine Bedingung `c[k]` garantiert, wenn die Anweisungen des Protokolls ausgeführt werden, weil er genau *dann blockiert* wird, wenn sie *nicht erfüllt* ist, und genau *dann* wieder *deblockiert* wird, wenn sie *erfüllt* ist, wobei die Bedingung `c[k]` wiederum gilt, weil der Zugang zu den Protokollen zu dieser Zeit durch e geschützt ist und damit in der Zwischenzeit kein anderer Prozess `c[k]` verändern kann.
- Die Protokolle sind *verklemmungsfrei*, weil bei *jedem* Austritt einer der auf ein `s[k]` blockierten Prozesse deblockiert wird, falls es einen solchen gibt.
- Erst wenn es keinen Prozess mehr gibt, der blockiert ist, obwohl seine Bedingung erfüllt ist, wird einem weiteren Prozess der Eintritt in sein Protokoll erlaubt. Dadurch lässt das Verfahren eine fein granulierte Steuerung der Protokolle zu, weil zum frühst möglichen Zeitpunkt eingegriffen werden kann.

5.2   Das Leser-Schreiber-Problem

Beim 1. Leser-Schreiber-Problem haben wir die Bedingungen im vorigen Abschnitt gefunden; sie lauten für die beiden Prozessklassen *Leser* und *Schreiber*:

$$n_W = 0 \qquad\qquad (c_L)$$

und

$$(n_R = 0) \wedge (n_W = 0). \qquad\qquad (c_W)$$

Durch Einsetzen dieser Bedingungen, wobei wir die Semaphore mit sR und sW bezeichnen und auch für nB kein Feld benötigen, sondern einfach Zählvariablen `var bR, bW uint` verwenden, ergeben sich die folgenden Protokolle:

```
func ReaderIn() {
  e.Lock()
  if nW > 0 {
    bR++
    e.Unlock()
    sR.Lock() }
  nR++
  vall()
}

func ReaderOut() {
  e.Lock()
  nR--
  vall()
}

func WriterIn() {
  e.Lock()
  if nR > 0 || nW > 0 {
    bW++
    e.Unlock()
    sW.Lock() }
  nW++
  vall()
}

func WriterOut() {
  e.Lock()
  nW--
  vall()
}
```

mit der von allen Protokollen am Ende aufgerufenen gemeinsamen Funktion

```
func vall() {
  if nW == 0 && bR > 0 {
    bR--
    sR.Unlock()
  } else if nR == 0 && nW == 0 && bW > 0 {
    bW--
    sW.Unlock()
  } else {
    e.Unlock()
  }
}
```

Diese Funktion lässt sich teilweise vereinfachen, weil von Fall zu Fall einige der Bedingungen sowieso erfüllt sind:

Zu Beginn der Anweisungsfolge in vall gilt

- im Eintrittsprotokoll der Leser nR > 0 und nW == 0,
- in ihrem Austrittsprotokoll nW == 0 und bR == 0,
- bei den Schreibern beim Eintritt nR == 0 und nW == 1 und
- bei ihrem Austritt nR == 0 und nW == 0.

Die Tatsache, dass im zweiten Punkt bR == 0 gilt, folgt, weil an dieser Stelle alle blockierten Leser sukzessive deblockiert werden, um ihr Eintrittsprotokoll zu beenden, denn alle anderen Prozesse sind in ihren Protokollen auf das Semaphor e blockiert, bis es der letzte deblockierte Leser in seinem vall wieder freigibt.

Durch Einsetzen von entsprechend verkürztem vall ergeben sich die folgenden Anweisungen am Ende der jeweiligen Protokolle:

```
func ReaderIn() {
  ...
  if bR > 0 {
    bR--
    sR.Unlock()
  } else {
    e.Unlock()
  }
}

func ReaderOut() {
  ...
  if nR == 0 && bW > 0 {
    bW--
    sW.Unlock()
  } else {
    e.Unlock()
  }
}

func WriterIn() {
  ...
  e.Unlock()
}

func WriterOut() {
  ...
  if bR > 0 {
    bR--
    sR.Unlock()
  } else if bW > 0 {
    bW--
    sW.Unlock()
  } else {
    e.Unlock()
  }
}
```

Mit der Staffelstabtechnik kann die Reihenfolge des Eintritts der beteiligten Prozesse in den kritischen Abschnitt festgelegt werden.

Darüber hinaus sind auch Strategien für einen alternativen Vorrang durch Änderungen der Bedingungen in bestimmten Protokollen ganz leicht implementierbar.

Als einfaches Beispiel dazu zeigen wir eine Lösung des 2. Leser-Schreiber-Problems – die ist damit ein Klacks. Seine Bedingung für den Leser-Eintritt lautet:

$$(n_W = 0) \wedge (b_W = 0).$$

Dementsprechend werden durch das Protokoll

```
func ReaderIn() {
  e.Lock()
  if nW > 0 || bW > 0 {
    ...
}
```

neu ankommende Leser blockiert, wenn ein Schreiber blockiert ist; darüber hinaus können beim Austritt von Schreibern mit

```
func WriterOut() {
  e.Lock()
  nW--
  if bR > 0 && bW == 0 {
    ...
}
```

wiederum Schreiber bevorzugt werden.

Mit der Staffelstabtechnik lassen sich auch weitgehend faire Strategien leicht implementieren (natürlich nur, wenn die Semaphore fair implementiert sind).

Beispielsweise sorgen mit einer booleschen Variablen $last_R$ die Bedingungen

$$c_R = (n_W = 0) \wedge ((b_W = 0) \vee \neg lastR)$$

und

$$c_W = (n_R = 0) \wedge (n_W = 0) \wedge ((b_R = 0) \vee \neg lastR)$$

für einen Wechsel zwischen Lesern und Schreibern, wenn die jeweils anderen warten. $last_R$ wird beim Eintritt von Lesern gesetzt und von Schreibern gelöscht; d. h., es wird protokolliert, ob Leser oder Schreiber zuletzt im kritischen Abschnitt waren:

```
func ReaderIn() {
  e.Lock()
  if nW > 0 || bW > 0 && lastR {
    ...
  lastR = true;
    ...
}
```

```
func WriterIn() {
  e.Lock()
  if nR > 0 || nW > 0 || bR > 0 && ! lastR {
    bW++
    e.Unlock()
    sW.Lock()
  }
  lastR = false
  ...
}


func WriterOut() {
  ...
  if (bW == 0 || ! lastR) && bR > 0 {
    bR--
    sR.Unlock()
  } else if bR == 0 || lastR && bW > 0 {
    ...
    ...
  }
}
```

5.3   Das 2. Links-Rechts-Problem

Wir lösen jetzt unser Versprechen am Ende von Abschn. 4.13 ein und entwickeln eine etwas aufwendigere Variante des Links-Rechts-Problems, mit der Notbremsungen zur Vermeidung von Frontalzusammenstößen vermieden werden (oder dafür gesorgt wird, dass sich der Zoo nicht ständig um die Auffrischung seines Bestandes an Zebras kümmern muss).

Fairness kann – in Analogie zum Schritt vom 1. zum 2. Leser-Schreiber-Problem – z. B. dadurch erreicht werden, dass die Kette der Prozesse einer Klasse beim Eintritt unterbrochen wird, sobald ein Prozess der anderen Klasse Eintritt begehrt, was daran feststellbar ist, dass er in seinem Eintrittsprotokoll blockiert ist.

Die Anzahl der blockierten Prozesse ist mit der Methode `Blocked` innerhalb der Eintrittsprotokolle sicher aufrufbar (s. Bemerkung in deren Spezifikation).

Mit

- n_L und n_R für die Anzahl der aktiven nach links bzw. nach rechts Fahrenden, b_L und b_R für die Anzahl der Blockierten,
- m_L und m_R für die Höchstzahl derjenigen, die jeweils ununterbrochen hintereinander durchfahren dürfen, sofern niemand in Gegenrichtung wartet, und
- d_L und d_R für die Anzahl der Prozesse, die in den kritischen Abschnitt in Folge eingefahren sind, ohne durch Gegenverkehr daran gehindert worden zu sein,

lauten die Eintrittsbedingungen

$$c_L = (n_R = 0) \wedge ((d_L <= m_L) \vee (b_R = 0))$$

und

$$c_R = (n_L = 0) \wedge ((d_R <= m_R) \vee (b_L = 0)).$$

Mit der Anreicherung der Anweisungen zum Eintritt um die Erhöhung von d_L bzw. d_R und die Rücksetzung der entsprechenden Zahlen d_R bzw. d_L des Gegenverkehrs auf 0 erhalten wir die Protokolle durch Einsetzen der Ein- und Austrittsbedingungen und der Anweisungen zum Ein- bzw. Austritt:

```
func LeftIn() {
   e.Lock()
   if nR > 0 || dL >= mL && bR == 0 {
      nL++
      e.Unlock()
      sL.Lock()
   }
   nL++
   dL++
   dR = 0
   vall()
}


func LeftOut() {
   e.Lock()
   nL--
   vall()
}


func vall() {
   if nR == 0 && (dL < mL || bR > 0 && bL > 0 {
      bL--
      sL.Unlock()
   } else {
      if nL == 0 && (dR < mR || bL == 0) && bR > 0 {
      bR--
      sR.Unlock()
   } else {
      e.Unlock()
   }
}
```

sowie den zu `LeftIn` und `LeftOut` dualen Funktionen `RightIn` und `RightOut`.

Abschließend sei bemerkt, dass sich für $m_L < \infty$ und $m_R = 1$ als Spezialfall gerade eine Lösung des 2. Leser-Schreiber-Problems ergibt.

Literatur

1. Andrews, G.R.: Concurrent Programming, Principles and Practice. Addison-Wesley, Menlo Park (1991)
2. Andrews, G.R.: Foundations of Multithreaded, Parallel and Distributed Programming. Addison-Wesley, Reading (2000). ISBN:978-0-201-35752-3

Universelle kritische Abschnitte

6

Zusammenfassung

Die Grundidee des Staffelstab-Algorithmus aus dem vorigen Kapitel gibt Anlass, darüber nachzudenken, ob das, was er gewissermaßen als „Muster zum Programmieren" enthält, nicht auch „automatisch" generiert werden könnte. In diesem Kapitel wird gezeigt, dass das in der Tat der Fall ist: Die Überlegungen dazu liefern die Entwicklung eines universellen Synchronisationskonzepts, zur einfachen Lösung von Problemen, die Bedingungssynchronisation erfordern.

Damit wird eine Abstraktionsstufe erreicht, mit der bestimmte Typen von Synchronisationsproblemen auf ihren gedanklichen Kern reduziert werden können. Dabei verschwinden die eigentlichen Maßnahmen zur Synchronisation hinter der Schnittstelle eines abstrakten Datentyps, was zu einer *erheblichen* Vereinfachung der Implementierungen führt.

6.1 Grundidee und Konstruktion

Die Konstruktion des in diesem Kapitel entwickelten „universellen Synchronisationsobjekts" soll anhand einer Analyse der Lösung des 1. Leser-Schreiber-Problems mittels der Staffelstab-Technik erfolgen.

Das Problem ist vollständig beschrieben durch seine Invariante

$$(n_W = 0) \vee (n_R = 0) \wedge (n_W = 1) \, .$$

Der Staffelstab-Algorithmus liefert, wie im vorigen Kapitel gezeigt, die Synchronisation dazu. Die Werte der Variablen, mit denen die Invarianten beschrieben werden, werden dabei in den Ein- und Austrittsanweisungen verändert.

© Springer Fachmedien Wiesbaden GmbH, ein Teil von Springer Nature 2019
C. Maurer, *Nichtsequentielle und Verteilte Programmierung mit Go*,
https://doi.org/10.1007/978-3-658-26290-7_6

Tab. 6.1 Synchronisation des Leser-Schreiber-Problems

Prozess-klasse	Eintritts-bedingungen	Eintritts-anweisungen	Austritts-anweisungen
Leser	nW == 0	nR++	nR--
Schreiber	nR == 0 && nW == 0	nW = 1	nW = 0

Die Eintrittsbedingungen und diese Anweisungsfolgen – und damit die gesamte Synchronisation – sind in Tab. 6.1 dargestellt.

Die Einträge in der linken Spalte von Tab. 6.1 sind Funktionen mit einem booleschen Ergebnis, die in den anderen Spalten Anweisungen.

Die Einträge in jeweils einer Spalte der Tabelle können jeweils zu einer Funktion zusammengefasst werden, die das Spektrum der Funktionen für alle Klassen darstellt und durch die Klassen in Form natürlicher Zahlen parametrisiert ist.

Einem solchen *Funktionsspektrum* wird folglich die Prozessklasse als Parameter übergeben.

Wir erweitern dazu unser Hilfspaket nU/obj, das bisher nur Any, dem „Auffangtyp" für beliebige Typen, und die Funktion Nothing() enthält, um die Typen für die Spektren der Eintrittsbedingungen, der Funktionen beim Eintritt und der Anweisungen beim Austritt:

```
package obj
import "runtime"

type (
  CondSpectrum func (uint) bool
  NFuncSpectrum func (uint) uint
  StmtSpectrum func (uint)
)

func NothingSp (i uint) { Nothing() }
```

Dass für die Eintrittsanweisungen wertliefernde Funktionen benutzt werden, ist lediglich eine Vorsorge für fortgeschrittenere Anwendungen; die Funktionswerte sind zunächst unerheblich und werden nicht gebraucht.

Vor der Entwicklung des geplanten abstrakten Datentyps seien erst noch die Funktionen angegeben, die die Synchronisationstabelle des 1. Leser-Schreiber-Problems übersetzen:

```
const (reader = iota; writer)
var nR, nW uint

func c (i uint) bool {
  if i == reader {
    return nW == 0
  }
```

```
    return nR == 0 && nW == 0
}
func e (i uint) uint {
  if i == reader {
    nR++
    return nR
  } else {
    nW = 1
  }
  return nW
}

func l (i uint) {
  if i == reader {
    nR--
  } else {
    nW = 0
  }
}
}
```

6.1.1 Spezifikation

Ein *universeller kritischer Abschnitt* ist ein bedingter kritischer Abschnitt zur Sicherung der Konsistenz gemeinsamer Ressourcen, auf die von mindestens zwei Klassen von Prozessen zugegriffen wird. Er darf von mehreren Prozessen *einer* Klasse nebenläufig betreten werden, von Prozessen verschiedener Klassen aber nur unter gegenseitigem Ausschluss.

Die Prozessklassen werden durch natürliche Zahlen (beginnend mit 0) identifiziert.

Der gegenseitige Ausschluss wird durch Eintrittsbedingungen und von Bearbeitungen garantiert, die die Bedingungen – in Abhängigkeit von der jeweiligen Prozessklasse – steuern. Sie sind in Funktionen vom Typ CondSpectrum und OpSpectrum gebündelt, die von Klienten konstruiert werden müssen.

Bei der Erzeugung eines Exemplars dieser Klasse – auf Deutsch: bei der Initialisierung einer Variablen dieses abstrakten Datentyps – wird ihr der Inhalt der *Synchronisationstabelle* „mitgeteilt", indem dem Konstruktor die Namen der vorkonstruierten Bedingungs- und Funktions- und Anweisungsspektren als Parameter übergeben werden.

Die Funktionen zum Betreten und Verlassen eines kritischen Abschnitts, Enter und Leave, sind durch Aufrufe dieser Funktionen von anderen Prozessen nicht unterbrechbar.

Nach den Vorbereitungen aus dem vorigen Abschnitt kann jetzt der abstrakte Datentyp konstruiert werden, in der die eigentlichen Maßnahmen zur Synchronisation hinter der Kulisse einer geeigneten Schnittstelle versenkt werden.

Hier die Spezifikation der universellen kritischen Abschnitte:

```
package cs
import . "nU/obj"


type CriticalSection interface {

// Vor.: i < Anzahl der Klassen von x. Die Funktion ist innerhalb
//       der Eintrittsbedingungen von x aufgerufen (s. Bem.).
// Liefert genau dann true, wenn im Moment des Aufrufs
// mindestens ein Prozess der k-ten Klasse von x blockiert ist.
// Bem.: Der Wert kann sich sofort nach dem Aufruf geändert
//       haben; er ist folglich nur verwertbar,
//       wenn die Unteilbarkeit des Aufrufs von
//       späteren Bearbeitungen sichergestellt ist.
//       Das ist der Fall bei Einhaltung der Voraussetzung.
  Blocked (i uint) bool


// Vor.: i < Anzahl der Klassen von x.
//       Der aufrufende Prozess befindet sich nicht in x.
// Er befindet sich jetzt in der i-ten Klasse von x, d.h.,
// er war ggf. solange blockiert, bis c(i) galt, und jetzt ist
// e(i) ausgeführt (wobei c die Eintrittsbedingung von x
// und e die Funktion beim Eintritt in x sind).
// Liefert den Wert von e(i).
  Enter (i uint) uint


// Vor.: i < Anzahl der Klassen von x.
//       Der aufrufende Prozess befindet sich
//       in der i-ten Klasse von x.
// Er befindet sich nicht mehr in x, d.h., l(i) ist ausgeführt
// (wobei l die Bearbeitung beim Austritt aus x und i die Klasse
// von x, in der sich der aufrufende Prozess befand, sind).
  Leave (i uint)
}


// Vor.: n > 1. c, e und l sind für alle i < n definiert.
// Liefert einen neuen kritischen Abschnitt mit n Klassen,
// x hat die Eintrittsbedingung c(i) und die Bearbeitungen
// e(i) und l(i) zum Eintritt in die i-te Klasse von x
// bzw. zum Austritt aus ihr zum Gebrauch von nebenläufigen
// Prozessen. Alle Eintrittsbedingungen für x sind erfüllt;
// kein Prozess befindet sich in x.
  func New (n uint, c CondSpectrum, e NFuncSpectrum,
            l StmtSpectrum) CriticalSection {
    return new_(n,c,e,l)
  }
```

6.1.2 Implementierung

Für die Implementierung wird ein Paket `perm` mit der Spezifikation

```
package perm

type Permutation interface {

// x ist zufällig permutiert.
  Permute ()

// Vor.: i <= Größe von x.
// Liefert die i-te Zahl von x.
  F (i uint) uint
}


// Vor.: n > 1.
// Liefert eine neue zufällige Permutation der Größe n,
// d.h. eine Permutation der Zahlen 0, 1, ..., n-1.
func New (n uint) Permutation { return new_(n) }
```

gebraucht, um einzulösen, was im Abschn. 5.1.1 nach dem Quelltext von `vall` vorgeschlagen wurde. (Seine Implementierung ist hier nur von sekundärem Interesse und wird deshalb übergangen; es ist in den Quelltexten zum Buch enthalten.)

Die Repräsentation des zugehörigen Typs ist

```
import ("sync"; . "nU/obj"; "nU/perm")

type criticalSection struct {
  uint
  sync.Mutex
  s []sync.Mutex
  ns []uint
  CondSpectrum
  NFuncSpectrum
  StmtSpectrum
  perm.Permutation "random permutation"
}
```

Dabei sind

- `uint` die Anzahl der beteiligten Prozessklassen,
- `Mutex` das „Staffelstab"-Schloss,
- `s` die Menge der Schlösser, auf die Prozesse bei nicht erfüllter Eintrittsbedingung blockiert werden (initial alle offen),
- `ns` die Menge der Anzahlen der auf diese Schlösser blockierten Prozesse,
- `CondSpectrum` das Spektrum der Eintrittsbedingungen,
- `NFuncSpectrum` das Funktionsspektrum zur Manipulation der internen Variablen in den Eintrittsprotokollen,

- `StmtSpectrum` das Anweisungsspektrum zur Manipulation der internen Variablen in den Austrittsprotokollen und
- `Permutation` eine Permutation zur nichtdeterministischen Auswahl in `vall`.

Damit liegt die Implementierung des Konstruktors auf der Hand:

```
func new_(n uint, c CondSpectrum, e NFuncSpectrum,
               l StmtSpectrum) CriticalSection {
  x := new(criticalSection)
  x.uint = n
  x.s = make ([]sync.Mutex, x.uint)
  x.ns = make ([]uint, x.uint)
  for k := uint(0); k < x.uint; k++ {
    x.s[k].Lock()
  }
  x.CondSpectrum = c
  x.NFuncSpectrum = e
  x.StmtSpectrum = l
  x.Permutation = perm.New (x.uint)
  return x
}
```

Auch die Implementierung der Funktionen ist im Grunde ganz einfach: Sie besteht schlicht aus der Übersetzung des metasprachlich angegebenen Staffelstab-Algorithmus in Programmtext im Abschn. 5.1.1:

```
func (x *criticalSection) vAll() {
  x.Permutation.Permute()
  for i := uint(0); i < x.uint; i++ {
    k := x.Permutation.F (i)
    if x.CondSpectrum (k) && x.ns[k] > 0 {
      x.ns[k]--
      x.s[k].Unlock()
      return
    }
  }
  x.Mutex.Unlock()
}


func (x *criticalSection) Blocked (i uint) bool {
  return x.ns[i] > 0
}


func (x *criticalSection) Enter (i uint) uint {
  x.Mutex.Lock()
  if ! x.CondSpectrum (i) {
    x.ns[i]++
    x.Mutex.Unlock()
    x.s[i].Lock()
  }
```

```
  defer x.vAll()
  return x.NFuncSpectrum (i)
}

func (x *criticalSection) Leave (i uint) {
  x.Mutex.Lock()
  x.StmtSpectrum (i)
  x.vAll()
}
```

Streng genommen fehlt dabei eine Ausnahmebehandlung, falls ein für i übergebener
Wert größer oder gleich der Zahl der Prozessklassen ist. Dazu kämen in Frage:

- die Erzeugung einer `panic`,
- die Rückgabe eines booleschen Wertes – `false`, falls i zu groß war oder
- die Rückgabe eines Wertes vom Typ `error`.

Aber da das eine Frage ist, die im Grunde nichts mit NSP zu tun hat, wird dieses Problem
hier nicht weiter verfolgt.

6.2   Semaphore

Die – wohl trivialste – Anwendung universeller kritischer Abschnitte ist die Implementierung allgemeiner Semaphore:

```
package sem
import "nU/cs"

type semaphoreCS struct {
  cs.CriticalSection
}

func newCS (n uint) Semaphore {
  val := n
  x := new(semaphoreCS)
  c := func (i uint) bool {
        return val > 0
      }
  f := func (i uint) uint {
        val--
        return val
      }
  l := func (i uint) {
        val++
      }
  x.CriticalSection = cs.New (1, c, f, l)
  return x
}
```

```
func (x *semaphoreCS) P() { x.Enter (0) }
func (x *semaphoreCS) V() { x.Leave (0) }
```

Das dürfte auf Anhieb so verständlich sein, dass dazu wohl nichts erklärt werden muss.

6.3   Der schlafende Barbier

Auch *der* kann seine Kunden mit einem universellen kritischen Abschnitt barbieren
(Tab. 6.2).

Auch dieses Beispiel zeigt,

```
import (. "nU/obj"; "nU/cs")

type barberCS struct {
  cs.CriticalSection
}

func newCS() Barber {
  var n uint
  c := func (i uint) bool {
      if i == customer {
         return true
      }
      return n > 0
  }
  e := func (i uint) uint {
      if i == customer {
         n++
      } else {
         n--
      }
      return n
  }
  x := new(barberCS)
  x.CriticalSection = cs.New (2, c, e, NothingSp)
  return x
}

func (x *barberCS) Customer() { x.Enter (customer) }
func (x *barberCS) Barber() { x.Enter (barber) }
```

Tab. 6.2 Synchronisation des
Barbier-Problems

Prozess-klasse	Eintritts-bedingungen	Eintritts-anweisungen	Austritts-anweisungen
Customer	true	n++	Nothing()
Barber	n > 0	n--	Nothing()

6.4 Das Leser-Schreiber-Problem

Als erste Anwendung zeigen wir eine elegante Lösung des 1. Leser-Schreiber-Problems:

Es wird ein Exemplar der Klasse erzeugt, der die vorkonstruierten Spektren c, f und l zur Synchronisation übergeben werden; die Protokolle sind dann einfach Aufrufe von Enter bzw. Leave:

```
package rw
import . "nU/cs"

const (reader = iota; writer)

var (
  nR, nW uint
  x cs.CriticalSection
)


... // Quelltext der Funktionen c, e und l

func ReaderIn() { x.Enter (reader) }
func ReaderOut() { x.Leave (reader) }
func WriterIn() { x.Enter (writer) }
func WriterOut() { x.Leave (writer) }

func main() { x = New (2, c, e, l) }
```

Sie kann leicht zu einer Lösung des 2. Leser-Schreiber-Problems modifiziert werden; es muss lediglich die Bedingung für den Eintritt der Leser geändert werden:

```
func c (i uint) bool
  if i == reader {
    return nW == 0 && ! Blocked(writer)
  }
  return nR == 0 && nW == 0
}
```

Ein Vergleich dieser wirklich leicht verständlichen Lösung mit der doch recht vertrackten Idee von Courtois, Heymans and Parnas (s. Abschn. 4.12.2) zeigt die Stärke des Konzepts der universellen kritischen Abschnitte sehr deutlich.

Natürlich ist es sinnvoll, dieses Konstrukt als ADT zu verallgemeinern, so dass es auch in einem System verwendet werden kann, in dem *mehrere* kritische Leser-Schreiber-Abschnitte benötigt werden.

Die Schnittstelle aus dem Abschn. 4.12.6 wird dazu um den Konstruktor

```
func NewCS() ReaderWriter { return newCS() }
```

ergänzt.

Die Implementierung sieht etwas anders aus als die obige, weil die Spektren in die Repräsentation aufgenommen werden müssen.

In Go sind dabei *innere Funktionen* hilfreich:

```go
package rw
import "nU/cs"

type criticalSection struct {
  cs.CriticalSection
}

func newCS() ReaderWriter {
  var nR, nW uint
  x := new(criticalSection1)
  c := func (i uint) bool {
        if i == reader {
          return nW == 0
        }
        return nR == 0 && nW == 0
      }
  e := func (i uint) uint {
        if i == reader {
          nR++
          return nR
        }
        nW = 1
        return nW
      }
  l := func (i uint) {
        if i == reader {
          nR--
        } else {
          nW = 0
        }
      }
  x.CriticalSection = cs.New (2, c, e, l)
  return x
}

func (x *criticalSection1) ReaderIn()  { x.Enter (reader) }
func (x *criticalSection1) ReaderOut() { x.Leave (reader) }
func (x *criticalSection1) WriterIn()  { x.Enter (writer) }
func (x *criticalSection1) WriterOut() { x.Leave (writer) }
```

Es ist auch ganz einfach, das zu weiteren noch faireren Varianten weiter zu entwickeln; aber das ist als Übungsaufgabe überlassen. (Sie finden solche Implementierungen in den Quelltexten zum Buch im Paket nU/rw.)

6.5   Das Links-Rechts-Problem

Wir zeigen jetzt die Lösung des 2. Links-Rechts-Problems. Seine Synchronisation ergibt sich aus den Invarianten im Abschn. 4.13 und ist in Tab. 6.3 zusammengefasst. Die Zahlen bL und bR geben dabei die Anzahlen der Prozesse an, die in ihrem Eintrittprotokoll blockiert sind, weil zum Zeitpunkt ihres Eintritts „Gegenverkehr" gab.

Die Übersetzung dieser Tabellen in Programmtext ist trivial:

```
package lr
import "nU/cs"

type criticalSection2 struct {
  cs.CriticalSection
}

func newCS2() LeftRight {
  var nL, nR uint
  x := new(criticalSection2)
  c := func (i uint) bool {
      if i == left {
          return nR == 0 && (! x.Blocked (right) || nL == 0)
      }
      return nL == 0 && (! x.Blocked (left) || nR == 0)
  }
  e :- func (i uint) uint {
      if i == left {
          nL++
          return nL
      }
      nR++
      return nR
  }
  l := func (i uint) {
      if i == left {
          nL--
      } else {
          nR--
      }
  }
}
```

Tab. 6.3 Synchronisation des 2. Links-Rechts-Problems

Prozess-klasse	Eintrittsbedingungen	Eintritts-anweisungen	Austritts-anweisungen
Links	nR == 0 && (bL == 0 || nL == 0)	nL++	nL--
Rechts	nL == 0 && (bR == 0 || nR == 0)	nR++	nR--

```
    x.CriticalSection = cs.New (2, c, e, 1)
    return x
}

func (x *criticalSection2) LeftIn()   { x.Enter (left)  }
func (x *criticalSection2) LeftOut()  { x.Leave (left)  }
func (x *criticalSection2) RightIn()  { x.Enter (right) }
func (x *criticalSection2) RightOut() { x.Leave (right) }
```

Sie könnten ja auch einmal versuchen, dieses Beispiel im Stil der klassischen Lösung des 2. Leser-Schreiber-Problems aus [7] mit einem Haufen verstreuter Semaphore zu implementieren – viel Spaß dabei! Aber möglicherweise passiert Ihnen dabei etwas Ähnliches wie den Autoren dieser Lösung, die sich am Schluss ihrer Arbeit bedanken (s. Abschn. 4.12.2) ...

Der entscheidende Vorteil der Konstruktion der universellen kritischen Abschnitte wurde schon erwähnt:

Seine Grundidee, durch allgemeine Formulierung der Algorithmen zur Synchronisation und damit zu ihrer Trennung von der Anwendung ein *wiederverwendbares Muster ("pattern")* zu schaffen, wird sich auch in anderen Zusammenhängen als nützlich erweisen.

Der Gebrauch derartiger *universeller Klassen* befreit Anwendungen von allen technischen Details der Synchronisation:

▶   Die eigentliche geistige Leistung besteht nur darin, die Invarianten des zu lösenden Problems zu erarbeiten.

Die Übersetzung in entsprechende Funktionsspektren und deren Übergabe an ein Exemplar der Klassen bei seiner Erzeugung ist dagegen ein eher rein mechanischer Vorgang, der möglicherweise mit geeigneten „*Tools*" erledigt werden kann.

Festzuhalten ist dabei auch die folgende Tatsache:

▶   Das Konzept der universellen kritischen Abschnitte ist unabhängig von der verwendeten Programmiersprache.

Es ist genauso gut in anderen Sprachen (z. B. in C, Modula-2 oder Java) realisierbar, womit es gerechtfertigt ist, hierbei von einer *universellen* Konstruktion zu reden.

Wir werden in den Kap. 10 über universelle Monitore und Kap. 14 über universelle ferne Monitore zwei weitere universelle Synchronisationsklassen vorstellen, die ebenfalls die Behandlung diverser klassischer Synchronisationsprobleme drastisch vereinfachen.

6.6 Universelle kritische Ressourcen

Es soll noch eine weitere Anwendung der universellen kritischen Abschnitte vorgestellt werden:

Objekte, die den Zugang zu kritischen Abschnitten synchronisieren (z. B. Ressourcen des Betriebssystems oder gemeinsame Daten) für

- p Prozessklassen $P_0, P_1, \ldots, P_{p-1}$ $(p > 1)$,
- r Ressourcen $R_0, R_1, \ldots, R_{r-1}$ $(r > 0)$ und
- $p \cdot r$ Nummern $m(k, n)$ $(k < p, n < r)$,

so dass jede Ressource von Prozessen *verschiedener* Klassen nur unter gegenseitigem Ausschluss und die Ressource R_n $(n < r)$ nebenläufig nur von höchstens $m(k, n)$ Prozessen der Klasse P_k $(k < p)$ benutzt werden können.

Beispiele dazu sind:

- das Leser-Schreiber-Problem:
  $p = 2$, P_0 = Leser und P_1 = Schreiber; $r = 1$ (R_0 = gemeinsamen Daten), $m(0, 0) = \infty$, $m(1, 0) = 1$;
- das Links-Rechts-Problem:
  $p = 2$, P_0 = nach links Fahrende und P_1 = nach rechts Fahrende; $r = 1$ (R_0 = gemeinsame Fahrspur), $m(0, 0) - m(1, 0) - \infty$;
- das beschränkte Links-Rechts-Problem:
  das gleiche wie im vorigen Beispiel mit Schranken $m(0, 0)$, $m(1, 0) < \infty$;
- das Bowling-Problem:
  p – Anzahl der teilnehmenden Vereine (Γ_v – Spieler/innen des Vereins $v < p$); r – Anzahl der verfügbaren Bowling-Bahnen R_b – Bowling-Bahn Nr. $b < r$), $m(v, b)$ – Höchstzahl der Spieler/innen des Vereins v auf der Bahn b.

Dabei ist – per Missbrauch mathematischer Sprache – mit „∞" eine sehr große natürliche Zahl (z. B. $2^{64} - 1$) bezeichnet, die praktisch als *„unendlich"* angesehen werden kann (im Paket math der Go-Bibliothek const MaxUint64).

Die Spezifikation des Problems ist

```
package cr

type CriticalResource interface {

// Vor.: m[i][r] ist für alle i < Anzahl der Klassen
//       und für alle r < Anzahl der Ressourcen von x definiert.
// Auf die Ressource r von x kann von höchstens m[i][r]
// Prozessen der Klasse i zugegriffen werden.
   Limit (m [][]uint)
```

```
// Vor.: i < Anzahl der Klassen von x. Der aufrufende Prozess
//        hat keinen Zugriff auf eine Ressource von x.
// Liefert die Anzahl der Ressourcen, auf die
// der aufrufende Prozess jetzt zugreifen kann.
// Er war ggf. solange blockiert, bis das möglich war.
  Enter (i uint) uint

// Vor.: i < Anzahl der Klassen von x. Der aufrufende Prozess
//        hat Zugriff auf eine Ressource von x.
// Er hat jetzt nicht mehr den Zugriff.
  Leave (i uint)
}


// Liefert eine neue kritische Ressource mit k Klassen
// und r Ressourcen.
func New (k, r uint) CriticalResource { return new_(k, r) }
```

Die Implementierung ist mittels universeller kritischen Abschnitte ziemlich einfach:

```
package cr
import ("unsafe"; "math"; "nU/cs")

type status struct {
  max []uint // indiziert über die Prozessklassen
  number, class uint
}

func max() uint {
  if unsafe.Sizeof(int(0)) == 32 { return math.MaxUint32 }
  return math.MaxUint64
}

func new_(nc, nr uint) CriticalResource {
  x := new (criticalResource)
  x.nC, x.nR = nc, nr
  x.stat = make ([]status, x.nC)
  for r := uint(0); r < x.nR; r++ {
    x.stat[r].max = make ([]uint, x.nC)
    for c := uint(0); c < x.nC; c++ {
      x.stat[r].max[c] = max()
    }
  }
  c := func (i uint) bool {
        var b bool
        for r := uint(0); r < x.nR; r++ {
          b = b ||
              x.stat[r].number == 0 ||
              x.stat[r].class == i &&
              x.stat[r].number < x.stat[r].max[i]
        }
```

```
          return b
      }
  e := func (i uint) uint {
      for r := uint(0); r < x.nR; r++ {
         if x.stat[r].number == 0 || x.stat[r].class == i {
            x.stat[r].class = i
            x.stat[r].number++
            return r
         }
      }
      panic("")
  }
  l := func (i uint) {
      for r := uint(0); r < x.nR; r++ {
         if x.stat[r].class == i && x.stat[r].number > 0 {
            x.stat[r].number--
         }
      }
  }
  x.CriticalSection = cs.New (x.nC, c, e, l)
  return x
}

func (x *criticalResource) Limit (m [] []uint) {
  for c := uint(0); c < x.nC; c++ {
    for r := uint(0); r < x.nR; r++ {
      x.stat[r].max[c] = m[c][r]
    }
  }
}

func (x *criticalResource) Enter (i uint) uint {
  return x.CriticalSection.Enter (i)
}

func (x *criticalResource) Leave (i uint) {
  x.CriticalSection.Leave (i)
}
```

Auch hier viel Spaß bei dem Versuch, diese Spezifikation *ohne* den Rückgriff auf universelle kritische Abschnitte zu implementieren!

Es ist klar, dass eine Implementierung z. B. des beschränkten Links-Rechts-Problems auch unter Rückgriff auf die universellen kritischen Ressourcen ganz simpel ist:

```
package lr
import "nU/cr"

type criticalResource struct {
  cr.CriticalResource
}
```

```
func newCR (mL, mR uint) LeftRight {
   const nc = 2
   x := &criticalResource { cr.New (nc, 1) }
   m := make([][]uint, nc)
   for i := uint(0); i < nc; i++ { m[i] = make([]uint, 1) }
   m[0][0], m[1][0] = mL, mR
   x.Limit (m)
   return x
}


func (x *criticalResource) LeftIn() { x.Enter (left) }
func (x *criticalResource) LeftOut() { x.Leave (left) }
func (x *criticalResource) RightIn() { x.Enter (right) }
func (x *criticalResource) RightOut() { x.Leave (right) }
```

6.7   Die speisenden Philosophen

Auch deren Problem ist sehr einfach mit universellen kritischen Abschnitten lösbar. Wir erweitern deshalb die Spezifikation aus dem Abschn. 4.14 im Semaphor-Kapitel um den Konstruktor

```
func NewCriticalSection() Philos { return newCS() }
```

Der Kern der Synchronisation steckt z. B. in Tab. 6.4.

Eine Alternative ist mit `var nForks [5]uint` für die Anzahl der Gabeln (initial alle == 2) durch Tab. 6.5 gegeben.

Damit lassen sich die drei zugehörigen Funktionsspektren, deren Namen einem universellen kritischen Abschnitt bei seiner Erzeugung mitgegeben werden, sofort konstruieren, womit die Implementierung der Ein- und Austrittsprotokolle und des Konstruktors trivial wird:

Tab. 6.4 Synchronisation der Philosophen mit Zuständen

Prozessklasse	Eintrittsbedingungen	Eintrittsanweisungen	Austrittsanweisungen
p	stat[left(p)] != dining && stat[right(p)] != dining	stat[p] = dining	stat[p] = satisfied

Tab. 6.5 Synchronisation der Philosophen mit Gabeln

Prozessklasse	Eintrittsbedingungen	Eintrittanweisungen	Austrittsanweisungen
p	nForks[p] == 2	nForks[left(p)]--	nForks[left(p)]++
		nForks[right(p)]--	nForks[right(p)]++

```
package phil
import . "nU/cs"

type criticalSection struct {
  CriticalSection
}

func newCS() LockerN {
  nForks := make([]uint, NPhilos)
  for i := uint(0); i < NPhilos; i++ {
    nForks[i] = 2
  }
  c := func (i uint) bool {
      return nForks[i] == 2
    }
  f := func (i uint) uint {
      nForks[left(i)]--
      nForks[right(i)]--
      return uint(0)
    }
  l := func (i uint) {
      nForks[left(i)]++
      nForks[right(i)]++
    }
  return &criticalSection { New (5, c, f, l) }
}

func (x *criticalSection) Lock (i uint) { x.Enter (i) }
func (x *criticalSection) Unlock (i uint) { x.Leave (i) }
```

Allerdings besteht bei diesen Lösungen auch wieder die prinzipielle Gefahr des Aushungerns.

Die Tabellen zu verfeinern, so dass eine faire Synchronisation dabei herauskommt, ist eine weniger triviale Übungsaufgabe. (Hinweis: Schielen Sie dabei auf Dijkstras Lösung!)

6.8 Das Problem der Zigarettenraucher

Auch deren Problem „schreit" nach einer eleganten Lösung mit universellen kritischen Abschnitten. Hier ist sie:

```
package smok
import "nU/cs"

type criticalSection struct {
  cs.CriticalSection
}
```

```go
func newCS() Smokers {
  var avail [3]bool
  var smoking bool
  x := new(criticalSection)
  c := func (i uint) bool {
        if i < 3 { // Agent
           return ! smoking
        } else if i < 6 { // SmokerIn
           u1, u2 := others (i)
           return avail[u1] && avail[u2]
        }
        return true // SmokerOut
     }
  f := func (i uint) uint {
        u1, u2 := others (i)
        if i < 3 { // Agent
           avail[u1], avail[u2] = true, true
        } else if i < 6 { // SmokerIn
           smoking = true
           avail[u1], avail[u2] = false, false
        }
        return uint(0)
     }
  l := func (i uint) {
        smoking = false
     }
  x.CriticalSection = cs.New (6, c, f, l)
  return x
}

func (x *criticalSection) Agent (u uint) { x.Enter (u) }
func (x *criticalSection) SmokerIn (u uint) { x.Enter (3 + u) }
func (x *criticalSection) SmokerOut() { x.Leave (0) }
```

Fairness

Zusammenfassung

Fairness bedeutet im Prinzip die Garantie, dass von einer *endlichen* Anzahl nebenläufiger Prozesse in einem *unendlichen* Betriebsablauf jeder einzelne *unendlich oft* aktiv ist, wobei die jeweilige Dauer der Aktivitität der Prozesse keinen Einschränkungen unterliegt. Es handelt sich also um ein *Lebendigkeitskriterium*.

7.1   Schwache vs. starke Fairness

Ein typisches Bild ist die Dualbruchentwicklung einer irrationalen Zahl: In einer solchen unendlichen Folge kommen *immer wieder einmal* die Ziffern 0 und 1 vor (denn wäre das nicht der Fall, hätte die Zahl irgendwann die Periode 0 oder 1, wäre also periodisch, d. h. rational), ohne dass die Längen der Folgen jeweils gleicher Ziffern notwendig beschränkt sind.

Mit „φ ist *immer wieder einmal* wahr" ist dabei gemeint, dass es zu jedem Zeitpunkt einen späteren Zeitpunkt gibt, in dem φ wahr ist (selbst wenn das immer wieder einmal *nicht* der Fall ist), insbesondere, dass φ *unendlich oft* erfüllt ist.

Eine selbstverständliche Forderung an jede Prozessverwaltung ist zunächst einmal die folgende Eigenschaft:

Eine Prozessverwaltung heißt

*   *elementar fair*,
    wenn sie jeden bereiten Prozess *irgendwann* zum aktiven macht.

Dieser Begriff reicht aber nicht aus, wenn Prozesse *blockiert* sind, weil sie nicht bereit werden können, wenn die Bedingung dafür, dass sie deblockiert werden können, nicht erfüllt ist.

© Springer Fachmedien Wiesbaden GmbH, ein Teil von Springer Nature 2019
C. Maurer, *Nichtsequentielle und Verteilte Programmierung mit Go*,
https://doi.org/10.1007/978-3-658-26290-7_7

Deshalb unterscheiden wir:
Eine Prozessverwaltung heißt

- *schwach fair*,
  wenn sie elementar fair ist und jeden blockierten Prozess unter der Voraussetzung
  irgendwann aktiviert, dass die Bedingung, die dazu führt, dass er deblockiert wird, *bis
  zu dem Zeitpunkt, in dem er deblockiert ist, nicht mehr falsch wird, wenn sie einmal
  wahr geworden ist*;
- *stark fair*,
  wenn sie elementar fair ist und jeden blockierten Prozess unter der Voraussetzung
  irgendwann aktiviert, dass die Bedingung, die dazu führt, dass er deblockiert wird,
  immer wieder einmal wahr ist.

Unmittelbar klar ist: Starke Fairness impliziert schwache Fairness.

Die Umkehrung gilt jedoch *nicht*, weil sich der Wahrheitswert einer Bedingung in der
Zeit ändern kann, in der ein Prozess darauf wartet, dass er deblockiert wird.

Die Unterschiede werden an folgendem Beispiel deutlich:

```
package main
import ("time"; "math/rand")

const pause = 1e9
var (
  ahead = true
  halt = false
  done = make (chan bool)
)

func verify() {
  for ahead {
    time.Sleep (time.Duration(rand.Int63n (pause)))
    halt = true
  }
}

func falsify() {
  for ahead {
    halt = false
  }
  done <- true
}

func stop() {
  for ! halt {
    time.Sleep (pause)
  }
  ahead = false
}
```

```
func main() {
  go verify()
  go falsify()
  go stop()
  <-done
}
```

Eine schwach faire Prozessverwaltung kann nicht garantieren, dass die Schleifenaustrittsbedingung halt im Prozess stop irgendwann unmittelbar nach *dem* Zeitpunkt geprüft
wird, in dem die Anweisung halt = true ausgeführt worden ist und bevor halt vom
Prozess falsify schon wieder auf false gesetzt ist. Folglich ist es unmöglich, definitiv
zuzusichern, ob – geschweige denn, wann – das Programm terminiert; das ist nur bei
starker Fairness möglich.

Versuche zeigen, dass es in der Tat eine ganze Weile dauern kann, bis das Programm
terminiert; mit dem Einbau von Anweisungen zur Ausgabe und Erhöhung von Zählern in
den Prozessen und Variationen der Länge der Pausen lässt sich das gut verfolgen.

In der Regel sind Prozessverwaltungen schwach fair.

Es klingt zwar sinnvoll, an eine Prozessverwaltung die Forderung nach starker Fairness
zu stellen; das jedoch in *allgemeiner Form* und auf *effiziente Weise* zu implementieren, ist
praktisch kaum möglich.

Praktikabler ist es, bei der konkreten Implementierung einer Klasse von await-
Anweisungen die Algorithmen so zu konstruieren, dass sie starke Fairness garantieren.
Das ist z. B. bei Semaphoren der Fall, wenn ihre Warteschlangen nach FIFO implementiert
sind, wie wir es beschrieben haben.

Zur Frage nach der Fairness des Go-Schedulers sei auf den Beitrag von Ian Lance
Taylor im weltweiten Netz unter

> https://groups.google.com/forum/#!forum/golang-nuts

vom 16.06.16 verwiesen (im Suchfeld „go-schedular fairness" eingeben).

Verklemmungen

8

Zusammenfassung

Prozesse, die im Betriebsablauf definitiv blockiert sind, ohne dass planmäßige Maßnahmen zur Synchronisation mit anderen Prozessen dafür ursächlich sind, heißen verklemmt. Mit „definitiv" ist dabei gemeint, dass kein weiterer Ablauf der (den beteiligten Prozessen zugrundeliegenden) Algorithmen möglich ist, bei dem die verklemmten Prozesse deblockiert werden können. Als Verklemmung wird ein Zustand bezeichnet, in dem Prozesse verklemmt sind.

In diesem Kapitel werden solche Zustände charakterisiert und an einfachen Beispielen illustriert. Es werden Maßnahmen zu ihrem Ausschluss und zu ihrer Erkennung und Auflösung erörtert; zu ihrer Vermeidung wird der Bankiers-Algorithmus von Dijkstra vorgestellt. Abschließend werden Verklemmungswahrscheinlichkeiten berechnet und alle Gegenmaßnahmen bewertet.

8.1   Charakterisierung

Unter dem Begriff *Betriebsmittel* seien im Folgenden jegliche von irgendwelchen Prozessen benötigten Ressourcen wie z. B. gemeinsame Variable, Bedingungen, Arbeitsspeicher, Dateien, periphere Speicher, Ein- und Ausgabegeräte usw. zusammengefasst. Mit diesem Begriff lassen sich Verklemmungen grob *dadurch* kennzeichnen, dass Prozesse Betriebsmittel anfordern, die von anderen Prozessen gehalten werden, und deshalb blockiert sind, wobei diese Blockierungen wechselseitig erfolgen.

Dabei sollen *determinierte* Verklemmungen, d. h. solche, die bei jedem *anderen* Ablauf bei gleichen Eingabewerten *auch* auftreten, als schlichte Programmierfehler außer Betracht bleiben.

© Springer Fachmedien Wiesbaden GmbH, ein Teil von Springer Nature 2019   187
C. Maurer, *Nichtsequentielle und Verteilte Programmierung mit Go*,
https://doi.org/10.1007/978-3-658-26290-7_8

Eine genaue Charakterisierung von Verklemmungen in Form der folgenden notwendigen und hinreichenden Bedingungen wurde von Coffman, Elphick und Shoshan in [1] gegeben:

1. Es sind mindestens zwei Prozesse beteiligt, die die angeforderten Betriebsmittel grundsätzlich nur unter *gegenseitigem Ausschluss* benutzen (*„mutual exclusion"*).
2. Angeforderte Betriebsmittel werden *auch in Teilen* zugewiesen und Prozesse *behalten* die bereits erworbenen Betriebsmittel, während sie weitere anfordern (*„hold and wait"*).
3. Betriebsmittel werden nur von den Prozessen selber *nach ihrer Nutzung* aufgegeben; sie können ihnen *nicht entzogen* werden (*„no preemption"*).
4. Die Betriebsmittel anforderungen und -zuteilungen zwischen den beteiligten Prozessen bilden einen *Zyklus* (*„circular wait"*).
   (Details dazu folgen in Abschn. 8.2.2).

Dabei spielt es keine Rolle, ob es nur einen oder mehrere Betriebsmitteltypen gibt und ob ggf. jeweils nur ein oder mehrere Exemplare dieses Typs zur Verfügung stehen.

Es ist klar, dass Verklemmungen Fehlersituationen darstellen, die die Funktionalität eines Systems ernsthaft beeinträchtigen können. Daher ist es notwendig, geeignete Maßnahmen zu ihrer Verhinderung zu untersuchen.

8.1.1   Einfache Beispiele

Als erstes intuitives Beispiel diene das Bild einer Straßenkreuzung mit der einfachen Vorfahrtregelung „rechts vor links", bei der an jeder Einmündung ein Fahrzeug wartet, das geradeaus weiterfahren will (s. Abb. 8.1).

Jeder wartet darauf, dass das Fahrzeug rechts von ihm weiterfährt und dadurch das von ihm gehaltene „Betriebsmittel", den unmittelbar vor ihm liegenden Quadranten des Fahrdamms auf der Kreuzung, freigibt.

Abb. 8.1 Kreuzung mit vier Quadranten

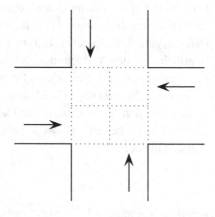

Unter den rigiden Bedingungen, dass

- aus Sorge vor einer Kollision keiner einfach auf die Kreuzung fährt,
- jeder auf seinem Vorfahrtsrecht besteht, während er das des Fahrzeugs rechts von ihm respektiert,
- die Vorfahrt nicht auf eine übergreifende Weise geregelt wird (durch Verkehrspolizei oder eine Absprache zwischen den Fahrern) und
- keiner seine Absicht aufgibt, die Kreuzung überqueren zu wollen,

kommt definitiv *keiner* weiter, d. h., die Fahrzeuge sind verklemmt.

Das Prinzip dieses Phänomens ist aus den fehlerhaften Versuchen am Anfang von Abschn. 3.4 über Schlossalgorithmen auf Hochsprachenebene zum Schutz eines kritischen Abschnitts bekannt:

Es handelt sich bei ihm um das denkbar einfachste Beispiel einer Verklemmung: das zweier Prozesse, denen je ein exklusiv nutzbares Betriebsmittel zugeteilt ist und die darüber hinaus das vom jeweils anderen Prozess gehaltene Betriebsmittel anfordern.

Wenn die Nutzung der Betriebsmittel durch binäre Semaphore A und B gesichert ist, lässt es sich paradigmatisch durch den in Tab. 8.1 dargestellten Ablauf fassen, in dem sie von zwei Prozessen in umgekehrter Reihenfolge angefordert werden.

Ein Standardbeispiel für diese Situation ist die Folgende:

Studentin 1 hat den zweiten Band B eines Lehrbuchs ausgeliehen und Student 2 den ersten Band A, von der die Universitätsbibliothek nur je ein Exemplar hat. Beide benötigen auch den jeweils anderen Band und bestellen ihn vor.

Beide warten auf Godot (der nach Beckett bekanntlich nie kam), es sei denn, dass

- die Bibliothek wenigstens ein weiteres Exemplar anschafft,
- sie oder er das ausgeliehene Buch zurückgibt oder
- die Bibliothek einen Band wegen Vorbestellung und überschrittener Leihfrist zurückfordert.

Dieses Beispiel ist in dem Sinne prototypisch, als sie sich leicht auf mehrere Prozesse und andere Betriebsmittel übertragen lassen.

Tab. 8.1 Verklemmung zwischen zwei Prozessen

Prozess	Aufruf	A	B	Bemerkungen
		true	true	
1	A.P()	false		
2	B.P()		false	
1	B.P()			1 ist blockiert
2	A.P()			2 ist auch blockiert

8.2   Gegenmaßnahmen

Um dem Auftreten von Verklemmungen zu begegnen, gibt es im Prinzip die folgenden Möglichkeiten:

- sie von vornherein *auszuschließen* („*prevention*"),
- sie nach ihrer Entstehung zu *erkennen*, um sie dann *aufzulösen* („*detection*", „*recovery*"), oder
- ihre Entstehung durch eine vorausschauende Analyse der Betriebsmittelanforderungen zu *vermeiden* („*avoidance*"), indem Zustände, die zu Verklemmungen führen könnten, überhaupt nicht zugelassen werden.

8.2.1   Ausschluss

Entsprechend der Charakterisierung von Verklemmungen ist ihr Auftreten ausgeschlossen, wenn bei jeder Betriebsmittelanforderung durch mehrere Prozesse wenigstens *eine* der folgenden Bedingungen erfüllt ist:

(a) Es wird *nicht* grundsätzlich verlangt, die angeforderten Betriebsmittel lediglich unter gegenseitigem Ausschluss zu benutzen.

(b) Prozesse geben ihre *Gesamtanforderungen* an Betriebsmitteln zu Beginn – vor ihrer eigentlichen Arbeit – bekannt („*preclaiming*") und werden ggf. solange blockiert, bis sichergestellt ist, dass ihre Anforderungen *gänzlich* erfüllt werden können, *oder* Prozesse, denen gewisse Betriebsmittel zugeteilt sind, weitere Anforderungen aber nicht erfüllt werden können, sind im Prinzip bereit, bereits erworbene Betriebsmittel wieder aufzugeben, um sie zu gegebener Zeit – zusammen mit den zusätzlichen Anforderungen – von neuem anzufordern.

(c) Betriebsmittel können Prozessen *entzogen* werden.

(d) Die Betriebsmittelanforderungen und -zuteilungen zwischen den Prozessen sind zu jeder Zeit *linear geordnet* (damit sind Zyklen unmöglich, denn aus $x_1 \leq x_2 \leq \cdots \leq x_n \leq x_1$ folgt in einer geordneten Menge $x_1 = x_2 = \cdots = x_n$).

Am Beispiel der vier Fahrzeuge an der gleichberechtigten Straßenkreuzung bedeutet das, dass sich die Verklemmung durch eins der folgenden Ereignisse ausschließen lässt:

- der Kreuzungsbereich ist genügend groß, um allen Fahrzeugen die kollisionsfreie Vorbeifahrt aneinander zu ermöglichen,
- ein Verkehrspolizist winkt die Fahrzeuge einzeln durch oder einer der Fahrer verzichtet auf sein Vorfahrtsrecht und lässt seinen linken Nachbarn vorfahren,
- ein Verkehrspolizist hält einzelne Fahrzeuge zurück

- oder einer der Fahrer verzweifelt an der Sturheit der anderen und kehrt um, sodass die anderen Fahrer klare Vorfahrtsregeln haben.

Die erste Bedingung ist aus naheliegenden Gründen indiskutabel; daher müssen Strategien zum Ausschluss von Verklemmungen darauf beruhen, in jedem Fall eine der anderen Bedingungen zu erfüllen.

Wenn jeder dieser Punkte für sich nur teilweise erfüllbar ist, können natürlich auch geeignete Mischformen in Betracht gezogen werden.

8.2.2 Erkennung und Auflösung

Um vorhandene Verklemmungen auflösen zu können, müssen die in Punkt 4. ihrer Charakterisierung Abschn. 8.1 genannten zyklusförmigen Betriebsmittelanforderungen und -zuteilungen erst einmal als solche erkannt werden.

Zur Präzisierung dieses Begriffs betrachten wir den *Betriebsmittelgraphen*, einen gerichteten Graphen, der wie folgt definiert ist:

Seine Ecken sind Betriebsmittel und Prozesse – Kanten gibt es nur zwischen Betriebsmitteln und Prozessen. Zeigt die Richtung einer Kante von einem Betriebsmittel zu einem Prozess, bedeutet das, dass das Betriebsmittel dem Prozess zugeteilt ist, und umgekehrt, dass der Prozess das Betriebsmittel anfordert (aber noch nicht hält).

Man kann auch den Teilgraphen nur aus Betriebsmitteln als Ecken betrachten; eine Kante von der Ecke A zur Ecke B wird durch einen Prozess dargestellt, der B anfordert, während ihm A zugeteilt ist.

Eine Alternative ist der *Wartegraph*: Seine Ecken sind Prozesse, seine gerichteten Kanten die Wartebeziehungen zwischen ihnen.

Das einfachste Verklemmungsbeispiel für zwei Prozesse P und Q hat den Graphen aus Abb. 8.2 als Betriebsmittel- und den aus Abb. 8.3 als Wartegraph.

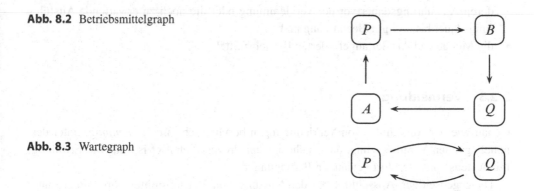

Abb. 8.2 Betriebsmittelgraph

Abb. 8.3 Wartegraph

Allen Modellen ist gemeinsam, dass die Bedingung 4. genau dann gilt, wenn einer der Graphen *Zyklen* enthält, was mit *Tiefensuche* in (mit der Anzahl der Ecken) linearer Zeit entschieden werden kann.

Als Repräsentation von Betriebsmittelgraphen bietet es sich an, für jedes Betriebsmittel, das einem Prozess zugeteilt ist, eine Liste von Prozessen mit ihm als Kopf und den Prozessen, die es anfordern, als Rest zu führen; dazu die Liste aller Prozesse mit Verweisen auf die von ihnen angeforderten Betriebsmitteln. Daraus ist der Wartegraph sehr leicht zu ermitteln.

Hat eine Untersuchung der Graphen einen Zyklus gefunden, können

- die an der Verklemmung beteiligten Prozesse terminiert werden, wodurch ihre Betriebsmittel wieder zur Verfügung stehen,
- oder die ihnen zugeteilten Betriebsmittel wieder entzogen werden, bis die Verklemmung aufgelöst ist.

Eine wichtige Frage ist die nach der Häufigkeit der Durchführung dieser Analysen. Dazu sind – neben Abschätzungen der Wahrscheinlichkeit für das Auftreten von Verklemmungen – auch Heuristiken im konkreten Betrieb notwendig, um abwägen zu können, ob die Inkaufnahme gelegentlicher Verklemmungen möglicherweise eine geringere Belastung des Betriebsablaufs zur Folge hat als seine schleichende Verzögerung durch laufende Überwachung.

Der erste Fall schließt die Gefahr weiterer Verklemmungen nach dem erneuten Starten der Prozesse nicht grundsätzlich aus.

Für die Auswahl der Prozesse, die terminiert oder denen Betriebsmittel entzogen werden, gibt es keine allgemeingültigen Regeln, weil dabei nur der Kontext der Anwendung eine Rolle spielen kann, z. B.

- die Prioritäten der beteiligten Prozesse unter Berücksichtigung von etwaigen zeitlichen Anforderungen an sie,
- deren Ausführungsdauer vor der Verklemmung oder die noch zu erwartende Ausführungsdauer bis zu ihrer Beendigung und
- die Menge und Art der angeforderten Betriebsmittel.

8.2.3 Vermeidung

Genau wie der Ausschluss von Verklemmungen beruht auch ihre *Vermeidung* (unter der naheliegenden Voraussetzung, dass nicht nur *ein* Prozess beteiligt ist) auf der Erfüllung mindestens *einer* der dort genannten Bedingungen.

Da gegenseitiger Ausschluss bei der Nutzung von Betriebsmitteln im Vordergrund unserer Überlegungen steht, ist eine Vermeidung von Verklemmungen durch (a) indiskutabel. Sie durch (c) *vermeiden* zu wollen, ist insofern widersinnig, als das im Grunde darauf hinausläuft, Prozessen bereits zugeteilte Betriebsmittel erst *nach* dem Auftreten von Verklemmungen zu entziehen bzw. deren Aufgabe zu erzwingen.

Folglich können Verklemmungen nur vermieden werden, wenn für die Erfüllung der Bedingungen (b) oder (d) gesorgt wird. Ein Ansatz zur Lösung besteht in der Idee, vorauszusehen, ob sich der anfordernde Prozess bei einer Zuteilung der Betriebsmittel mit anderen Prozessen verklemmen könnte, um ihm in diesem Fall die Betriebsmittel nicht zuzuteilen, sondern ihn zu blockieren.

Es reicht aber nicht aus, einem Prozess, der Betriebsmittel anfordert, nur *dann* die Zuteilung zu verweigern, wenn dies *unmittelbar* zu einer Verklemmung führen würde, sondern es muss darüber hinaus ausgeschlossen werden, dass die Vergabe der Betriebsmittel auch nicht *später* zu einer Situation führt, in der eine Verklemmung nicht mehr zu vermeiden ist.

Ein solches Verfahren wurde von Dijkstra in seiner im vorigen Kapitel zitierten Arbeit [2] als Lösung des *Problems der tödlichen Umarmung ("deadly embrace")* vorgestellt.

Wir halten uns im Folgenden an sein Beispiel.

8.2.4 Der Bankiers-Algorithmus

Eine Bank verfüge über Kapital, in dessen Rahmen sie Kredite an Kunden vergibt. Kreditverträge mit neuen Kunden werden nur dann abgeschlossen, wenn sie vor Aufnahme eines Kredits ihren maximalen Kreditwunsch bekanntgeben, der das Kapital der Bank natürlich nicht überschreiten darf. Sie können dann jederzeit Teilkredite bis zu der vereinbarten Höhe anfordern, die ihnen irgendwann gewährt werden. Sie zahlen alle ihre Kredite nach endlicher Zeit, spätestens nach der Gewährung ihres maximalen Kreditwunschs zurück.

Vor jeder Gewährung eines Teilkredits muss die Bank sicherstellen, dass *zu jeder Zeit danach* ihr Kassenbestand (ihr Kapital abzüglich der Summe aller vergebenen Teilkredite) ausreichen wird, um mindestens *einem* Kunden einen Kredit in der mit ihm vereinbarten Maximalhöhe zu geben; denn nur *so* ist sie laufend in der Lage, weitere Kunden zu befriedigen.

Eine Situation, in der das nicht mehr möglich ist, ist verklemmungsgefährdet: Wenn kein Kunde seinen Teilkredit zurückzahlt, sondern alle auf der Zuteilung ihres maximalen Kreditwunsches insistieren, warten alle umsonst, weil die Bank dann aus eigenen Stücken dazu nicht mehr in der Lage ist.

Zustände, die *nicht* zu derartigen Verklemmungen führen können, bezeichnen wir als *sicher*. Mit anderen Worten: Ein Zustand ist sicher, wenn kein Kunde mehr Anforderungen hat oder wenn einem Kunden seine Anforderung erfüllt werden kann und der Folgezustand nach Rückzahlung seines Kredites und Beendigung seines Vertrages ebenfalls sicher ist.

Betrachten wir dazu das folgende Beispiel:

Die Bank verfüge über ein Kapital von 10 Einheiten; sie habe drei Kunden mit maximalen Kreditwünschen von 8, 3 bzw. 9 Einheiten, die Teilkredite von 4, 2 bzw. 2 Einheiten haben wollen.

Der entsprechende Zustand, dargestellt in Tab. 8.2, ist *sicher*:

Dem Kunden 1 kann sein höchstmöglicher Kredit gewährt werden, und wenn er ihn danach zurückzahlt, ergibt sich der Zustand in Tab. 8.3, in dem der restliche Kreditwunsch des Kunden 0 erfüllt werden kann.

Wenn auch *der* seinen Kredit zurückzahlt, haben wir die Situation in Tab. 8.4, die unmittelbar als sicher zu erkennen ist, weil jetzt Kunde 2 als letzter befriedigt werden kann.

Durch eine Erhöhung des Kredits von Kunde 2 auf 3 Einheiten ergäbe sich aus der ersten Situation dagegen der Zustand in Tab. 8.5.

Dieser Zustand ist nicht mehr sicher: Dem Kunden 1 kann zwar noch sein maximaler Kredit eingeräumt werden, aber nach dessen Rückzahlung ergibt sich eine Situation wie in Tab. 8.6, bei der der Kassenbestand für alle Maximalkredite zu klein ist.

Die Definition des Problems liefert direkt den passenden Algorithmus.

Tab. 8.2 Sicherer Zustand

	Kunde 0	Kunde 1	Kunde 2	Bank
maximale Kreditwünsche	8	3	9	
Teilkredite/Kassenbestand	4	2	2	2
restliche Kreditwünsche	4	1	7	

Tab. 8.3 Restlicher Kreditwunsch von 0 erfüllbar

	Kunde 0	Kunde 1	Kunde 2	Bank
maximale Kreditwünsche	8	0	9	
Teilkredite/Kassenbestand	4	0	2	4
restliche Kreditwünsche	4	0	7	

Tab. 8.4 Kunde 2 kann befriedigt werden

	Kunde 0	Kunde 1	Kunde 2	Bank
maximale Kreditwünsche	0	0	9	
Teilkredite/Kassenbestand	0	0	2	8
restliche Kreditwünsche	0	0	7	

Tab. 8.5 Unsicherer Zustand

	Kunde 0	Kunde 1	Kunde 2	Bank
maximale Kreditwünsche	8	3	9	
Teilkredite/Kassenbestand	4	2	3	1
restliche Kreditwünsche	4	1	6	

Tab. 8.6 Kassenbestand zu klein

	Kunde 0	Kunde 1	Kunde 2	Bank
maximale Kreditwünsche	8	0	9	
Teilkredite/Kassenbestand	4	0	3	3
restliche Kreditwünsche	4	0	6	

Als globale Daten werden dazu für jeden Kunden sein maximaler Kreditwunsch `need` und sein Teilkredit `loan` gehalten, außerdem der jeweilige Kassenbestand `cash` der Bank als Differenz ihres Kapitals und der Summe aller vergebenen Teilkredite:

```
const (
  capital = ...
  K = ... // Anzahl der Kunden
)
var (
  need, loan, n [K]uint
  cash uint
)
```

Die Invarianten sind dabei

$$0 <= loan[i] <= need[i] <= capital$$

und

$$loan[0] + ... + loan[K-1] + cash = capital$$

Zur Vermeidung von Verklemmungen untersucht die Bank vor der Vergabe oder Erhöhung eines Teilkredits, ob der daraus resultierende Folgezustand *sicher* ist. Dem dient die folgende rekursive Funktion, die allerdings nicht auf dem Feld `need` arbeitet, weil sie dessen Werte zurücksetzt, sondern auf einer Kopie n davon (als effiziente Alternative zur Übergabe von `need` als Parameter bei jedem rekursiven Aufruf):

```
func safe (amount uint) bool {
  var s uint
  for i := 0; i < K; i++ {
    s += n[i]
  }
  if s == 0 {
    return true // alle Kunden bedient
  }
  for i := 0; i < K; i++ {
    if n[i] > 0 && n[i] - loan[i] <= amount {
      n[i] = 0
      return safe (amount + loan[i])
    }
  }
  return false
}
```

Aus der konzeptionellen Endrekursivität von `safe` ergibt sich leicht die iterative Originalversion dieser Funktion von Dijkstra (für Leser dieser Arbeit: mit `doubtful[i] = M[i] > 0`).

Die Komplexität von `safe` ist offensichtlich im günstigsten Fall linear, im schlechtesten quadratisch in der Anzahl der Kunden.

Bei jeder Anforderung eines (Teil-)Kredits entscheidet der Bankier über seine Gewährung nach dem Wert der Funktion

```
func possible (k /* Kundennummer */, claim uint) bool
  for i := 0; i < K; i++ { // Kopie für "safe"
    n[i] = need[i]
  }
  loan[k] += claim // Simulation ...
  e := false
  if loan[k] <= need[k] {
    e = safe (cash - claim)
  }
  loan[k] -= claim // ... zurück zum alten Wert
  return e
}
```

die durch Simulation der Vergabe ermittelt, ob sich danach wieder eine sichere Situation ergibt.

Als Übungsaufgabe sei angeregt, den Algorithmus auf Einheiten unterschiedlicher Art zu verallgemeinern.

8.3   Verklemmungswahrscheinlichkeit

Die Annahme, dass Verklemmungen recht selten auftreten, wird zwar durch praktische Erfahrungen gestützt, kann aber nur durch quantitative Aussagen bestätigt werden.

Zur groben Abschätzung der Verklemmungsgefahr stellen wir das mathematische Modell aus [3] vor:

Ein System mit $n + 1$ Prozessen und b nur exklusiv nutzbaren Betriebsmitteln, wobei jeder Prozess immer wieder k Betriebsmittel in einzelnen Schritten anfordert und sie anschließend zurückgibt, also im Mittel über etwa $\frac{k}{2}$ Betriebsmittel verfügt.

Die Wahrscheinlichkeit dafür, dass ein Prozess über ein bestimmtes Betriebsmittel verfügt, beträgt daher $\frac{k}{2b}$; die Wahrscheinlichkeit dafür, dass ein Prozess blockiert wird, weil er *ein bestimmtes* Betriebsmittel im Besitz eines der anderen n Prozesse anfordert, ist somit

$$p_1 = \frac{nk}{2b} \tag{8.1}$$

die Wahrscheinlichkeit, dass alle seine k Anforderungen erfüllt werden,

$$(1 - p_1)^k = \sum_{i=0}^{k} \binom{k}{i} (-1)^i p_1{}^i$$

$$= 1 - k p_1 + \binom{k}{2} p_1^2 - \binom{k}{3} p_1^3 + - \dots . \tag{8.2}$$

Wir setzen voraus, dass die Anzahl der verfügbaren Betriebsmittel sehr groß im Vergleich zur Gesamtzahl ihrer Anforderungen ist, was $b \gg nk$, in Verbindung mit (8.1)

$$p_1 = \frac{nk}{2b} \ll 1 \tag{8.3}$$

zur Folge hat. Deswegen können die Terme höherer Ordnung in (8.2) vernachlässigt werden und es gilt

$$(1 - p_1)^k \approx 1 - kp_1.$$

Daher wird ein Prozess bei der Anforderung eines Betriebsmittels im Besitz eines anderen Prozesses mit der *Wartewahrscheinlichkeit*

$$p_W = 1 - (1 - p_1)^k \approx kp_1 = \frac{nk^2}{2b} \tag{8.4}$$

blockiert. Weil die Wahrscheinlichkeit, dass der andere Prozess ein Betriebsmittel anfordert, über das gerade der erste verfügt, $\frac{1}{n}$ davon beträgt, ergibt sich als Näherungswert für die Wahrscheinlichkeit einer Verklemmung eines bestimmten Prozesses mit einem anderen

$$p_W \cdot \frac{p_W}{n} = \frac{1}{n} \left(\frac{nk^2}{2b} \right)^2 = \frac{nk^4}{4b^2}$$

und als Wahrscheinlichkeit für eine *Verklemmung zweier Prozesse*, die wechselseitig auf ein vom anderen belegtes Betriebsmittel warten,

$$p_V - (n + 1)p_W \frac{p_W}{n} - \frac{(n + 1)nk^4}{4b^2} \approx p_W^2 - \frac{n^2k^4}{4b^2}, \tag{8.5}$$

weil es insgesamt $n + 1$ Prozesse gibt.

Die Wahrscheinlichkeit für Verklemmungszyklen der Länge l ist proportional zur l-ten Potenz von p_V; wenn die Wahrscheinlichkeit p_W für das Blockieren von Prozessen $\ll 1$ ist, fällt die Wahrscheinlichkeit für Verklemmungen mit längeren Zyklen den Zweierzyklen gegenüber deutlich ab.

Obwohl dieses Modell aufgrund seiner Einfachheit reale Vorgänge quantitativ nur unzureichend erfasst, lässt es unter der Bedingung (8.3) zwei Folgerungen zu:

Die Verklemmungswahrscheinlichkeit steigt nach (8.5) proportional zur vierten Potenz der Anzahl k der angeforderten Betriebsmittel; und bei einer Verkleinerung von k nimmt sie folglich entsprechend deutlich ab.

Die Verklemmungswahrscheinlichkeit p_V beträgt etwa das Quadrat der Wartewahrscheinlichkeit p_W.

Damit ist die eingangs geäußerte Annahme präzisiert:

▶   Wenn *Warten selten* vorkommt (was eine wichtige Forderung an ein brauchba-
    res System ist), kommen *Verklemmungen sehr selten* vor.

8.4   Wertung der Gegenmaßnahmen

Welcher der vorgestellten Maßnahmen gegen Verklemmungen der Vorzug zu geben ist,
ist nicht allgemein entscheidbar. Alle Verfahren bergen Vorzüge wie Nachteile, zwischen
denen in jedem Einzelfall – mit dem Blick auf die jeweilige Applikation – sorgfältig
abgewogen werden muss.

Die verschiedenen Varianten des *Ausschlusses* von Verklemmungen nach einem der
dort genannten Punkte (b) oder (d) bringen eine Reihe von Nachteilen mit sich.

Eine Bekanntgabe von Gesamtanforderungen ist im Allgemeinen schwer; sie ist
eventuell sogar unmöglich, wenn die Anforderungen nicht vorhersehbar sind, weil sie sich
erst im Laufe der Interaktion mit Benutzern herausstellen.

Ein Prozess muss bei der Einschätzung seines Anspruchsumfangs zwangsläufig un-
günstige Annahmen machen, wenn er für jeden Fall ausreichend vorsorgen will. Sollte
sich im Laufe seiner Ausführung herausstellen, dass seine tatsächlichen Anforderungen
geringer sind als anfangs reklamiert (was der Regelfall sein dürfte), werden vorhandene
Betriebsmittel nicht genutzt.

Das widerspricht aber eklatant einem Grundgedanken der Nichtsequentialität.

Eine bedarfsgerechte *dynamische* Anforderung von Betriebsmitteln ist dagegen mit
dem Grundsatz des Ausschlusses von Verklemmungen nicht vereinbar.

Prozesse abzubrechen, die auf Anforderungen warten müssen, setzt voraus, dass
geeignete Rückfallpunkte gefunden werden, an denen ihr Zustand archiviert werden kann,
um dort nach ihrer Restauration wieder aufsetzen zu können. Das ist kompliziert, weil es
hochgradig vom speziellen Anwendungsfall abhängt – mithin durch *allgemeine* Verfahren
gar nicht erreichbar.

Außerdem dürfte es auch im speziellen Fall kaum möglich sein, auch nur ansatzweise
die Fairness eines solchen Verfahrens zu gewährleisten: Prozesse können beim Anmelden
ihrer Anforderungen ständig von anderen verdrängt werden.

Auch der Punkt (d) ist nicht ohne Weiteres erfüllbar:

Es ist unrealistisch zu erwarten, dass sich auf Betriebsmitteln stets eine sachgerechte
Ordnung finden lässt. Daher kann es passieren, dass Prozesse anderen Prozessen Betriebsmittel in erheblichem Umfang entziehen, ohne sie zu benötigen, weil sie sie nur
deswegen anfordern, um dadurch an – im Sinne der Ordnung – „größere" Betriebsmittel
heranzukommen.

Das läuft wie bei (b) auf eine widersinnige Verschwendung von Ressourcen hinaus.

Auch die *Erkennung* von Verklemmungen ist nicht unproblematisch:

Den Betriebsmittelgraphen nach jeder Anforderung anzupassen, den zugehörigen Wartegraphen zu ermitteln und ihn auf Zyklen zu durchsuchen, kann den Systemdurchsatz trotz linearer Komplexität deutlich ausbremsen. Eher vertretbar ist es, diese Untersuchungen in gewissen zeitlichen Abständen periodisch durchzuführen.

Da es bei größeren Systemen indiskutabel ist, für die Dauer dieser Analysen alle Anforderungen zu verweigern, müssen sie nebenläufig durchgeführt werden. Dabei drohen aber *Phantom-Verklemmungen*: Beispielsweise kann festgestellt worden sein, dass P auf Q wartet, und einen Augenblick später, nachdem Q die angeforderten Betriebsmittel zurückgegeben hat, dass Q direkt oder indirekt auf P wartet, was die fälschliche Meldung einer Verklemmung auslöst.

In verteilten Systemen setzt die Erkennung von Verklemmungen durch Graphalgorithmen voraus, dass die Graphen-Repräsentationen in den verschiedenen Systemen allen Beteiligten bekannt sind.

Aus diesen Gründen wird häufig eine andere, äußerst restriktive Maßnahme zur Erkennung von Verklemmungen eingesetzt: *Zeitablauf* („*timeout*"). Dieses Verfahren beruht darauf, dass jeder Prozess bei einer Betriebsmittelanforderung einen gewissen Zeitvorschuss erhält, nach dessen Ablauf er von der Prozessverwaltung abgebrochen wird.

Diese harte Maßnahme ist allerdings mitunter völlig unvermeidlich: z. B. wenn eine Eingabe erwartet wird und das Eingabegerät defekt, eine Leitung unterbrochen oder der Benutzer eingeschlafen ist.

Offenbar ist sie nur bedingt zum Erkennen von Verklemmungen tauglich, wenn jede Wartezeit über den gewährten Vorschuss hinaus als Verklemmung interpretiert wird. Ein vernünftiger Kompromiss besteht deshalb darin, den Zeitablauf abzuwarten und dann ggf. den Wartegraphen auf Zyklen zu durchsuchen.

Bei der *Auflösung* von Verklemmungen stellt sich grundsätzlich die Frage, *welcher* der beteiligten Prozesse abgebrochen werden soll, um den Programmablauf möglichst wenig zu stören. Die Entscheidung kann im Regelfall wohl nur im Blick auf den Kontext des Einzelfalls getroffen werden; eine allgemeine Strategie ist kaum vorstellbar.

Auch die *Vermeidung* von Verklemmungen durch Anwendung des Bankiers-Algorithmus stößt sehr schnell an Grenzen:

Wenn der Bedarf der benötigten Betriebsmittel am Anfang nicht leidlich genau abschätzbar ist, ist seine Anwendung wenig sinnvoll; und wenn bei jeder Betriebsmittelanforderung alle maximalen Folgevarianten erneut berechnet werden, leidet die Systemleistung massiv unter seiner (in der Regel) quadratischen Komplexität.

Die Überlegungen des vorigen Abschnitts legitimieren eine weit verbreitete Praxis bei großen Systemen:

Bei einer geringen Wartewahrscheinlichkeit ist es unter Umständen effizienter, Verklemmungen in Kauf zu nehmen, um sie ggf. aufzulösen, als sie von vornherein auszuschließen, sofort nach dem Auftreten zu erkennen oder vorausschauend zu vermeiden.

Ein banaler Grund ist außerdem, dass die Nachteile aller Verfahren zu ihrem Ausschluss, ihrer Erkennung und ihrer Vermeidung auf der Hand liegen, ihre Auflösung dagegen meist erheblich einfacher ist als die Programmierung der komplizierten Algorithmen, die sämtliche genannten Aspekte berücksichtigen.

Literatur

1. Coffman, E.G., Elphick, M.J., Shoshan, A.: System deadlocks. ACM Comput. Surv. **3**, 67–78. https://doi.org/10.1145/356586.356588 (1971). Zugegriffen am 06.04.2019
2. Dijkstra, E.W.: Cooperating sequential processes. Technical Report EWD-123, Technological University Eindhoven. https://www.cs.utexas.edu/users/EWD/ewd01xx/EWD123.PDF (1965). Zugegriffen am 06.04.2019
3. Gray, J., Reuter, A.: Transaction Processing, Concepts and Techniques. Morgan Kaufmann, San Francisco (1992)

Monitore

9

Zusammenfassung

Alle bisher gezeigten Beispiele verdeutlichen einige Nachteile der Implementierung von Schlössern, die auch bei der Verwendung von Semaphoren nicht ausgeräumt werden können. Die geeignete Antwort auf dieses Problem ist Hoare zu verdanken, der das Paket-ähnliche Konzept der Monitore eingeführt hat.

In diesem Kapitel werden Hoares Idee vorgestellt, die notwendigen Begriffe präzisiert, Bedingungsvariable als Sprachmittel zur Synchronisation eingeführt und es wird gezeigt, wie sie zur Synchronisation diverser klassischer Probleme wie z. B. des beschränkten Puffers und des Leser-Schreiber-Problems angewendet werden. Den Konkurrenzproblemen aus unterschiedlichen Ansätzen zur Realisierung von Monitoren ist die eingehende Erörterung der Signal-Semantiken gewidmet. Es folgen das Rundrufkonzept und etliche Monitor-Lösungen: zur Barrierensynchronisation, zum schlafenden Barbier, zum Wecker von Hoare und zur Priorisierung kürzester Anforderungen. Den Abschluss bildet eine kurze Darstellung der Problematik der Schachtelung von Monitoraufrufen.

9.1 Charakterisierung von Monitoren

Die im Abschn. 4.1 genannten Nachteile (3), (4) und (5) zeigen sehr eindringlich, dass die Synchronisation kooperierender und konkurrierender Prozesse mittels Schlössern oder Semaphoren noch nicht der Weisheit letzter Schluss sind.

Es ist klar, dass diese Konstruktionen recht fehleranfällig sind:

Vergessene P-Operationen ermöglichen z. B. den Zugriff auf gemeinsame Daten ohne gegenseitigen Ausschluss vergessene V-Operationen haben Verklemmungen zur Folge.

© Springer Fachmedien Wiesbaden GmbH, ein Teil von Springer Nature 2019
C. Maurer, *Nichtsequentielle und Verteilte Programmierung mit Go*,
https://doi.org/10.1007/978-3-658-26290-7_9

Beide Fehlertypen sind völlig inakzeptabel, weil sie die Verfälschung oder Zerstörung von Daten oder den Stillstand des ganzen Systems zur Folge haben können.

Nun liefern Semaphore aber durchaus sehr effiziente Maßnahmen zur Synchronisation, indem sie erlauben, dass Prozesse *solange* auf sie blockiert werden, bis bestimmte Bedingungen eingetreten sind, die die Voraussetzung für ihre weitere Ausführung sind. Folglich kann es bei der Suche nach einem sprachlichen Konstrukt zu der Beseitigung ihrer Defizite nur darum gehen, von den konkreten Semaphoroperationen zu abstrahieren, ohne deren grundlegende Mechanismen aufzugeben.

Die folgenden Forderungen sollen also keineswegs ein grundsätzlich leistungsfähigeres Verfahren einführen, sondern lediglich eine höhere Sprachebene postulieren:

* Die Synchronisationsaspekte der Algorithmen werden in einer geeigneten lokalen Konstruktion zusammenfasst;
* eben dort werden die gemeinsamen Daten und die Zugriffe auf sie gekapselt;
* Zugriffe erfolgen nur über eine definierte Schnittstelle, jedoch nicht notwendig mit einer textuellen Trennung zwischen Spezifikation und Implementierung;
* die Protokolle für den gegenseitigen Ausschluss der Zugriffsoperationen werden vom *Übersetzer* erstellt und bei ihrem Aufruf ohne Zutun des Klienten ausgeführt;
* die Konstruktion stellt eine möglichst allgemeine Methode zur Bedingungssynchronisation zur Verfügung.

9.1.1   Hoares Ansatz

Derartige Überlegungen lassen das Hoaresche Konzept der Monitore aus [3] schon fast natürlich erscheinen, das durch folgende Eigenschaften gekennzeichnet ist:

* Es handelt sich um ein *Sprach-*, und nicht um ein Betriebssystem-Konstrukt.
* Ein Monitor ist *kein Prozess*, sondern ein passives Konstrukt, das auch keine Prozesse enthalten darf;
* er verwaltet *eigene Daten*, die von außen nicht sichtbar sind, d. h., er exportiert insbesondere keine Variablen,
* kann aber, falls erforderlich, Konstanten exportieren;
* er ist kein abstrakter Datentyp, d. h., er exportiert keine Typen, sondern stellt nur ein *abstraktes Datenobjekt* dar, das die Zugriffsfunktionen auf die Daten (die Monitorfunktionen) exportiert, die nebenläufig von Prozessen aufgerufen werden können,
* erlaubt zu einem Zeitpunkt aber immer nur die Ausführung *einer* Monitorfunktion und stellt dadurch den *gegenseitigen Ausschluss* der Prozesse sicher, die seine Funktionen nutzen,
* *blockiert* folglich andere Prozesse, die *ihrerseits* eine Monitorfunktion aufrufen, solange, bis die erste Funktion beendet ist, und

- deblockiert die *auf ihn blockierten* (d. h. auf den *„Eintritt in den Monitor wartenden"*) Prozesse nach dem Warteschlangen-Prinzip: als nächster gelangt jeweils *derjenige* Prozess zur Ausführung, der am längsten wartet;
- er ermöglicht es, dass seine Daten in einer – nicht exportierten – Anweisungsfolge initialisiert werden, bevor Monitorfunktionen aufgerufen werden;
- er stellt für die Implementierung der Monitorfunktionen einen effizienten Mechanismus zum Blockieren und Deblockieren von Prozessen auf Bedingungen zur Verfügung, die außen aber nur implizit, d. h. durch die Benutzung der Funktionen, verfügbar sind,
- wobei er den Zugriff auf sich *freigibt*, d. h., einem anderen Prozess die Aus- oder Weiterführung seiner Funktion erlaubt, wenn ein Prozess bei der Ausführung einer Monitorfunktion auf eine bestimmte Bedingung blockiert worden ist,
- er hat dabei eine klar definierte Semantik zur Unterscheidung der Prozesse, die auf ihn blockiert sind, solange sie auf die Ausführung einer Monitorfunktion warten müssen, von denen, die von ihm während der Ausführung einer Monitorfunktion auf eine Bedingung blockiert sind.

Das Prinzip des gegenseitigen Ausschlusses in einem Monitor lässt sich so realisieren, dass für jeden Prozess, der eine Monitorfunktion aufruft, geprüft wird, ob der Monitor *frei* ist, d. h., ob nicht gerade ein anderer Prozess eine Monitorfunktion ausführt; falls das nicht der Fall ist, wird der aufrufende Prozess blockiert.

Deshalb findet sich hinter den Kulissen eines jeden Monitors eine Warteschlange, in die alle Prozesse eingefügt werden, die in diesem Sinne auf ihn warten müssen, die sogenannte *Monitorwarteschlange*.

Wenn ein Prozess *den Monitor verlassen* hat, d. h., wenn seine Monitorfunktion bis zum Ende durchgeführt ist, wird, sofern diese Warteschlange nicht leer ist, der erste Prozess aus ihr deblockiert, so dass *der* jetzt – wiederum in exklusivem Besitz des Monitors – seine Funktion ausführen kann.

Die Grundidee dieser Konstruktion von Hoare ähnelt stark der Implementierung von Semaphoren; im Abschn. 9.10 wird gezeigt, dass Monitorfunktionen in der Tat durch Semaphore nachgespielt werden können.

Das Hoaresche Monitorkonzept in seiner reinen Form ist jedoch nur in wenigen Programmiersprachen umgesetzt; z. B. in Modula-2, Pascal-FC und SR.

In C, Java und Go werden seine wesentlichen Grundkonstrukte von Bibliotheken geliefert; auf Details dazu gehen wir im übernächsten Abschnitt ein.

9.1.2 Virtuelle Monitore in Go

Zur einfachen Darstellung des Konzepts und einiger Anwendungen auf klassische Synchronisationsprobleme halten wir uns allerdings – unter enger Anlehnung an die sprachlichen Konventionen von Go – vorerst rigide an das Hoaresche Konstrukt.

Dazu liegt folgende Vereinbarung auf der Hand:

Wir verstehen unter *Monitoren* eine besondere Form von *Paketen*, d.h., wir verwenden einerseits das Schlüsselwort `monitor` syntaktisch wie semantisch ähnlich wie `package`:

- Dem Schlüsselwort hat ein Bezeichner zu folgen.
- Ein Monitor exportiert genau *die* Konstanten und Funktionen, deren Name mit einem Großbuchstaben beginnt.
- Innerhalb eines Monitors lassen sich interne Daten durch Aufrufe von `init()` initialisieren.

Andererseits kommen einige gravierende Unterschiede zu Paketen als Forderungen an den Übersetzer und das Laufzeitsystem dazu:

- Bei der Übersetzung wird Code erzeugt, der sicherstellt, dass alle von einem Monitor exportierten Funktionen grundsätzlich unter gegenseitigem Ausschluss ausgeführt werden.
- Folgendes führt zu einem Fehler bei der Übersetzung:
  - der Export von Variablen oder Typen aus einem Monitor und
  - die Erzeugung von Prozessen oder der Start eines Programms innerhalb eines Monitors durch den Aufruf von `go` oder `main`. (Ein indirekter Aufruf von `go` in einer importierten Funktion muss natürlich zu einem Laufzeitfehler führen.)

Mit dieser „virtuellen" Konstruktion (man sollte sie den Go-Entwicklern auf's Auge drücken. . .) sind die ersten neun Postulate der Charakterisierung von Monitoren erfüllt.

Wir greifen nun als erstes Beispiel unser einführendes Problem auf und zeigen, wie einfach seine Lösung mit Hilfe eines Monitors ist:

```
monitor counter

var c uint

func Inc (n uint) { c += n }

func Value() uint { return c }
```

Bei diesem Beispiel ist es nicht nötig, Prozesse zu blockieren, weil das Inkrementieren des Zählers nicht an Bedingungen geknüpft ist.

9.2   Bedingungsvariable

Eine einfache Verallgemeinerung dieses Problems stellt ein Konto dar, über das mehrere Prozesse nebenläufig verfügen dürfen, solange es ein beliebiges Soll aufweisen darf. Ohne Einräumung eines Kredits kommt man dagegen nicht ohne Bedingung aus: Es darf nur soviel abgehoben werden wie als Guthaben vorhanden ist. Im anderen Fall muss der abhebende Prozess – ggf. wiederholt – blockiert werden, bis eine Einzahlung erfolgt ist, um ihn, falls das Guthaben danach ausreicht, abheben zu lassen.

Damit kommen wir zur Realisierung der drei letzten Postulate der Charakterisierung von Monitoren.

Semaphore bieten eine eingeschränkte Bedingungssynchronisation, bei der die Bedingungen *implizit* durch boolesche Ausdrücke des Typs $n \geq k$ für natürliche Zahlen n und k gegeben sind. In Monitoren wird der Wert boolescher Ausdrücke *explizit* zur Entscheidung eingesetzt, ob Prozesse weiterarbeiten dürfen oder blockiert werden müssen.

Um mehrere Bedingungen erfassen zu können, postulieren wir für die Implementierung der Funktionen *innerhalb des Monitors* einen abstrakten Datentyp Condition, der es gemäß der folgenden Spezifikation erlaubt, Prozesse – je nach Wert der mit ihnen assoziierten booleschen Ausdrücke – zu blockieren bzw. zu deblockieren:

```
package cond

type Condition interface {

// Der aufrufende Prozess ist (unbedingt) auf x blockiert,
// der Monitor ist freigegeben.
  Wait()

// Der erste der auf x blockierten Prozesse ist deblockiert,
// falls es einen solchen gibt (wann er in Konkurrenz zu
// anderen Prozessen im Monitor weiterarbeiten kann,
// hängt von der implementierten Signal-Semantik ab);
// andernfalls ist nichts passiert.
  Signal()

// Vor.: Die Funktion ist innerhalb der Implementierung
//       einer Monitorfunktion aufgerufen,
//       von x aufgerufen (s. Bem.).
// Liefert genau dann true, wenn (mindestens) ein Prozess
// auf x blockiert ist.
  Awaited() bool
// Bem.: Der Wert kann sich sofort nach dem Aufruf geändert
//       haben; er ist folglich nur verwertbar,
//       wenn die Unteilbarkeit des Aufrufs von
//       späteren Bearbeitungen sichergestellt ist.
//       Das ist der Fall bei Einhaltung der Voraussetzung.
}

// Liefert eine neue Bedingung.
func New() Condition { return new_() }
```

Bedingungsvariable (d. h. Variable des Typs Condition) können nur innerhalb von Monitoren erklärt werden, sind ausschließlich als Objekte benutzbar, die diese Methoden zur Verfügung stellen, und haben keinerlei Zustand, der auf andere Weise verändert werden kann.

Die Bedingungen, die das Weiterarbeiten eines Prozesses erlauben, werden als boolesche Ausdrücke nur unter Benutzung von Variablen formuliert, die im Monitor global deklariert sind. Von außen dürfen diese Variablen nicht sichtbar sein, weil die Bedingungen sonst unter Umgehung der Monitorfunktionen verändert werden könnten, was die Monitorinvarianten verletzen würde und wobei nicht einmal der gegenseitige Ausschluss der Veränderungen garantiert wäre.

Zu jeder Bedingung gehört eine eigene Bedingungsvariable mit den typischen Codefragmenten

```
if ! ... /* Bedingung */ {
  c.Wait()
}
```

bzw.

```
... // Erfüllen der Bedingung
c.Signal()
```

Hinter der Kulisse einer Bedingungsvariablen hat man sich folglich eine (anfangs leere) Warteschlange *derjenigen* Prozesse vorzustellen, die blockiert werden müssen, solange die zugehörige Bedingung nicht erfüllt ist, die *Bedingungswarteschlange*.

Klar ist, dass ein Prozess, der auf eine Bedingungsvariable blockiert wird, zur Vermeidung von Verklemmungen den exklusiven Besitz des Monitors aufgeben muss. Dagegen ist die Antwort auf die Frage, wann er seine unterbrochenene Arbeit im Monitor fortsetzen kann, keineswegs eindeutig.

Hoare hatte gefordert, dass er unmittelbar nach einer Signal-Operation eines anderen Prozesses wieder in den Monitor eintritt, ohne von einem dritten Prozess unterbrochen werden zu können.

Es stehen aber auch andere Möglichkeiten zur Debatte:

Andrews favorisiert z. B. in [1], dass zuerst der Prozess, der die Signal-Operation ausgeführt hat, seine Arbeit im Monitor beendet und der deblockierte Prozess wiederum in die Monitorwarteschlange eingereiht wird.

Die Verschiedenartigkeit dieser Ansätze, die natürlich auch unter Gesichtspunkten der Fairness unterschiedlich bewertet werden können, ist eine Konsequenz der Garantie des gegenseitigen Ausschlusses aller Monitorfunktionen untereinander:

Ein deblockierter Prozess steht in Konkurrenz um den Monitor mit *denjenigen* Prozessen, die auf den Eintritt in den Monitor warten; außerdem mit dem deblockierenden Prozess, falls das Deblockieren durch Signal nicht eine *letzte Anweisung* in dessen Monitorfunktion war. Aus diesem Grund besteht die Gefahr, dass andere Prozesse die Bedingung wieder verändern, *nachdem* sie zum Deblockieren eines Prozesses geführt hat, *bevor* der deblockierte Prozess seine unterbrochene Monitorfunktion fortführen kann.

Daher muss entweder der deblockierende Prozess die Kontrolle über den Monitor direkt an den deblockierten übergeben und unmittelbar danach selber blockiert werden oder der deblockierte Prozess muss die entsprechende Bedingung bei jedem Wiedereintritt erneut prüfen, um die Monitorinvariante sicherzustellen, was dadurch erreicht wird, dass die Fallunterscheidung

```
if ! ... {
  B.Wait()
}
```

jeweils durch eine Schleife

```
for ! ... {
  B.Wait()
}
```

ersetzt wird.

Bevor wir die unterschiedlichen *Signal-Semantiken* definieren und deren Konsequenzen in einem eigenen Abschnitt genauer untersuchen, werden wir Anwendungen vorstellen, bei denen die deblockierenden Signal-Operationen nur als letzte Anweisungen in Monitorfunktionen vorkommen, womit wir dem Dilemma aus dem Wege gehen, weil sich das oben geschilderte Problem mangels Konkurrenz nicht stellt.

Ansonsten betrachten wir den Hoareschen Ansatz als vereinbart, der auch von Burns/Davies in Pascal-FC umgesetzt wurde:

▶ Alle in einem Monitor durch Signal deblockierten Prozesse haben Vorrang vor allen anderen, die den Monitor betreten wollen.

Unter Verwendung einer Bedingungsvariablen ist ein Monitor für das oben angeführte Konto-Beispiel ansatzweise leicht implementierbar:

```
monitor account
import . "condition"

var (
  balance uint
  cond Condition
)

func Deposit (a uint) uint {
  balance += a
  cond.Signal()
  return a
}

func Draw (a uint) uint {
  for balance < a {
    cond.Wait()
  }
  balance -= a
  cond.Signal()
  return a
}

func init() { cond = New() }
```

Da einem einzahlenden Prozess nicht bekannt ist, ob sein Betrag ausreicht, um einen auf cond blockierten abhebenden Prozess seine Funktion durchführen zu lassen, muss ein abhebender Prozess seine Bedingung bei jeder Wiederaufnahme erneut überprüfen, auch wenn die zugrunde liegende Signal-Semantik das nicht unbedingt erfordert.

Ferner muss, falls mehrere Prozesse beim Abheben blockiert wurden, nicht nur *einem* von ihnen bei einer Einzahlung die Möglichkeit zur Prüfung gegeben werden, ob er seine Abhebung jetzt durchführen kann, sondern *allen* blockierten Prozessen.

Das kann durch den Aufruf von signal auch nach dem Abheben erreicht werden; eine Alternative dazu ist der *Rundruf*, den wir in einem späteren Abschnitt vorstellen werden.

Eine Modifikation der Bezeichner dieses Beispiels

$$Deposit \rightsquigarrow V$$

$$Draw \rightsquigarrow P$$

zeigt, dass es sich dabei um eine (wenn auch ineffiziente) Implementierung eines *additiven* Semaphors, ohne die Parameter bei Deposit und Draw (mit b == 1 in den Funktionsrümpfen) um die eines *allgemeinen* Semaphors handelt!

Damit ist ansatzweise klar, dass die sprachliche Ausdrucksfähigkeit des Monitorkonzeptes dem von Semaphoren mindestens ebenbürtig ist. Wir werden im Abschn. 9.10 über die Äquivalenz von Semaphor- und Monitorkonzept präzisieren und darüberhinaus zeigen, dass beide Synchronisationsmittel gleichwertig sind.

Trotz dieser *grundsätzlichen* Äquivalenz der Konzepte gibt es bei der Verwendung ihrer Funktionen zur Synchronisation *im Einzelnen* durchaus *deutliche Unterschiede*, auf die hier noch einmal zusammenfassend hingewiesen werden soll:

- Eine Variable vom Typ Semaphor kann an *beliebigen* Stellen eines nichtsequentiellen Programms deklariert werden; die Funktionen P und V als Methoden einer solchen Variablen können *überall* in ihrem Gültigkeitsbereich aufgerufen werden.
- Ob ein Aufruf von s.P() den aufrufenden Prozess auf das Semaphor s blockiert oder nicht, hängt vom Wert des Semaphors s ab, und
- ein Aufruf von s.V() hat in *jedem Fall* einen Effekt – ebenfalls in Abhängigkeit vom Wert von s.

Dagegen gilt:

- Eine Variable vom Typ Condition kann nur *innerhalb eines Monitors* deklariert werden; die Funktionen Wait, Signal und Awaited als Methoden einer solchen Variablen können nur *in diesem Monitor* aufgerufen werden.
- Ein Aufruf von c.Wait() blockiert den aufrufenden Prozess *unbedingt* – d. h. ohne jede weitere Prüfung irgendeiner Voraussetzung – auf die Bedingungsvariable c und
- ein Aufruf von c.Signal() ist *effektfrei*, wenn kein Prozess auf c blockiert ist.

9.3 Monitore in C, Java und Go

Im Folgenden wird kurz erklärt, inwieweit und in welcher Form das Monitor-Konzept in diesen drei Sprachen unterstützt wird. Dabei zeigt sich, dass im Grunde *keine* dieser drei Sprachen die Hoareschen Ideen vollständig umsetzt. Diese Feststellung gibt Anlass zu der Entwicklung einer weiteren universellen Synchronisationsklasse im nächsten Kapitel.

9.3.1 Monitore in C

Da es in C das Monitorkonstrukt im engeren Sinn nicht gibt, muss der gegenseitige Ausschluss der Monitorfunktionen mit einer Variablen mutex vom Typ pthread_mutex_t sichergestellt werden.

Die pthread-Bibliothek liefert zur Bedingungssynchronisation den Typ

$$pthread\_cond\_t$$

für Bedingungsvariable, u. a. mit der Routine pthread_cond_init zur Initialisierung dieser Variablen. Hier die Spezifikation aus der *manpage*:

NAME
    pthread_cond_init – initialize condition variables
SYNOPSIS
    #include <pthread.h>
    int pthread cond init(pthread cond_t *restrict cond,
        const pthread_condattr_t *restrict attr);
DESCRIPTION
    The pthread_cond_init() function shall initialize the condition variable referenced
    by cond with attributes referenced by attr. If attr is NULL, the default condition
    variable attributes shall be used; the effect is the same as passing the address of a
    default condition variable attributes object. Upon successful initialization, the state of the
    condition variable shall become initialized.
    ...
    Attempting to initialize an already initialized condition variable results in undefined
    behaviour.
RETURN VALUE
    If successful, the pthread_cond_init() function shall return zero; ...

sowie den Funktionen

$$pthread\_cond\_wait \text{ und } pthread\_cond\_signal$$

zum Blockieren bzw. Deblockieren:

NAME
pthread_cond_wait – wait on a condition
SYNOPSIS
#include <pthread.h>
int pthread_cond_wait(pthread_cond_t *restrict cond,
      pthread_cond_wait(pthread_mutex_t *restrict mutex);
DESCRIPTION
The pthread_cond_wait() functions shall block on a condition variable. It shall be called with mutex locked by the calling thread.
This function atomically releases mutex and causes the calling thread to block on the condition variable cond.
Upon successful return, the mutex shall have been locked and shall be owned by the calling thread.
When using condition variables there is always a Boolean predicate involving shared variables associated with each condition wait that is true if the thread should proceed. Since the return from pthread_cond_wait() does not imply anything about the value of this predicate, the predicate should be re-evaluated upon such return.
RETURN VALUE
Upon successful completion, a value of zero shall be returned; ...

NAME
pthread_cond_signal – signal a condition
SYNOPSIS
#include <pthread.h>
pthread_cond_signal(pthread_cond_t *cond);
DESCRIPTION
This function shall unblock threads blocked on a condition variable.
The pthread_cond_signal() function shall unblock at least one of the threads that are blocked on the specified condition variable cond (if any threads are blocked on cond). If more than one thread is blocked on a condition variable, the scheduling policy shall determine the order in which threads are unblocked. When each thread unblocked as a result of a pthread_cond_signal() returns from its call to pthread_cond_wait() or pthread_cond_timedwait(), the thread shall own the mutex with which it called pthread_cond_wait() or pthread_cond_timedwait(). The thread(s) that are unblocked shall contend for the mutex according to the scheduling policy (if applicable), and as if each had called pthread_mutex_lock().
The pthread_cond_signal() function shall have no effect if there are no threads currently blocked on cond.
RETURN VALUE
If successful, the pthread_cond_signal() function shall return zero; ...

Dem Aufruf dieser Funktionen muss folglich mutex als Parameter mitgegeben werden, damit dabei die Freigabe bzw. der Erwerb des durch mutex gesicherten Ausschlusses möglich ist.

Damit kann ein „Monitor" für unser Konto-Beispiel implementiert werden; als Schnittstelle dient zweckmäßigerweise eine header-Datei account.h:

```
void deposit(unsigned int b);
void draw(unsigned int b);
unsigned int Balance();
```

Die Implementierung lautet dann

```
#include <pthread.h>
#include "account.h"

unsigned int balance = 0;
pthread_mutex_t mutex = PTHREAD_MUTEX_INITIALIZER;
pthread_cond_t cond = PTHREAD_COND_INITIALIZER;

void deposit(unsigned int b) {
  pthread_mutex_lock(&mutex);
  balance += b;
  pthread_cond_signal(&cond);
  pthread_mutex_unlock(&mutex);
}

void draw(unsigned int b) {
  pthread_mutex_lock(&mutex);
  while (balance < b) {
    pthread_cond_wait(&cond, &mutex);
  }
  balance -= b;
  pthread_cond_signal(&cond);
  pthread_mutex_unlock(&mutex);
}
```

9.3.2 Monitore in Java

Von Java wird das Monitorkonzept insoweit unterstützt, als der Modifikator synchro-nized Methoden unter gegenseitigem Ausschluss ausführen lässt.

Außerdem stellt die Klasse java.lang.Object die Methoden wait() und notify() zur Verfügung, die als Operationen zum Blockieren und Deblockieren auf eine für jedes synchronisierte Objekt *implizit* vorhandene – wenn auch syntaktisch unsichtbare – „Bedingungsvariable" aufgefasst werden können. Hier ein Auszug aus dieser Klasse:

```
package java.lang;
public class Object {
  /**
   * Wakes up a single thread that is waiting on this object's
   * monitor. If any threads are waiting on this object, one
   * of them is chosen to be awakened. The choice is arbitrary
```

```
 * and occurs at the discretion of the implementation.
 * A thread waits on an object's monitor by calling one of
 * the wait methods.
 * The awakened thread will not be able to proceed until
 * the current thread relinquishes the lock on this object.
 * The awakened thread will compete in the usual manner
 * with any other threads that might be actively competing
 * to synchronize on this object.
 */
public final native void notify();
/**
 * Causes the current thread to wait until another thread
 * invokes the notify() method or the notifyAll() method
 * for this object.  ... should always be used in a loop:
 *    synchronized (obj) {
 *       while (<condition does not hold>)
 *          obj.wait();
 *       ... // Perform action appropriate to condition
 *    }
 */
public final void wait() throws InterruptedException {
  wait(0);
}
}
```

Damit sieht die Implementierung des Konto-Beispiels wie folgt aus:

```
public class Account
{
  private int balance;
  public Account() { balance = 0; }

  public synchronized void deposit(int b) {
    balance += b;
    notify();
  }

  public synchronized void draw(int b) {
    while (balance < b) {
      try { wait(); } catch (InterruptedException e) {}
    }
    balance -= b;
    notify();
  }
}
```

Im Paket `java.util.concurrent.locks` findet sich seit 1.5 das Interface `Condition.java` das nun auch *explizit* Bedingungsvariable liefert (die ausführlichen Kommentare zur Spezifikation sind hier nicht wiedergegeben):

```
package java.util.concurrent.locks;
import java.util.concurrent.*;
import java.util.Date;

public interface Condition {
  /**
   * Causes the current thread to wait until it is signalled
   * or interrupted.
   * The lock associated with this Condition is atomically
   * released and the current thread becomes disabled for
   * thread scheduling purposes and lies dormant until ...
   * - Some other thread invokes the signal method for this
   *   Condition and the current thread happens to be chosen
   *   as the thread to be awakened; or
   * - Some other thread invokes the signalAll method for this
   *   Condition;
   * - ...
   * In all cases, before this method can return the current
   * thread must re-acquire the lock associated with this
   * condition. When the thread returns it is guaranteed
   * to hold this lock.
   */
  void await() throws InterruptedException;
  /**
   * Wakes up one waiting thread.
   * If any threads are waiting on this condition then one
   * is selected for waking up. That thread must then
   * re-acquire the lock before returning from await.
   */
  void signal();
}
```

Damit sind nun auch feiner granulierte Monitore konstruierbar – im Prinzip genauso wie in C oder Go.

9.3.3 Monitore in Go am Beispiel Konto

Für Go liefert das Paket `sync` – in vollständiger Analogie zur `pthread`-Bibliothek – einen Typ `Cond` für Bedingungsvariable mit den Funktionen `Wait` und `Signal` (s. `cond.go` im Paket `sync`), hier im Ausschnitt wiedergegeben:

```
package sync

import "runtime"
// Cond implements a condition variable, a rendezvous point
// for goroutines waiting for or announcing the occurrence
// of an event. Each Cond has an associated Locker L (...),
```

```
// which must be held when changing the condition and
// when calling the Wait method.

type Cond struct {
  L Locker // held while observing or changing the condition
  m Mutex  // held to avoid internal races
  ...

// NewCond returns a new Cond with Locker l.
func NewCond(l Locker) *Cond { ...

// Wait atomically unlocks c.L and suspends execution
// of the calling goroutine. After later resuming execution,
// Wait locks c.L before returning.
func (c *Cond) Wait() { ...

// Signal wakes one goroutine waiting on c, if there is any.
func (c *Cond) Signal() { ...
```

Damit lassen sich in Go Monitore ganz ähnlich wie in C implementieren.

Wir zeigen das am Konto-Beispiel: Mit der Spezifikation

```
package macc

type MAccount interface {

// Der Kontostand ist um a erhöht. Liefert den eingezahlten Betrag.
  Deposit (a uint) uint

// Der Kontostand ist um a erniedrigt.
// Der aufrufende Prozess war ggf. solange blockiert,
// bis das möglich war.
// Liefert den abgehobenen Betrag.
  Draw (a uint) uint
}

func New() MAccount { return new_() }
```

lautet die Implementierung

```
package macc
import . "sync"

type maccount struct {
  uint "balance"
  Mutex
  *Cond
}

func new_() MAccount {
  x := new(maccount)
```

```
  x.Cond = NewCond(&x.Mutex)
  return x
}

func (x *maccount) Deposit (a uint) uint {
  x.Mutex.Lock()
  defer x.Mutex.Unlock()
  x.uint += a
  x.Cond.Signal()
  return a
}

func (x *maccount) Draw (a uint) uint {
  x.Mutex.Lock()
  defer x.Mutex.Unlock()
  for x.uint < a {
    x.Cond.Wait()
  }
  x.uint -= a
  x.Cond.Signal()
  return a
}
```

Allen vorgestellten Lösungen mangelt aus den genannten Gründen an der Eleganz des Hoareschen Ansatzes – keine der drei Sprachen verfügt wirklich über ein sauberes Monitorkonzept.

Aber das lässt sich – wie schon angedeutet – auf einer höheren Abstraktionsebene „reparieren". Wir werden im Kap. 10 über universelle Monitore – in Analogie zu unseren universellen kritischen Abschnitten – ein entsprechende Synchronisationsklasse vorstellen.

9.4   Der beschränkte Puffer

Als erstes unserer mittlerweile wohlbekannten Standard-Beispiele zeigen wir ein Beispiel eines Monitors mit mehr als einer Bedingungsvariablen. Wir geben hier nicht eine konzeptionelle Implementierung eines beschränkten Puffers nach unserem Postulat für ein monitor-Konstrukt an, sondern die Implementierung in Go als Paket:

```
package mbuf
import (. "sync"; . "nU/buf")

type mbuffer struct {
  buf.Buffer
  notFull, notEmpty *Cond
  Mutex
}
```

```
func newC (n uint) MBuffer {
  x := new(condition)
  x.Buffer = buf.New(n)
  x.notFull, x.notEmpty = NewCond (&x.Mutex), NewCond (&x.Mutex)
  return x
}

func (x *condition) Ins (b byte) {
  x.Mutex.Lock()
  defer x.Mutex.Unlock()
  for x.Buffer.Full() {
    x.notFull.Wait()
  }
  x.Buffer.Ins (b)
  x.notEmpty.Signal()
}

func (x *condition) Get() byte {
  x.Mutex.Lock()
  defer x.Mutex.Unlock()
  for x.Buffer.Num() == 0 {
    x.notEmpty.Wait()
  }
  x.notFull.Signal()
  return x.Buffer.Get()
}
```

Zur Verwendung dieser Implementierung muss natürlich die Spezifikation von `Buffer` aus dem Abschn. 4.4 um die Zeile

```
func NewCondition (n uint) Buffer { return newC(n) }
```

erweitert werden.

Wegen des erzwungenen gegenseitigen Ausschlusses der Monitorfunktionen vermöge des Schlosses `Mutex` ist es in diesem Fall belanglos, ob nur einer oder mehrere Produzenten und Konsumenten zugreifen.

9.5   Das Leser-Schreiber-Problem

Eine Anwendung, die sich zur Analyse der Konkurrenz-Problematik beim Deblockieren von Prozessen innerhalb eines Monitors gut eignet, ist das Leser-Schreiber-Problem. Wie bei der Lösung mit Semaphoren werden wir nicht die Daten, auf denen Leser und Schreiber arbeiten, in einem Monitor isolieren, sondern die Ein- und Austrittsprotokolle.

Die Monitorinvariante

$$(n_R = 0) \wedge (n_W = 1) \vee (n_W = 0)$$

gleicht der Semaphorinvariante des Problems: Sie muss bei der Initialisierung des Monitors hergestellt und von jeder Monitorfunktion bewahrt werden.

Mit jeder der beiden Eintrittsbedingungen ($n_W = 0$ für die Leser und ($n_R = 0$) $\wedge$ ($n_W = 0$) für die Schreiber) wird eine Bedingungsvariable assoziiert: okR für die Leser und okW für die Schreiber. Damit sind die Eintrittsprotokolle sehr leicht zu implementieren.

Bei den Austrittsprotokollen ist es etwas schwieriger:

Wenn ein letzter Leser oder ein Schreiber fertig ist, sind die Eintrittsbedingungen für *beide* Prozessklassen erfüllt, also eigentlich ein Signal auf beide Bedingungsvariable fällig.

Wenn deshalb die nahe liegende Lösung gewählt wird, nacheinander Signal-Operationen auf beide Bedingungsvariable aufzurufen, stellt sich sofort das Problem der Abhängigkeit der Implementierung von der zugrunde liegenden Signal-Semantik.

Dem kann man aber ganz einfach aus dem Weg gehen, indem vermöge Awaited entschieden wird, ob Leser oder Schreiber deblockiert werden sollen.

Damit lässt sich die äußerst elegante Monitorlösung von Hoare aus [3]

```
monitor rw

var (
  nR, nW uint
  okR, okW Condition
)

func ReaderIn() {
  if nW > 0 {
    okR.Wait()
  }
  nR++
  okR.Signal()
}

func ReaderOut() {
  nR--
  if nR == 0 {
    okW.Signal()
  }
}

func WriterIn() {
  if nR > 0 || nW > 0 {
    okW.Wait()
  }
  nW = 1
}
```

```
func WriterOut() {
  nW = 0
  if okR.Awaited() {
    okR.Signal()
  } else {
    okW.Signal()
  }
}
```

angeben, die den ersichtlichen Vorteil hat, dass die Fragen von Leser- oder Schreiber-Vorrang mit geringen Variationen zu erledigen sind:

Beispielsweise lässt sich sofort erreichen, dass ein erster Leser nicht nur blockiert wird, wenn ein Schreiber aktiv ist, sondern auch, wie bei Hoare, wenn sich Schreiber um den kritischen Abschnitt bewerben:

```
func ReaderIn() {
  if nW > 0 || okW.Awaited() {
    okR.Wait()
  }
  nR++
  okR.Signal()
}
```

Ein Vorteil dieser Lösung ist ihre Unabhängigkeit von der Signal-Semantik, da in den Monitorfunktionen nach dem Aufruf von `Signal` keine weiteren Anweisungen mehr ausgeführt werden.

Die Übersetzung dieser „virtuellen" Lösung auf der Basis unserer postulierten `monitor`-Erweiterung von Go in ein syntaktisch einwandfreies Go-Programm ist leider nicht möglich, weil der Typ `Cond` im Paket `sync` keine Methode mit der Semantik von `Awaited` enthält. Wir werden diese Nuss im nächsten Kapitel knacken.

9.6   Signal-Semantiken

Wir lösen jetzt unsere Zusage ein, die *Signal-Semantiken*, d. h. die Verfahren zur Auflösung der Konkurrenzen bei den signalisierenden, also deblockierenden Funktionen, zu klassifizieren.

9.6.1   Signalisieren und fortfahren

Bei dieser Semantik – kurz als SC-Semantik („*Signal and Continue*") bezeichnet – führt der aufrufende Prozess seine Funktion im Monitor bis zum Ende weiter, mindestens aber soweit, bis er selber auf eine Bedingungsvariable blockiert wird; der deblockierte Prozess wird an die Monitorwarteschlange angehängt.

Aus diesem Grund kann der deblockierte Prozess von anderen Prozessen überholt werden, die den Monitor erst nach ihm betreten haben.

9.6.1.1 Signalisieren und beenden

Wie der Name andeutet, beendet der aufrufende Prozess bei dieser Semantik mit dem Kurznamen SX („*Signal and eXit*") sofort seine Monitorfunktion; der deblockierte Prozess erhält unmittelbar die Kontrolle über den Monitor und führt seine unterbrochene Funktion fort.

Der Effekt hat zur Folge, dass `Signal` eine letzte Anweisung der aufrufenden Funktion ist; weitere Anweisungen sind Kunstfehler, weil sie nicht erreichbar sind.

9.6.2 Signalisieren und warten

Die SW-Semantik („*Signal and Wait*") ist gewissermaßen konträr zur SC-Semantik: Wenn es keinen blockierten Prozess gibt, ist der Aufruf wirkungslos und der aufrufende Prozess fährt ohne Unterbrechung fort. Andernfalls übergibt der aufrufende Prozess dem deblockierten Prozess unmittelbar die Kontrolle über den Monitor; er selbst wird blockiert und an die Monitorwarteschlange angehängt.

Auch dieses Verfahren ist nicht fair, denn es lässt zu, dass der signalisierende Prozess von anderen Prozessen überholt wird, die ihre Monitorfunktionen später als er aufgerufen haben.

9.6.3 Signalisieren und vorrangig warten

Genau diese Unfairness der SW-Semantik wird durch die Semantik mit der Kurzbezeichnung SU („*Signal and Urgent wait*") vermieden: Im Prinzip wird zwar wie bei SW verfahren, dabei jedoch das Überholphänomen durch die Einführung einer weiteren Warteschlange, der *Dringlichkeitswarteschlange* („*urgent queue*") unterbunden, in der die Prozesse aufgehoben werden, die eine `Signal`-Operation aufgerufen haben, bis sie deblockiert sind.

Nach dem Austritt eines Prozesses aus dem Monitor wird den Prozessen aus der Dringlichkeitswarteschlange *Vorrang vor den auf Eintritt in den Monitor wartenden* Prozessen (also denjenigen in der Monitorwarteschlange) eingeräumt.

9.6.4 Präemptive vs. nicht präemptive Semantik

Die SX-, SW- und SU-Semantik werden unter dem Begriff der *präemptiven* („*preemptive*") Semantik zusammengefasst.

SX-Semantik lässt sich durch eine rigide Programmier-Disziplin erreichen, indem in einer Monitorfunktion nach einem `Signal`-Aufruf keine weiteren Anweisungen mehr zugelassen werden, was allerdings die Freiheit bei der Formulierung von Algorithmen über Gebühr einschränkt.

Aber selbst bei derartig restriktiver Programmierung ist eine sorgfältige Unterscheidung zwischen präemptiver und nicht präemptiver Semantik notwendig:

Grundsätzlich muss bei der SC-Semantik ein deblockierter Prozess die Bedingung, auf die er blockiert worden war, jeweils erneut prüfen, da sie durch andere Prozesse inzwischen verändert worden sein kann. Dazu ist die Wait-Operation mit einer Schleife zu umgeben, weil die Fallunterscheidung nur ausreicht, wenn gesichert ist, dass ein auf eine Bedingungsvariable blockierter Prozess seine unterbrochene Monitorfunktion sofort wieder aufnimmt, wenn er deblockiert ist, bevor ein anderer seine Bedingung verändern kann.

Eine Alternative im Austrittsprotokoll der Schreiber ist, sowohl blockierte Leser wie blockierte Schreiber zu deblockieren:

```
func WriterOut() {
  nW = 0
  okR.Signal()
  okW.Signal()
}
```

Bei SX-Semantik ist diese Variante natürlich sinnlos, weil die zweite Signal-Anweisung nicht ausgeführt wird; bei SC-Semantik müssen die Eintrittsprotokolle wie folgt modifiziert werden:

```
func ReaderIn() {
  for nW > 0 {
    okR.Wait()
  }
  ...

func WriterIn() {
  for nR > 0 || nW > 0 {
    okW.Wait()
  }
  ...
```

9.6.5   Vergleichende Wertung der Signal-Semantiken

Im Grundsatz sind die Signal-Semantiken gleichwertig; mit etwas Mühe lässt sich jeder gewünschte Effekt in jeder Semantik erreichen. Details dazu kann man bei [1] nachlesen.

Im präemptiven Fall ist die Einhaltung der Monitorinvariante in der Regel schwieriger nachzuweisen, denn bei einer Unterbrechung durch eine Signaloperation sind die zu überprüfenden Codefragmente über mehrere Monitorfunktionen verstreut. Dagegen bietet die nicht präemptive Semantik den Vorteil, dass sich die Monitorfunktionen unabhängig voneinander entwickeln lassen.

Bei SW/SU-Semantik verursacht eine Signaloperation als letzte Anweisung einer Monitorfunktion einen Wiedereintritt in den Monitor – allein um festzustellen, dass er verlassen werden kann. Das ist wegen des unnützen Aufwandes für die Prozessverwaltung ärgerlich.

Demgegenüber steht der zusätzliche Aufwand an Laufzeit durch das ständige erneute Prüfen der Bedingungen bei der SC-Semantik.

Da SX beim Programmieren sehr stark einschränkt und sich SC mit etwas weniger Aufwand implementieren lässt als SW oder SU, propagiert Andrews in [1] – entgegen dem ursprünglichen Vorschlag von Hoare – die nicht präemptive Semantik als Methode der Wahl zur Implementierung des Monitor-Konzepts in einer Programmiersprache.

Für die Programmierung von Monitoren spielen diese Fragen keine Rolle; wichtiger sind grundsätzliche Überlegungen zur Portierbarkeit.

Der Programmtext eines Monitors ist unabhängig davon, ob die verwendete Programmiersprache präemptive oder nicht präemptive Semantik bietet, wenn er folgende Bedingungen erfüllt:

- Die Monitorinvariante ist die einzige Schnittstelle zwischen den Funktionen zum Blockieren und Deblockieren auf eine Bedingungsvariable, d. h., sie ist vor jeder `Signal`-Operation wahr, und die blockierten Prozesse setzen, wenn sie deblockiert werden, außer der Monitorinvariante keine weiteren Annahmen über die Werte irgendwelcher Variablen im Monitor voraus.
- Eine Bedingung, die zum Deblockieren eines Prozesses geführt hat, ändert sich nicht, auch wenn der deblockierende Prozess fortfährt, d. h., unmittelbar auf eine `Signal`-Operation folgen nur Anweisungen zum Blockieren, nie aber Wertzuweisungen auf Variable des Monitors.
- Es wird kein *Rundruf-Signal* benutzt (s. Abschn. 9.7).

9.6.6 Ein Semaphor als Monitor

Ein Beispiel, bei dem die Signal-Semantik die Reihenfolge beeinflusst, in der auf Bedingungsvariable blockierte Prozesse deblockiert werden, ist die folgende Monitorkonstruktion eines *Semaphors*:

```
monitor semaphore

var (
  val int
  greaterZero Condition
)

func New (n uint) {
  val = int(n)
}
```

```
func P() {
  for val == 0 {
    greaterZero.Wait()
  }
  val--
}

func V() {
  val++
  greaterZero.Signal()
}
```

Im Falle präemptiver Semantik ist das Semaphor fair, wenn die Bedingungswarteschlangen im Monitor streng nach dem FIFO-Prinzip implementiert sind, was wir postuliert haben.

Bei nicht präemptiver Semantik ist das nicht der Fall: Wenn zu dem Zeitpunkt, in dem ein in seiner P-Operation auf greaterZero blockierter Prozess deblockiert wird, bereits andere Prozesse mit einer P-Operation in der Monitorwarteschlange hängen, kann der erste von ihnen seine P-Operation vor ihm ausführen, ohne blockiert zu werden, und hat ihn daher beim Eintritt in den kritischen Abschnitt überholt.

Durch eine geschickte Modifikation lässt sich erreichen, dass dieser Monitor auch bei SC-Semantik fair ist:

Ein Prozess darf den Wert des Semaphors vor der Signaloperation im Aufruf von V nicht inkrementieren, wenn es blockierte Prozesse gibt; passend dazu muss ein auf greaterZero blockierter Prozess in seiner P-Operation sofort aus dem Monitor zurückkehren, wenn er deblockiert ist, ohne den Wert des Semaphors zu dekrementieren:

```
func P() {
  if val > 0 {
    val--
  } else {
    greaterZero.Wait()
  }
}

func V() {
  if greaterZero.Awaited() {
    greaterZero.Signal()
  } else {
    val++
  }
}
```

In diesem Fall ist val aber nicht mehr die Differenz $n_V - n_P$ zwischen den abgeschlossenen V- und P-Operationen, sondern hat den Wert $n_V - n_P - w$, wobei w die Anzahl derjenigen Prozesse ist, die durch greaterZero.Signal deblockiert sind, ihre P-Operation aber noch nicht abgeschlossen haben.

Das Beispiel zeigt, dass Portabilität keineswegs mit Unleserlichkeit erkauft werden muss, sondern mit der Forderung nach einem klaren und selbstdokumentierenden Programmierstil verträglich sein kann.

Insbesondere zeigt es, dass sich allgemeine Semaphore mit Monitoren implementieren lassen, d. h.:

▶   Das Synchronisationskonzept der Monitore ist mindestens so ausdrucksstark
    wie das der Semaphore.

9.6.7 Barrierensynchronisation

Ein weiteres Beispiel für einen Algorithmus, dessen Korrektheit von der Signal-Semantik abhängt, stellt die folgende Monitor-Variante der Barrierensynchronisation dar:

```
monitor barr

const m = ... // Anzahl der beteiligten Prozesse
var (n uint; c Condition)

func Wait() {
  n++
  if n < m {
    c.Wait()
  } else {
    for n > 0 {
      n--
      if n > 0 {
        c.Signal()
      }
    }
  }
}
```

Im Unterschied zu der vorgestellten Semaphor-Lösung soll hier der Prozess, der die Barriere als letzter erreicht, *alle* deblockieren, die vor ihm auf die Barriere gestoßen sind.

Das setzt aber SC- oder SU-Semantik voraus: Es muss vermieden werden, dass deblockierte Prozesse die Barriere erneut initialisieren oder auf sie warten müssen, bevor *alle* wartenden Prozesse deblockiert sind. Diese Technik, simultan *alle* blockierten Prozesse zu deblockieren, kann auch in anderen Zusammenhängen nützlich sein. Sie gibt daher Anlass zu einer Verallgemeinerung im nächsten Abschnitt.

Diese abstrakten Formulierung kann in Go mittels der Bedingungen Cond aus dem Paket sync in eine Implementierung des Interface Barrier aus dem Abschn. 4.10 überführt werden:

```
package barr
import . "sync"

type gobarrier struct {
  uint "Anzahl der beteiligten Prozesse"
  waiting uint
  *Cond
  Mutex "to block"
}

func newG(m uint) Barrier {
  x := new(gobarrier)
  x.uint = m
  x.Cond = NewCond(&x.Mutex)
  return x
}

func (x *gobarrier) Wait() {
  x.Mutex.Lock()
  x.waiting++
  if x.waiting < x.uint {
    x.Cond.Wait()
  } else {
    for x.waiting > 0 {
      x.waiting--
      if x.waiting > 0 {
        x.Cond.Signal()
      }
    }
  }
  x.Mutex.Unlock()
}
```

9.7 Rundruf in C, Java und Go

Eine weitere Funktion auf Bedingungsvariablen – nur bei *nicht präemptiver Semantik* – ist ein *Rundruf-Signal* (*„broadcast"*) mit dem gleichen Effekt wie

```
for c.Awaited() {
  c.Signal()
}
```

für eine Bedingungsvariable var c Condition.

Unser postuliertes Paket Condition wird damit erweitert:

```
// Alle auf C blockierten Prozesse sind deblockiert,
// sofern es solche gibt; andernfalls ist nicht passiert.
  SignalAll()
```

Eine einfache Anwendung ist eine Modifikation der Lösung des Leser-Schreiber-Problems (natürlich nur in Verbindung mit dem bei SC-Semantik notwendigen erneuten Prüfen der Bedingungen auch im Eintrittsprotokoll der Schreiber):

```
func ReaderIn() {
  for nW > 0 {
    okR.Wait()
  }
  nR++
}

func WriterOut() {
  nW = 0
  okR.SignalAll()
  okW.Signal()
}
```

Dieses Beispiel verletzt allerdings ganz klar die Forderung nach Portabilität aus dem vorletzten Abschnitt.

9.7.1 Rundruf in C

In C wird das mit der Funktion pthread_cond_broadcast realisiert:

```
NAME
    pthread_cond_broadcast – broadcast a condition
SYNOPSIS
    #include <pthread.h>
    int pthread_cond_broadcast(pthread_cond_t *cond);
DESCRIPTION
    This functions shall unblock threads blocked on a condition variable.
    The pthread_cond_broadcast() function shall unblock all threads currently
    blocked on the specified condition variable cond.
    If more than one thread is blocked on a condition variable, the scheduling policy shall
    determine the order in which threads are unblocked.
    The pthread_cond_broadcast() function shall have no effect if there are no
    threads currently blocked on cond.
RETURN VALUE
    If successful, the pthread_cond_broadcast() function shall return zero; ...
```

9.7.2 Rundruf in Java

Java bietet in der Klasse java.lang.Object für sein ursprüngliches Monitor-Konzept mit der Funktion notifyAll so etwas:

```
/**
 * Wakes up all threads that are waiting on this object's
 * monitor. A thread waits on an object's monitor by calling
 * one of the wait methods.
 */
public final native void notifyAll();
```

und im Interface Condition Vergleichbares zu dem Konstrukt in C:

```
/**
 * Wakes up all waiting threads.
 * If any threads are waiting on this condition then they
 * are all woken up. Each thread must re-acquire the lock
 * before it can return from await.
 */
void signalAll();
```

9.7.3   Rundruf in Go

Das Paket sync aus der Go-Bibliothek liefert die Funktion Broadcast:

```
// Broadcast wakes all goroutines waiting on c.
func (c *Cond) Broadcast() {
        c.signalImpl(true)
}
```

9.8   Der schlafende Barbier: Das Barbieren als Rendezvous

Wenn ein Puffer in seiner Größe nicht beschränkt ist, liefert der Abschn. 4.5 aus dem Kapitel über Semaphore im Prinzip den Ansatz einer Monitor-Lösung für einen unbeschränkten Puffer.

Wir verfolgen das hier aber nicht weiter, weil die Implementierung – zweckmäßigerweise mit einer verketteten Liste zur Repräsentation – eine simple Übungsaufgabe ist. Stattdessen greifen wir noch einmal den Dijkstraschen Ansatz des *schlafenden Barbiers* auf und gehen auf die Bemerkung über die Synchronisation der Beteiligten ein.

Zunächst zeigen wir die Implementierung des Barbiers unter Einsatz eines Monitors:

```
monitor barber

var (
  n uint
  customer Condition
)
```

```
func wait() {
  takeSeatInWaitingRoom()
  n++
  customer.Signal()
}
```

```
func barber() {
  sleepInBarbersChair()
  for n == 0 {
    customer.Wait()
  }
  n--
  haveSeatInBarbersChair()
}
```

Die subtilen Probleme des entsprechenden Algorithmus nur unter Verwendung binärer Semaphore stellen sich in diesem Falle nicht.

Eine einfache Dualisierung des Einsatzes der Bedingungsvariablen kunde im Zusammenspiel mit der Anzahl n der wartenden Kunden erweitert den Algorithmus um einen *Synchronisationspunkt*, in dem der „Barbier den Kunden barbiert".

Das geht über die eigentliche Funktion des Puffers insoweit hinaus, als nicht nur die Kunden „im Wartezimmer Platz nehmen" (d. h. ihre Daten im Puffer ablegen) und der Barbier sie nacheinander „auf seinen Barbierstuhl bittet" (d. h. Daten aus dem Puffer entnimmt), sondern das „Barbieren" – in Form eines *Rendezvous* zwischen Barbier und Kunde zur Übergabe von ~~Barthaaren~~ Daten – synchronisiert wird:

```
monitor barber
```

```
var (
  customerWaiting, barberFree, barberFinished bool
  customer, barber, finished Condition
)
```

```
func wait() {
  takeSeatInWaitingRoom()
  for ! barberFree {
    barber.Wait()
  }
  barberFree = false
  customerWaiting = true
  customer.Signal()
  getBarbed() // Synchronisationspunkt
  for ! barberFinished {
    finished.Wait()
  }
  barberFinished = false
}
```

```
func barber() {
  barberFree = true
  barber.Signal()
  sleepInBarbersChair()
  for !customerWaiting {
    customer.Wait()
  }
  customerWaiting = false
  haveSeatInBarbersChair()
  barbeTheCustomer() // Synchronisationspunkt
  barberFinished = true
  finished.Signal()
}
```

Die mit mit dieser Lösung angedeutete Synchronisationsform wird als *Kunden-Anbieter-Paradigma* („*client-server-paradigm*") im Kapitel über Botschaftenaustausch eine zentrale Rolle spielen: der Barbier als *Anbieter* („*server*"), jeder seiner Kunden als *Kunde* („*client*").

9.9   Prioritätsregelungen

Um feiner granulierte Steuerungsmöglichkeiten zum Deblockieren bestimmter Prozesse in die Hand zu bekommen, ist eine Erweiterung der Bedingungsvariablen um eine Prioritätsregelung denkbar:

Prozessen wird beim Blockieren eine Nummer als Rang mitgegeben; bei jeder Signaloperation wird der rangniedrigste Prozess deblockiert (d. h., die Bedingungsvariablen werden konzeptionell mit Prioritätswarteschlangen ausgestattet):

```
// Der aufrufende Prozess ist (unbedingt) auf C
// mit dem Rang r blockiert, ...
  Wait(r uint)

// Der auf C blockierte Prozess mit dem kleinsten Rang
// ist deblockiert, falls es einen solchen gibt;
// andernfalls ist nichts passiert.
  Signal()

// Liefert das Minimum der Ränge aller Prozesse, die auf
// C blockiert sind, falls es solche gibt; andernfalls -1.
  MinRank() int
```

9.9.1   Der Hoaresche Wecker

Hier zunächst das klassische Beispiel des Weckers von Hoare aus [3]:

```
monitor alarm

var (
  time uint
  alarmclock Condition
)

// Simulation des Zeitimpulses des Systems
func tick() {
  time++
  alarmclock.Signal()
}

// Der aufrufende Prozess ist für die Dauer
// von t Zeiteinheiten ab Aufruf blockiert.
func sleep (t uint) {
  alarmtime := time + t
  for time < alarmtime {
    alarmclock.Wait()
  }
  alarmclock.Signal()
}
```

Damit wird die aufwendige Alternative umgangen, jedem Prozess eine eigene Bedingungsvariable zuzuordnen. Ein deblockierter Prozess weckt seinerseits den nächsten, sofern noch einer schläft, um ihm die Gelegenheit zu geben, nachzusehen, ob seine Ruhezeit abgelaufen ist, der weckt den nächsten usw. (Natürlich ließe sich bei SC-Semantik das kaskadenförmige Wecken auch durch ein SignalAll ersetzen.)

Aber diese Lösung lässt im Hinblick auf Effizienz doch *sehr* zu wünschen übrig: Stellen Sie sich vor, Ihr Wecker würde in kurzen Zeitabständen immer wieder klingeln, damit Sie nachsehen, ob Sie aufstehen müssen oder weiterschlafen können... (Sie würden ihn vermutlich aus dem Fenster schmeißen.)

Mit einer Prioriätsregelung wird die Konstruktion viel eleganter:

```
func tick() {
  time++
  for alarmclock.Awaited() &&
      alarmclock.MinRank() <= time {
    alarmclock.Signal()
  }
}

func sleep (t int) {
  alarmtime := time + t
  if alarmtime > time {
    alarmclock.Wait (alarmtime)
  }
}
```

9.9.2   Kürzeste Anforderungen zuerst

Durch Bedingungsvariable mit Prioritäten lässt sich auch das bei den Semaphoren vorgestellte Problem der Ressourcenzuteilung mit Priorisierung der kürzesten Anforderungen
viel einfacher lösen.

Ein Prozess, der die Ressource anfordert, wird blockiert, wenn sie von einem anderen
Prozess belegt ist. Die Freigabe nach ihrer Nutzung hat zur Folge, dass – wenn Prozesse
auf sie warten – derjenige von ihnen, der die kürzeste Nutzungsdauer angefordert hat,
deblockiert und ihm die Ressource zugeteilt wird:

```
monitor resourceAllocation

var (free = true; turn Condition)

func Request() (time uint) {
  if free {
    free = false
  } else {
    turn.Wait(time)
  }
}

func Release() {
  if turn.Awaited() {
    turn.Signal()
  } else {
    free = true
  }
}
```

9.10   Äquivalenz von Semaphor- und Monitorkonzept

Wir zeigen jetzt, dass sich Monitorfunktionen unter Einsatz von *Schlössern* emulieren
lassen.

Zur Sicherzustellung des gegenseitigen Ausschlusses im Monitor ist ein (anfangs offe-
nes) Schloss mutex ausreichend, das Bestandteil des Monitors sein muss. Der Übersetzer
muss die Monitorfunktionen jeweils mit den zugehörigen Lock- und U-Operationen zum
Ein- und Austritt versehen:

```
func enter (m *Monitor) {
  m.mutex.Lock()
}

func leave (m *Monitor) {
  m.mutex.Unlock()
}
```

Genauere Überlegungen zur Parametrisierung aller Funktionen durch den jeweiligen
Monitor sind bei diesen prinzipiellen Erwägungen noch nicht notwendig; wir holen das
im nächsten Abschnitt nach.

Zum Blockieren von Prozessen auf einer Bedingungsvariablen reicht ein Schloss. Weil
Schlösser (wie Semaphore) aber keine Möglichkeit zur Abfrage bieten, wieviele Prozesse
auf sie blockiert sind, muss deren Anzahl protokolliert werden, um die notwendigen
Fallunterscheidungen vornehmen zu können. Daher ist

```
type condition struct {
  s sync.Mutex "Bedingungswarteschlange"
  ns uint "Anzahl der darin Blockierten"
}
```

eine geeignete Datenstruktur, wobei die beiden Komponenten des Verbundes bei der
Deklaration einer Bedingungsvariablen gemäß der Spezifikation von Go auf ihre „*zero
values*" gesetzt werden, d. h., anfangs ist s offen und es gilt ns = 0.

Damit lassen sich die Funktionen auf den Bedingungsvariablen im Prinzip wie folgt
konstruieren (wobei mutex das Semaphor ist, das die Eintrittswarteschlange des Monitors
verwaltet):

```
func (c *condition) Wait() {
  c.nx++
  mutex.Unlock()
// U
  c.s.Lock()
  mutex.Lock()
  c.ns--
}

func (c *condition) Signal() {
  if c.ns > 0 {
    c.s.Unlock()
  }
}
```

Eine Unterbrechung an der Stelle U ist unschädlich:

Ein Prozess, der dort von anderen Prozessen mit einem Aufruf zum Deblockieren
überholt wird, wird zwar durch c.s.Lock() nicht blockiert, wenn die vorangegangenen
U-Operationen das Schloss c.s geöffnet haben, aber die Signaloperationen haben zum
Zeitpunkt seiner Aktivierung ja auch die Bedingung dafür erfüllt, dass er fortfahren kann.

Auch die zusätzlichen Funktionen sind leicht implementiert:

```
func (c *condition) SignalAll() {
  for i := 0; i < c.ns; i++ {
    c.s.Unlock()
  }
  c.ns = 0
}
```

```
func (c *condition) Blocked() uint {
  return c.ns
}

func (c *condition) Awaited() bool {
  return c.ns > 0
}
```

Diese Implementierungsvariante liefert SC-Semantik, setzt also den Einsatz von `for`-Schleifen um die Funktion zum Blockieren voraus.

Die FIFO-Eigenschaft aller Warteschlangen des Monitors ist dabei allerdings nur *dann* garantiert, wenn die benutzten Schlösser nach FIFO deblockieren.

Wenn `Signal` nur als letzter Aufruf vorkommt, lässt sich mit einer kleinen Modifikation auch SX-Semantik erreichen:

Ein blockierter Prozess muss sich dabei nicht erneut um den Eintritt in den Monitor bewerben, nachdem er deblockiert ist, d. h., der Aufruf der entsprechenden `Lock`-Operation beim Blockieren entfällt,

```
func (c *condition) Wait() {
  c.ns++
  mutex.Unlock()
  c.s.Lock()
  c.ns--
}
```

was auf die direkte Übergabe der Kontrolle über den Monitor an den deblockierten Prozess hinausläuft.

Zum Ausgleich unterbleibt der Einbau des Monitoraustritts in die aufrufende Monitorfunktion; der gegenseitige Ausschluss im Monitor wird stattdessen durch den deblockierenden Prozess aufgegeben, wenn es keine blockierten Prozesse mehr gibt:

```
func (c *condition) Signal() {
  if c.ns > 0 {
    c.s.Unlock()
  } else {
    me.Unlock()
  }
}
```

Wenn nach dem Aufruf von `Signal` in einer Monitorfunktion noch weitere Anweisungen zugelassen sind, liefert eine ähnliche Maßnahme auch SW-Semantik – auch in diesem Fall entfällt der Aufruf von `mutex.Lock()` beim Blockieren und der deblockierende Prozess übergibt den gegenseitigen Ausschluss im Monitor direkt dem deblblockierten, wobei er selbst durch den Aufruf von `mutex.Lock` blockiert wird:

```
func (c *condition) Signal() {
  if c.ns > 0 {
    c.s.Unlock()
    mutex.Lock()
  }
}
```

Wenn im Monitor auch noch ein Semaphor für die Dringlichkeitswarteschlange und ein Zähler für die in ihr aufgehobenen Prozesse

```
var (
  u sync.Mutex
  nu uint
)
```

gehalten werden – wobei anfangs u geschlossen ist und nu = 0 gilt –, lässt sich dieser Ansatz auch zur SU-Semantik erweitern:

Beim Austritt aus dem Monitor werden dabei die Prozesse aus der Dringlichkeitswarteschlange denen aus der Monitorwarteschlange, d. h. denen, die auf das Semaphor für den gegenseitigen Ausschluss im Monitor blockiert sind, vorgezogen, indem einem von ihnen direkt die Kontrolle übergeben wird:

```
func leave() {
  if nu > 0 {
    u.Unlock()
  } else {
    mutex.Unlock()
  }
}
```

Beim Blockieren wird analog verfahren:

```
func (c *condition) Wait() {
  c.ns++
  if nu > 0 {
    u.Unlock()
  } else {
    mutex.Unlock()
  }
  c.s.Lock()
  c.ns--
}
```

Nach einer Signaloperation wird der aufrufende Prozess blockiert, verlässt den Monitor und landet in der Dringlichkeitswarteschlange, wenn er einen anderen deblockiert hat:

```
func (c *condition) Signal() {
  if c.ns > 0 {
    nu++
    c.s.Unlock()
    u.Lock()
    nu--
  }
}
func (c *condition) SignalAll() {
  for c.ns > 0 {
    nu++
    c.s.Unlock()
    u.Lock()
    nu--
  }
}
```

Im Abschn. 9.6.6 haben wir gezeigt, dass sich allgemeine (und damit auch binäre) *Semaphore* unter Rückgriff auf Monitore implementieren lassen. In Verbindung mit der Konsequenz aus dem Abschn. 4.7.3 über die Konstruktion allgemeiner Semaphore aus binären ist damit das Ziel dieses Abschnitts erreicht:

▶   Monitore und Semaphore stellen prinzipiell gleichwertige Synchronisations-
       konzepte dar.

9.11   Zur Implementierung des Monitorkonzepts

Die Protokolle von Monitoren und die Funktionen auf Bedingungsvariablen lassen sich auch direkt in einer Prozessverwaltung unter Rückgriff auf die Routinen des Prozesskerns implementieren, die im entsprechenden Abschnitt vorgestellt und zur Implementierung von Semaphoren benutzt wurden.

Einen Ansatz findet man über die Präzisierung des Prozesszustands *blockiert*, der hier drei Fälle umfasst:

*   *blockiert* auf die *Monitorwarteschlange*,
*   *blockiert* auf die Warteschlange einer *Bedingungsvariablen* oder
*   – nur bei SU-Semantik –
    blockiert auf die *Dringlichkeitswarteschlange* des Monitors.

Wir können damit unser Prozessmodell aus dem Abschn. 1.9 über die Prozesszustände verfeinern:

Zwischen *diesen* drei Zuständen und den Zuständen *aktiv* und *bereit* gibt es die in Abb. 9.1 dargestellten *Übergänge*.

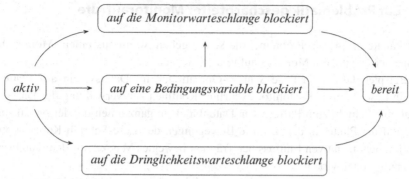

Abb. 9.1 Zustandsübergänge bei Monitoren

- Prozess verbleibt beim Zustand *aktiv*
  durch den Eintritt in den Monitor, wenn er *nicht gesperrt* ist,
- *aktiv → blockiert auf die Monitorwarteschlange*
  durch Eintritt in den Monitor, wenn er *gesperrt* ist, oder – bei SW-Semantik – durch den Aufruf einer Signal-Operation,
- *blockiert auf die Monitorwarteschlange → bereit*
  durch Austritt eines anderen Prozesses aus dem Monitor,
- *aktiv → blockiert auf eine Bedingungsvariable*
  durch den Aufruf von Wait auf eine der Bedingungsvariablen,
- *blockiert auf eine Bedingungsvariable → blockiert auf die Monitorwarteschlange* oder
  blockiert auf eine Bedingungsvariable → bereit
  – je nach Semantik – durch eine Signal-Operation eines anderen Prozesses,
- *aktiv → blockiert auf die Dringlichkeitswarteschlange*
  – bei SU-Semantik – durch den Aufruf einer Signal-Operation,
- *blockiert auf die Dringlichkeitswarteschlange → bereit*
  durch Austritt eines anderen Prozesses aus dem Monitor oder bei Aufruf von Wait durch einen anderen Prozess.

Die Überlegungen aus dem vorigen Abschnitt liefern für alle Signal-Semantiken eine genaue Anleitung zur Implementierung. Dabei kann man sich an der Realisierung der Semaphor-Funktionen orientieren:

- enter und Wait sind dem Wesen nach der P-Operation,
- leave und Signal der V-Operation verwandt und werden folglich ganz analog konstruiert.

Dieser Aspekt wird im folgenden Kapitel bei der Konstruktion einer weiteren universellen Synchronisationsklasse aufgegriffen.

9.12   Zur Problematik geschachtelter Monitoraufrufe

Lister erkannte in [4] die Probleme, die sich ergeben, wenn aus einem Monitor heraus
Funktionen eines anderen Monitors aufgerufen werden.

Ein Beispiel dafür sind Lese-Schreib-Operationen im Dateisystem auf Plattenspei-
chern: Ein Leser-Schreiber-Monitor exportiert Routinen zur Verwaltung der Daten; unter
ihm liegt eine Schicht zum Puffern von Datenblöcken; ganz unten die der physikalischen
Zugriffe auf die Platte, in der u. a. die Bewegungen des Lese-Schreib-Kopfes optimiert
werden, um dem negativen Einfluss der Trägheit bewegter Massen auf den Durchsatz des
Systems entgegenzuwirken.

Auch für die unterste Schicht ist die Konstruktion eines Monitors geeignet, der mehrere
Anforderungen sammelt und sie ggf. umordnet, um mit einer Kopfbewegung von innen
nach außen oder umgekehrt möglichst viele Operationen erledigen zu können; ganz
ähnlich wie beim Betrieb eines Fahrstuhls.

Es gibt folgende grundsätzliche Verfahrensweisen, deren Vor- und Nachteile gegenein-
ander abgewogen werden müssen:

- *Geschlossene Aufrufe* („*closed calls*"):
  Die äußeren Monitore, aus denen heraus andere aufgerufen werden, werden *nicht
  freigegeben*; ggf. nur der innere Monitor, wenn der Prozess in ihm blockiert wird.
  Das gewährleistet zwar, dass der aufrufende Prozess beim Deblockieren sofort in jeden
  äußeren Monitor zurückkehren kann, ist dagegen mit Nachteilen für die Lebendigkeit
  des Systems und der Gefahr von Verklemmungen verbunden.
- *Offene Aufrufe* („*open calls*"), nach [2]:
  Ein Monitor wird bei einem Abstieg *immer* freigegeben. Dadurch wird die Nebenläufigkeit erhöht und Verklemmungen sind ausgeschlossen. Ein Prozess darf in
  diesem Fall allerdings nur bei gültiger Monitorinvariante in den nächsten absteigen,
  weil die Variablen des äußeren Monitors inzwischen durch andere Prozesse verändert werden können; außerdem führt das zu einer etwas komplizierteren Semantik
  der offenen Aufrufe und zu einer höheren Systemlast, weil sich ein Prozess bei
  seinem Aufstieg immer wieder um den Eintritt in die äußeren Monitore bewerben
  muss.
- Eine *Mischform* nach Wettstein in [6]:
  Man verwendet geschlossene Aufrufe, gibt aber alle äußeren Monitore frei, wenn der
  aufrufende Prozess im inneren Monitor blockiert wird.
- Geschachtelte Monitoraufrufe werden *verboten*, wobei die Vorteile des modularen
  Monitorkonzepts für eine hierarchische Systemarchitektur allerdings verloren gehen.

– es sei denn, man sieht das Problem wie Parnas in [5].

Literatur

1. Andrews, G.R.: Concurrent Programming, Principles and Practice. Addison-Wesley, Menlo Park (1991)
2. Haddon, B.K.: Nested Monitor Calls. ACM SIGOPS Oper. Syst. Rev. 11, 18–23 (1977). https://doi.org/10.1145/850648.850650
3. Hoare, C.A R.: Monitors: an operating systems structuring concept. Commun. ACM 17, 549–557 (1974). https://doi.org/10.1145/355620.361161
4. Lister, A.: The problem of nested monitor calls. ACM SIGOPS Oper. Syst. Rev. 11, 5–7 (1977). https://doi.org/10.1145/850644.850645
5. Parnas, D.L.: The non-problem of nested monitor calls. ACM SIGOPS Oper. Syst. Rev. 12, 12–14 (1978). https://doi.org/10.1145/775323.775324
6. Wettstein, H.: The problem of nested monitor calls revisited. ACM SIGOPS Oper. Syst. Rev. 12, 19–23 (1978). https://doi.org/10.1145/775323.775325

Universelle Monitore

10

Zusammenfassung

Der Nachweis der Äquivalenz von Semaphor- und Monitorkonzept sowie die Details
zur Implementierung des Monitorkonzepts im vorigen Kapitel lassen sich – wie der
Staffelstab-Algorithmus – als Vorlage zur Konstruktion einer universellen Synchronisationsklasse verwenden, den in diesem Kapitel entwickelten universellen Monitoren.
Es geht aber nicht um die Protokolle zum Schutz kritischer Abschnitte, sondern um
die Gewährleistung des gegenseitigen Ausschlusses von nebenläufigen Prozessen bei
ihren Operationen auf gemeinsam genutzten Daten. Dabei soll es möglich sein, dass die
Funktionen nur dann ausgeführt werden können, wenn bestimmte Bedingungen erfüllt
sind, die – wie die Anweisungen – eventuell von den Daten abhängen.

Damit sind auch in C, Java und Go, die – streng genommen – das Monitorkonzept
nicht unterstützen, Monitor-Lösungen auf sehr einfache Weise möglich, wofür hier
viele bereits bekannte Beispiele gegeben werden: Semaphore, das Konto, beschränkte
Puffer und der schlafende Barbier, Barrierensynchronisation, das Leser-Schreiber- und
das Links-Rechts-Problem, die speisenden Philosophen und die Zigarettenraucher.

10.1 Die Grundidee

Der Ansatz der folgenden Konstruktion ähnelt zwar dem der universellen kritischen
Abschnitte, ist aber vom Konzept her unterschiedlich:

Universelle Monitore dienen der Sicherstellung des gegenseitigen Ausschlusses zwischen Funktionen und zur Bedingungssynchronisation mit SU (*Signalisieren und vorrangig warten*, s. Abschn. 9.6.3) als zugrunde liegender Semantik der Signaloperationen.

Die *Monitorfunktionen* werden durch fortlaufende Nummern ab 0 identifiziert; sie
sind in einem durch diese Nummern parametrisierten Funktionsspektrum gebündelt, das

von Klienten zu konstruieren und bei der Erzeugung eines Monitors zu übergeben ist.
Die „Funktionszahl" eines Monitors, die Anzahl seiner Monitorfunktionen, ist folglich
eine seiner Kenngrößen. Mit jeder Funktion ist implizit eine Bedingungsvariable mit der
gleichen Nummer verbunden, auf die ein aufrufender Prozess bei ihrer Ausführung ggf.
bis zur Erfüllung einer Bedingung blockiert und bei ihrer Erfüllung wieder deblockiert
wird.

Der abstrakte Datentyp `Monitor` stellt die Methoden `Wait`, `Signal`, `SignalAll`,
`Blocked` und `Awaited` zur Verfügung, die Klienten zur Synchronisierung bei der Konstruktion ihrer Monitorfunktionen brauchen, die sie einem Monitor bei seiner Erzeugung
als Funktionsspektrum mitgeben. Dazu müssen sie die impliziten Bedingungsvariablen
semantisch passend mit ihren Bedingungen in Form Boolescher Ausdrücke verknüpfen.
Sie konstruieren dabei keine Bedingungen, sondern sind für die Korrektheit ihrer Synchronisation selber verantwortlich – genauso, wie es im klassischen Monitorkonzept der
Fall ist.

10.1.1 Spezifikation

Zunächst erweitern wir das Paket `obj` um die benötigten Funktionsspektren:

```
type FuncSpectrum func (Any, uint) Any
```

Hier die Spezifikation:

```
package mon
import . "nU/obj"

type Monitor interface {

// Vor.: i < Funktionszahl von x.
// Der aufrufende Prozess war ggf. auf i blockiert, bis
// genügend viele andere Prozesse Signal(i) aufgerufen hatten.
  Wait (i uint)

// Vor.: i < Funktionszahl von x.
// Wenn es Prozesse gibt, die im Moment des Aufrufs in x auf
// i blockiert sind, ist genau einer von ihnen deblockiert.
  Signal (i uint)

// Vor.: i < Funktionszahl von x.
// Alle in x auf i blockierten Prozesse sind deblockiert.
  SignalAll (i uint)

// Vor.: i < Funktionszahl von x.
// Liefert genau dann true, wenn es im Moment des Aufrufs
// Prozesse gibt, die in x auf i blockiert sind.
// Bem.: Siehe Bemerkung bei der Funktion Awaited
//       in der Spezifikation von Monitoren.
```

```
Awaited (i uint) bool
```

```
// Vor.: i < Funktionszahl von x.
// Liefert die Anzahl der Prozesse, die
// im Moment des Aufrufs in x auf i blockiert sind.
// Bem.: Siehe Bemerkung bei Awaited.
  Blocked (i uint) uint
```

```
// Vor.: i < Funktionszahl von x.
//       a == nil oder a ist das zu bearbeitende Objekt.
// Liefert den Wert der i-ten Funktion für das Argument a
// nachdem der aufrufende Prozess ggf. entsprechend den
// Aufrufen von Wait(i) und Signal(i) oder SignalAll(i)
// in den Funktionen von x blockiert war (wobei f die
// Monitorfunktion von x sind und a ein Objekt, ggf. nil).
// Die Funktion kann durch Monitorfunktionen anderer Prozesse
// nicht unterbrochen werden.
  F (a Any, i uint) Any
}
```

```
// Vor.: n > 0. f (und ggf. p) ist für alle i < n definiert.
// Liefert einen neuen Monitor mit der Funktionszahl n und
// den Funktionen f(-, i) für alle i < n.
// Klienten sind für die Bedingungssynchronisation mit
// passenden Aufrufen von Wait, Signal und SignalAll
// selber verantwortlich.
  func New (n uint, f FuncSpectrum) Monitor { return new_(n,f) }
```

10.1.2 Implementierung

Die Grundlage für die Implementierung bilden die Konstruktionen aus dem Abschn. 9.10 über die Äquivalenz von Semaphor- und Monitorkonzept.

Die Synchronisationsfunktionen Wait, Signal usw. sind weiter nichts als die geradlinigen Übernahmen der entsprechenden am Ende dieses Abschnitts für die SU-Semantik mit einer Dringlichkeitswarteschlange entwickelten Funktionen und die Monitorfunktionen F(-, i rufen die i-te Funktion aus dem übergebenen Spektrum auf und verfahren bei ihrem Austritt aus dem Monitor so, wie es dort für die Funktion leave geschildert ist. Für das verwendete Paket perm sei auf den Abschn. 6.1.2 verwiesen.

Damit realisiert die folgende Implementierung SU-Semantik:

```
package mon
import ("sync"; . "nU/obj"; "nU/perm")

type monitor struct {
  uint "Anzahl der Monitorfunktionen"
  sync.Mutex "Eintrittswarteschlange"
```

```
    s  []sync.Mutex "Bedingungswarteschlangen"
    ns []uint "Anzahl der darauf blockierten Prozesse"
    u sync.Mutex "Dringlichkeitswarteschlange"
    nu uint "Anzahl der auf sie blockierten Prozesse"
    FuncSpectrum "Monitorfunktionen"
    perm.Permutation "Indeterminismus"
}

func new_(n uint, f FuncSpectrum) Monitor {
    x := new(monitor)
    x.uint = n
    x.s = make([]sync.Mutex, x.uint)
    for i := uint(0); i < x.uint; i++ {
        x.s[i].Lock()
    }
    x.ns = make([]uint, x.uint)
    x.u.Lock()
    x.FuncSpectrum = f
    x.Permutation = perm.New (x.uint)
    return x
}

func (x *monitor) Wait (i uint) {
    x.ns[i]++
    if x.nu > 0 {
        x.u.Unlock()
    } else {
        x.Mutex.Unlock()
    }
    x.s[i].Lock()
    x.ns[i]--
}

func (x *monitor) Blocked (i uint) uint {
    return x.ns[i]
}

func (x *monitor) Awaited (i uint) bool {
    return x.ns[i] > 0
}

func (x *monitor) Signal (i uint) {
    if x.ns[i] > 0 {
        x.nu++
        x.s[i].Unlock()
        x.u.Lock()
        x.nu--
    }
}
```

```go
func (x *monitor) SignalAll (i uint) {
  for x.ns[i] > 0 {
    x.nu++
    x.s[i].Unlock()
    x.u.Lock()
    x.nu--
  }
}

func (x *monitor) F (a Any, i uint) Any {
  x.Mutex.Lock()
  y := x.FuncSpectrum (a, i)
  if x.nu > 0 {
    x.u.Unlock()
  } else {
    x.Mutex.Unlock()
  }
  return y
}
```

Monitore nach dem Hoareschen Zuschnitt *Typen* exportieren zu lassen, ist absolut sinnlos, weil die außerhalb des Monitors erzeugten Objekte dieses Typs nicht seinen Methoden zur Synchronisation unterlägen und ein Klient diese Methoden damit vollständig umgehen könnte, womit der eigentliche Zweck des Einsatzes eines Monitors vollständig konterkariert wäre.

Hier ist ein weiterer deutlicher Vorteil der universellen Monitore zu sehen:

Bei ihrem Einsatz ist diese Einschränkung gegenstandslos, denn die Methoden von Exemplaren der mit ihnen konstruierten abstrakten Datentypen werden vollständig von der Synchronisation der Monitore erfasst und sind folglich *Monitorfunktionen* im ursprünglichen Sinn.

Es sei abschließend ausdrücklich auf folgende Gemeinsamkeit mit den universellen kritischen Abschnitten hingewiesen:

▶ Das Konzept der universellen Monitore ist *keineswegs* an Go gebunden.

Sie sind z. B. in C, Modula-2 oder Java genauso implementierbar (was der Autor in Modula-2 und Java jahrelang getan, gelehrt und in diversen Projekten genutzt hatte)!

10.2 Konditionierte universelle Monitore

Standardfälle, bei denen jede Bearbeitung von höchstens einer Bedingung abhängt, lassen sich mit folgendem Typ von Monitoren erledigen:

Die Nutzung eines Monitors ist in diesen Fällen einfach, indem die Klienten das Prädikatsspektrum konstruieren, das die Bedingungen zur Ausführung der Monitorfunktionen

angibt, und es dem Monitor bei seiner Erzeugung übergeben. Dabei werden die Methoden
`Signal` und `Wait` aus dem vorigen Abschnitt in den Monitorfunktionen nicht gebraucht,
weil das in der Monitorfunktion „hinter den Kulissen" erledigt wird (siehe Implementierung der Methode `F` in Abschn. 10.2.2).

10.2.1 Spezifikation

Die Spezifikation der konditionierten Monitore enthält aus dem oben genannten Grund
nicht die `Wait`- und `Signal`-Operationen. Sie unterscheidet sie sich von der der „nichtkonditionierten" Monitore auch dadurch, dass die Monitorfunktionen keinen Parameter
mehr zur Übergabe weiterer Informationen haben.

```
package cmon
import . "nU/obj"

type Monitor interface {

  Blocked (i uint) uint

  Awaited (i uint) bool

  F (i uint) Any
}

// Liefert einen konditionierten Monitor mit Funktions-
// spektrum f und Bedingungsspektrum c mit SU-Semantik.
func New (n uint, f NFuncSpectrum, c CondSpectrum) Monitor {
  return new_(n,f,c) }
```

10.2.2 Implementierung

Die Implementierung unterscheidet sich durch folgende Änderungen von der der nichtkonditionierten Monitore:
 In der Repräsentation, d. h. dem Verbund, der den Monitor definiert, wird die Monitorfunktion `FuncSpectrum` durch `NFuncSpectrum` ersetzt und es kommt die Komponente
`CondSpectrum` für die Bedingungen dazu.
 Die Signatur des Konstruktors wird angepasst:

```
func new_(n uint, f NFuncSpectrum, c CondSpectrum) Monitor {
  ... // wie vorher
  x.NFuncSpectrum, x.CondSpectrum = f, c
}
```

und die Zeile

```
x.FuncSpectrum = f
```

wird durch

```
x.NFuncSpectrum, x.CondSpectrum = f, c
```

ersetzt.

Die Implementierungen der Funktionen `Wait` und `Signal` sind identisch; nur ihre Namen werden klein geschrieben, um zu dokumentieren, dass sie nicht exportiert, sondern nur im Paket verwendet werden. Die Funktion `SignalAll` fehlt, weil sie nicht benötigt wird. Die Funktionen `Blocked` und `Awaited` sind identisch.

Nur F ist aufwendiger, weil hier die Synchronisation mittels `wait` und `signal` erfolgt:

```
func (x *monitor) F (i uint) Any {
  x.Mutex.Lock()
  if ! x.CondSpectrum (i) {
    x.wait (i)
  }
  y := x.NFuncSpectrum (i)
  x.Permutation.Permute()
  for j := uint(0); j < x.uint; j++ {
    n := x.Permutation.F(j)
    if x.CondSpectrum (n) {
      x.signal (n)
    }
  }
  if x.nu > 0 {
    x.u.Unlock()
  } else {
    x.Mutex.Unlock()
  }
  return y
}
```

10.3 Semaphore

Ein besonders einfaches Beispiel für den Einsatz universeller Monitore ist die Konstruktion allgemeiner Semaphore.

Ihre Synchronisation ist in Tab. 10.1 beschrieben.

Die Implementierung mit einem universellen Monitor realisiert die Konstruktion aus dem Abschn. 9.6.6:

Tab. 10.1 Synchronisation von Semaphoren

Funktion	Bedingung	Anweisung
P	val > 0	val--
V	true	val++

```
package sem
import (. "nU/obj"; "nU/mon")

const (
  p = iota
  v
)

type monitor struct {
  mon.Monitor
}

func newM (n uint) Semaphore {
  val := n
  x := new(monitor)
  f := func (a Any, i uint) Any {
      if i == p {
        if val == 0 {
          x.Monitor.Wait (v)
        }
        val--
      } else { // v
        val++
        x.Monitor.Signal (v)
      }
      return val
    }
  x.Monitor = mon.New (2, f)
  return x
}


func (x *monitor) P() { x.F (nil, p) }
func (x *monitor) V() { x.F (nil, v) }
```

Einen Hauch eleganter ist die Implementierung mit einem konditionierten Monitor:

```
package sem
import "nU/cmon"

type conditionedMonitor {
  cmon.Monitor
}

func newCM (n uint) Semaphore {
  val := n
  x := new(conditionedMonitor)
  c := func (i uint) bool {
      if i == p {
        return val > 0
      }
```

```
            return true
         }
   f := func (i uint) uint {
           if i == p {
              val--
           } else {
              val++
           }
           return val
        }
   x.Monitor = cmon.New (2, f, c)
   return x
}


func (x *conditionedMonitor) P() { x.F (p) }
func (x *conditionedMonitor) V() { x.F (v) }
```

10.4 Konto

Unser Standardproblem eines Kontos ohne Überziehung ist eine einfache Verallgemeinerung der Semaphore (P und V sind schlicht Spezialfälle von Draw bzw. Deposit des Betrages 1).

Die Situation ist in der Synchronisationstabelle Tab. 10.2 mit var balance uint vollständig erfasst.

Der entsprechende universelle Monitor ergibt sich sofort aus dieser Tabelle; mit der Spezifikation aus dem Abschn. 9.3.3 lautet die Implementierung:

```
package acc
import (. "nU/obj"; "nU/mon")

type monitor struct {
  mon.Monitor
}

func newM() Account {
  balance := uint(0)
  x := new(monitor)
  f := func (a Any, i uint) Any {
          if i == deposit {
             x.Monitor.Signal (deposit)
```

Tab. 10.2 Konto-Monitor

Funktion	Bedingung	Anweisung
Deposit (a uint)	true	balance += a
Draw (a uint)	balance >= a	balance -= a

```
            balance += a.(uint)
          } else { // draw
            if balance < a.(uint) {
              x.Monitor.Wait (deposit)
            }
            balance -= a.(uint)
          }
          return balance
        }
  x.Monitor = mon.New (2, f)
  return x
}

func (x *monitor) Deposit (a uint) uint {
  return x.Monitor.F (a, deposit).(uint)
}

func (x *monitor) Draw (a uint) uint {
  return x.Monitor.F (a, draw).(uint)
}
```

10.5   Beschränkte Puffer

Auch dieses klassische Problem lässt sich sehr elegant mit einem universellen Monitor lösen:

```
package mbuf
import (. "nU/obj"; "nU/bbuf", "nU/mon")

type monitor struct {
  mon.Monitor
}

func newM (a Any, n uint) MBuffer {
  buffer := bbuf.New (a, n)
  x := new(monitor)
  f := func (a Any, i uint) Any {
        if i == ins {
          buffer.Ins (a)
          x.Monitor.Signal (ins)
          return nil
        }
        if buffer.Num() == 0 {
          x.Monitor.Wait (ins)
        }
        return buffer.Get()
      }
```

```
    x.Monitor = mon.New (2, f)
    return x
}
```

```
func (x *monitor) Ins (a Any) { x.Monitor.F (a, ins) }
func (x *monitor) Get() Any { return x.Monitor.F (nil, get) }
```

10.6 Der schlafende Barbier

Das Problem des schlafenden Barbiers in seiner einfachen Form kann mit dieser Methode auch gelöst werden. Dazu ist nur die Tab. 10.3 in einem konditionierten universellen Monitor zu implementieren.

Die Übersetzung in Quelltext ist trivial; wir zeigen stattdessen den etwas aufwendigeren Quelltext für einen nichtkonditionierten Monitor:

```
package barb
import (. "nU/obj"; "nU/mon")

const (customer = iota; barber)

type monitor struct {
  mon.Monitor
}

func newM() Barber {
  var n uint
  var m mon.Monitor
  f := func (a Any, i uint) Any {
        if i == customer {
          n++
          m.Signal (customer)
        } else { // barber
          for n == 0 {
            m.Wait (customer)
          }
          n--
        }
        return n
      }
}
```

Tab. 10.3 Barbier-Monitor

Funktion	Bedingung	Anweisung
Customer	true	n++
Barber	n > 0	n--

```
m = mon.New (2, f)
x := new(monitor)
x.Monitor = m
return x
}


func (x *monitor) Customer() { x.F (nil, customer) }
func (x *monitor) Barber() { x.F (nil, barber) }
```

10.7   Barrierensynchronisation

Auch dieses Problem lässt sich ganz einfach mit einem universellen Monitor lösen:

```
package barr
import (. "nU/obj"; "nU/mon" )

type monitor struct {
  mon.Monitor
}

func newM (n uint) Barrier {
  involved := n
  waiting := uint(0)
  x := new(monitor)

  f := func (a Any, i uint) Any {
        waiting++
        if waiting < involved {
          x.Monitor.Wait (0)
        } else {
          for waiting > 0 {
            waiting--
            if waiting > 0 {
              x.Monitor.Signal (0)
            }
          }
        }
        return waiting
      }
  x.Monitor = mon.New (1, f)
  return x
}

func (x *monitor) Wait() { x.F (nil, 0) }
```

10.8 Das Leser-Schreiber-Problem

Eine Modifikation der Synchronisationstabelle, die zur Lösung des 1. Leser-Schreiber-Problems mit einem universellen kritischen Abschnitt führte, liefert (bei Erweiterung des Interface aus Abschn. 4.12.6 um die entsprechenden Konstruktoren) auch eine Lösung mit einem universellen Monitor (s. Tab. 10.4).

Bei der daraus resultierenden Übersetzung in den folgenden Quelltext eines (nicht konditionierten) Monitors

```
package rw
import (. "nU/obj"; "nU/mon")

type monitor1 struct {
  mon.Monitor
}

func newM1() ReaderWriter {
  x := new(monitor1)
  var nR, nW uint
  f := func (a Any, k uint) Any {
        switch k {
        case readerIn:
          for nW > 0 {
            x.Wait (readerIn)
          }
          nR++
          x.Signal (readerIn)
        case readerOut:
          nR--
          if nR == 0 {
            x.Signal (writerIn)
          }
        case writerIn:
          for nR > 0 || nW > 0 {
            x.Wait (writerIn)
          }
          nW = 1
        case writerOut:
          nW = 0
```

Tab. 10.4 Leser-Schreiber-Monitor

Funktion	Bedingung	Anweisung
ReaderIn	nW == 0	nR++
ReaderOut	true	nR--
WriterIn	nR == 0 && nW == 0	nW = 1
WriterOut	true	nW = 0

```
            if x.Awaited (readerIn) {
              x.Signal (readerIn)
            } else {
              x.Signal (writerIn)
            }
          }
        return nil
      }
    x.Monitor = mon.New (4, f)
    return x
}

func (x *monitor1) ReaderIn()  { x.F (nil, readerIn) }
func (x *monitor1) ReaderOut() { x.F (nil, readerOut) }
func (x *monitor1) WriterIn()  { x.F (nil, writerIn) }
func (x *monitor1) WriterOut() { x.F (nil, writerOut) }
```

werden zwar zwei überflüssige Bedingungsvariablen für die Austrittsprotokolle erzeugt und redundante Signal-Operationen für sie eingefügt; der Ablauf wird dadurch aber nicht nennenswert beeinflusst, denn die zugehörigen Wait-Operationen werden nicht aufgerufen.

Die Priorität der Prozesse nach einer Signal-Operation ist durch die Reihenfolge in der for-Schleife innerhalb der Funktion F – also die ihrer Nummerierung – gegeben; durch diese Reihenfolge kann also Leser- vs. Schreiber-Priorität festgelegt werden.

Als – im Allgemeinen wohl optimale – Alternative bietet sich eine „stochastische" Fairness durch den Einbau einer Zufallspermutation um die Schleife in der Funktion F an, genau wie in der Funktion vall bei den universellen kritischen Abschnitten (s. Abschn. 6.1.2).

Der Konstruktor für einen konditionierten Monitor ist natürlich deutlich eleganter; wir zeigen das am nächsten Beispiel.

10.9 Das Links-Rechts-Problem

Das 1. Links-Rechts-Problem ist ganz einfach, deshalb beschränken wir uns hier auf den interessanteren Fall des 2. Problems. Seine Synchronisationstabelle ist im Abschn. 6.5 gegeben (Tab. 6.3).

Hier der entsprechende Konstruktor für einen konditionierten Monitor:

```
package lr
import "nU/cmon"

type conditionedMonitor2 struct {
  cmon.Monitor
}
```

```
func newCM2() LeftRight {
  x := new(conditionedMonitor2)
  var nL, nR uint
  c := func (i uint) bool {
          switch i {
          case leftIn:
            return nR == 0 && (x.Blocked (rightIn) == 0 || nL == 0)
          case rightIn:
            return nL == 0 && (x.Blocked (leftIn) == 0 || nR == 0)
          }
          return true
        }
  f := func (i uint) uint {
          switch i {
          case leftIn:
            nL++
            return nL
          case leftOut:
            nL--
            return nL
          case rightIn:
            nR++
          case rightOut:
            nR--
          }
          return nR
        }
  x.Monitor = cmon.New (4, f, c)
  return x
}
```

10.10 Die speisenden Philosophen

Dieses Problem lässt sich – mit Erweiterung des Interfaces aus Abschn. 4.14 um die folgenden Konstuktoren – natürlich auch mit universellen Monitoren erledigen. Wir stellen zwei Lösungen vor, wobei wir uns an die Bezeichnungen im Abschn. 4.14 über die speisenden Philosophen halten.

Hier zunächst ein einfacher Ansatz:

```
package phil
import (. "nU/obj"; "nU/mon")

type monitorUnfair struct {
  mon.Monitor
}
```

```
func newMU() Philos {
  var m mon.Monitor
  f := func (a Any, i uint) Any {
        p := a.(uint)
        if i == lock {
          status[p] = starving
          for status[left(p)] == dining || status[right(p)] == dining
            m.Wait (p)
          }
        } else { // unlock
          m.Signal (left(p))
          m.Signal (right(p))
        }
        return nil
      }
  m = mon.New (NPhilos, f, nil)
  x := new(monitorUnfair)
  x.Monitor = m
  return x
}

func (x *monitorUnfair) Lock (p uint) {
  status[p] = hungry
  x.F (p, lock)
  status[p] = dining
}

func (x *monitorUnfair) Unlock (p uint) {
  status[p] = thinking
  x.F (p, unlock)
}
```

Diese Lösung ist jedoch genauso wenig fair wie die Semaphor-Lösung von Dijkstra: Zwei Philosophen können den zwischen ihnen sitzenden *aushungern*.

Und hier noch die Lösung mit einem konditionierten universellen Monitor auf der Grundlage des Ansatzes bei den Semaphoren am Ende von Abschn. 4.14, bei dem die simultane Aufnahme *beider* Gabeln die entscheidende Aktion ist:

```
package phil
import "nU/cmon"

type conditionedMonitor struct {
  cmon.Monitor
}

func newCM() Philos {
  nForks := make([]uint, 5)
  for i := uint(0); i < 5; i++ {
    nForks[i] = 2
  }
```

```go
c := func (i uint) bool {
    if i < 5 { // Lock
        return nForks[i] == 2
    }
    return true // Unlock
}
f := func (i uint) uint {
    if i < 5 {
        nForks[left(i)]--
        nForks[right(i)]--
        return i
    }
    i -= 5
    nForks[left(i)]++
    nForks[right(i)]++
    return i
}
x := new (conditionedMonitor)
x.Monitor = cmon.New (5, f, c)
return x
}

func (x *conditionedMonitor) Lock (i uint) {
    status[i] = hungry
    x.F (lock + i)
    status[i] = dining
}

func (x *conditionedMonitor) Unlock (i uint) {
    status[i] = thinking
    x.F (5 + i)
}
```

Natürlich lässt sich die faire Lösung von Dijkstra *auch* in dieser Form implementieren, aber wir überlassen das als Übungsaufgabe.

10.11 Die Zigarettenraucher

Es ist naheliegend, dass sich auch *deren* Problem sehr elegant mit einem universellen Monitor lösen lässt.

Auch bei diesem Beispiel ähnelt die Implementierung stark der mit einem universellen kritischen Abschnitt; der Unterschied besteht im Wesentlichen aus einer veränderten Parametrisierung, um die Wait- und Signal-Operationen optimal zu verwenden:

```go
package smok
import (. "nU/obj"; "nU/mon")
```

```
type monitor struct {
  mon.Monitor
}

func others (u uint) (uint, uint) {
  return (u + 1) % 3, (u + 2) % 3
}

func newM() Smokers {
  var avail [3]bool
  smoking := false
  x := new(monitor)
  f := func (a Any, i uint) Any {
        u := a.(uint)
        u1, u2 := others (u)
        switch i {
        case agent:
          if smoking {
            x.Wait (3)
          }
          avail[u1], avail[u2] = true, true
          x.Signal (u)
        case smokerOut:
          smoking = false
          x.Signal (3)
          return uint(3)
        case smokerIn:
          if ! (avail[u1] && avail[u2]) {
            x.Wait (u)
          }
          smoking = true
          avail[u1], avail[u2] = false, false
        }
        return u
     }
  x.Monitor = mon.New (4, f)
  return x
}

func (x *monitor) Agent (u uint) { x.F (u, agent) }
func (x *monitor) SmokerIn (u uint) { x.F (u, smokerIn) }
func (x *monitor) SmokerOut() { x.F (u, smokerOut) }
```

Das geht natürlich auch mit einem konditionierten universellen Monitor:

```
package smok
import "nU/cmon"

type condMonitor struct {
  cmon.Monitor
}
```

```go
func newCM() Smokers {
   var avail [3]bool
   x := new (condMonitor)
   var smoking bool
   p := func (i uint) bool {
         if i < 3 { // Agent
           return ! smoking
         }
         if i == 6 { // SmokerOut
           return true
         }
         u1, u2 := others (i - 3) // SmokerIn
         return avail[u1] && avail[u2]
      }
   f := func (i uint) uint {
         if i < 3 { // Agent
           u1, u2 := others (i)
           avail[u1], avail[u2] = true, true
         } else if i == 6 { // SmokerOut
           smoking = false
         } else { // SmokerIn
           smoking = true
           u1, u2 := others (i - 3)
           avail[u1], avail[u2] = false, false
         }
         return 0
      }
   x.Monitor = cmon.New (7, f, p)
   return x
}

func (x *condMonitor) Agent (u uint) { x.F (u) }
func (x *condMonitor) SmokerIn (u uint) { x.F (3 + u) }
func (x *condMonitor) SmokerOut() { x.F (uint(6)) }
```

Botschaftenaustausch

11

Zusammenfassung

Alle bisher vorgestellten programmiersprachlichen Konstruktionen synchronisieren Prozesse bei ihrem Zugriff auf gemeinsame Variable, setzen also gemeinsamen Speicher voraus. Für verteilte Anwendungen wird aber ein Paradigma benötigt, bei dem Prozesse darauf nicht angewiesen sind: die Kommunikation durch den Austausch von Botschaften.

Das Kapitel beginnt mit der Einführung von Kanälen und der Definition des synchronen und asynchronen Botschaftenaustauschs, einfachen Beispielen dazu und eleganten Anwendungen dieser Konzepte: der Konstruktion von Semaphoren, beschränkten Puffern und Netzwerken von Filtern. Danach wird „selektives Warten" vorgestellt, das dem Botschaftenaustausch die Ausdruckskraft aller anderen Synchronisationskonstrukte verleiht und die Einführung des Kunden-Anbieter-Paradigmas ermöglicht. In Go lässt sich auch „bewachtes selektives Warten" realisieren, was sehr zur Übersichtlichkeit von Algorithmen beiträgt. Zu beiden Konzepten folgen wieder viele aus den vorigen Kapiteln bekannte Beispiele. Den Schluss des Kapitels bildet der Beweis der Äquivalenz der Ausdrucksstärke von Semaphorkonzept und Botschaftenaustausch sowie eine konzise Gegenüberstellung der Sprachmittel des Monitorkonzepts und des Kunden-Anbieter-Paradigmas.

11.1 Kanäle und Botschaften

Für „*Botschaft*" wird in der Literatur gelegentlich auch das Wort „*Nachricht*" verwendet; die Begriffe *Botschaftenaustausch* und *Nachrichtenaustausch* („*message passing*") sind also synonym.

© Springer Fachmedien Wiesbaden GmbH, ein Teil von Springer Nature 2019
C. Maurer, *Nichtsequentielle und Verteilte Programmierung mit Go*,
https://doi.org/10.1007/978-3-658-26290-7_11

Wie schon in der Einführung (im Teil Go des Abschn. 1.9.1.3) angedeutet, ist dieses Kapitel sehr stark durch die Empfehlung der Go-Entwickler beeinflusst, wesentliche Aspekte der Nichtsequentiellen Programmierung *„nicht in der Synchronisation des Zugriffs auf gemeinsame Daten zu sehen, sondern mittels Kommunikation auf gemeinsame Daten zuzugreifen"*, was als gewisse Verschiebung des Schwerpunkts der Paradigmen der NSP betrachtet werden kann.

Prozesse könnten zwar über ihre Prozessnummern o. ä. direkt miteinander kommunizieren, aber – wesentlich beeinflusst durch die bahnbrechende Arbeit [5] von Hoare – hat sich ein anderer Ansatz durchgesetzt, der die Verbindungen von Rechnern in einem Netzwerk modelliert: ein abstrakter Datentyp für *Kanäle* mit atomaren Operationen zum *Senden* bzw. *Empfangen*, mit denen Prozesse Botschaften austauschen können. Kanäle sind im Grundsatz an einen Typ gebunden, d. h., auf einem Kanal können nur Botschaften *desjenigen* Typs versendet werden, für die er deklariert ist.

Das wird allerdings „ausgehebelt", wenn die Botschaften vom Typ `Any` (`interface`) sind – damit kann quasi *alles* über die entsprechenden Kanäle transportiert werden. Wir brauchen das im Abschn. 11.7 über das bewachte selektive Warten und werden auch in Kap. 13 über netzweiten Botschaftenaustausch und 14 über universelle ferne Monitore intensiv davon Gebrauch machen.

Prozesse werden bei einem Aufruf zum *Empfang* einer Botschaft auf einem Kanal grundsätzlich *blockiert*, solange der Kanal noch keine Botschaft enthält.

Beim *Senden* einer Botschaft werden zwei Konzepte unterschieden:

- der *synchrone Botschaftenaustausch*,
  bei dem ein Kanal Botschaften nicht puffern kann, d. h. der Sender solange blockiert wird, bis ein anderer Prozess empfangsbereit ist und die Botschaft abgenommen hat, und
- der *asynchrone Botschaftenaustausch*,
  bei dem ein Kanal eine *Warteschlange endlicher Kapazität* > 0 ist, daher ein Prozess nach dem Senden sofort weiterarbeiten kann, sofern der Kanal – d. h. die Warteschlange – nicht voll ist.
  Senden und Empfangen geschieht dabei nach dem FIFO-Prinzip, d. h., die Botschaften werden genau in der Reihenfolge empfangen, in der sie gesendet worden sind.

In den Abschn. 11.7.1 über die Äquivalenz von Botschaftenaustausch und Semaphorkonzept und 11.6.2 über beschränkte Puffer werden wir zeigen, dass beide Konzepte ineinander überführbar und deshalb als Programmierwerkzeuge prinzipiell gleichmächtig sind.

Beim asynchronen Botschaftenaustausch können – abgesehen davon, dass die Sender den Empfängern zeitlich vorauseilen können – Situationen eintreten, die mit der Idee einer unendlichen Kapazität von Kanälen nicht vereinbar sind, weil ein sendender Prozess *ohnehin* blockiert werden muss:

- *bis zum Eintreffen einer Antwort*, falls er darauf angewiesen ist, dass der Empfänger seine Botschaft erhalten hat, bzw.
- *auf unbestimmte Zeit*, falls die (de facto endliche!) Kapazität des Kanalpuffers durch nicht empfangene Botschaften ausgelastet ist.

Beim synchronen Botschaftenaustausch stellt sich dieses Problem nicht: Botschaften müssen in den Kanälen nicht gepuffert werden, weil sie übermittelt sind, wenn ein sendender Prozess fortfährt. Diese Form der Synchronisation von Sender und Empfänger wird auch *Rendezvous* genannt, weil die beteiligten Prozesse synchron kommunizieren.

Dazu passt die folgende Analogie: *Asynchroner* Botschaftenaustausch entspricht der Nachrichtenübermittlung per Brief oder E-Mail, *synchroner* Botschaftenaustausch dem persönlichen oder telefonischen Gespräch.

Zur Frage, welchem der beiden Verfahren der Vorzug zu geben ist, sind in der Literatur unterschiedliche Meinungen zu finden:

Den *Vorteilen* des synchronen Botschaftenaustauschs, bei dem sich ein Sender darauf verlassen kann, dass seine Botschaft angekommen ist, ein Empfänger über aktuelle Informationen des Senders verfügt und kein Pufferspeicher für die Kanäle notwendig ist, stehen seine *Nachteile* gegenüber: eine gewisse Einschränkung der Lebendigkeit, da *grundsätzlich* einer der beiden Kommunikationspartner bis zur Kommunikationsbereitschaft des anderen blockiert wird, sowie eine höhere Anfälligkeit für Verklemmungen.

Viel mehr wiegt aber ein entscheidender Vorteil *beider* Verfahren:

Da kein gemeinsamer Speicher vorausgesetzt wird, geht es nicht um die Synchronisation nebenläufiger Zugriffe auf gemeinsame Daten. Bei Lösungen von Problemen mittels Botschaftenaustausch handelt es sich vielmehr prinzipiell um *verteilte* Algorithmen – *unabhängig* davon, ob die beteiligten Prozesse auf *einem* Rechner laufen oder auf *mehreren* – auch wenn dieses Kapitel nur den Botschaftenaustausch zwischen nebenläufigen Leichtgewichtsprozessen innerhalb eines Betriebssystem-Prozesses behandelt.

Für Konstruktionen von Algorithmen zur Sperr- und Bedingungssynchronisation mit Techniken des Botschaftenaustauschs werden in diesem Kapitel viele Beispiele vorgestellt. Wir beschränken uns dabei auf Go, weil gerade hier eine der Stärken dieser Programmiersprache liegt. In Go sind Kanäle „Objekte erster Klasse" („*first class objects*") – s. https://golang.org/doc/faq#csp.

11.1.1 Syntax des Botschaftenaustauschs in Go

Die Entwickler von Go haben entschieden, sich an dem Konzept von Hoare zu orientieren. Sie lehnen die Syntax ihrer Sprache eng an den Formalismus seiner Arbeit [5] an; die syntaktische Nähe zu Occam, an deren Entwicklung Hoare beteiligt war, ist nicht zu übersehen.

Go unterstützt sowohl synchronen Botschaftenaustausch in einem Maße, wie das nur wenige Sprachen tun (z. B. Occam, Pascal-FC, SR und sein Nachfolger MPD), als auch asynchronen (SR/MPD) – es sei hier noch einmal auf das im Abschn. 1.9 über Prozesszustände zitierte Motto verwiesen.

Als Konstruktor für Kanaltypen wird `chan` verwendet:

- Für jeden Typ `T` ist `chan T` der Typ der Kanäle für Botschaften vom Typ `T`.

Kanäle sind *Referenztypen*; deshalb muss jeder Kanal vor seiner ersten Verwendung mit der `make`-Funktion initialisiert werden. Dabei kann mit dem zweiten Parameter seine Kapazität – und somit sein Sendeverhalten – festgelegt werden:
Für einen Ausdruck a vom Typ `int` oder `uint` mit einem Wert `>= 0` liefert

```
make(chan T, a)
```

einen Kanal für Botschaften des Typs `T`, dessen Puffer die Größe des Wertes von a hat. Bei fehlendem a (oder für a `== 0`) realisiert der Kanal *synchronen* Botschaftenaustausch, andernfalls *asynchronen*. (Der Wert für die Puffergröße darf aber nicht zu groß sein, weil sonst der Laufzeitfehler „`out of memory`" auftritt.)

Die Syntax für die Kommunikationsoperationen ist sehr kurz – ähnlich wie in Occam:

- Für einen Kanal c vom Typ `chan T` und einen Ausdruck a vom Typ `T` ist `c <- a` die Anweisung zum *Senden* von a auf c.
- Für einen Kanal c vom Typ `chan T` ist `<-c` ein Ausdruck vom Typ `T` für eine auf c empfangene Botschaft.
  Typische Anweisungen eines *Empfängers* sind also `x = <-c` für eine deklarierte Variable `var x T` oder `x := <-c`.

Hier zum Vergleich die entsprechende Syntax in Occam:

- Für einen Kanal c vom Typ `chan T` und einen Ausdruck a vom Typ `T` ist `c ! a` die Anweisung zum *Senden* von a auf c.
- Für einen Kanal c vom Typ `chan T` ist `? c` ein Ausdruck vom Typ `T` für eine auf c empfangene Botschaft.
  Typische Anweisung eines *Empfängers* ist `c ? x` für eine Variable x vom Typ `T`.

Kommunikation durch Botschaftenaustausch lässt sich treffend als *verteilte Wertzuweisung* interpretieren:
Der Sender wertet einen Ausdruck aus und der Empfänger weist ihn einer Variablen oder einem Parameter eines Funktionsaufrufs zu.

Das Beispiel

```
func order (c, r chan int, d chan bool) {
  c <- 1
  c <- 2
  println(<-r)
  d <- true
}
```

```go
func add (c, r chan int) {
   r <- <-c + <-c
}

func main() {
   c, r := make(chan int), make(chan int)
   done := make(chan bool)
   go order (c, r, done) // Auftraggeber
   go add (c, r) // Addierer
   <-done
}
```

zeigt alle bisher genannten Aspekte auf.

Es deutet darüber hinaus noch ein weiteres Paradigma an, das über den einfachen synchronen Botschaftenaustausch hinausgeht:

Die *Fernaufrufe* oder *erweiterten Rendezvous*, bei denen ein Sender eine Antwort auf seine Botschaft erwartet und solange blockiert ist, bis er sie erhalten hat.

Auch unser altes Zählproblem aus dem Abschn. 1.6 lässt sich per Botschaftenaustausch ganz einfach erledigen:

An jedem der beiden Eingangstore zum Berliner Zoo richten wir einen Sender ein, der bei jedem Einlass einer Person seine Identität in die Verwaltung sendet, die diese Information empfängt, den entsprechenden Besucherzähler erhöht und damit laufend über den Besucherstand informiert:

```go
package main
import (. "time"; "math/rand")

var (
   counter [2]int // Löwen- und Elefantentor
   c chan int
)

func gate (t int) {
   for {
      Sleep(Duration(rand.Int63n(1e9))) // Person durch Tor
      c <- t
   }
}

func main() { // Zooverwaltung
   c = make(chan int)
   for t := 0; t < 2; t++ {
      go gate(t)
   }
   for {
      counter[<-c]++
      println("Löwentor ", counter[0],
              " / Elefantentor ", counter[1])
   }
}
```

Das Konzept des Botschaftenaustauschs gibt auch dann einen Sinn, wenn der Inhalt der Botschaften belanglos ist: Es ist durchaus auch als reines Synchronisationsmittel brauchbar.

Wir werden dafür noch etliche weitere Beispiele kennen lernen.

11.1.2 Synchroner Botschaftenaustausch mit asynchronem

Eine *synchrone* Sendeanweisung

```
c <- a
```

kann mit einem *asynchronen* Send/Recv und einem Kanal ok vom Typ chan int durch die Sequenz

```
Send(c, a)
Recv(ok)
```

nachgebildet werden, wobei der Empfang der Botschaft mit

```
Send(ok, 0)
```

quittiert werden muss.

11.2   Asynchrone Kommunikation

Zunächst beschränken wir uns aber darauf, zu zeigen, dass die Ausdrucksmittel des asynchronen Botschaftenaustauschs ausreichen, um *Semaphore* und *beschränkte Puffer* nachzubilden.

11.2.1 Semaphore

Binäre Semaphore könnten durch synchronen Botschaftenaustausch auf zwei Kanälen var p, v chan bool konstruiert werden, indem mit einer go-Anweisung ein zentraler *Dienstleiter („server")* erzeugt wird:

```
func binSemServer() {
  p, v := make(chan int), make(chan int)
  for {
    <-p
    <-v
  }
}
```

wobei die P- und V-Operationen einfach Sendungen von belanglosen Werten auf dem entsprechenden Kanal sind:

```
func P() { p <- 0 }
func V() { v <- 0 }
```

Asynchroner Botschaftenaustausch bietet jedoch eine einfachere Alternative:
Er benötigt keinen zentralen Prozess und nur *einen* Kanal

```
c := make(chan int, 1)
```

der anfangs durch `c <- 0` mit einer Botschaft gefüllt wird:

```
func P() { <-c }
func V() { c <- 0 }
```

Nach diesem Beispiel liegt die Konstruktion *allgemeiner* Semaphore mit Hilfe von
asynchronen Sende- und Empfangsoperationen auf der Hand; dazu sind nur vorweg
soviele Sendeanweisungen auszuführen, bis der initiale Wert des Semaphors erreicht ist:

```
package sem

type semaphore struct {
  c chan int
}

func new_(n uint) Semaphore {
  x := new(semaphore)
  x.c = make(chan int, n)
  for i := uint(0); i < n; i++ {
    x.c <- 0
  }
  return x
}

func (x *semaphore) P() { <-x.c }
func (x *semaphore) V() { x.c <- 0 }
```

Diese Implementierung ist auch im Fall `n == 0` korrekt. (Beweis: Übungsaufgabe!
Hinweis: synchroner Botschaftenaustausch.)
Damit ist bewiesen:

▶ Das Konzept des asynchronen Botschaftenaustauschs ist mindestens so ausdrucksstark wie das Semaphorkonzept.

11.2.2 Beschränkte Puffer

In einem ganz ähnlichen Stil wie die Semaphore lassen sich auch beschränkte Puffer
implementieren:

```
package mbbuf
import . "nU/obj"
```

```
type channel struct {
  c chan Any
}

func newCh (a Any, n uint) MBuffer {
  x := new(channel)
  x.c = make(chan Any, n)
  return x
}

func (x *channel) Ins (a Any) { x.c <- a }
func (x *channel) Get() Any { return Clone (<-x.c) }
```

Die Kürze und Eleganz dieser Version gegenüber den in den vorigen Kapiteln vorgestellten Implementierungen ist natürlich nicht weiter verwunderlich, denn hinter den Kulissen des asynchronen Sendens und Empfangens steckt ja genau das, was hier ausgedrückt wird.

Sie sollten diese Beispiele sorgfältig nachvollziehen – so trivial sie auch sein mögen: Für eine kurze und prägnante Charakterisierung des asynchronen Botschaftenaustauschs sind sie als „*abstract*" seiner Grundideen geradezu prädestiniert.

11.2.3 Die Zigarettenraucher

Ein weiteres Beispiel für den Einsatz asynchroner Kommunikation ist die Lösung eines Problems mit asynchronem Botschaftenaustausch, die an Eleganz wohl nicht zu übertreffen ist:

```
package smok

type channel struct {
  ch []chan uint
}

func newCh() Smokers {
  x := new(channel)
  x.ch = make([]chan uint, 4)
  for i := 0; i < 3; i++ {
    x.ch[i] = make(chan uint, 1)
  }
  x.ch[3] = make(chan uint, 1)
  x.ch[3] <- 0 // A
  return x
}

func (x *channel) Agent (u uint) {
  <-x.ch[3]
  x.ch[u] <- 0
}
```

```
func (x *channel) SmokerIn (u uint) {
  <-x.ch[u]
}

func (x *channel) SmokerOut () {
  x.ch[3] <- 0
}
```

Anfangs legt die Wirtin zwei zufällig ausgewählte Utensilien auf den Tisch (Programmzeile A), sonst nur, wenn sie von einem Raucher, der mit dem Rauchen fertig ist, gerufen wird.

11.3 Netzwerke von Filtern

Bevor wir uns dem Problem widmen, die Ergebnisse des vorigen Abschnitts auf den *synchronen* Fall zu übertragen, wollen wir noch an einigen Beispielen zeigen, dass sich synchroner Botschaftenaustausch dazu eignet, *Filter* zur Bearbeitung von Daten zu konstruieren, wie man sie z. B. als „*pipes*" auf der Unix-Kommandoebene kennt.

11.3.1 Caesars geheime Botschaften

Als einführendes Beispiel bauen wir die Chiffrierungsmethode von Caesar nach, der seine Botschaften einem seiner Offiziere diktierte, der dabei jeden Buchstaben um drei Positionen versetzte, um die so verschlüsselte Botschaft dann einem reitenden Boten zu übergeben:

```
package main
import ("os"; "bufio")

const lf = 10
var input = bufio.NewReader(os.Stdin)

func cap (b byte) byte {
  if b >= 'a' {
    return b - 'a' + 'A'
  }
  return b
}

func accepted (b byte) bool {
  B := cap(b)
  if 'A' <= B && B <= 'Z' || b == ' ' || b == lf {
    return true
  }
```

```
    return false
}

func dictate (t chan byte) {
  for {
    b, _ := input.ReadByte()
    if accepted (b) {
      t <- b
    }
  }
}

func encrypt (t, c chan byte) {
  for {
    b := <-t
    if b == ' ' || b == lf {
      c <- b
    } else if cap(b) < 'X' {
      c <- b + 3
    } else {
      c <- b - 23
    }
  }
}

func send (c, m chan byte) {
  b := byte(0)
  for b != lf {
    b = <-c
    print(string(b))
  }
  println()
  m <- 0
}

func main () {
  textchan := make(chan byte)
  cryptchan := make(chan byte)
  messengerchan := make(chan byte)
  go dictate (textchan)                    // Caesar
  go encrypt (textchan, cryptchan)         // Offizier
  go send (cryptchan, messengerchan)       // Bote
  <-messengerchan
}
```

11.3.2 Das Sieb des Eratosthenes

Derartige Filter können auch mehrfach hintereinandergeschaltet werden.

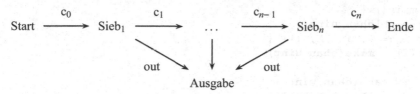

Abb. 11.1 Kanalarchitektur des Siebs von Eratosthenes

Ein Beispiel dafür ist das Sieb des Eratosthenes zur Ausgabe der ersten Primzahlen, bei dem in einer übergebenen geordneten Liste von Zahlen die erste als Primzahl abgespalten und deren vielfache „ausgesiebt" werden, bevor die Liste weitergereicht wird.

Aus dem Verfahren ergibt sich unmittelbar die Kanalarchitektur, die in Abb. 11.1 dargestellt ist.

Hier die Details:

```
package main // Eratosthenes

const N = 313

func start (out chan uint) {
  a := uint(2)
  out <- a
  a++
  for {
    out <- a
    a += 2
  }
}

func sieve (in, out, off chan uint) {
  Primzahl := <-in
  off <- Primzahl
  for {
    a := <-in
    if (a % Primzahl) != 0 { out <- a }
  }
}

func stop (in chan uint) {
  for { <-in }
}

func write (in chan uint, d chan bool) {
  for i := 1; i < N; i++ {
    print(<-in, " ")
  }
  println()
  d <- true
}
```

```
func main() {
  var c [N]chan uint
  for i := 0; i < N; i++ {
    c[i] = make(chan uint)
  }
  out := make(chan uint)
  done := make(chan bool)
  go start (c[0]) // Start
  for i := 1; i < N; i++ {
    go sieve (c[i-1], c[i], out) // Sieb[i]
  }
  go stop (c[N - 1]) // Ende
  go write (out, done) // Ausgabe
  <-done
}
```

Bemerkenswert ist dabei, dass wir für die Ausgabe mit *einem* Kanal out auskommen.

11.3.3 Mergesort

Ein Beispiel mit einer ganz anderen Architektur, bei der die Filter ineinander verschachtelt werden, ist das *Sortieren durch Verschmelzen ("mergesort")* – wenn Sie dabei die Wege der Botschaften verfolgen, werden Sie feststellen, dass auch hierbei die Kanalarchitektur eine Kernidee des Algorithmus trifft – es handelt sich um einen Binärbaum:

```
package main // mergesort
import "math/rand"

const (
  N = 128 // Potenz von 2!
  max = 2 * N - 2
)
var (
  c [max+1]chan int
  done chan bool
)

func generate() {
  for s := 0; s < N; s++ {
    n := rand.Intn(1000)
    c[max] <- n // unsortiert an die Ausgabe
    c[s] <- n // und zu den Sortierern
  }
}

func nAwaitedNumbers (i int) int {
  e, d, m := N / 2, 1, N - 2
```

```
  for m > i {
    d *= 2; m -= d; e /= 2
  }
  return e
}

func sort (i int) { // i = Anzahl der Sortierprozesse
  rL, rR := 2 * i, 2 * i + 1 // Anzahl der linken bzw.
  t := N + i // rechten Empfangs- und der Sendekanäle
  e := nAwaitedNumbers(i) // Anzahl der zu erwartenden
  e0 := 1 // sowie der von links
  nL := <-c[rL]
  e1 := 1 // und von rechts empfangenen Botschaften
  nR := <-c[rR]
  for e0 <= e && e1 <= e {
    if nL <= nR {
      c[t] <- nL
      e0++
      if e0 <= e {
        nL = <-c[rL]
      }
    } else {
      c[t] <- nR
      e1++
      if e1 <= e {
        nR = <-c[rR]
      }
    }
  }
  for e0 <= e {
    c[t] <- nL
    e0++; if e0 <= e {
      nL = < c[rL]
    }
  }
  for e1 <= e {
    c[t] <- nR
    e1++
    if e1 <= e {
      nR = <-c[rR]
    }
  }
}

func write() {
  println("zufällig erzeugt:")
  for i := 0; i < N; i++ {
    print(<-c[max], " ")
  }
```

```
    println(); println("sortiert:")
    for i := 0; i < N; i++ {
      print(<-c[max], " ")
    }
    println(); done <- true
}

func main() {
    for i := 0; i <= max; i++ {
      c[i] = make(chan int)
    }
    done = make(chan bool)
    go generate()
    for i := 0; i <= N - 2; i++ {
      go sort (i)
    }
    go write()
    <-done
}
```

11.3.4 Die speisenden Philosophen

Dieser Abschnitt hat zwar nichts mit *Filtern* zu tun, passt aber hierhin, weil in ihm auch *synchroner* Botschaftenaustausch verwendet wird.

Die eleganteste Lösung des Philosophen-Problems mit Botschaftenaustausch ist die von Ben-Ari aus [2].

Wir erweitern das Interface des Pakets phil aus dem Abschn. 4.14 um den Konstruktor newCh und fügen dem Paket die Übersetzung dieser Lösung nach Go zu, die mit Unsymmetrie ausgestattet ist, um Verklemmungen zu verhindern:

```
package phil
import . "nU/lockn"

type channel struct {
  ch []chan int
}

func newCh() Philos {
  x := new(channel)
  x.ch = make([]chan int, 5)
  for p := uint(0); p < 5; p++ {
    x.ch[p] = make(chan int)
  }
  for p := uint(0); p < 5; p++ {
    go func (i uint) {
      x.fork (i)
    }(p)
  }
```

```
  return x
}

func (x *channel) fork (p uint) {
  for {
    x.ch[p] <- 0
    <-x.ch[p]
  }
}

func (x *channel) Lock (p uint) {
  status[p] = hungry
  if p % 2 == 0 {
    <-x.ch[left (p)]
    <-x.ch[p]
  } else {
    <-x.ch[p]
    <-x.ch[left (p)]
  }
}

func (x *channel) Unlock (p uint) {
  x.ch[p] <- 0
  x.ch[left (p)] <- 0
}
```

Ben-Ari erklärt seine Implementierung im Prinzip wie folgt:

Jeder im Konstruktor abgezweigte fork-Prozess ist durch einen Kanal mit „seinem"
Philosophen verbunden. Hungrige Philosophen warten auf die beiden fork Prozesse ihrer
Nachbarn, die irgendwann Botschaften (mit belanglosen Werten) senden. Wenn ein fork-
Prozess eine Botschaft gesendet hat, ist er bis zum Empfang einer Botschaft von seinem
Philophen blockiert, der mit dem Speisen fertig ist.

Als Übungsaufgabe wird empfohlen, die unsymmetrische Lösung aus Abschn. 4.14 mit
Botschaftenaustausch zu realisieren (Lösung s. nU/phil).

11.4 Selektives Warten

Um die Ergebnisse von Abschn. 11.2 über asynchrone Kommunikation auf den *synchronen*
Fall zu übertragen, wenden wir uns dem Problem zu, Semaphore mit *synchronem*
Botschaftenaustausch zu konstruieren. Allerdings ist die schlichte Verallgemeinerung des
Servers für binäre Semaphore dafür nicht ausreichend, denn die Sequenz <-cP; <-cV in
der Funktion

```
func semServer(n uint) {
  cP, cV = make(chan bool), make(chan bool)
```

```
val := n
for {
  if val == 0 {
    <-cV
    val = 1
  } else { // val > 0
    <-cP
    val--
    <-cV
    val++
  }
}
}
```

führt dazu, dass eine P-Operation, eine Sendung auf dem Kanal cP, alle weiteren Prozesse
– gleichgültig, wie groß val ist – bei ihren P-Operationen solange blockiert, bis eine
V-Operation, eine Sendung auf dem Kanal cV, erfolgt ist. Der Server müsste demnach
nebenläufig auf *beiden* Kanälen „lauschen" können.

Wir sind also keinen Schritt weiter gekommen, sondern stehen vor dem Desaster strengen Wechsels, d. h., der Ansatz ist *auch* nur als Protokoll zum gegenseitigen Ausschluss
brauchbar; die Anwendung auf einen beschränkten Puffer würde dem grundsätzlich die
Kapazität 1 verleihen.

Ein vergleichbares Dilemma ergibt sich auch beim Leser-Schreiber-Problem:

Wenn wir vier Kanäle inR, outR, inW und outW – einen für jedes der vier Protokolle
– einrichten, ist das Vorgehen nur im Fall nW > 0 klar geregelt, weil dann die Abmeldung
des aktiven Schreibers per Botschaft auf dem Kanal outW als einziges Protokoll ausführbar
ist:

```
if nW == 1 {
  <-outW
  nW = 0
}
```

Die Alternative nW == 0 führt uns dagegen weder im Fall nR > 0 weiter, weil hier Leser
sowohl ein- als auch austreten können, d. h., dass Botschaftenempfang sowohl auf inR wie
auf outR in Frage kommt, noch im Fall nR == 0, weil dann sowohl Eintritte von Lesern
als auch von Schreibern möglich sind, also auch in diesem Fall auf *zwei* Kanälen, inR und
inW, Botschaften eintrudeln können.

Zur Lösung dieser Probleme ist das Senden und Empfangen von Botschaften auf
Kanälen *allein* folglich zu ausdrucksschwach: Bereits einfache Ansätze zur Lösung
klassischer Probleme scheitern, wenn ein Prozess Botschaften immer nur auf *einem*
bestimmten Kanal empfangen kann.

Es wird vielmehr – wie es die obigen Beispiele nahelegen – ein Sprachmittel gebraucht,
das einem Prozess erlaubt, nebenläufig auf Botschaften aus *mehreren* Kanälen zu warten
und ggf. eine von ihnen empfangen zu können.

Go bietet – wie auch andere Sprachen, die Botschaftenaustausch unterstützen – ein Konstrukt zum *selektiven* Empfangen oder Senden („*selective waiting*") an, d. h. zu einer nichtdeterministischen Auswahl unter *denjenigen* Kanälen, auf denen Prozesse empfangs- und/oder sendebereit sind.

Die Syntax ist ganz ähnlich aufgebaut und verwendet das gleiche Schlüsselwort wie andere Sprachen, in denen es semantisch verwandte Konstrukte gibt (die im Grunde wohl alle auf dem entsprechenden Konstrukt in Ada beruhen):

```
select {
case a: // Kommunikationsoperation
   ...    // weitere Anweisungen
case b: // Kommunikationsoperation
   ...    // weitere Anweisungen
   ...    // evtl. weitere "cases"
}
```

wobei es sich bei den Kommunikationsoperationen a, b, ... um Anweisungen zum Senden eines Ausdrucks bzw. Empfangsausdrücke oder Zuweisungen ihres Wertes an eine Variable handelt, die in der Regel *paarweise verschiedene* Kanäle nutzen.

Dieses Konstrukt erinnert semantisch an den Unix-Systemaufruf `select` für synchrones I/O-Multiplexing (s. `/usr/include/sys/select`.h und *man-page* von select).

Die `select`-Anweisung hat folgende Semantik (s. https://golang.org/ref/spec#Select_statements):

Unter den Kanälen, auf denen es einen zum Botschaftenaustausch bereiten Partner gibt (bei einer Sendeanweisung einen Prozess, der auf eine Botschaft wartet, bei einem Ausdruck oder einer Anweisung zum Empfang einen, der eine Botschaft gesendet hat) wird *genau eine* der Alternativen vom Laufzeitsystem *nichtdeterministisch* ausgewählt und die Botschaft empfangen bzw. gesendet; danach werden ggf. die der Sende- bzw. Empfangsoperation folgenden Anweisungen unter gegenseitigem Ausschluss ausgeführt.

Wenn es keinen Kommunikationspartner im obigen Sinne gibt, wird der Prozess, der die `select`-Anweisung ausführt, *solange* blockiert, bis das der Fall ist.

Um das vermeiden zu können, stellt Go die `default`-Alternative zur Verfügung. Sie ist den Kommunikationsanweisungen im `select` untergeordnet; die ihr folgenden Anweisungen werden also nur *dann* ausgeführt, wenn es mangels kommunikationsbereiter Partner zum Zeitpunkt des Aufrufs nicht zum Botschaftenaustausch kommt. Ist der `default`-Zweig leer, d. h., enthält er keine Anweisungen, führt das in diesem Fall natürlich dazu, dass die `select`-Anweisung effektfrei ist, insbesondere, dass sie den aufrufenden Prozess nicht blockiert, was in bestimmten Situationen durchaus erwünscht ist.

Eine `select`-Anweisung, bei der alle beteiligten Kanäle den Wert `nil` haben, blockiert definitiv; diese Tatsache ist fundamental, weil sie *bewachtes selektives Warten* ermöglicht (s. Abschn. 11.7).

Wenn in der `select`-Anweisung nur *Empfangsanweisungen* vorkommen dürfen, spricht man von *selektivem Empfangen*. Für viele Aufgaben reicht das aus; Occam kennt z. B. kein *selektives Senden*.

Die sogenannte *symmetrische Auswahl*, deren (gleichberechtigte!) Alternativen sowohl Empfangs- als auch Sendeanweisungen enthalten, ist im synchronen Fall hochgradig verklemmungsgefährdet, wie das folgende Beispiel mit zwei Kanälen c und d zeigt:

```
func A() {
  select {
  case c <- a:
    ...
  case x := <-d:
    ...
  }
}

func B() {
  select {
  case y := <-c:
    ...
  case d <- b:
    ...
  }
}
```

– in allen Zweigen existieren kommunikationsbereite Partner, aber nichtdeterministische Auswahl kann dazu führen, dass in der einen Funktion der erste Zweig ausgewählt wird und in der anderen der zweite ...

Der synchrone Fall erfordert also entsprechende Sorgfalt bei der Entwicklung von Algorithmen.

Im asynchronen Fall ist so etwas dagegen unproblematisch, solange keine Blockaden wegen mangelnder Pufferkapazität eines beteiligten Kanals entstehen.

11.5 Das Kunden-Anbieter-Paradigma

Mit dem `select`-Konstrukt sind viele verteilte Probleme lösbar, die sich unter dem Paradigma des *Kunden-Anbieter-Prinzips* zusammenfassen lassen:

Ein *Anbieter* („*server*") stellt *Kunden* („*clients*") Dienstleistungen zur Verfügung; die Kunden senden dem Anbieter ihre Anforderung und warten auf dessen Antwort – in beiden Fällen mit synchronen Operationen.

Eine systematische Methode zur Entwicklung der Algorithmen ist dabei einfach die Übertragung der Aufgaben eines Monitors auf einen Anbieterprozess, wobei die Anzahl der eingerichteten Kanäle durch die der Monitorfunktionen bestimmt ist. Damit sind die Kanäle insofern gewissermaßen mit einer Semantik versehen, als der Anbieterprozess in Abhängigkeit von internen Bedingungen entscheiden kann, ob er aus bestimmten Kanälen Botschaften empfangen will oder nicht, d. h. die betreffenden sendenden Prozesse fortfahren lässt oder blockiert.

Für den Anbieter stellt sich dabei genau das Problem, nebenläufig auf Botschaften aus verschiedenen Kanälen reagieren zu können, was mit dem Konstrukt des selektiven Empfangens möglich ist.

11.6 Synchrone Kommunikation

Mit den Methoden aus den letzten beiden Abschnitten sind jetzt wir in der Lage, die Algorithmen aus dem Abschn. 11.2 über asynchrone Kommunikation auf den *synchronen* Fall zu übertragen.

11.6.1 Semaphore

Als erstes Beispiel für eine derartige Konstruktion zeigen wir, wie allgemeine (und damit auch binäre) Semaphore mit synchronem Botschaftenaustausch implementiert werden können:

```go
package sem

type channel struct {
  p, v chan int
}

func newCh (n uint) Semaphore {
  x := new(channel)
  x.p, x.v = make(chan int), make(chan int)
  go func() {
    val := n
    for {
      if val == 0 {
        <-x.v
        val = 1
      } else { // val > 0
        select {
        case <-x.p:
          val--
        case <-x.v:
          val++
        }
      }
    }
  }()
  return x
}

func (x *channel) P() { x.p <- 0 }
func (x *channel) V() { x.v <- 0 }
```

11.6.2 Beschränkte Puffer

Beschränkte Puffer lassen sich nach dem gleichen Prinzip implementieren; konsequenterweise mit zwei Kanälen zur Unterscheidung der Anforderungen zum Ablegen und
Entnehmen:

```
package mbbuf
import . "nU/obj"

type channel1 struct {
  cIns, cGet chan Any
}

func newCh1 (n uint) MBuffer {
  x := new(channel1)
  x.cIns = make(chan Any)
  x.cGet = make(chan Any)
  go func() {
    buffer := make([]Any, n)
    var count, in, out uint
    for {
      if count == 0 {
        buffer[in] = <-x.cIns
        in = (in + 1) % n; count = 1
      } else if count == n {
        x.cGet <- buffer[out]
        out = (out + 1) % n; count = n - 1
      } else { // 0 < count < n
        select {
        case buffer[in] = <-x.cIns:
          in = (in + 1) % n; count++
        case x.cGet <- buffer[out]:
          out = (out + 1) % n; count--
        }
      }
    }
  }()
  return x
}

func (x *channel1) Ins (a Any) { x.cIns <- a }
func (x *channel1) Get() Any { return <-x.cGet }
```

Wird dem Sender eine (FIFO-)Warteschlange vorgeschaltet, lässt sich der Effekt *asynchronen Botschaftenaustauschs* mit *synchronem* Austausch von Botschaften erreichen. Die
Details dazu sind eine einfache Übungsaufgabe. Versuchen Sie, das Interface

```
package achan
import . "nU/obj"
```

```
type AsynchronousChannel interface {
  Send (a Any)
  Recv() Any
}
```

```
func New (a Any) AsynchronousChannel { return new_(a) }
```

zu implementieren, ohne in die folgende Lösung zu schauen:

```
package achan
import ("sync"; . "nU/obj"; "nU/buf")
```

```
type asynchronousChannel struct {
  Any
  buf.Buffer
  ch chan Any
  sync.Mutex
}
```

```
func new_(a Any) AsynchronousChannel {
  x := new(asynchronousChannel)
  x.Buffer = buf.New(a)
  x.ch = make(chan Any) // synchronous !
  return x
}
```

```
func (x *asynchronousChannel) Send (a Any) {
  x.Mutex.Lock()
  x.Buffer.Ins (a)
  x.Mutex.Unlock()
}
```

```
func (x *asynchronousChannel) Recv() Any {
  x.Mutex.Lock()
  defer x.Mutex.Unlock()
  a := x.Buffer.Get()
  if a == x.Any { panic("fatal error: all goroutines are asleep" +
                        " - deadlock!") }
  return a
}
```

In Verbindung mit der Erkenntis aus dem Abschn. 11.1.2, dass sich synchrone Sendeanweisungen mit asynchronen leicht nachbilden lassen, ist die Äquivalenz der beiden
Konzepte nachgewiesen.

11.6.3 Das Leser-Schreiber-Problem

Ein weiteres Beispiel ist die Kunden-Anbieter-Lösung des Leser-Schreiber-Problems:

```
package rw

type channel struct {
  inR, outR, inW, outW chan int
}

func newCh() ReaderWriter {
  x := new(channel)
  x.inR, x.outR = make(chan int), make(chan int)
  x.inW, x.outW = make(chan int), make(chan int)
  x.done = make(chan int)
  go func() {
    var nR, nW uint
    for {
      if nW == 0 {
        if nR == 0 {
          select {
          case <-x.inR:
            nR++
          case <-x.inW:
            nW = 1
          }
        } else { // nR > 0
          select {
          case <-x.inR:
            nR++
          case <-x.outR:
            nR--
          }
        }
      } else { // nW == 1
        select {
        case <-x.outW:
          nW = 0
        }
      }
    }
  }()
  return x
}

func (x *channel) ReaderIn()  { x.inR <- 0 }
func (x *channel) ReaderOut() { x.outR <- 0 }
func (x *channel) WriterIn()  { x.inW <- 0 }
func (x *channel) WriterOut() { x.outW <- 0 }
```

Dabei haben wir die Idee verworfen, für jeden Leser und Schreiber jeweils einen Kanal zu etablieren, auf dem boolesche Werte zur Unterscheidung von Ein- und Austrittswunsch gesendet werden (genauso wie die Möglichkeit, die beiden Fälle anhand ihrer strengen

Abwechslung in der Zugangsregelung zu identifizieren) und haben das oben propagierte Verfahren angewendet, verschiedene Kanäle für die Eintritts- und Austrittsprotokolle vorzusehen.

11.6.4 Das Links-Rechts-Problem

Und hier ein Ausschnitt aus der entsprechenden Lösung des ersten Links-Rechts-Problems mit Kanälen für den Ein- und Austritt der nach links bzw. rechts fahrenden Prozesse:

```
package lr
import . "nU/obj"

type channel struct {
  inL, outL, inR, outR chan int
}

func newCh() LeftRight {
  x := new(channel)
  x.inL, x.outL = make(chan int), make(chan int)
  x.inR, x.outR = make(chan int), make(chan int)
  go func() {
    var nL, nR uint
    for {
      if nL == 0 {
        if nR == 0 {
          select {
          case <-x.inL:
            nL++
          case <-x.inR:
            nR++
          }
        } else { // nL == 0 && nR > 0
          select {
          case <-x.inR:
            nR++
          case <-x.outR:
            nR--
          }
        }
      } else { // nL > 0
        select {
        case <-x.inL:
          nL++
        case <-x.outL:
          nL--
        }
      }
    }
```

```
    }
  }()
  return x
}

func (x *channel) LeftIn()  { x.inL <- 0 }
func (x *channel) LeftOut() { x.outL <- 0 }
func (x *channel) RightIn()  { x.inR <- 0 }
func (x *channel) RightOut() { x.outR <- 0 }
```

Diesen Lösungen mangelt es doch aber beträchtlich an Eleganz:

Weil eine eineindeutige Beziehung zwischen den Eintrittsbedingungen und den Kommunikationsoperationen nicht möglich ist, treten einige Kommunikationsoperationen mehrfach auf. Darüber hinaus muss bei den Fallunterscheidungen darauf geachtet werden, dass sie einerseits disjunkt sind und andererseits alle Eintrittsbedingungen vollständig erfassen.

Auf diese Weise komplexere Probleme wie z. B. das beschränkte Links-Rechts-Problem zu lösen, würde wohl zu einer ausgesprochen unübersichtlichen Implementierung führen.

Was also fehlt, ist die Möglichkeit, für jede Eintrittsbedingung den Empfang auf genau *denjenigen* Kanälen zuzulassen, auf denen die Anforderungen gesendet werden, für die diese Bedingungen erfüllt sind.

Um das zu erreichen, ist ein weitergehendes Konzept notwendig, das wir im folgenden Abschnitt vorstellen.

11.7   Bewachtes selektives Warten

Damit ein Prozess in Abhängigkeit von seinem internen Zustand bestimmte Kanäle, auf deren Botschaften er nicht hören will, gezielt „ausblenden" kann, bietet z. B. SR als Erweiterung des selektiven Wartens das *bewachte selektive Warten* („*guarded selective waiting*"), wiederum in Anlehnung an ein derartiges Konstrukt in Ada.

Go stellt diese Konstruktion zwar nicht *direkt* zur Verfügung; aber mit einem kleinen Trick können wir dieses ausgesprochen nützliche Konzept auch in Go „nachbauen":

Wir machen von dem Aspekt der Spezifikation der select-Anweisung Gebrauch, dass alle die Zweige, deren Kanal den Wert nil hat, in ihr „nicht vorhanden" sind, d. h. ignoriert werden. Dazu benutzen wir die folgende Funktion, die zweckmäßigerweise im Paket obj untergebracht wird:

```
func When (b bool, c chan Any) chan Any {
  if b {
    return c
  }
  return nil
}
```

Ihr Name ist in Anlehnung an die Syntax in den oben genannten Sprachen gewählt, bei denen in der select-Anweisung ein boolescher Ausdruck – ein sog. Wächter („*guard*") – vor einer Kommunikationsoperation mit dem Schlüsselwort when eingeleitet wird.

Dieses Konzept erweitert das des selektiven Wartens:

Ein Zweig heißt

- *offen*, wenn der zugehörige Wächter – in unserem Fall der Wert des ersten Parameters im Aufruf der When-Funktion – *wahr* ist, die When-Funktion folglich den zweiten Parameter als Wert liefert, und andernfalls
- *geschlossen.*

Die oben beschriebene Tatsache führt also dazu, dass – genau wie in den anderen erwähnten Sprachen – nur die offenen Zweige (wozu auch Kommunikationsoperationen ohne Wächter zählen) für das selektive Senden oder Empfangen herangezogen werden.

Das Eintreffen oder Absenden einer weiteren Botschaft auf einem der Kanäle verursacht aber *keine* erneute Auswertung der Wächter; folglich wird ein Prozess, der eine select-Anweisung ausführt, ggf. blockiert.

Die Implementierung von bewachtem selektivem Warten ist im Allgemeinen sehr aufwendig; die Erläuterungen im Anhang von [4] zeigen am Beispiel von Pascal-FC, dass dieses Konstrukt den komplexesten Mechanismus zur Kommunikation zwischen Prozessen darstellt. Eine Realisierung für verteilte Systeme erfordert zusätzliche Maßnahmen: Entweder wird ein zentraler Prozess (mit den offensichtlichen Nachteilen, den ein solcher „Flaschenhals" darstellt) zur Koordinierung aller Sende- und Empfangsanweisungen eingesetzt, oder die Prozesse, die Botschaften austauschen wollen, kommunizieren direkt mit allen anderen Beteiligten.

Die sehr umfangreichen Details dazu findet man in [3] oder [1]. Sie sind – insbesondere im dezentralen Fall – äußerst komplex; sie liegen weit außerhalb des Rahmens dieses Buches, in dem es nur um die Darstellung der Grundzüge der Nichtsequentiellen und Verteilten Programmierung geht.

Dank der weitsichtigen Entscheidung für das Blockieren der select-Anweisung, auf Kanälen mit dem Wert nil (s, Abschn. 11.4) ist der Aufwand mit unserem When-Konstrukt aber umschifft (solange es nicht um *netzweiten* Botschaftenaustausch geht).

Wir werden jetzt an einigen unserer Standardbeispiele zeigen, wie verständlich und äuOerst elegant sich die Lösungen mit diesem Konzept formulieren lassen.

11.7.1 Semaphore

Hier zunächst das Beispiel der Semaphore:

```
package sem
import . "nU/obj"
```

```
type guardedSelect struct {
  p, v chan Any
}

func newGS (n uint) Semaphore {
  x := new(guardedSelect)
  x.p, x.v = make(chan Any), make(chan Any)
  go func() {
    val := n
    for {
      select {
      case <-When (val > 0, x.p):
        val--
      case <-x.v:
        val++
      }
    }
  }()
  return x
}

func (x *guardedSelect) P() { x.p <- 0 }
func (x *guardedSelect) V() { x.v <- 0 }
```

11.7.2 Beschränkte Puffer

Mit Wächtern wird auch der beschränkte Puffer etwas hübscher:

```
package mbuf
import . "nU/obj"

type guardedSelect struct {
  cIns, cGet chan Any
}

func newGS (n uint) MBuffer {
  x := new(guardedSelect)
  x.cIns, x.cGet = make(chan Any), make(chan Any)
  go func() {
    buffer := make ([]Any, n)
    var in, out, num uint
    for {
      select {
      case buffer [in] = <-When (num < n, x.cIns):
        in = (in + 1) % n
        num++
      case When (num > 0, x.cGet) <- buffer [out]:
        out = (out + 1) % n
        num--
```

```
      }
    }
  }()
  return x
}

func (x *guardedSelect) Ins (a Any) { x.cIns <- a }
func (x *guardedSelect) Get() Any { return Clone (<-x.cGet) }
```

11.7.3 Das Leser-Schreiber-Problem

Auch die folgende Lösung des Leser-Schreiber-Problems zeigt im Vergleich zu der Variante mit selektivem Empfangen *ohne* Bewachung sehr deutlich die Überlegenheit des bewachten Wartens:

```
package rw
import . "nU/obj"

type guardedSelect struct {
  inR, outR, inW, outW chan Any
}

func newGS() ReaderWriter {
  x := new(guardedSelect)
  x.inR, x.outR = make(chan Any), make(chan Any)
  x.inW, x.outW = make(chan Any), make(chan Any)
  go func() {
    var nR, nW uint // active readers, writers
    for {
      select {
      case <-When (nW == 0, x.inR):
        nR++
      case <-When (nR > 0, x.outR):
        nR--
      case <-When (nR == 0 && nW == 0, x.inW):
        nW = 1
      case <-When (nW == 1, x.outW):
        nW = 0
      }
    }
  }()
  return x
}

func (x *guardedSelect) ReaderIn() { x.inR <- 0 }
func (x *guardedSelect) ReaderOut() { x.outR <- 0 }
func (x *guardedSelect) WriterIn() { x.inW <- 0 }
func (x *guardedSelect) WriterOut() { x.outW <- 0 }
```

11.7.4 Das Links-Rechts-Problem

Ganz entsprechend haben wir auch eine Lösung des Links-Rechts-Problems:

```
package lr
import . "nU/obj"

type guardedSelect struct {
  inL, outL, inR, outR chan Any
}

func newGS() LeftRight {
  x := new(guardedSelect)
  x.inL, x.outL = make(chan Any), make(chan Any)
  x.inR, x.outR = make(chan Any), make(chan Any)
  go func() {
    var nL, nR uint
    for {
      select {
      case <-When (nR == 0, x.inL):
        nL++
      case <-When (nL > 0, x.outL):
        nL--
      case <-When (nL == 0, x.inR):
        nR++
      case <-When (nR > 0, x.outR):
        nR--
      }
    }
  }()
  return x
}


func (x *guardedSelect) LeftIn()  { x.inL <- 0 }
func (x *guardedSelect) LeftOut() { x.outL <- 0 }
func (x *guardedSelect) RightIn() { x.inR <- 0 }
func (x *guardedSelect) RightOut() { x.outR <- 0 }
```

11.8   Äquivalenz von Botschaftenaustausch und Semaphorkonzept

Mit Semaphoren lässt sich auch der synchrone Austausch von Botschaften simulieren,
was mit den bisherigen Implementierungen von Semaphoren mittels Botschaftenaustausch
in den Abschn. 11.2.1 über Semaphore per asynchroner Kommunikation und 11.6.1 über
Allgemeine Semaphore beweist:

▶   Botschaftenaustausch und das Semaphorkonzept verfügen strukturell über die
     gleiche Ausdruckskraft.

Dazu zeigen wir eine leicht erweiterte Simulation von Burns/Davies aus [4].

Sie beschreiben einen Kanal durch die darin enthaltene Botschaft, eine boolesche Variable zur Unterscheidung, wer als erster Partner das Rendezvous erreicht hat (Sender oder Empfänger) und ein binäres Semaphor zum Schutz des Zugriffs darauf sowie ein binäres Semaphor zur Synchronisierung des Rendezvous.

Da der Botschaftenaustausch in Pascal-FC nur für 1:1-Kanäle konstruiert ist, entspricht die Simulation in [4] nicht dem Kanalkonzept von Go. Aus diesem Grunde haben wir in unserer Implementierung nebenläufige Aufrufe von `Send` bzw. `Recv` durch zusätzliche Schlösser s und r unteilbar gemacht.

Die Funktionsweise bei den Sende- und Empfangsoperationen ist leicht nachvollziehbar, indem man die möglichen zeitlichen Abfolgen eines solchen Paars durchspielt.

```
package schan
import ("sync"; . "nU/obj")

type synchronousChannel struct {
  pattern Any
  Any "object in channel"
  bool "first at rendezvous"
  mutex, s, r, rendezvous sync.Mutex
}

func new_(a Any) SynchronousChannel {
  x := new(synchronousChannel)
  x.pattern = Clone(a)
  x.Any = nil // Clone(a)
  x.bool = true
  x.rendezvous.Lock()
  return x
}

func (x *synchronousChannel) Send (a Any) {
  x.s.Lock()
  x.mutex.Lock()
  x.Any = Clone(a)
  if x.bool {
    x.bool = false
    x.mutex.Unlock()
    x.rendezvous.Lock()
    x.mutex.Unlock()
  } else {
    x.bool = true
    x.rendezvous.Unlock()
  }
  x.s.Unlock()
}
```

```
func (x *synchronousChannel) Recv() Any {
  var a Any
  x.r.Lock()
  x.mutex.Lock()
  if x.bool {
    x.bool = false
    x.mutex.Unlock()
    x.rendezvous.Lock()
    a = Clone(x.Any)
    x.Any = x.pattern
    x.mutex.Unlock()
  } else {
    x.bool = true
    a = Clone (x.Any)
    x.Any = x.pattern
    x.mutex.Unlock()
    x.rendezvous.Unlock()
  }
  x.r.Unlock()
  return a
}
```

Tab. 11.1 Dualität zwischen dem funktions- und dem botschaftenorientierten Ansatz

funktionsorientiert	botschaftenorientiert
Monitor (passives Konstrukt)	Anbieter (aktiver Prozess)
dynamisch veränderliche Zahl vieler kleinerer Prozesse	statische Zahl weniger Prozesse
Funktionsbezeichner	Kanal zum Anbieter
Monitorvariable	Variable des Anbieters
Funktionsaufruf	Sendung eines Auftrags mit anschließendem Blockieren
Monitorwarteschlange	select-Konstrukt
Monitoreintritt	Empfang eines Auftrags auf einem Kanal in einem der select-Zweige
Funktionsrumpf	Anweisungen nach dem Empfang im betreffenden select-Zweig
Monitoraustritt	Beendigung der Anweisungen eines select-Zweiges, ggf. Sendung des Ergebnisses
Rückkehr aus der Prozedur	Deblockieren nach dem Empfang des Auftrags, ggf. Empfang des Ergebnisses
Bedingungsvariable	Wächter der Zweige in der select-Anweisung
Wait-Anweisung	bewachtes Empfangen; ggf. Vormerkung mit Verweis auf den betreffenden Kanal
Signal-Anweisung	bei bewachtem Empfangen nicht notwendig; ansonsten Ausführung des vorgemerkten Auftrags und Sendung des Ergebnisses

11.9 Dualität zwischen Monitoren und Anbietern

Die vielen Beispiele dieses Kapitels haben einen Weg zur Implementierung von Monitorfunktionen im Kunden-Anbieter-Paradigma mit Botschaftenaustausch gewiesen. In der Tab. 11.1 ist der systematische Übersetzungsmechanismus angegeben, der von Lauer und Needham in [6] als „Dualität zwischen zwei Kategorien zum Entwurf von Betriebssystemen" bezeichnet wurde:

Literatur

1. Andrews, G.R.: Concurrent Programming, Principles and Practice. Addison-Wesley, Menlo Park (1991)
2. Ben-Ari, M.: Grundlagen der Parallelprogrammierung. Hanser, München (1984)
3. Buckley, G.N., Silberschatz, A.: An effective implementation for the generalized input-output construct of CSP. ACM Trans. Program. Lang. Syst. **5**, 223–235 (1983). https://doi.org/10.1145/69624.357208
4. Burns, A., Davies, G.: Concurrent Programming. Addison-Wesley, Harlow (1993)
5. Hoare, C.A.R.: Communicating sequential processes. Commun. ACM **21**, 666–677 (1978). https://doi.org/10.1145/359576.359585
6. Lauer, H.C., Needham, R.M.: On the duality of operating system structures. In: Proceeding of Second International Symposium, IRIA (1978), reprinted in: ACM SIGOPS Oper. Syst. Rev. **13**, 3–19 (1979). https://doi.org/10.1145/850656.850658

Vergleich der bisherigen Sprachkonstrukte 12

Zusammenfassung

Die ausführliche Behandlung der grundlegenden Synchronisationstechniken mit dem Einsatz von *Schlössern*, *Semaphoren*, *Monitoren* und *Botschaftenaustausch* ermöglicht eine gute Einschätzung der jeweiligen Stärken und Schwächen dieser Sprachkonzepte.

Die wesentlichen Gesichtspunkte der bisherigen Kapitel werden hier noch einmal kurz dargestellt.

12.1 Schlösser

Es handelt sich um ein Sprachkonzept der niedrigsten Ebene, das zu einer effizienten Implementierung von Diensten unterer Betriebssystem-Schichten eingesetzt werden kann und ansonsten eher nur von historischem bzw. akademischem Interesse ist.

Eine Ausnahme bilden die Schlösser vom Typ sync.Mutex in Go, die sich hervorragend zur Verwendung als binäre Semaphore eignen.

12.2 Semaphore

Sie stellen ein grundlegendes Konstrukt für alle Schichten eines Betriebssystems dar, die gemeinsamen Speicher voraussetzen.

Sie sind äußerst effizient implementierbar und bilden ihrerseits ein sehr brauchbares – wenn nicht sogar unverzichtbares – Werkzeug zur Implementierung höherer Konstrukte.

Als Konstrukt für die Realisierung nebenläufiger Programme sind sie wegen ihrer Fehleranfälligkeit aber nur sehr begrenzt geeignet; sie verfügen in *dem* Sinne über

© Springer Fachmedien Wiesbaden GmbH, ein Teil von Springer Nature 2019
C. Maurer, *Nichtsequentielle und Verteilte Programmierung mit Go*,
https://doi.org/10.1007/978-3-658-26290-7_12

keine Abstraktionsmechanismen, als sämtliche Maßnahmen zur Synchronisation mit ihnen explizit programmiert werden müssen.

Sie stellen gewissermaßen das GOTO der nichtsequentiellen Programmierung dar.

12.3   Monitore

Dieses modulare Konzept liefert eine recht komfortabel nutzbare höhere Abstraktionsebene: Monitore bieten den Vorteil der lokalen Zusammenfassung von nebenläufigen Zugriffen auf Daten durch deren Kapselung mit der Garantie des gegenseitigen Ausschlusses und ermöglichen darüber hinaus eine recht übersichtliche Programmierung von Bedingungssynchronisation.

Als *passive* Konstrukte haben sie den Vorteil, das Laufzeitsystem nur minimal zu belasten.

Bei ihrer Implementierung ist es allerdings notwendig, den logischen Zusammenhang zwischen den Bedingungen und den Operationen auf Bedingungsvariablen explizit zu programmieren.

12.4   Botschaftenaustausch

Dieses Sprachmittel liefert die passende Abstraktionsebene für die Kommunikation und Synchronisation zwischen Prozessen, wenn der Zugriff auf gemeinsame Variable nicht möglich ist, weil die beteiligten Prozesse nicht über gemeinsamen Speicher verfügen – z. B. wenn sie auf verschiedenen Rechnern oder in verschiedenen Betriebssystem-Prozessen laufen.

Dem Nachteil, dass hierbei in der Regel die Anbieter-Prozesse als *aktive* Komponenten ins Spiel kommen, steht die Ausdrucksstärke der Wächter beim selektiven Warten (und damit gute Wartbarkeit der Programmtexte) gegenüber:

Damit entfällt die Notwendigkeit der expliziten Programmierung komplexer Mechanismen zur Überwachung boolescher Ausdrücke, d. h., die Einhaltung der zugehörigen Synchronisationsbedingungen verschwindet vollständig hinter den Kulissen.

Ein gewisser Nachteil ist die inhärent statische Kanalarchitektur der Programme, die mit Botschaftenaustausch konstruiert werden.

Netzweiter Botschaftenaustausch

13

Zusammenfassung

So leistungsfähig auch der bisher vorgestellte Botschaftenaustausch für viele Aufgaben ist, widerspricht dessen Konzept im Grunde dem Begriff der *verteilten* Programmierung, bei der kein gemeinsamer Speicher vorausgesetzt wird: Die Kommunikation zwischen verschiedenen Goroutinen, die – im Unterschied zu Betriebssystem-Prozessen – Leichtgewichtsprozesse mit gemeinsamem Adressraum sind, läuft in Go über Kanäle, die ja selber bereits gemeinsame Variable sind. Verteilter Botschaftenaustausch im *strengen* Sinn ist die Kommunikation zwischen verschiedenen Rechnern oder verschiedenen Betriebssystem-Prozessen auf einem oder mehreren Rechnern.

In diesem Kapitel wird ein Kanalkonzept vorgestellt, indem nach einer kurzen Skizze von Aspekten der Netzkommunikation auf der Grundlage von TCP/IP ein Paket entwickelt wird, das den Austausch von Botschaften in Netzwerken und auf dieser Grundlage die Realisierung verteilter Programme ermöglicht.

Als Beispiel für ein verteiltes Programm wird der Algorithmus von Ricart und Agrawala zum dezentralisierten gegenseitigen Ausschluss erläutert.

13.1 Kanäle im Netzwerk

Die Verbindungspunkte zwischen Rechnern sind *Netzadressen*. Sie bestehen aus zwei Teilen:

- der *IP-Nummer* oder dem durch einen Eintrag in /etc/hosts oder den Verzeichnisdienst *DNS „Domain Name System"* des Namensraums für das weltweite Netz auflösbaren Rechnernamen und
- der Nummer eines *Ports*, einer natürlichen Zahl $< 2^{16} = 65536$.

© Springer Fachmedien Wiesbaden GmbH, ein Teil von Springer Nature 2019
C. Maurer, *Nichtsequentielle und Verteilte Programmierung mit Go*,
https://doi.org/10.1007/978-3-658-26290-7_13

Eine Verbindung zwischen zwei Rechnern ist durch ihre beiden Netzadressen weltweit eindeutig identifiziert.

Viele Portnummern sind für bestimmte Aufgaben in der Netzkommunikation reserviert und identifizieren die zugehörigen Protokolle. Von der IANA („*Internet Assigned Numbers Authority*") werden dazu

- die reservierten („*System-*") Ports (<1024) für gängige Protokolle wie z. B.
  - 21 für ftp („*File Transfer Protocol*"),
  - 22 für ssh („*Secure Shell*"),
  - 25 für smtp („*Simple Mail Transfer Protocol*"),
  - 80 für http („*Hypertext Transfer Protocol*"),
  - 123 für ntp („*Network Time Protocol*") und
  - 161 für snmp („*Simple Network Management Protocol*"

unter Beteiligung der IETF („*Internet Engineering Task Force*") vergeben und

- die registrierten („*user*") Ports (von 1024 bis $3 \cdot 2^{14} - 1 = 49151$) für bestimmte (in der Regel durch Firmen definierte) Dienste

registriert (https://www.iana.org/assignments/service-names-port-numbers/).

Die reservierten Ports können nur von Prozessen mit `root`-Rechten benutzt werden; die privaten („*dynamic*") Ports ab `49152` stehen zur freien Verfügung.

13.1.1 Technische Aspekte (in C)

Das bestgeeignete Fundament für zuverlässigen Botschaftenaustausch ist das verbindungsorientierte Protokoll TCP/IP, das sich aus dem Protokoll für das weltweite Netz IP („*Internet Protocol*") und dem Übertragungssteuerungsprotokoll TCP („*Transmission Control Protocol*") in der darüberliegenden Schicht zusammensetzt.

Zu den Details sei auf Vorkenntnisse aus der Technischen Informatik oder die einschlägige Literatur sowie auf die header-Dateien `netinet/tcp.h` und `sys/socket.h` im Verzeichnis `/usr/include` verwiesen.

Jede Verbindung wird *unsymmetrisch* aufgebaut: Einer der beiden beteiligten Rechner ist der *Anbieter* („*server*"), der andere der *Kunde* („*client*").

Der Anbieter führt folgende Operationen aus (Details s. entsprechende *manpages*):

```
socket
```

zur Auswahl des Kommunikationsprotokolls (`TCP` vs. `UDP`, `IP4` vs. `IP6`, `raw socket` für `ICMP` oder nicht) mit der Rückgabe eines *Sockets* als Parameter für die folgenden Aufrufe, danach

```
bind
```

zur Zuweisung einer lokalen Protokolladresse und schließlich

```
listen
```

zum Zustandswechsel des Sockels zwecks Bereitschaft zur Entgegennahme von Botschaften. Anschließend blockiert er beim Aufruf der Operation

```
accept
```

zur Rückgabe eines Deskriptors, der wie ein Dateideskriptor als Parameter für die Sende- und Empfangsoperationen write und read benutzt wird, bis ein Kunde, der

```
socket
```

zum gleichen Zweck wie der Anbieter aufgerufen hat, durch den Aufruf von

```
connect
```

mit der Rückgabe eines Deskriptors wie beim accept des Anbieters den Kontakt zum Anbieter aufnimmt, was zum Aufbau der Verbindung durch einen 3-Wege-Handschlag („*three-way handshake*") führt.

13.1.2 Bemerkungen zur Realisierung in Java

Der Anbieter definiert mit dem Aufruf eines Konstruktors

```
ServerSocket sS = new ServerSocket(port);
```

zuerst einen Anbieter-Socke für einen bestimmten Port vom Typ int und blockiert dann mit der Anweisung

```
Socket s = sS.accept()
```

zur Rückgabe eines Sockels bis zum Empfang der Botschaft eines Kunden auf dem Port (Diese Anweisungsfolgen müssen in try /catch-Anweisungen eingeschlossen werden.)

Wenn eine Botschaft eingetroffen ist ist, holt er sich z. B. mit

```
InputStreamReader i = new InputStreamReader(s.getInputStream());
BufferedReader r = new BufferedReader(i);
```

einen gepufferten Reader, auf dem er mit der Anweisung

```
String r = b.ReadLine();
```

die von einem Kunden gesendete Zeichenkette empfänt und der Variablen r zuweisen kann.

Er sendet dann an diesen Kunden eine Antwort mit einem PrintWriter, den er mit dem Aufruf eines Konstruktors

```
PrintWriter p = new PrintWriter(s.getOutputStream, true);
```

definiert hat und darauf mit

```
p.println(r);
```

eine von ihm konstruierte Zeichenkette r an den Kunden zurück.

Ein Kunde verfährt im Prinzip ganz ähnlich; er muss natürlich den Server angeben, dessen Dienst er in Anspruch nehmen will. Dazu parametrisiert er den Aufruf des Socket-Konstruktors mit dessen Namen (oder IP-Adresse)

```
String host = "..."; // ... = Hostname oder IP-Adresse
int port = 50000;
Socket s = new Socket(host, port);
```

Die Reader und Writer besorgt er sich mit den gleichen Anweisungen wie oben beim Anbieter angegeben.

Ein (Anbieter-)Sockel s wird mit der Anweisung s.close(); geschlossen.

Details zu den benutzten Aufrufen findet man in den Klassen java.net.Socket, java.net.ServerSocket, java.io.BufferedReader, java.io.InputStream Reader und java.io.PrintWriter.

13.2   Realisierung in Go

In Go werden die Aufrufe von socket und bind für den Server durch die Funktion Listen realisiert, die von socket und connect für den Klienten durch Dial. Die Funktionen Accept und Dial liefern die Deskriptoren vom Typ Conn für die Sende- und Empfangsfunktionen Write und Read.

Die Details zu Listen und Accept finden sich in der Datei tcpsock.go und die zu Dial in dial.go im Paket net der Go-Bibliothek.

13.3   1:1-Netzkanäle zwischen Prozessen auf beliebigen Rechnern

Für das Folgende brauchen wir ein Paket zum Botschaftenaustausch über das Netz zwischen Prozessen auf zwei Rechnern (oder zwischen verschiedenen Betriebssystem-Prozessen auf einem Rechner).

Da sich aus naheliegenden Gründen Exemplare abstrakter Datenobjekte nicht über ein Netz schicken lassen, sondern nur Ströme (d. h. Bytefolgen), muss für die über das Netz zu transportierenden Objekte folgendes vorausgesetzt werden:

▶   Die Typen der über das Netz zu transportierenden Objekte implementieren das Interface Coder oder sind in dessen Funktionen behandelt.

Das ist eine Aufgabe, die bei *Fernaufrufen* („*remote procedure calls*") klassischerweise von „*stubs*" erledigt wird.

Zum netzweiten Botschaftenaustausch zwischen je zwei Kommunikationspartnern dient eine drastisch abgespeckte Version eines alten – seit längerer Zeit als *„deprecated"* gekennzeichneten – Pakets der Go-Autoren, das in Go 1 nicht mehr enthalten ist.

Zur Festlegung, *welcher* der beiden beteiligten Rechner die Rolle des Anbieters spielen soll, werden die am Botschaftenaustausch beteiligten Prozesse mit *Identitäten* in Form fortlaufender natürlicher Zahlen – beginnend mit 0 – versehen. So wird das auch in vielen Lehrbüchern gemacht, z. B. in [1–4].

Dafür werden beim Konstruktor außer dem Musterobjekt zur Festlegung des Kanaltyps und der Nummer des Ports folgende Parameter gebraucht:

- die Identität des aufrufenden Prozesses,
- die (davon verschiedene!) Identität seines Kommunikationspartners und
- der Name des Rechners, auf dem dessen Prozess läuft.

Hier die Spezifikation des Pakets: (zum Begriff „Strom" s. Abschn. 2.3.2.4):

```
package nchan
import . "nU/obj"
const Port0 = 49152 // erster "privater" Port (= 1<<16 - 1<<14)

type Netchannel interface { // Kanäle zum netzweiten Austausch
                            // von Objekten zwischen Prozessen

// Vor.: a ist vom Typ von x mit Codelen(a) < 65536.
// Das Objekt a ist auf x zum Kommunikationspartner
// des aufrufenden Prozesses gesendet.
  Send (a Any)

// Liefert einen Strom, wenn x nicht an einen Typ gebunden ist.
// In diesem Fall muss der Empfänger diesen Strom
// in ein Objekt des passenden Typs decodieren.
// Liefert andernfalls das Objekt vom Typ von x,
// das vom Kommunikationspartner auf x gesendet wurde.
// Der aufrufende Prozess war ggf. solange blockiert,
// bis ein Objekt empfangen wurde.
  Recv() Any

// Alle von x benutzten Netzkanäle sind geschlossen.
  Fin()
}


// Vor.: me ist die Identität des aufrufenden Prozesses und
//       i != me die des Prozesses, der auf dem Rechner mit
//       dem Namen h läuft (h ist in /etc/hosts eingetragen
//       oder per DNS auflösbar).
//       Port0 + p < 65536 ist nicht von einem Netzwerkdienst
```

```
//       auf einem der beteiligten Rechnern belegt.
//       Der Kommunikationspartner ruft New mit einem Objekt vom
//       gleichen Typ wie dem von a und mit dem gleichem Port
//       auf, aber mit vertauschten Werten von me und i und dem
//       Namen des Rechners, auf dem aufrufende Prozess läuft.
// Liefert einen asynchronen Kanal zum Austausch von Botschaften
// des Typs des Musterobjekts a zwischen dem Rechner, auf dem
// der aufrufende Prozess läuft, und einem Prozess, der auf h
// läuft, als Kommunikationspartner des aufrufenden Prozesses.
// Port0 + p ist x ist jetzt von einem Netzwerkdienst
// auf diesen beiden Rechnern belegt.
// Für a == nil können verschieden große Objekte ausgetauscht
// werden. In diesem Fall liefern Aufrufe von Recv() Ströme,
// die der Empfänger selber decodieren muss, was jedoch
// voraussetzt, dass beide Kommunikationspartner den Kanal für
// den Austausch von Botschaften des gleichen Typs benutzen.
func New (a Any, me, i uint, h string, p uint16) NetChannel {
  return new_(a,me,i,h,p) }
```

Hier die Repräsentation der Netzkanäle und die Implementierung des Konstruktors:

```
package nchan
import ("time"; "strconv"; "net"; . "nU/obj")

const (network = "tcp"; maxWidth = uint(1<<12))

type netChannel struct {
  Any "Musterobjekt"
  uint "Kapazität des Kanals"
  Stream "Puffer zur Datenübertragung"
  net.Conn "Kommunikationskanal"
}

func new_(a Any, me, i uint, n string, p uint16) NetChannel {
  if me == i { panic("me == i") }
  x := new(netChannel)
  if a == nil {
    x.Any, x.uint = nil, maxWidth
  } else {
    x.Any, x.uint = Clone(a), Codelen(a)
  }
  x.in, x.out = make(chan Any), make(chan Any)
  x.Stream = make(Stream, x.uint)
  x.oneOne = true
  x.isServer = me < i
  ps := ":" + strconv.Itoa(int(Port0 + p))
  if x.isServer {
    x.Listener, x.error = net.Listen (network, n + ps)
```

```
      x.Conn, x.error = x.Listener.Accept()
  } else { // client
    for {
      if x.Conn, x.error = net.Dial (network, n + ps);
        x.error == nil {
        break
      }
      time.Sleep (500 * 1e6)
    }
  }
  return x
}
```

Wurde dem Konstruktor ein Musterobjekt != nil übergeben, wird die Kanalbreite auf den Wert der Größe dieses Objekts (d. h. seiner Codelänge) gesetzt, andernfalls auf die Maximalgröße der zu versendenden Objekte.

Die Entscheidung, welcher der beiden Rechner als Anbieter und welcher als Kunde arbeitet, wird durch den Vergleich der Identitäten der beiden Prozesse getroffen: Der Rechner, auf dem der Prozess mit der *kleineren Identität* läuft, übernimmt die Rolle des Anbieters.

Dadurch kommen wir um das unangenehme Problem herum, die im Abschn. 13.1.1 durch das TCP-Protokoll bedingte Unsymmetrie der Rolle der beteiligten Rechner beim Datentransport über das Netz in der Spezifikation sichtbar zu machen; sondern wir *verstecken* sie vollständig in der Implementierung.

Der Grund dafür ist naheliegend:

Zum Botschaftenaustausch im vorigen Kapitel gibt es ja auch keine unterschiedlichen Rollen der Sender und Empfänger – beide Kommunikationspartner sind dabei „gleichberechtigt".

Der Anbieter startet mit den im vorigen Abschnitt beschriebenen Operationen Listen und Accept, womit der Kontakt zu seinem Kommunikationspartner, dem Kunden, hergestellt wird, wenn der seine anfängliche Schleife durch eine erfolgreiche Anwahl des Anbieters mit der Operation Dial verlässt.

Und hier die Implementierung der Sende- und Empfangsfunktionen:

```
var c0 = C0()

func (x *netChannel) Send (a Any) {
  if x.Any == nil { // es werden unterschiedliche große Objekte
                    // versendet, also muss dem Objekt
                    // seine Größe vorangestellt werden
    x.Conn.Write (append (Encode (Codelen(a), Encode(a)...))
  } else {
    x.Conn.Write (Encode(a))
  }
}
```

```
func (x *netChannel) Recv() Any {
  if x.Any == nil { // für den Austausch unterschiedlich großer
                    // Objekte wird zuerst die Größe des
    x.Conn.Read(x.Stream[:c0]) // versendeten Objekts ermittelt,
    x.uint = Decode (uint(0), x.Stream[:c0]).(uint) // damit dann
    x.Conn.Read (x.Stream[c0:c0+x.uint]) // entsprechend viele
    return x.Stream[c0:c0+x.uint]       // Bytes aus dem Puffer
  }                                      // ausgelesen werden
  x.Conn.Read (x.Stream) // bei fester Kanalbreite stellt sich
  return Decode(Clone(x.Any), x.Stream) // dieses Problem nicht
}
```

Die Codelänge C0() stammt aus dem Paket nU/obj (s. Abschn. 2.3.2.4). Wir gehen stillschweigend davon aus, dass alle beteiligten Rechner die gleiche Architektur haben; andernfalls muss entweder mehr Aufwand getrieben oder die Verwendung von uint durch uint32 oder uint64 ersetzt werden.

Die Aufrufe von Read und Write liefern im ersten Rückgabewert die Anzahl der gelesenen bzw. geschriebenen Bytes, der zweite Rückgabewert dieser Aufrufe und der von Listen und Accept ist ein Fehler vom Typ error (s. net.go und tcpsock.go im Paket net) der Go-Autoren.

Für ernsthafte Anwendungen sollten diese Daten für eine Ausnahmebehandlung ausgewertet werden, falls etwas „schiefgelaufen" ist, weil der erste Wert kleiner als die Anzahl der zu lesenden bzw. schreibenden Bytes oder der Fehler != nil ist.

Wir verlassen uns darauf, dass beim Aufruf keine Fehler auftreten, und ignorieren diese Werte, weil eine angemessene Fehlerbehandlung nichts zum grundsätzlichen Verfahren beiträgt, das hier erläutert wird.

In jedem Fall werden die zu versendenden Objekte innerhalb der Sendeoperationen codiert. Im Fall x.Any == nil können die versendeten Ströme unterschiedlich groß sein, deshalb muss in der Sendeoperation dem codierten Objekt seine Codelänge vorangestellt werden, damit in der Empfangsoperation die korrekte Anzahl der Bytes gelesen wird, die das codierte versendete Objekt darstellen. Damit kann der Empfänger dieses Objekt per Decodierung des empfangenen Stroms wieder herstellen.

Andernfalls – also wenn das Musterobjekt von nil verschieden ist – haben die versendeten Ströme immer die gleiche Größe, die durch die Codelänge des Typs der ausgetauschten Objekte bestimmt ist. In diesem Fall erfolgt die Decodierung bereits in der Empfangsoperation und der Empfänger muss lediglich die entsprechende Typzusicherung („type assertion") anwenden (s. Beispiel im Abschn. 13.3.1).

Insgesamt sind unsere Netzkanäle damit an einen Datentyp gebunden und ermöglichen den Austausch von beliebigen Objekten dieses Typs, sofern er die obengenannte Voraussetzung erfüllt, d. h., dass sich diese Objekte eindeutig umkehrbar als Ströme codieren lassen.

Wir werden von der zweiten Möglichkeit in Kap. 16 über Pulsschlagalgorithmen und Kap. 17 über Traversierungsalgorithmen intensiv Gebrauch machen, weil dort *Graphen* versendet werden, die im Zuge des Ablaufs der Algorithmen an Größe zunehmen.

13.3.1 Einfaches Beispiel

Als kleine Anwendung von nU/nchan zeigen wir ein „Pingpong" zwischen zwei Prozessen auf dem gleichen Rechner oder auf zwei verschiedenen Rechnern.

Dazu benutzen die beiden Prozesse das folgende Programm mit Objekten vom Typ string der Länge 4:

```
package main
import ("time"; "nU/env"; "nU/nchan")

func main() {
  me := uint(env.Arg1()) - '0'
  c := nchan.New ("wort", me, 1 - me, host, 123)
  for i := uint(0); i < 3; i++ {
    if me == 1 {
      println (c.Recv().(string)); time.Sleep(3e9)
      c.Send ("pong"); time.Sleep(3e9)
    } else {
      c.Send ("ping"); time.Sleep(3e9)
      println (c.Recv().(string)); time.Sleep(3e9)
    }
  }
}
```

In der zweiten Programmzeile von main muss für host der Name des Rechners, auf dem der Prozess des Kommunikationspartners läuft, verwendet werden, d. h., der Programmtext ist der gleiche für beide Prozesse, falls sie auf dem gleichen Rechner laufen.

Einer von ihnen ruft das Programm mit dem Argument 0 auf, der andere mit 1. Das Argument wird mit der Funktion

```
// Liefert das erste Byte des ersten Arguments des Programmaufrufs,
// wenn das gegeben war, andernfalls 0.
func Arg1() byte { return arg1() }
```

aus dem Paket nU/env ausgewertet; das führt dann in der zweiten Programmzeile zu den (unterschiedlichen!) Identitäten 1 und 0 der beiden Prozesse.

Die Pause mit time.Sleep dient nur zur Simulierung einer längeren Dauer der Botschaftenübermittlung.

Die Typzusicherung („*type assertion*") nach dem c.Recv() ist dabei unabdingbar; wird sie vergessen, meldet der Übersetzer den Fehler „...: cannot use c.Recv() (type obj.Any) as type string in assignment: need type assertion".

13.4 Verteilte Schlösser nach Ricart/Agrawala

Wenn Prozesse in unterschiedlichen Betriebssystem-Prozessen – insbesondere auf *verschiedenen Rechnern* – auf gemeinsame Daten zugreifen wollen, ist keine der bisher entwickelten Methoden zur Garantie des gegenseitigen Ausschlusses brauchbar. Dazu benötigen wir eine „verteilte Synchronisation", d.h., alle beteiligten Rechner müssen miteinander mit dem Ziel kommunizieren, die Berechtigung zum Zugriff auszuhandeln.

Mit unserer Konstruktion der Netzkanäle sind wir in der Lage, die Lösung dieses Problems von Ricart und Agrawala in [5] vorzustellen. Ihre Grundidee ist folgende:

Wenn ein Prozess den kritischen Abschnitt betreten will, sendet er allen anderen Beteiligten eine Botschaft mit seiner Zeit. Wenn ein Prozess eine solche Botschaft erhält, gibt es drei Fälle:

(a) Er befindet sich im kritischen Abschnitt,
(b) er hat kein Interesse daran oder
(c) er möchte ihn auch betreten.

Im Fall (a) antwortet er dem Absender nicht, sondern merkt ihn zunächst in einer Warteschlange als Interessenten vor.

Im Fall (b) antwortet er dem Absender mit einer „ok"-Botschaft.

Im Fall (c) vergleicht er die empfangene Zeit mit der, die er den anderen mit seiner Anfrage gesendet hat. Priorisiert wird der ältere Prozess – liegt also die empfangene Zeit vor der eigenen, sendet er ein „ok" an den Absender, andernfalls verfährt er wie im Fall (a). Sind die Zeiten gleich, werden die Rechnernummern zur Entscheidung herangezogen.

Der Eintritt in den kritischen Abschnitt ist einem Prozess genau dann möglich, wenn er von allen anderen das „ok" empfangen hat.

Die globale Zeit ist stets das Maximum aller Zeiten der beteiligten Prozesse; jeder Prozess setzt seine eigene Zeit im Eintrittsprotokoll auf die der globalen Zeit folgende.

Im Austrittsprotokoll sendet ein Prozess allen Beteiligten aus seiner Warteschlange das „ok" und löscht die Warteschlange.

Die Spezifikation des Pakets über verteilte Schlösser stützt sich auf das Paket nU/lock der Schlösser, weil es deren Interface implementiert:

```
package dlock
import . "nU/lock"

type DistributedLock interface {

  Locker
}

// Vor.: h ist die Folge der Namen der beteiligten Rechner.
//       me ist die Identität des aufrufenden Prozesses
//       (me < len(h)). Der Prozess mit der Identität i
//       läuft auf dem Rechner h[i].
//       Die Ports p..p+n*n sind nicht
//       durch einen Netzwerkdienst belegt.
// Liefert ein neues verteiltes Schloss.
func New (me uint, h []string, p uint16) DistributedLock {
  return new_(me,h,p) }
```

Die oben beschriebene „Buchhaltung" muss natürlich für jeden Beteiligten in nebenläufige Prozesse ausgelagert werden, was dazu führt, dass die Implementierung des Konstruktors recht aufwendig ist:

```
package dlock
import ("sync"; "nU/nchan")

const ok = uint(0)

type distributedLock struct {
  uint "Anzahl der beteiligten Rechner"
  host []string // ihre Namen
  me uint // Identität des aufrufenden Prozesses
  request, reply [][]nchan.NetChannel
  mutex, cs sync.Mutex
  time, ownTime, nReplies uint
  interested bool
  deferred []bool
}

func new_(me uint, hs []string, p uint16) DistributedLock {
  x := new(distributedLock)
  x.uint = uint(len(hs))
  x.deferred = make([]bool, x.uint)
  x.me = me
  x.host - make([]string, x.uint)
  for i := uint(0); i < x.uint; i++ {
    x.host[i] = hs[i]
  }
  x.cs.Lock()
  x.request = make([][]nchan.NetChannel, x.uint)
  x.reply = make([][]nchan.NetChannel, x.uint)
  for i := uint(0); i < x.uint; i++ {
    x.request[i] = make([]nchan.NetChannel, x.uint)
    x.reply[i] = make([]nchan.NetChannel, x.uint)
  }
  var other string
  for i := uint(0); i < x.uint; i++ {
    for j := uint(0); j < x.uint; j++ {
      if i != j && (x.me == i || x.me == j) {
        if x.me == i {
          other = x.host[j]
        } else { // me == j
          other = x.host[i]
        }
        k := i * x.uint + j
        x.request[i][j] = nchan.New(x.ownTime, other,
                                    uint(k), true)
```

```
                x.reply[i][j] = nchan.New(x.ownTime, other,
                                          uint(k + x.uint * x.uint),
                                          true)
            }
        }
    }
    for i := uint(0); i < x.uint; i++ {
        if i != x.me {
            go func (j uint) { // Buchhaltung der Anfragen
                for {
                    otherTime := x.request[j][x.me].Recv().(int)
                    x.mutex.Lock()                                    // 1
                    if otherTime > x.time {
                        x.time = otherTime
                    }
                    if x.interested && (x.ownTime < otherTime ||
                                        x.ownTime == otherTime &&
                                        x.me < j) {
                        x.deferred[j] = true
                    } else {
                        x.reply[x.me][j].Send(ok)
                    }
                    x.mutex.Unlock()                                  // 1
                }
            }(i)
            go func (j uint) { // Buchhaltung der ok-Antworten
                for {
                    _ = x.reply[j][x.me].Recv().(int)
                    x.mutex.Lock()
                    x.nReplies++
                    if x.nReplies == x.uint - 1 {
                        x.cs.Unlock()
                    }
                    x.mutex.Unlock()
                }
            }(i)
        }
    }
    return x
}
```

Die Imlemenentierung der Protokolle ist damit recht einfach:

```
func (x *distributedLock) Lock() {
    x.mutex.Lock()              // 2
    x.interested = true
    x.ownTime = x.time + 1
    x.nReplies = uint(0)
    x.mutex.Unlock()            // 2
    for i := uint(0); i < x.uint; i++ {
```

```
    if i != x.me {
      x.request[x.me][i].Send (x.ownTime)
    }
  }
  x.cs.Lock()
}

func (x *distributedLock) Unlock() {
  x.mutex.Lock()
  x.interested = false
  x.mutex.Unlock()
  for i := uint(0); i < x.uint; i++ {
    if x.deferred[i] {
      x.deferred[i] = false
      x.reply[x.me][i].Send (ok)
    }
  }
}
```

Zur Verdeutlichung der Funktionsweise des Algorithmus spielen wir – im Wesentlichen als Plagiat des Beispiels aus [5] – einen Ablauf durch, bei dem drei Prozesse A, B und C auf den Rechnern mit den Nummern 1, 2 und 3 auf gemeinsame Daten zugreifen wollen, was den Schutz der Zugriffe durch Sperrsynchronisation erforderlich macht.

Wir benutzen im Folgenden – wie im Quelltext oben – die Zeit „0" als Inhalt der „ok"-Botschaft.

Während A auf Rechner 1 kein Interesse am kritischen Abschnitt hat, wollen die Prozesse B und C auf Rechner 2 bzw. 3 ihn ungefähr gleichzeitig betreten und senden dazu ihre anfängliche eigene Zeit „1" an die beiden anderen (s. Abb. 13.1).

Das führt dazu, dass A *beide* Anfragen mit „ok" quittiert und die Konkurrenz zwischen B und C wegen 2 < 3 zugunsten von B aufgelöst wird, d. h., B hält die Antwort an Rechner 3 zurück und merkt sich die Anfrage vor und C beantwortet die Anfrage von B mit der Sendung von „ok" an Rechner 2 (s. Abb. 13.2).

Kurze Zeit später möchte auch A den kritischen Abschnitt betreten und sendet – nach Aktualisierung seiner Zeit nach dem Empfang der Zeiten „1" von B und C – die Zeit „2" an Rechner 2 und 3 (s. Abb. 13.3).

Unabhängig davon, welche der beiden Botschaften von A zuerst bei Rechner 2 eintreffen, ist jetzt der Prozess B auf Rechner 2 im exklusiven Besitz des kritischen

Abb. 13.1 B und C senden ihre Anfangszeit an die Anderen

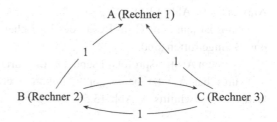

Abb. 13.2 A und C senden
ihr „ok"

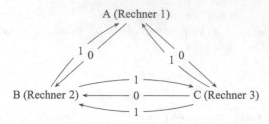

Abb. 13.3 Dritter Schritt

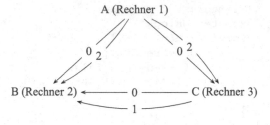

Abb. 13.4 Vierter Schritt

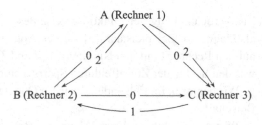

Abb. 13.5 A hat beide
„ok"-Antworten erhalten

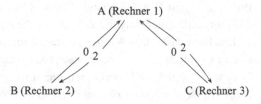

Abschnitts, denn auch falls „2" eher als „0" bei ihm ankommen sollte, „gewinnt" B, verzögert also sein „ok" an A.

Wegen $1 < 2$ gewinnt C die Konkurrenz gegen A; also sendet A „ok" an Rechner 3 und C hält seine Antwort an Rechner 1 zurück.

Wenn B den kritischen Abschnitt verlässt, sendet er seine beiden zurückgehaltenen Antworten (s. Abb. 13.4).

Damit ist nunmehr C im Besitz des kritischen Abschnitts, weil die Antworten von A und B eingetroffen sind.

In seinem Austrittsprotokoll sendet er die zurückgehaltene Botschaft an Rechner 1.

Damit hat A jetzt beide „ok"-Antworten erhalten und kommt in den Besitz des kritischen Abschnitts (s. Abb. 13.5).

Die Gewährleistung des *gegenseitigen Ausschlusses* zeigen wir – in enger Anlehnung an [5] – mit einem Widerspruchsbeweis:

Nehmen wir an, zwei Prozesse, 1 und 2, befänden sich gleichzeitig im kritischen Abschnitt

Dann haben beide vorher ihre eigene Zeit an alle anderen Prozesse gesendet und von allen die „ok"-Antwort erhalten. Nun gibt es für die Ablaufreihenfolge der durch das Schloss `mutex` gesicherten Abschnitte in der nebenläufigen *Buchhaltung der Anfragen* und in der Funktion `Lock` – im Quelltext durch die Markierungen 1 und 2 abgegrenzt – drei Fälle:

(a) Prozess 1 hat die „ok"-Antwort gesendet, *bevor* er seine eigene Zeit aktualisiert hat, d. h., der Abschnitt 1 für ihn wurde *vor* seinem Abschnitt 2 ausgeführt.

(b) Wir haben eine zum Fall (a) duale Situation – mit vertauschten Rollen der Prozesse 1 und 2.

(c) *Beide* Prozesse haben die Anfrage des jeweils anderen *nach* der Ausführung ihres Abschnitts 2 – also nach der Aktualisierung der eigenen Zeit – mit „ok" beantwortet.

Im Fall (a) war anschließend die eigene Zeit von Prozess 1 eine spätere als die von Prozess 2. Da Prozess 2 in der Anfrage von Prozess 1 eine spätere Zeit empfangen hat, galt für ihn – im Gegensatz zu Prozess 1 – `interested == true`, weil die entsprechende Zuweisung *vor* der Sendung der Anfragen erfolgt, und Prozess 1 hat diese Anfrage vor der Sendung seiner eigenen Anfrage empfangen. Folglich verzögert Prozess 2 aufgrund des Vergleichs die Anfrage und quittiert sie erst in seinem Austrittsprotokoll mit der „ok"-Antwort.

Damit konnte Prozess 1 aber – im Widerspruch zur Annahme – den kritischen Abschnitt nicht betreten.

Für den Fall (b) gilt Entsprechendes.

Im Fall (c) gilt für *beide* Prozesse `interested == true`, wenn sie die Anfrage des anderen erhalten. Folglich vergleichen *beide* bei der Anfrage Zeit und Rechnernummer des anderen mit den eigenen Daten. Die Vergleiche liefern nun aber für beide Prozesse das gegenteilige Resultat, was dazu führt, dass genau *einer* von ihnen die Antwort auf die Anfrage bis zum Verlassen des kritischen Abschnitts zurückhält.

Damit liefert auch dieser Fall einen Widerspruch zur Annahme.

In allen Fällen ist also beiden Prozessen verwehrt, nebenläufig den kritischen Abschnitt zu betreten, d. h., der gegenseitige Ausschluss ist garantiert.

Der Grund für eine *Verklemmung* bestände darin, dass mehrere anfragende Prozesse den kritischen Abschnitt nicht betreten können, weil sie auf wechselseitige „ok"-Antworten warten, die von anderen an der Verklemmung beteiligten Prozessen gesendet werden müssten, die ihrerseits auf eine Antwort warten und deshalb blockiert sind.

Folglich muss es einen Zyklus von Prozessen geben, von denen jeder eine Anfrage an den nächsten in diesem Zyklus gesendet, aber vom vorigen noch keine Antwort empfangen hat. Da jeder Prozess in diesem Zyklus die Anfrage verzögert, muss er den kritischen Abschnitt selber angefragt und dabei festgestellt haben, dass der Vergleich ihn dabei priorisiert hat.

Das ist aber aufgrund der zeitlichen Ordnung für alle Prozesse in dem Zyklus unmöglich.

Damit sind Verklemmungen ausgeschlossen.

Der Algorithmus ist auch *fair*, denn mit einem hungernden Prozess hätten wir folgende Situation:

Prozesse beantworten Anfragen in endlicher Zeit, weil die nebenläufigen Prozesse zur Buchhaltung der Anfragen – abgesehen vom gegenseitigen Ausschluss zum Schutz des Zugriffs auf einige gemeinsame Variable – nicht blockieren, sondern in Endlos-Schleifen laufen.

Nach einer Anfrage des hungernden Prozesses kann der Empfänger in *seinen* Anfragen nicht die gleiche oder eine frühere Zeit senden. Damit hat der hungernde Prozess irgendwann die *früheste* Zeit aller anfragenden Prozesse, weshalb er alle Antworten zurückhält und somit kein anderer Prozess den kritischen Abschnitt betreten kann.

Da wir oben gesehen haben, dass der Algorithmus verklemmungsfrei ist, *muss* irgendwann *irgendein* Prozess Zugriff auf den kritischen Abschnitt erhalten können; weil das kein anderer Prozess sein kann, kann es sich dabei nur um den hungernden handeln.

Folglich verhungert er *nicht*.

Somit ist auch die Fairness nachgewiesen.

Der Algorithmus benötigt zwischen je zwei Prozessen einen Kanal für die Anfrage und einen für die Antwort; bei n beteiligten Prozessen beträgt die Anzahl der erforderlichen Kanäle daher insgesamt

$$2\sum_{i=1}^{n-1} i = 2\frac{(n-1)n}{2} = (n-1)n \ .$$

Für jeden Eintritt in einen kritischen Abschnitt sind je eine Anfrage und eine Antwort an bzw. von jedem anderen Prozess, insgesamt also $2(n-1)$ Botschaften erforderlich; bei jedem Austritt werden noch einmal bis zu $n-1$ Botschaften gesendet.

In den Quelltexten zu diesem Buch befindet die Datei `verteilerGA.go` – ein Programm zur Animation des verteilten gegenseitigen Ausschlusses.

Ricart und Agrawala haben gezeigt, dass diese Anzahl nicht unterboten werden kann, wenn die Prozesse unabhängig voneinander und nebenläufig arbeiten, d. h., ihr Algorithmus ist in dieser Hinsicht optimal.

Zum Schluss sei noch darauf hingewiesen, dass ihr Algorithmus *so* modifiziert werden kann, dass er auch das *Leser-Schreiber-Problem* löst:

Dazu dürfen Leser die Antworten auf Anfragen nicht zurückhalten, sondern müssen sie grundsätzlich sofort mit der Sendung von „ok" quittieren.

Literatur

1. Andrews, G.R.: Concurrent Programming, Principles and Practice. Addison-Wesley, Menlo Park (1991). https://www.cs.arizona.edu/people/greg
2. Ben-Ari, M.: Principles of Concurrent and Distributed Programming, 2nd edn. Addison-Wesley, Harlow (2006)
3. Erciyes, K.: Distributed Graph Algorithms for Computer Networks. Springer, London (2013)
4. Raynal, M.: Distributed Algorithms and Protocols. Wiley, Chichester/New York (1988)
5. Ricart, G., Agrawala, A.K.: An Optimal Algorithm for Mutual Exclusion in Computer Networks. Commun. ACM **24**, 9–17 (1981). https://doi.org/10.1145/358527.358537

Universelle ferne Monitore

14

Zusammenfassung

In diesem Kapitel wird zuerst unsere Konstruktion der Netzkanäle so erweitert, dass sie auch für 1:n-Verbindungen verwendbar sind. Damit ist die Umsetzung des Kunden-Anbieter-Paradigmas *netzweit* möglich. Darüber hinaus erlaubt es die Entwicklung einer weiteren universellen Synchronisationsklasse: die der fernen Monitore. Deren Bedeutung liegt in ihrer Ähnlichkeit zu den konditionierten universellen Monitoren. Sie weisen eine Reihe von Vorteilen gegenüber den Prozedurfernaufrufen („*remote procedure calls*"): die recht einfache Erledigung von Aufgaben, die sonst nur mit ihnen möglich sind.

In etlichen Anwendungen erweist sich die Stärke dieses Konzepts: der Konstruktion verteilter Semaphore, Warteschlangen und beschränkter Puffer und der Implementierung des verteilten Leser-Schreiber- und Links-Rechts-Problems.

In den letzten drei Kapiteln über Netzwerktopologie, verteilte Tiefen- und Breitensuche und die Auswahl eines Leiters im lokalen Netzwerk wird von dieser Konstruktion intensiv Gebrauch gemacht.

14.1 Erweiterung der Netzkanäle auf den Fall 1:n

Zunächst erweitern wir das Paket nchan mit dem Ziel, Netzkanäle nicht nur für 1:1-Verbindungen zwischen Prozessen auf zwei Rechnern zur Verfügung zu stellen, sondern auch für 1:n-Verbindungen zwischen einem Anbieter und *mehreren* Kunden. Die wichtigste Anwendung wird dann die *netzweite* Realisierung des *Kunden-Anbieter-Paradigmas* (s. Abschn. 11.5) sein. Kunden-Anbieter-Paradigma.

Der wesentliche Unterschied zum einfachen Fall ist dabei, dass ein Anbieter auf *mehrere* Rechner hören („*listen*") können muss, um ihre Aufträge in Form von Botschaften

© Springer Fachmedien Wiesbaden GmbH, ein Teil von Springer Nature 2019
C. Maurer, *Nichtsequentielle und Verteilte Programmierung mit Go*,
https://doi.org/10.1007/978-3-658-26290-7_14

zu empfangen und seine Antwort an *genau denjenigen* Kunden zu senden, der ihn beauftragt hat.

Dazu erweitern wir die Repräsentation der Netzkanäle um zwei lokale Kanäle `in`, `out` `chan Any`, die wir zur Kommunikation innerhalb des Anbieters einsetzen. Sie sieht damit wie folgt aus:

```
type netChannel struct {
  Any "Musterobjekt"
  uint "Kapazität des Kanals"
  in, out chan Any
  Stream "Puffer zur Datenübertragung"
  net.Conn "Kommunikationskanal"
}
```

Der Vorteil der Verwendung der Kanäle besteht u. a. darin, dass in einer Anwendung bewachtes selektives Warten eingesetzt werden kann, was einen wesentlichen Teil der Leistungsfähigkeit des Konzepts ausmacht. Um sie benutzen zu können, muss natürlich eine Methode zu ihrem Export bereitgestellt und in die Spezifikation aufgenommen werden.

Im Parameter für den Rechnernamen wird dem Konstruktor jetzt nicht mehr wie im 1:1-Fall der Name des Kommunikationspartners übergeben, sondern der des Anbieters. Mit einem booleschen Parameter wird festgelegt, ob der aufrufende Prozess die Rolle des Anbieters oder die eines Kunden spielen soll. Folglich sind die Identitäten, die im Abschn. 13.3 über 1:1-Netzkanäle diese Unterscheidung ermöglichten, überflüssig geworden und ihre Übergabe entfällt. Damit erweitert sich die Spezifikation des Interface `NetChannel` in diesem Abschnitt um die Methode zum Export der beiden lokalen Kanäle und einen Konstruktor für 1:n-Verbindungen:

```
type NetChannel interface {
  ...

  // Liefert den input- und den output-Kanal,
  // die es einem Anwender erlauben, mit
  // abgezweigten Server-Prozessen zu kommunizieren.
  Chan() (chan Any, chan Any)
}


// ...
// h ist der Name des Anbieters.
// Wenn s den Wert true hat, spielt der aufrufende Prozess
// die Rolle des Anbieters, sonst die eines Kunden.
// ...
func NewN (a Any, h string, port uint16, s bool) NetChannel {
  return newf(a,h,port,s) }
```

Im Anbieter-Fall liefert die Funktion `Accept` jetzt nicht mehr den Deskriptor für die Sende- und Empfangsoperationen „des" 1:1-Partners, sondern den *irgendeines* Kunden.

Seine Bedienung wird in einen nebenläufigen Prozess ausgelagert, dem dieser Deskriptor übergeben wird, wobei sich die Rolle der zusätzlichen Kanäle deutlich zeigt:

```
var c0 = C0()

func (x *netChannel) serve (c net.Conn) {
  var r int
  for {
    r, x.error = c.Read (x.Stream)
    if r == 0 {
      break
    }
    if x.Any == nil {
      x.uint = uint(Decode (uint(0), x.Stream[:c0]).(uint))
      x.in <- x.Stream[c0:c0+x.uint]
      a := <-x.out
      x.uint = Codelen(a)
      _, x.error = c.Write(append(Encode(x.uint), Encode(a)...))
    } else {
      x.in <- Decode (Clone (x.Any), x.Stream[:r])
      _, x.error = c.Write (Encode(<-x.out))
    }
  }
  c.Close()
}
```

Bei aufeinanderfolgenden Aufrufen von NewN muss die korrekte Paarung in beiden Programmen eingehalten werden, um Verklemmungen zu vermeiden.

Insgesamt haben wir damit folgende Erweiterung der Implementierung von 1:1-Netzkanälen (s. Abschn. 13.3) zu 1:n-Netzkanälen:

```
func (x *netChannel) Chan() (chan Any, chan Any) {
  return x.in, x.out
}

func newn (a Any, h string, port uint16, s bool) NetChannel {
  x := new(netChannel)
  x.Any = Clone(a)
  x.uint = Codelen(a)
  if a == nil {
    x.uint = maxWidth
  }
  x.Stream = make([]byte, x.uint)
  x.in, x.out = make(chan Any), make(chan Any)
  x.isServer = s
  ps := ":" + strconv.Itoa(int(port))
  if x.isServer {
    x.Listener, x.error = net.Listen (network, ps)
    go func() {
      for {
```

```
        if c, e := x.Listener.Accept(); e == nil { // NOT x.Conn,
                                                   // x.error !
            go x.serve (c) // see above remark
        }
      }
    }()
  } else { // client
    for {
      if x.Conn, x.error = net.Dial (network, h + ps);
                                    x.error == nil {
        break
      }
      time.Sleep(500 * 1e6)
    }
  }
  return x
}
```

14.2   Konstruktion der fernen Monitore

Wir erweitern jetzt das Konzept der universellen konditionierten Monitore zu dem der
fernen Monitore, die über deren Funktionalität hinaus *Verteilung* bieten:

Der Anbieter läuft in einem Betriebssystem-Prozess auf *einem* Rechner und die Kunden
rufen die Monitorfunktionen innerhalb von Betriebssystem-Prozessen auf *diesem* oder auf
anderen Rechnern auf.

Ein wesentlicher Vorteil unseres Konstrukts gegenüber Prozedurfernaufrufen ist dabei,
dass Anbieter und Kunden den gleichen Quelltext verwenden, womit sich die – recht
aufwendige – getrennte Übersetzung erübrigt.

Meines Wissens ist dieses Konzept bisher in der Literatur nicht zu finden – genauso
wenig wie unser Konzept der universellen kritischen Abschnitte und der universellen
Monitore.

14.2.1 Spezifikation

Für die Parameter im Konstruktor New gelten die gleichen Voraussetzungen wie bei den
Monitoren. Darüberhinaus wird vorausgesetzt,

- dass h der Name eines im Netz erreichbaren Rechners ist,
- die Werte von p die Zahl $16384 = 1 \ll 16$ - nchan.Port0 nicht überschreiten,
- die verwendeten Ports nicht von anderen Netzwerkdiensten belegt sind und

- ein Prozess auf dem Rechner h auch einen fernen Monitor startet und damit die Rolle des Anbieters übernimmt, indem er New mit den gleichen Werten mit Ausnahme des letzten, der den Wert true haben muss, ausführt.

Damit lautet die Spezifikation der fernen Monitore:

```
package fmon
import (. "nU/obj")

type FarMonitor interface {

// Vor.: i < Anzahl der Monitorfunktionen von x.
// Der Wert von a ist mit dem Aufruf zum Anbieter gesendet.
// Die Monitorfunltion fs(_, i) ist auf dem Anbieter
// ausgeführt; ggf. war der aufrufende Prozess solange
// blockiert, bis das i-te Prädikat ps(-, i) true war.
// Liefert den Wert, den der Anbieter zurückgeschickt hat.
   F (a Any, i uint) Any

// Alle von x belegten Netzkanäle sind geschlossen.
   Fin()
}


// Vor.: fs und ps sind in ihrem 2. Argument für alle i < n
//       definiert. h ist der Name eines Rechners, der in
//       /etc/hosts enthalten oder per DNS erreichbar ist.
//       Die Ports p..p+n-1 sind nicht von einem
//       Netzwerkdienst benutzt. Im Fall s == true ist
//       New von einem Prozess auf Rechner h aufgerufen.
// Liefert einen fernen Monitor mit n Monitorfunktionen.
// Für alle i < n sind fs(_,i) die i-te Monitorfunktion
// und ps(_, i) das zugehörige Prädikat, mit dem entschieden
// wird, ob die Monitorfunktion ausgeführt werden kann.
// h ist der Name des Anbieters, der den Monitor ausführt
// und p..p+n-1 sind die Ports, die von der TCP-IP-
// Verbindung zwischen Anbieter und Kunden benutzt wird.
// Die gebrauchten Netzkanäle sind geöffnet.
// Der ferne Monitor läuft genau dann als Anbieter,
// wenn s == true gilt; andernfalls als Kunde.
// Für a == nil können unterschiedlich große Objekte mit
// einer Codelänge <= 4096 gesendet und empfangen werden.
// In diesem Fall liefert der Anbieter als Wert
// eines Monitoraufrufs eine Bytefolge vom Typ Stream
// und der Aufrufer muss diese Folge selber decodieren;
// andernfalls wird das von den Empfangsoperationen
// der verwendeten Netzwerkkanäle erledigt.
func New (a Any, n uint, fs FuncSpectrum, ps PredSpectrum,
          h string, p uint16, s bool) FarMonitor {
   return new_(a,n,fs,ps,h,port,s)
}
```

14.2.2 Implementierung

Die Implementierung des Konstruktors lehnt sich im Grundgedanken sehr eng an die der
konditionierten universellen Monitore an:

```
package fmon
import ("time"; . "nU/obj"; "nU/nchan")

type farMonitor struct {
  Any "Musterobjekt"
  uint "Anzahl der Monitorfunktionen"
  ch []nchan.Netchannel
  FuncSpectrum; PredSpectrum
  bool "true gdw. der Monitor der Anbieter ist"
}

func new_(a Any, n uint, fs FuncSpectrum, ps PredSpectrum,
          h string, p uint16, s bool) FarMonitor {
  x := new(farMonitor)
  x.Any = Clone(a)
  x.uint = n
  x.ch = make([]nchan.Netchannel, x.uint)
  x.bool = s
  in := make([]chan Any, x.uint)
  out := make([]chan Any, x.uint)
  any := make([]Any, x.uint)
  for i := uint(0); i < x.uint; i++ {
    x.ch[i] = nchan.NewN (x.Any, h, p + uint16(i), s)
    in[i], out[i] = x.ch[i].Chan()
  }
  if ! x.bool {
    return x // x ist ein Kunde
  }
  x.FuncSpectrum = fs
  x.PredSpectrum = ps
  for i := uint(0); i < x.uint; i++ {
    go func (j uint) {
      for {
        select {
        case any[j] = <-When (x.PredSpectrum (x.Any, j), in[j]):
          if x.PredSpectrum (any[j], j) {
            out[j] <- x.FuncSpectrum (any[j], j)
          } else {
            out[j] <- x.FuncSpectrum (x.Any, j)
          }
        default:
        }
        time.Sleep(1e9)
      }
```

```
    }(i)
  }
  return x
}

func (x *farMonitor) F (a Any, i uint) Any {
  x.ch[i].Send (a)
  return x.ch[i].Recv()
}

func (x *farMonitor) Fin() {
  for i := uint(0); i < x.uint; i++ {
    x.ch[i].Fin()
  }
}
```

Der Anbieter bedient jetzt seine Kunden bei ihren Funktionsaufrufen, d. h., er empfängt Objekte von ihnen und sendet sie nach der Bearbeitung wieder an sie zurück. Zu diesem Zweck wird bei seiner Erzeugung für jede der n Monitorfunktionen eine Goroutine abgezweigt. Kunden dürfen natürlich nicht soweit kommen, weil sie sonst auch als Anbieter arbeiten müssten; das ist durch die mit „x ist ein Kunde" kommentierte Programmzeile gesichert.

Diese Goroutinen des Anbieters erledigen das wie folgt:

Sie fragen für jedes j < n innerhalb einer Endlos-Schleife laufend per bewachtem selektivem Warten (mit einer Kombination aus select-Anweisung und When – s. Abschn. 11.7 im Abschnitt darüber) den vom verwendeten Netzkanal dafür zur Verfügung gestellten Input-Kanal ab, ob ein Auftrag von einem Kunden eingetroffen ist.

Das geht nicht ohne default-Zweig in der select-Anweisung, weil sonst im Falle des Nichtzutreffens des Prädikats, was zwischendurch ständig passiert, der Prozess dabei laut Beschreibung von select blockiert bliebe und folglich nicht mehr auf weitere Aufrufe reagieren könnte (s. Abschn. 11.4 im Abschnitt über das selektive Warten).

Mit When wird erst einmal nur eine „Vorabprüfung" mit dem Musterobjekt x.Any durchgeführt, das dem fernen Monitor bei seiner Konstruktion übergeben wurde.

Danach wird geprüft, ob das empfangene Objekt any[j] *auch* dieses Prädikat erfüllt. Diese zweite Überprüfung ist zwar in *den* Fällen obsolet, in denen außer dem Musterobjekt in den Monitoraufrufen keine anderen Objekte mehr versendet werden, was bei vielen Beispielen aus den nächsten Abschnitten der Fall ist. Notwendig ist das aber in Anwendungen wie z. B. bei einer Kontoführung, in der jeder Monitoraufruf den Betrag sendet, der eingezahlt oder abgehoben werden soll.

Wenn schon die Vorprüfung ein negatives Resultat liefert, bleibt der aufrufende Prozess blockiert, weil der Kanal in[j] den Wert nil hat und damit kein Empfang möglich ist (s. Spezifikation von When im Abschn. 11.7).

Wenn andernfalls auch die zweite Überprüfung positiv verläuft, d. h. das j-te Prädikat aus dem Prädikatsspektrum dabei ein true liefert, wird das Objekt any[j] von der j-ten Funktion aus dem Funktionsspektrum bearbeitet und über den Output-Kanal des

Netzkanals zurückgesendet. Andernfalls muss der ferne Monitor einen besonderen Wert zurücksenden, der einem Auftraggeber – z. B. bei einer beabsichtigten Abhebung von einem Konto – zeigt, dass sein Auftrag nicht erfüllt werden konnte.

14.3   Korrektheit

Die Semantik dieses Verfahrens ist genau die gleiche wie bei den konditionierten Monitoren (s. Abschn. 10.2.2)

Das Nichtannehmen der Botschaft auf dem Kanal `in[i]` vermöge des `When`-Konstrukts (s. Abschn. 11.7 im Kapitel über den Botschaftenaustausch) entspricht dem Aufruf von `wait`, falls `!x.PredSpectrum(pattern, j)`; und die Bearbeitung des Wertes der Botschaft in der Anweisung `x.FuncSpectrum (any[j], j)` und anschließende Rücksendung des Ergebnisses auf dem Kanal `out[j]` entspricht dem Aufruf von `y = x.NFuncSpectrum(i)` und der Rückgabe des Ergebnisses per `return`.

Aud diesem Grund ist klar, dass in Anwendungen die Konstruktionen der Funktions- und Bedingungsspektren `NFuncSpectrum` und `CondSpectrum` sowie die Aufrufe der Monitorfunktionen `F` bei den fernen Monitoren *nahezu identisch* mit den entsprechenden Konstruktionen der Funktions- und Prädikatsspektren `FuncSpectrum` und `PredSpectrum` in Anwendungen der konditionierten Monitore sind.

Vergleichen Sie z. B. einmal den Quelltext des Konstruktors des konditionierten Monitors für Semaphore im Abschn. 10.3 mit dem des Konstruktors im folgenden Abschnitt!

Da es sich bei unserer Implementierung des Konstruktors eines universellen Monitors im Abschn. 10.2.2 nur um die geradlinige Übersetzung der anerkanntermaßen korrekten Simulation des Monitorkonzepts durch Semaphore im Abschn. 9.10 des Kapitels über Monitore handelt (s. [3] Abschn. 2, [2] Abschn. 5.4, [1] Abschn. 6.6 (Implementations) und [4] Abschn. 3.3.4), ist das Verfahren korrekt.

14.4   Verteilte Semaphore

Als erste einfache Anwendung zeigen wir eine verteilte Implementierung des Interface Abschn. 4.5.1 von Semaphoren – im Gegensatz zum Abschn. 13.4 eine *zentralisierte* Lösung des *verteilten* gegenseitigen Ausschlusses.

Bei diesen Beispielen – wie bei allen weiteren in den nächsten Abschnitten – muss natürlich der jeweilige Konstruktor in Form eines passenden Funktionsaufrufs in die Spezifikation aufgenommen werden.

```
package sem
import (. "nU/obj", "nU/fmon")

type farMonitor struct {
  fmon.FarMonitor
}
```

```
func newFM (n uint, h string, port uint16, s bool) Semaphore {
  x := new(farMonitor)
  val := n
  ps := func (a Any, i uint) bool {
          if i == p {
            return val > 0
          }
          return true
        }
  f := func (a Any, i uint) Any {
          if i == p {
            val--
          } else {
            val++
          }
          return true
        }
  x.FarMonitor = fmon.New (false, 2, f, ps, h, port, s)
  return x
}

func (x *farMonitor) P() { x.F (true, p) }
func (x *farMonitor) V() { x.F (true, v) }
```

14.5 Verteilte Warteschlangen und beschränkte Puffer

Die folgenden Beispiele sind ebenfalls so einfach, dass wohl kaum keine Erklärung dazu
notwendig ist ("*the source is the doc*").

Der einzige erwähnenswerte Punkt ist, dass das „Musterobjekt" unverzichtbar ist, um
einen Typfehler bei der Rückgabe der Werte der Monitorfunktionen zu vermeiden: Das
Objekt, das im Aufruf von Get der Monitorfunktion F als erster Parameter mitgegeben
wird, muss den gleichen Typ haben wie dasjenige, das dem Konstruktor des fernen
Monitors als erster Parameter mitgegeben wird.

```
package mbuf
import (. "nU/obj"; "nU/buf", "nU/fmon")

const (ins = uint(iota), get)

type farMonitor struct {
  Any "Musterobjekt"
  buf.Buffer
  fmon.FarMonitor
}

func newFM (a Any, h string, port uint16, s bool) MBuffer {
```

```
x := new(farMonitor)
x.Any = Clone (a)
x.Buffer = buf.New (a)
p := func (a Any, i uint) bool {
        if i == get {
            return x.Buffer.Num() > 0
        }
        return true
    }
f := func (a Any, i uint) Any {
        if i == get {
            return x.Buffer.Get()
        }
        x.Buffer.Ins (a)
        return a
    }
x.FarMonitor = fmon.New (a, 2, f, p, h, port, s)
return x
}

func (x *farMonitor) Fin() { x.FarMonitor.Fin() }

func (x *farMonitor) Ins (a Any) { x.F(a, ins) }
func (x *farMonitor) Get() Any { return x.F(x.Any, get) }
```

Die verteilte Lösung *beschränkter* Puffer ist eine triviale Modifikation der vorigen; dem Konstruktor muss zusätzlich die Kapazität des Puffers übergeben werden, `Buffer` wird durch `BoundedBuffer` und das Paket `buf` durch `bbuf` ersetzt.

14.6 Verteiltes Leser-Schreiber- und Links-Rechts-Problem

Die verteilten Lösungen dieser Probleme sind die geradlinige Übertragung der Lösungen mit einem konditionierten Monitor, wobei der erste Parameter in den Monitorfunktionen keine Rolle spielt. Es muss lediglich sichergestellt sein, dass – wie im vorigen Abschnitt – deren Typen untereinander gleich sind und mit dem Typ des Objekts übereinstimmen, das dem Konstruktor des fernen Monitors als erster Parameter mitgegeben wird.

```
package rw
import (. "nU/obj"; "nU/fmon")

type farMonitor struct {
  fmon.FarMonitor
}

func newFM (h string, port uint16, s bool) ReaderWriter {
  var nR, nW uint
  x := new(farMonitor)
```

```
  p := func (a Any, i uint) bool {
          switch i {
          case readerIn:
            return nW == 0
          case writerIn:
            return nR == 0 && nW == 0
          }
          return true // readerOut, writerOut
      }
  f := func (a Any, i uint) Any {
          switch i {
          case readerIn:
            nR++
            return nR
          case readerOut:
            nR--
            return nR
          case writerIn:
            nW = 1
          case writerOut:
            nW = 0
            }
          return nW
      }
  x.FarMonitor = fmon.New (uint(0), 4, f, p, h, port, s)
  return x
}

func (x *farMonitor) ReaderIn() { x.F (0, readerIn) }
func (x *farMonitor) ReaderOut() { x.F (0, readerOut) }
func (x *farMonitor) WriterIn() { x.F (0, writerIn) }
func (x *farMonitor) WriterOut() { x.F (0, writerOut) }
```

und

```
package lr
import (. "nU/obj"; "nU/fmon")

type farMonitor struct {
  fmon.FarMonitor
}

func newFM (h string, port uint16, s bool) LeftRight {
  var nL, nR uint
  x := new(farMonitor)
  p := func (a Any, i uint) bool {
          switch i {
          case leftIn:
            return nR == 0
          case rightIn:
```

```
        return nL == 0
      }
      return true // leftOut, rightOut
    }
 f := func (a Any, i uint) Any {
    switch i {
    case leftIn:
      nL++
    case leftOut:
      nL--
    case rightIn:
      nR++
    case rightOut:
      nR--
    }
    return 0
 }
 x.FarMonitor = fmon.New (0, 4, f, p, h, port, s)
 return x
}


func (x *farMonitor) LeftIn() { x.F (0, leftIn) }
func (x *farMonitor) LeftOut() { x.F (0, leftOut) }
func (x *farMonitor) RightIn() { x.F (0, rightIn) }
func (x *farMonitor) RightOut() { x.F (0, rightOut) }
```

In den Quelltexten zu diesem Buch befindet die Datei `farlr.go` – ein Programm zur Animation des Links-Rechts-Problems mit fernen Monitoren.

Es ist eine ganz einfache Übungsaufgabe, diese beiden Lösungen so zu erweitern, dass ihre inhärente Unfairness beseitigt wird (s. z. B. 2. Leser-Schreiber-Problem oder beschränktes Links-Rechts-Problem).

14.7 Konto

Hier noch das erwähnte Beispiel, bei dem im Aufruf einer Monitorfunktion ein Objekt an den Monitor gesendet und nach einer Bearbeitung durch sie mit einem in der Regel veränderten Wert zurückgeliefert wird. Ein Kunde kann ohne Einschränkung Geld deponieren; der Auftrag liefert als Wert den deponierten Betrag zurück; entsprechendes passiert beim Auftrag zum Abheben, wenn der Kontostand für den angeforderten Betrag ausreicht.

Andernfalls kann der Kunde aber nicht blockiert werden, weil der ferne Monitor die Überprüfung ja nicht durchführen kann, wenn er den angeforderten Betrag nicht kennt. Folglich *muss* er die Botschaft, die ihm auf dem Input-Kanal gesendet wird, in der When-Klausel empfangen, um in der folgenden Zeile das Prädikat `ps(any[draw], draw)` auszuwerten. Wenn der Kontostand nicht ausreicht, liefert er den Wert des Musterobjekts

– in diesem Falle 0 – zurück, an dem der Kunde zweifelsfrei erkennt, dass die Auszahlung nicht möglich ist.

Auch hier ist die Implementierung wohl auf Anhieb verständlich:

```
package macc
import (. "nU/obj"; "nU/mon")

const (deposit = uint(iota), draw)

type farMonitor struct {
  fmon.FarMonitor
}

func newFM (h string, port uint16, s bool) MAccount {
  balance := uint(0)
  x := new (farMonitor)
  p := func (a Any, i uint) bool {
        if i == deposit {
          return true
        }
        return balance >= a.(uint) // draw
      }
  f := func (a Any, i uint) Any {
        if i == deposit {
          balance += a.(uint)
        } else {
          balance -= a.(uint)
        }
        return a
      }
  x.FarMonitor = fmon.New (balance, 2, f, p, h, port, s)
  return x
}

func (x *farMonitor) Deposit (a uint) uint {
  return x.FarMonitor.F (a, deposit).(uint)
}

func (x *farMonitor) Draw (a uint) uint {
  return x.FarMonitor.F (a, draw).(uint)
}
```

14.8 Fernaufrufe

Die Go-Bibiothek bietet im Paket net/rpc eine Konstruktion von Anbietern und Kunden für Fernaufrufe an. Sie ist allerdings recht vertrackt und in Bezug auf die Möglichkeiten ihrer Verwendung in abstrakten Schichten nach dem Prinzip des *„information hiding"* m. E. suboptimal.

Die einfachste allgemeine Form eines Fernaufrufs ist eine einstellige Funktion, im allgemeinen Fall also vom Typ func (a Any) Any. (Dieser Typ wird unter dem Namen Func im Paket obj untergebracht.)

Die Realisierung ist durch das Kunden-Anbieter-Paradigma gegeben: Die Möglichkeit zu einem Fernaufruf wird von einem Anbieter zur Verfügung gestellt, die von Kunden benutzt werden kann.

Weil das die gleiche Grundidee wie bei fernen Monitoren ist, sieht die Spezifikation eines entsprechenden Pakets fast genauso aus wie die der fernen Monitore:

```
package rpc
import . "nU/obj"

type RPC interface {
  F (a Any, i uint) Any
  Fin()
}
```

Der einzige Unterschied zu den fernen Monitoren besteht darin, dass bei ihnen die Monitorfunktionen auf Objekten *eines Typs* operieren, hier dagegen in der Regel der Typ des Ergebnisses vom Typ des Arguments verschieden ist. Daher muss der Konstruktor um einen Parameter des Ergebnistyps erweitert werden, in dem ein Objekt des Ergebnistyps übergeben wird. Als letzter Parameter wird die vom Kunden definierte Funktion übergeben, die auf dem rpc-Anbieter ausgeführt werden soll.

```
func New (a, b Any, n uint, h string, p uint16, s bool,
          fs FuncSpectrum) RPC {
  return new_(a,b,n,h,p,e,fs) }
```

Allerdings brauchen wir für die Implementierung noch eine Erweiterung der fernen Monitore, die den zweiten Parameter des Konstruktors – also einen weiteren Typ – berücksichtigt; also einen zweiten Konstruktor

```
func New2 (a, b Any, n uint, fs FuncSpectrum, ps PredSpectrum,
           h string, p uint16, s bool) FarMonitor {
  return new2(a,n,fs,ps,h,p,s) }
```

Der zweite Typ muss natürlich in der Repräsentation erfasst werden:

```
package fmon
import ("time"; . "nU/obj"; "nU/nchan")

type farMonitor struct {
  Any "Musterobjekt für das Argument"
  result Any "Musterobjekt für das Ergebnis"
  ... // weiter wie in der obigen Implementierung
}
```

Die Implementierung des Konstruktors New2 ist ganz ähnlich wie die von new_. Da die Größen der Objekte verschieden sein können, wird den Konstruktoren für die benötigten Netzwerkkanäle als erster Parameter nil übergeben. Der hintere Teil – in der Methode common – ist mit dem des hinteren Teils von new_ identisch:

```
func new2 (a, b Any, n uint, fs FuncSpectrum, ps PredSpectrum,
           h string, p uint16, s bool) FarMonitor {
  x := new(farMonitor)
  x.Any, x.result = Clone(a), Clone(b)
  x.uint = n
  x.ch = make([]nchan.NetChannel, x.uint)
  x.bool = s
  for i := uint(0); i < x.uint; i++ {
    x.ch[i] = nchan.NewN (nil, h, p + uint16(i), s)
  }
  return x.common (fs, ps)
}

func (x *farMonitor) common (fs FuncSpectrum, ps PredSpectrum)
                                                FarMonitor {
  in, out := make([]chan Any, x.uint), make([]chan Any, x.uint)
  for i := uint(0); i < x.uint; i++ {
    in[i], out[i] = x.ch[i].Chan()
  }
  if ! x.bool {
    return x // x ist ein Kunde
  }
  x.FuncSpectrum, x.PredSpectrum = fs, ps // x ist der Server
  any := make([]Any, x.uint)
  for i := uint(0); i < x.uint; i++ {
    ... // weiter wie in der Implementierung von new_
```

Die Implementierung unseres Fernaufruf Pakets mit einem fernen Monitor ist damit trivial:

```
package rpc
import (. "nU/obj"; "nU/fmon")

type rpc struct {
  fmon.FarMonitor
}

func new_(a, b Any, n uint, h string, p uint16, s bool,
          fs FuncSpectrum) RPC {
  x := new(rpc)
  x.FarMonitor = fmon.New2 (a, b, n, fs, AllTrueSp, h, p, s)
  return x
}
```

Das benötigte Prädikatsspektrum

```
func AllTrueSp (a Any, i uint) bool { return true }
```

wird im Paket obj untergebracht.

Die Funktionen F und Fin aus dem Interface müssen nicht implementiert werden, weil sie direkt aus dem „geerbten" Interface übernommen werden.

14.8.1 Beispiel eines Fernaufrufs

Mit dem Typ `Intstream = []Int` im Paket `obj` und dazu passender Erweiterungen der Implementierungen der Funktionen in `obj/equaler.go` und `obj/coder.go` (s. Abschn. 2.3.2.1 und 2.3.2.4) lässt sich das in in der Datei `net/rpc/server.go` von den Go-Autoren gegebene Beispiel, in dem das Produkt von 7 und 8 per Fernaufruf berechnet wird, wie folgt realisieren:

```
package main
import (. "nU/obj"; "nU/ego"; "nU/rpc")

func f (a Any, i uint) Any {
  p := IntStream{0, 0}
  p = Decode (p, a.(Stream)).(IntStream)
  return p[0] * p[1]
}

func main() {
  me := ego.Me()
  input, output := IntStream{7, 8}, 0
  hostname, port := ..., ...
  r := rpc.New (input, output, hostname, port, me == 0, f)
  if me == 0 { // Fernaufruf-Anbieter ist aufgerufen
    for { }
  } else { // Kunde
    output = Decode (output, r.F (input, 0).(Stream)).(int)
    println ("7 * 8 =", uint(output))
  }
}
```

Streng genommen widerspricht die explizite Angabe der Konstruktion des Rückgabewerts des Fernaufrufs in der Funktion f der durchaus sinnvollen Forderung, dass dieser Quelltext eigentlich nur auf dem Anbieter-Rechner (d. h. dem Rechner, auf dem der Anbieter-Prozess läuft) implementiert ist. Das ist aber ganz leicht dadurch zu erreichen, dass die Funktion f in ein eigenes Paket f mit der Spezifikation

```
package f
import "nU/obj"

func f (a Any) Any { return f(a) }
```

ausgelagert wird und ihre Implementierung

```
func f (a Any) Any {
  if ego.Me() == 0 {
    p := IntStream{0, 0}
    p = Decode (p, a.(Stream)).(IntStream)
    return p[0] * p[1]
  }
  return 0
}
```

nur auf dem Anbieter-Rechner diese Form hat; auf allen anderen Rechnern, auf denen f aufgerufen werden könnte, dagegen einfach so implementiert wird, dass sie nur einen bedeutungslosen Wert – z. B. den entsprechenden *zero-value* – liefert:

```
func f (a Any, i uint) Any {
  return 0
}
```

Damit lautet das Beispiel wie folgt:

```
package main
import (. "nU/obj"; "nU/ego"; "nU/rpc"; "f")

func main() {
  ... // die ersten drei Quelltext-Zeilen wie oben
  r := rpc.New (input, output, hostname, port, me == 0, f.F)
  ... // Rest wie oben
```

Literatur

1. Andrews, G.R.: Foundations of Multithreaded, Parallel and Distributed Programming. Addison-Wesley, Reading (2000)
2. Ben-Ari, M.: Principles of Concurrent and Distributed Programming. Prentice Hall, Hemel Hempstead (1990)
3. Hoare, C.A.R.: Monitors: An Operating Systems Structuring Concept. Commun. ACM **17**, 549–557 (1974). https://doi.org/10.1145/355620 361161
4. Raynal, M.: Concurrent Programming: Algorithms, Principles and Foundations. Springer, Berlin/Heidelberg (2013)

Netzwerke als Graphen 15

Zusammenfassung

In diesem Kapitel wird das Konzept von Graphen aufgegriffen und formalisiert. Dazu wird ein abstrakter Datentyp als Interface vorgestellt, das Graphen beschreibt, und zu einem Interface für verteilte Graphen weiterentwickelt.

Der Grund dafür liegt auf der Hand: Ein Netzwerk stellt konzeptionell einen ungerichteten Graphen dar. Die Prozesse auf den beteiligten Rechnern, die durch ihren Namen oder ihre IP eindeutig definiert sind, bilden seine Ecken und die Kommunikationswege zwischen ihnen – realisiert durch Netzwerkleitungen, z. B. Ethernet-Kabel, und die Programme, die den Netzwerkverkehr – den Transport von Botschaften über das Netz – ermöglichen, z. B. TCP/IP, bilden seine Kanten.

In den folgenden Kapiteln wird sich zeigen, dass viele verteilte Algorithmen genau in diesen Rahmen passen.

15.1 Graphen

Zur Vermeidung von Missverständnissen zunächst ein paar elementare Grundbegriffe:

Eine *Relation* R auf einer Menge M ist eine Teilmenge $R \subset M \times M$ von Paaren von Elementen aus M. R heißt

- *reflexiv*, wenn $(x, x) \in R$ für alle $x \in M$ gilt,
- *irreflexiv*, wenn es kein $x \in M$ mit $(x, x) \in R$ gibt,
- *strikt*, wenn für alle $x, y \in M$ aus $(x, y) \in R$ folgt, dass *nicht* $(y, x) \in R$ gilt, und
- *symmetrisch*, wenn für alle $x, y \in M$ aus $(x, y) \in R$ auch $(y, x) \in R$ folgt.

Für $(x, y) \in R$ wird meistens nur kurz xRy geschrieben.

© Springer Fachmedien Wiesbaden GmbH, ein Teil von Springer Nature 2019
C. Maurer, *Nichtsequentielle und Verteilte Programmierung mit Go*,
https://doi.org/10.1007/978-3-658-26290-7_15

15.1.1 Definition des Graphenbegriffs

Damit lässt sich der Begriff „Graph" sauber definieren:

Ein *Graph* ist ein Paar (G, R) aus einer Menge G und einer *irreflexiven* Relation $R \subset G \times G$ auf ihr. Die Elemente von G werden als *Ecken* (mitunter auch als *Knoten*) bezeichnet.

Zwei Ecken $e, e1 \in G$ mit $(e, e1) \in R$ bilden eine „*Kante*" von e nach $e1$. Man sagt, die Ecken e und $e1$ sind durch diese Kante *verbunden* – e ist *Nachbar*(-Ecke) von $e1$ und umgekehrt, wobei die Kante von e aus gesehen eine *ausgehende* Kante ist und von $e1$ aus eine *eingehende*. R wird deswegen auch häufig „*Nachbarschaftsrelation*" genannt. Die *Irreflexivität* von R besagt, dass keine Ecke im Graphen mit sich selbst durch eine Kante verbunden ist.

Wenn die Nachbarschaftsrelation R *strikt* ist, heißt der Graph „*gerichtet*", d. h., jede Kante $(e, e1) \in R$ hat eine *Richtung* – die „von e nach $e1$"; wenn sie R *symmetrisch* ist, heißt er „*ungerichtet*" d. h., *keine* Kante $(e, e1) \in R$ hat eine Richtung.

Der *Stern* einer Ecke v eines Graphen (G, R) ist der Graph (G', R') mit $G' = \{v' \in G \mid (v, v') \in R\}$ und $R' = R \cap (\{v\} \times G)$, d. h. mit e und den Nachbarn von e als Ecken und allen Kanten $(v, v') \in R$ zu den Nachbarn (nicht jedoch mit den Kanten *zwischen* diesen Nachbarn!).

Ein *Pfad* in einem Graphen (G, R) von einer Ecke $e_1 \in G$ zu einer Ecke $e \in G$ ist eine Folge von Kanten $(e_1, e_2), (e_2, e_3), \ldots, (e_{n_1}, e) \in R$ ($e_i \in G$ mit Ecken $e_i \in G$ ($1 \le i < n$), d. h., dass von jeder dieser Ecken e_i – mit Ausnahme der letzten – eine Kante zur nächsten Ecke e_{i+1} ausgeht. Ein *einfacher Pfad* ist ein Pfad aus paarweise verschiedenen Ecken.

Die *Länge eines Pfades* ist die Summe der Werte aller seiner Kanten – bei unbewerteten Graphen ist das deren Anzahl.

Ein *kürzester Weg* zwischen zwei Ecken e_1 und e eines Graphen ist das Minimum der Längen aller Pfade von e_1 nach e.

Ein *Kreis* ist ein Pfad mit $(e_{n-1}, e_0) \in R$, also einer zusätzlichen Kante von der letzten Ecke e_{n-1} des Pfades zur ersten e_0.

Der *Durchmesser* eines Graphen ist das Maximum der Längen aller kürzesten Wege zwischen je zwei Ecken aus ihm.

Ein *ungerichteter* Graph (G, R) heißt *zusammenhängend*, wenn es zwischen je zwei Ecken $v, v' \in G$ einen Pfad in G von v nach v' oder umgekehrt gibt. Ein *gerichteter* Graph heißt *stark zusammenhängend*, wenn es zwischen je zwei Ecken $v, v' \in G$ sowohl einen Pfad von v nach v' als auch einen von v' nach v gibt.

▶   In diesem Buch werden grundsätzlich nur (stark) zusammenhängende Graphen betrachtet.

15.2   Realisierung in Go

Zu dem Interface, das im nächsten Abschnitt vorgestellt wird, sind einige Erläuterungen notwendig.

Wir betrachten nur Graphen, deren Ecken „vernünftige" Objekte sind, d. h. entweder nur Variable eines atomaren Datentyps oder Objekte, die unser Interface Object (s. Abschn. 2.3 und 2.3.3 aus dem Kap. 2 über Pakete usw.) implementieren.

Die von einer Ecke ausgehenden Kanten werden fortlaufend ab 0 durchnummeriert); die Ecke, mit der eine Ecke durch ihre n-te ausgehende Kante verbunden ist, wird als ihre n-te (ggf. aus- oder eingehende) Nachbarecke bezeichnet.

Außerdem beschränken wir uns auf *bewertete* Graphen. Das sind solche, deren Kanten eine natürliche Zahl als *Wert* besitzen. (Mitunter werden dafür auch die Begriffe *gewichtet/Gewicht* benutzt und es werden ganze oder reelle Zahlen als Werte zugelassen.)

Dafür benötigen wir das folgende Interface, das im Paket obj untergebracht wird:

```
package obj

type Valuator interface {

// Liefert den Wert von x.
  Val() uint

// Liefert genau dann true, wenn x mit einem Wert versehen
// werden kann. In diesem Fall gilt x.Val() == n.
  SetVal (n uint) bool
}

func Val (a Any) uint { return val(a) }
func SetVal (x *Any, n uint) { setVal(x,n) }
```

Für bewertete Graphen fordern wir:

- Entweder haben alle Kanten den Wert 1
- oder ihr Wert ist durch die Funktion Val gegeben.

Sie müssen also von einem uint-verträglichen Typ (uint{8|16|32|64}) sein oder das Interface Valuator implementieren.

Die folgenden Begriffe erweisen sich als sehr nützlich bei der Beschreibung von Algorithmen, insbesondere bei der Manipulation einzelner Ecken oder Kanten eines Graphen wie z. B. zum Verbinden von Ecken durch Kanten oder zum Aufsuchen von Ecken, Kanten oder Nachbarn: In jedem nichtleeren Graphen ist genau eine Ecke als *kolokale* Ecke und eine als *lokale* Ecke ausgezeichnet.

Ferner lassen wir zu, dass Ecken und Kanten in einem Graphen *markiert* sind.

15.2.1 Spezifikation

Das Interface des Pakets gra beginnt mit der Klausel Object, d. h., es implementiert
dessen Interface. Folglich implementieren unsere Graphen auch die Interfaces Equaler,
Comparer, Clearer und Coder (s. Abschn. 2.3.2 ff. und 2.3.3). Das ist u. a. deswegen
wichtig, weil die Codierung und Decodierung von Graphen als Ströme in allen unseren
verteilten Algorithmen gebraucht wird, bei denen Graphen durch das Netz transportiert
werden.

   Die Spezifikation lautet

```
package gra
import (. "nU/obj"; "nU/adj")

type Graph interface {

  Object

// Liefert genau dann true, wenn x gerichtet ist.
  Directed() bool

// Liefert die Anzahl der Ecken von x.
  Num() uint

// Liefert die Anzahl der Kanten von x.
  Num1() uint

// Wenn e nicht vom Type der Ecken von x ist oder schon
// in x enthalten ist, ist nichts verändert. Andernfalls
// ist e als Ecke in x eingefügt. War x vorher leer,
// ist e jetzt die kolokale und die lokale Ecke von x;
// sonst ist e jetzt die lokale Ecke von x und die
// vorherige lokale Ecke ist jetzt kolokale Ecke von x.
  Ins (e Any)

// Wenn x leer war oder einen Kantentyp hat oder wenn
// die kolokale Ecke von x mit der lokalen Ecke von x
// übereinstimmt, ist nichts verändert.
// Andernfalls ist e als Kante von der kolokalen zur
// lokalen Ecke von x eingefügt (wenn diese beiden
// Ecken vorher schon durch eine Kante verbunden
// waren, kann sich ihre Richtung verändert haben.)
  Edge (e Any)

// Liefert genau dann true, wenn die kolokale Ecke nicht
// mit der lokalen Ecke von x übereinstimmt und es in x
// keine Kante von der kolokalen zur lokalen Ecke von x gibt.
  Edged() bool
```

```
// Liefert genau dann true, wenn v als Ecke in x enthalten
// ist. In diesem Fall ist v jetzt die lokale Ecke von x.
// Die kolokale Ecke von x ist die gleiche wie vorher.
   Ex (v Any) bool

// Liefert genau dann true, wenn v und v1 als Ecken in x
// enthalten sind und nicht übereinstimmen. In diesem Fall
// ist v jetzt die kolokale Ecke von x und v1 die lokale.
   Ex2 (v, v1 Any) bool

// Vor.: p ist auf Ecken definiert.
// Liefert true, wenn es eine Ecke in x gibt, für die
// p true liefert. In diesem Fall ist jetzt irgendeine
// solche Ecke die lokale Ecke von x.
// Die kolokale Ecke von x ist die gleiche wie vorher.
   ExPred (p Pred) bool

// Liefert nil, wenn x leer ist.
// Liefert andernfalls eine Kopie der lokalen Ecke von x.
   Get() Any

// Liefert eine Kopie der Musterkante von x, wenn x
// leer ist oder es keine Kante von der kolokalen
// zur lokalen Ecke von x gibt oder diese beiden Ecken
// übereinstimmen. Liefert sonst eine Kopie der Kante
// von der kolokalen Ecke von x zur lokalen Ecke von x.
   Get1() Any

// Liefert (nil, nil), wenn x leer ist.
// Liefert andernfalls ein Paar, bestehend aus einer
// Kopie der kolokalen und einer der lokalen Ecke von x.
   Get2() (Any, Any)

// Wenn x leer oder v nicht vom Eckentyp von x oder
// v nicht in x enthalten ist, ist nicht verändert.
// Andernfalls ist v jetzt die lokale Ecke von x
// und ist markiert.
// Die kolokale Ecke von x ist die gleiche wie vorher.
   Mark (v Any)

// Wenn x leer ist oder wenn v oder v1 nicht vom
// Eckentyp von x sind oder wenn v oder v1 nicht in x
// enthalten sind oder wenn v und v1 zusammenfallen,
// ist nichts verändert.
// Andernfalls ist v jetzt die kolokale und v1
// die lokale Ecke von x und diese beiden Ecken
// und die Kante zwischen ihnen sind jetzt markiert.
   Mark2 (v, v1 Any)
```

```
// Liefert genau dann true, wenn alle Ecken und Kanten
// von x markiert sind.
   AllMarked() bool

// Wenn x leer ist, ist nichts verändert.
// Andernfalls stimmt jetzt die kolokale Ecke von x
// mit der lokalen Ecke von x überein, wobei das
// für f == true die vorherige lokale Ecke ist und
// für f == false die vorherige kolokale Ecke von x.
// Das einzige markierte Element in x ist diese Ecke.
   Locate (f bool)

// Liefert 0, wenn x leer ist. Liefert andernfalls die Anzahl
// aller ein- und ausgehenden Kanten der lokalen Ecke von x.
   NumNeighbours() uint

// Liefert false, wenn x leer ist i >= NumNeighbourOut() ist;
// liefert andernfalls genau dann true, wenn die Kante zum
// i-ten Nachbarn der lokalen Ecke eine ausgehende Kante ist.
   Outgoing (i uint) bool

// Liefert nil, wenn x leer ist oder i >= NumNeighbours()
// gilt; liefert andernfalls eine Kopie des i-ten Nachbarn
// der lokalen Ecke von x.
   Neighbour (i uint) Any

// Vor.: o ist auf Ecken definiert.
// o ist auf alle Ecken von x angewendet. Die kolokale und
// die lokale Ecke von x ist jeweils die gleiche wie vorher.
   Trav (o Op)

// Liefert einen leeren Graphen, wenn x leer ist.
// Liefert andernfalls einen Graphen mit der lokalen Ecke
// von x als einziger Ecke allen von ihr aus- und bei ihr
// eingehenden Kanten. Markiert sind nur diese Ecke
// und alle Kanten zwischen ihr und ihren Nachbarn.
   Star() Graph

// Vor.: x ist genau dann gerichtet,
//       wenn es alle Graphen y sind.
// x besteht aus allen Ecken und Kanten
// von x vorher und aus allen Graphen y.
// Dabei sind alle Markierungen von y übernommen.
   Add (y ...Graph)

// Liefert die Repräsentation von x als Adjazenzmatrix.
   Matrix() adj.AdjacencyMatrix

// w und w2 sind die Operationen zur Ausgabe von x.
```

```
    SetWrite (w CondOp, w2 CondOp2)

 // Die Werte der Ecken von x sind an ihren Positionen
 // und die Kanten von x als einfache Linien ausgegeben.
    Write()
 }


 // Vor.: v is atomar oder implementiert Object.
 //       e == nil oder e ist von einem uint-Typ
 //       oder implementiert Valuator.
 // Liefert einen leeren Graphen. der genau dann gerichtet ist,
 // wenn d den Wert true hat.
 // v ist Musterecke von x, die den Typ der Ecken definiert.
 // Für e == nil hat x keinen Kantentyp und alle Kanten
 // haben den Wert 1; andernfalls ist e die Musterkante von x,
 // die den Typ der Kanten von x definiert.
 func New (d bool, v, e Any) Graph { return new_(d,v,e) }
```

15.2.2 Implementierung

Da die Spezifikation des Pakets zum Verständnis der verteilten Algorithmen in den nächsten Kapiteln völlig ausreicht, könnten wir hier eigentlich auf die Wiedergabe der Implementierung verzichten. Eben genau *das* ist einer der Vorteile unseres Postulats nach strikter Trennung von Spezifikation und Implementierung – s. Abschn. 2.1 über die Rolle von Paketen.

Es sei hier nur die Repräsentation der darin vorkommenden Objekte skizziert:

Ecken, Kanten und die Beziehungen zwischen ihnen werden durch Verbunde repräsentiert, die in doppelt verketteten Ringlisten mit einem „Ankerknoten" aufgehoben sind. Zur Repräsentation einer Ecke bzw. Kante gehören

- ein Wert vom Typ Any für die Musterecke/-kante,
- bei Ecken ein, bei Kanten zwei Zeiger auf die Ecken-Kantenbeziehungen,
- ein boolescher Wert, ob sie/er markiert ist oder nicht, und
- Zeiger auf die nächste und vorige Ecke in der Ecken-/Kantenliste;

zu der einer Ecken-Kanten-Beziehung

- ein Zeiger auf seine Kante,
- zwei Zeiger auf seine beiden Ecken,
- dem booleschen Wert, ob es eine ausgehende Kante ist oder nicht, sowie
- Zeiger auf die nächste und vorige Ecke in der Beziehungsliste.

Die Repräsentation eines Graphen besteht im Wesentlichen aus

- seinem Namen zum Ablegen des Graphen in einer Datei,
- dem booleschen Wert, ob er gerichtet ist oder nicht,
- den Anzahlen seiner Ecken und Kanten,
- Zeigern auf die Anker seiner Ecken und Kantenliste und
- Zeigern auf seine kolokale und seine lokale Ecke.

Darüberhinaus gibt es noch einige weitere Komponenten in den Repräsentationen, die für manche Algorithmen nützlich sind – aber das ist hier belanglos.

Als prototypisches Beispiel sei die Implementierung der Methode gezeigt, die den sternförmigen Graph der lokalen Ecke des Graphen liefert:

```
func (x *graph) Star() Graph {
  y := new_(x.bool, x.vAnchor.Any, x.eAnchor.Any).(*graph)
  y.Ins (x.local.Any)
  y.local.bool = true
  local := y.local // Rettung der lokalen Ecke von y
  if ! x.bool {
    for n, i := x.local.nbPtr.nextNb, uint(0);
        n != x.local.nbPtr; n, i = n.nextNb, i + 1 {
      y.Ins (Clone(n.to.Any)) // a jetzt colokal
      y.edgeMarked (Clone(n.edgePtr.Any), true) // Kante
                  // von a zur lokalen eingesetzten Ecke
                  // mit gleichem Inhalt wie in x
      y.local = local // a jetzt wieder lokale Ecke in y
    }
  } else { // x.bool
    for n, i := x.local.nbPtr.nextNb, uint(0);
        n != x.local.nbPtr; n, i = n.nextNb, i + 1 {
      y.Ins (Clone(n.to.Any)) // a ist jetzt wieder colokale
  // Ecke und die eingesetzte Ecke ist die lokale Ecke in y
      if n.outgoing { // wir brauchen eine Kante von a
                      // zu der eingesetzten Ecke
      } else { // ! n.outgoing: brauchen wir eine Kante
               // von der eingesetzten Ecke nach a
        y.local, y.colocal = y.colocal, y.local
      }
      y.edgeMarked (Clone(n.edgePtr.Any), true) // Kante in y
                    // von der kolokalen zur lokalen Ecke
      y.local = local
    }
  }
  return y
}
```

15.2.2.1 Ausgabe von Graphen auf dem Bildschirm

Die Konstruktion der Methode Write aus dem Paket nU/gra beruht auf den nVersionen des Farben- und des Bildschirmpakets aus dem μUniversum (s. [1]).

Mit den Funktionen aus diesen Paketen können Texte (auch farblich) und primitive Linien zwischen zwei Bildschirmpositionen ausgegeben werden, die nur aus dem Minuszeichen, dem senkrechten Strich und den beiden Schrägstrichen bestehen. Damit ist es möglich, die in den Kap. 13, 16, 17 und 18 enthaltenen Abbildungen von Graphen auszugeben – wenn auch nur etwas grob.

Wenn für einen Graph bei jeder Änderung die Anweisung zu seiner Ausgabe eingefügt wird, führt das im Laufe der Ausführung der Algorithmen zu ihrer Visualisierung.

Die Implementierungen der beiden Pakete werden hier nicht wiedergegeben; sie sind in den Quelltexten zum Buch enthalten.

Hier die Spezifikation des *Farbenpakets*:

```go
package col
import . "nU/obj"

type Colour interface {
  Object

// Liefert den rot/grün/blau-Anteil von x.
  R() byte; G() byte; B() byte

// x hat den Anteil b für rot/grün/blau.
  SetR (b byte); SetG (b byte); SetB (b byte)
}

func New() Colour { return new_() } // Black
func New3 (r, g, b byte) Colour { return new3(r,g,b) }

func Black() Colour  { return new3 (  0,   0,   0) }
func DarkRed() Colour { return new3 ( 85,   0,   0) }
func Red() Colour    { return new3 (170,   0,   0) }
... usw.
```

und hier die des *Bildschirmpakets*:

```go
package scr
import "nU/col"

// Zeichenbreite/-höhe des Standardfonts
const (Wd1 = uint(8); Ht1 = uint(16)) // ggf. anpassen

type Screen interface {

// Liefert die Pixelbreite/-höhe von x.
  Wd() uint; Ht() uint

// Liefert die Anzahl der Textzeilen/-spalten von x.
  NLines() uint; NColumns() uint

// x ist gelöscht. Der Kursor von x hat die Position (0, 0).
```

```
  Cls()

// f und b ist die aktuelle Vordergrund-/Hintergrundfarbe
// für Schreiboperationen.
  Colours (f, b col.Colour)
  ColourF (f col.Colour); ColourB (b col.Colour)

// Der Kursor von x ist genau dann sichtbar, wenn on == true.
  Switch (on bool)

// Vor.: l < NLines, c < NColumns.
// Der Kursor von x hat die Position (Zeile, Spalte) == (l, c).
// (0, 0) ist die linke obere Ecke von x.
  Warp (l, c uint)

// Der Kursor von x hat die Position (l, 0), wobei l die
// erste Zeile ist, die nicht von Ausgaben in x benutzt wurde.
  Fin()

// Vor.: 32 <= b < 127, l < NLines, c + 1 < NColumns.
// b ist auf x ab Position (l, c) ausgegeben.
  Write1 (b byte, l, c uint)

// Vor.: l < NLines, c + len(s) < NColumns.
// s ist auf x ab Position (l, c) ausgegeben.
  Write (s string, l, c uint)

// Vor.: c + Anzahl der Ziffern von n < NColumns, l < NLines.
// n ist auf x ab Position (l, c) ausgegeben.
  WriteNat (n, l, c uint)

// Vor.: l, l1 < NLines, c, c1 < NColumns.
// Ein Linie aus den Zeichen "-", "|", "/" und "\"
// von (l,c) nach (l1,c1) ist auf x ausgegeben.
  Line (l, c, l1, c1 uint)

// Vor.: l, c >= r, l + r < NLines, c + r < NColumns
// Ein Kreis aus dem Zeichen "*" mit dem Mittelpunkt (l, c)
// und dem Radius r ist auf x ausgegeben.
  Circle (l, c, r uint)

// Gewährleistet den gegenseitigen Ausschluss
// bei nebenläufigen Schreiboperationen
  Lock(); Unlock()
}

func New() Screen { return new_() }
```

15.3 Adjazenzmatrizen

Eine alternative Möglichkeit zur Beschreibung von Graphen ist ihre Repräsentation als *Adjazenzmatrizen*.

Üblicherweise wird eine quadratische Matrix $(m_{ik})_{n,n}$ mit n Zeilen und Spalten ($n > 0$) als Adjazenzmatrix bezeichnet, wenn ihre Einträge m_{ik} aus Wahrheitswerten – realisiert durch die Zahlen 0 und 1 für falsch bzw. wahr bestehen. Daraus lässt sich umkehrbar eindeutig ein Graph mit folgenden Eigenschaften konstruieren:

Er hat genau n Ecken mit den Inhalten $0, 1, \ldots, n-1$ und von einer Ecke i gibt es genau dann eine Kante zur Ecke k, wenn $m_{ik} = 1$. Ein Graph ist in diesem Modell genau dann gerichtet, wenn seine Adjazenzmatrix symmetrisch ist, d. h., wenn $m_{ik} = m_{ki}$ für alle $i, k < n$ gilt.

Das ist für unsere Belange aber zu wenig:

Mit dieser Definition können keine Graphen modelliert werden, die Ecken mit anderen Inhalten als nur fortlaufenden paarweise verschiedenen natürlichen Zahlen haben, und auch keine bewerteten Graphen.

Also erweitern wir sie:

Unter einer Adjazenzmatrix verstehen wir eine Matrix, deren Einträge Paare der Form (e, v) sind, wobei

- v irgendein Objekt ist (wobei alle diese Objekte typgleich sein müssen) und
- e eine natürliche Zahl ist.

In Go lassen wir – etwas allgemeiner – für die Elemente dieser Paare Objekte zu, die als Ecken bzw. als Kanten im Paket gra zugelassen sind. Den entprechenden Datentyp realisieren wir folglich so:

```
type pair struct {
  vertex,  // vertex ist atomar oder implementiert Object
  edge Any // edge hat einen uint-Typ oder implementiert Valuator
}
```

Wir brauchen außerdem einen Bezug zwischen Adjazenzmatrizen und Graphen. Dem dienen die folgenden zusätzlichen Methoden in unserem Paket gra:

```
// Liefert die Repräsentation von x als Adjazenzmatrix.
  Matrix() adj.AdjacencyMatrix

// Vor.: a ist genau dann symmetrisch, wenn x geordnet ist.
// x ist der Graph mit den Ecken a.Vertex(i) und Kanten
// von a.Vertex(i) nach a.Vertex(k), falls a.Val(i,k) > 0 ist
// (i, k < a.Num()).
  SetMatrix (a adj.AdjacencyMatrix)
```

Damit ist eine Adjazenzmatrix äquivalent zu einem Graphen mit ihren Einträgen als Ecken und Kanten, die durch die Position der Einträge (Ecken) gegeben sind. Jede solche Matrix $(a_{ij})_{n,n}$ definiert auf folgende Weise einen Graph:

$a_{ik} = (v, e)$ bedeutet für

$i = k$: v ist eine Ecke im Graph (in diesem Fall ist e die Musterecke von x).

$i \neq k$: Es gibt eine Kante von der i-ten zur k-ten Ecke des Graphen mit dem Wert von e, wenn e nicht die „Musterkante" der Matrix mit dem Wert 0 ist. In diesem Fall ist v die Musterecke von x.

Damit ist klar, dass in den Algorithmen die Information, die in einer Adjazenzmatrix steckt, auch in Graphen codiert werden kann, die über das Netz transportiert werden können – unter der Voraussetzung, dass das Graphenpaket – so wie unser Paket gra – die dazu notwendigen Operationen zur Verfügung stellt.

15.3.1 Spezifikation

Wir zeigen jetzt die Spezifikation des Pakets adj, das den abstrakten Datentyp *Adjazenz-matrix* definiert, dessen Interface – wie bei den Graphen – auch das Interface Object implementiert:

```
package adj
import . "nU/obj"

type AdjacencyMatrix interface {

  Object

// Liefert die Anzahl der Zeilen/Spalten von x.
  Num() uint

// Liefert genau dann true, wenn x und y die gleiche Zeilenzahl,
// gleiche Musterecken und gleiche Musterkanten haben.
  Equiv (y AdjacencyMatrix) bool

// Vor.: e hat den Typ der Musterecke von x.
// Wenn i oder k >= x.Num(), ist nichts verändert.
// Andernfalls gilt:
// x(i,k) ist das Paar (v, e) mit v = Musterecke von x,
// d.h., in dem ensprechenden Graph gibt es genau dann
// eine Kante mit dem Wert von e von seiner i-ten Ecke
// zu seiner k-ten Ecke, wenn x.Val (i,k) > 0 ist.
  Edge (i, k uint, e Any)

// Liefert das erste Element des Paares x(i,i), also eine Ecke.
```

```
  Vertex (i uint) Any

// Vor.: i, k < x.Num().
// Liefert 0, wenn in x(i,k) = (v, e) e die Musterkante
// von x ist; liefert andernfalls den Wert von e.
  Val (i, k uint) uint

// Vor.: v hat den Typ der Musterecke von x und
//       e hat den Typ der Musterkante von x.
// Wenn i oder k >= x.Num(), ist nichts verändert.
// Andernfalls ist jetzt x(i,k) == (v, e).
  Set (i, k uint, v, e Any)

// Returns true, iff x(i,k) == x(k,i) for all i, k < x.Num(),
// i.e. the corresponding graph is undirected.
  Symmetric() bool

// Vor.: x und y sind äquivalent.
// x enthält alle Einträge von x und dazu alle Einträge
// von y, bei Kanten aber nur diejenigen mit einem Wert > 0.
// Einträge von x, die an den gleichen Stellen in y vorkommen,
// sind dabei von den Einträgen in x überschrieben.
  Add (y AdjacencyMatrix)

// Liefert genau dann true, wenn jede Zeile von x
// mindestens einen Eintrag (v, e) mit x.Val(e) > 0 enthält,
// d.h., wenn jede Ecke im entsprechenden Graphen
// mindestens eine ausgehende Kante hat.
  Full () bool
}

// Vor.: Die Einträge von x sind vom Typ uint
//       oder implementieren Valuator.
// x ist auf dem Bildschirm ausgegeben.
  Write()

// Vor.: n > 0. v ist atomar oder implementiert Object und
//       e hat einen uint-Typ oder implementiert Valuator.
// v ist die Musterecke und e die Musterkante von x.
// Liefert eine n*n-Matrix nur mit Einträgen (v, e).
func New (n uint, v, e Any) AdjacencyMatrix {
  return new_(n,v,e) }
```

15.3.2 Implementierung

Die Repräsentation der Adjazenz-Matrizen und der Konstruktor sind wie folgt implementiert:

```
package adj
import . "nU/obj"

type pair struct {
  vertex, edge Any
}

type adjacencyMatrix struct {
  uint "number of rows/columns"
  v, e Any // pattern vertex and edge
  entry [][]pair
}

func new_(n uint, v, e Any) AdjacencyMatrix {
  CheckAtomicOrObject (v)
  CheckUintOrValuator (e)
  x := new(adjacencyMatrix)
  x.uint = n
  x.v, x.e = Clone(v), Clone(e)
  x.entry = make ([][]pair, n)
  for i := uint(0); i < n; i++ {
    x.entry[i] = make ([]pair, n)
    for k := uint(0); k < n; k++ {
      x.entry[i][k] = pair { x.v, x.e }
    }
  }
  return x
}
```

Die Implementierung könnte eigentlich – mit der gleichen Begründung wie beim Graphen-paket gra – weggelassen werden. Sie wird hier wiedergegeben, damit wenigstens *einmal* in diesem Buch gezeigt wird, wie sich im konkreten Fall die Methoden von Object in einem Paket implementierten lassen, das dieses Interface erweitert. Der Aufwand dazu ist bei diesem Beispiel – im Unterschied zu den Graphen – begrenzt.

Wir beschränken uns erst einmal auf genau diese Methoden:

```
func (x *adjacencyMatrix) Eq (Y Any) bool {
  y := Y.(*adjacencyMatrix)
  if x.Empty() {
    return y.Empty()
  }
  for i := uint(0); i < x.uint; i++ {
    if ! Eq (x.Vertex(i), y.Vertex(i)) {
      return false
    }
    for k := uint(0); k < x.uint; k++ {
      if ! Eq (x.entry[i][k].edge, y.entry[i][k].edge) ||
```

```
          ! Eq (x.entry[i][k].vertex, y.entry[i][k].vertex) {
            return false
          }
        }
      }
      return true
    }

    func (x *adjacencyMatrix) Copy (Y Any) {
      y := Y.(*adjacencyMatrix)
      x.uint = y.uint
      x.e, x.v = Clone(y.e), Clone(y.v)
      for i := uint(0); i < x.uint; i++ {
        for k := uint(0); k < x.uint; k++ {
          x.entry[i][k].vertex = Clone (y.entry[i][k].vertex)
          x.entry[i][k].edge = Clone (y.entry[i][k].edge)
        }
      }
    }

    func (x *adjacencyMatrix) Clone() Any {
      y := new_(x.uint, x.v, x.e)
      y.Copy (x)
      return y
    }

    func (x *adjacencyMatrix) Less (Y Any) bool {
      return false
    }

    func (x *adjacencyMatrix) Empty() bool {
      for i := uint(0); i < x.uint; i++ {
        for k := uint(0); k < x.uint; k++ {
          if ! Eq (x.entry[i][k].edge, x.e) {
            return false
          }
        }
      }
      return true
    }

    func (x *adjacencyMatrix) Clr() {
      for i := uint(0); i < x.uint; i++ {
        for k := uint(0); k < x.uint; k++ {
          x.entry[i][k] = pair { x.v, x.e }
        }
      }
    }
```

```
func (x *adjacencyMatrix) Codelen() uint {
  v, e := Codelen(x.v), Codelen(x.e)
  return 4 + (1 + x.uint * x.uint) * (v + e)
}

func (x *adjacencyMatrix) Encode() Stream {
  bs := make (Stream, x.Codelen())
  v, e := Codelen(x.v), Codelen(x.e)
  copy (bs[:4], Encode (uint32(x.uint)))
  i := uint(4)
  copy (bs[i:i+v], Encode (x.v))
  i += v
  copy (bs[i:i+e], Encode (x.e))
  i += e
  for j := uint(0); j < x.uint; j++ {
    for k := uint(0); k < x.uint; k++ {
      copy (bs[i:i+v], Encode (x.entry[j][k].vertex))
      i += v
      copy (bs[i:i+e], Encode (x.entry[j][k].edge))
      i += e
    }
  }
  return bs
}

func (x *adjacencyMatrix) Decode (bs Stream) {
  v, e := Codelen(x.v), Codelen(x.e)
  x.uint = uint(Decode (uint32(0), bs[:4]).(uint32))
  i := uint(4)
  x.v = Decode (x.v, bs[i:i+v])
  i += v
  x.e = Decode (x.e, bs[i:i+e])
  i += e
  for j := uint(0); j < x.uint; j++ {
    for k := uint(0); k < x.uint; k++ {
      x.entry[j][k].vertex = Decode (x.v, bs[i:i+v])
      i += v
      x.entry[j][k].edge = Decode (x.e, bs[i:i+e])
      i += e
    }
  }
}
```

Den Rest der Implementierung zeigen wir hier nicht; er ist in den Quelltexten zum Buch (im Paket nU/adj) enthalten.

15.4 Verteilte Graphen

Wie in der Zusammenfassung geschildert, stellt jedes Netzwerk einen Graphen dar.

Jeder Prozess hat eine Identität, die zur Konstruktion der 1:1-Netzkanäle zu seinen Nachbarn notwendig ist (s. Kommentar zum Konstruktor New im Abschn. 13.3 über 1:1-Netzkanäle im Kapitel über den netzweiten Botschaftenaustausch).

Dazu drängt es sich regelrecht auf, verteilte Graphen als Erweiterung von Graphen zu modellieren, d. h. einen abstrakten Datentyp – also ein Paket – zu konstruieren, das auf Graphen basiert.

15.4.1 Spezifikation

Hier zunächst ein kleiner aber sehr wichtiger Ausschnitt aus dem Interface dieses Pakets, das das Interface des Graphen-Pakets gra – je nach Sichtweise – erbt bzw. erweitert:

```
package dgra
import "nU/gra"

type DistributedGraph interface {
  gra.Graph
}

// Vor.: Die Werte der Kanten von g, um nchan.Port0 erhöht,
//       sind die Ports der 1:1-Netzkanäle
//       zwischen den durch sie verbundenen Ecken.
// Liefert einen verteilten Graphen
// mit dem zugrundeliegenden Graphen g.
func New (g gra.Graph) DistributedGraph { return new_ (g) }
```

Weitere Teile folgen im Laufe der nächsten Kapitel, wenn sie gebraucht werden.

15.4.2 Implementierung

Die Repräsentation der verteilten Graphen ist aus naheliegenden Gründen recht komplex.

Zur Ausgabe seiner Ecken wird nicht nur ihre Identität, sondern auch ihre Position auf dem Bildschirm gebraucht. Dafür wird ein eigenes Paket mit der folgenden Spezifikation zur Verfügung gestellt:

```
package vtx
import . "nU/obj"

type Vertex interface {
  Object
  Valuator
```

```
// x hat die Position (x, y).
  Set (x, y uint)

// Liefert die Position von x.
  Pos() (uint, uint)

// x ist an seiner Position ausgegeben.
  Write()
}

// Liefert eine neue aktuelle Ecke.
func New (n uint) Vertex { return new_(n) }

// Vor.: v implementiert Vertex.
// v ist an seiner Position ausgegeben.
func W (v Any) { w(v) }

// Vor.: v und v1 implementieren Vertex.
// Die Positionen von v und v1 sind durch eine Linie verbunden.
func W2 (v, v1 Any) { w2(v,v1) }
```

(Die Implementierung von nU/vtx ist in den Quelltexten des Buches enthalten.)

Damit besteht die Repräsentation im Wesentlichen aus folgenden Komponenten:

- der Nachbarschaftsgraph des aufrufenden Prozesses, d. h. er, seine Nachbarn und die Netzkanäle zu ihnen (dieser Graph muss erhalten bleiben, d. h. er darf von den Algorithmen nicht verändert werden)
- und dazu eine temporäre Kopie dieses Graphen zum Gebrauch von den Algorithmen, die sie verändern dürfen,
- die boolesche Information, ob der Graph gerichtet ist oder nicht,
- der aufrufende Prozess als aktuelle Ecke im Graphen,
- die Identität des aufrufenden Prozesses („ich"),
- der Name des Rechners, auf dem er läuft,
- und die Anzahl seiner Nachbarprozesse,
- deren Ecken im Graph
- und ihre Identitäten,
- die Namen der Rechner, auf denen sie laufen,
- und die 1:1-Netzkanäle zu ihnen
- mit ihren Ports.

Dazu kommen einige weitere Komponenten, die zur Ausführung von Algorithmen gebraucht werden. Sie werden an den passenden Stellen vorgestellt.

Hier der entsprechende Ausschnitt aus der Repräsentation:

```
package dgra
import ("nU/gra"; "nU/nchan")

type distributedGraph struct {
  gra.Graph,
  tmpGraph gra.Graph
  bool "gra.Graph directed"
  actVertex vtx.Vertex
  me uint
  actHost string
  n uint
  nb []vtx.Vertex
  nr []uint
  host []string
  ch []nchan.NetChannel
  port []uint16
}
```

und hier die entsprechenden Teile des Konstruktors:

```
package dgra
import (.."nU/obj"; "nU/env"; "nU/nchan"; "nU/gra")
const p0 = nchan.Port0

func new_(g gra.Graph) DistributedGraph {
  x := new(distributedGraph)
  x.Graph = g
  x.tmpGraph = Clone(x.Graph).(qra.Graph)
  x.bool = x.Graph.Directed()
  x.actVertex = x.Graph.Get().(vtx.Vertex)
  x.me = x.actVertex.Val()
  x.actHost = env.Localhost()
  x.n = x.Graph.Num() - 1
  x.nb = make([]vtx.Vertex, x.n)
  x.nr = make([]uint, x.n)
  x.host = make([]string, x.n)
  x.ch = make([]nchan.NetChannel, x.n)
  x.port = make([]uint16, x.n)
  for i := uint(0); i < x.n; i++ {
    g.Ex (x.actVertex)
    x.nb[i] = g.Neighbour(i).(vtx.Vertex)
    x.nr[i] = x.nb[i].Val()
    x.Graph.Ex2 (x.actVertex, x.nb[i])
    x.port[i] = p0 + x.Graph.Get1().(uint16)
  }
  return x
}
```

15.5 Beispiele

Das Standardbeispiel in den nächsten drei Kapiteln ist der Graph G8 aus Abb. 15.1.

Zur Erzeugung solcher Graphen im Paket dgra wird intern noch ein zusätzlicher Konstruktor gebraucht:

```
// Vor.: len(l) = len(c) = len(e) = len(e[i]) = n für alle i < n.
//       Die Werte der Kanten von g, um nchan.Port0 erhöht,
//       sind die Ports der 1:1-Netzkanäle
//       zwischen den durch sie verbundenen Ecken.
// Liefert den Stern der Ecke id des Graphen mit den Ecken 0..n-1
// an den Bildschirmpositionen (Zeile, Spalte) = (l[i],c[i]),
// den durch e definierten Kanten mit passenden Ports für die
// Netzkanäle zwischen den durch h definierten Rechnern als Werten
// und mit dem Durchmesser m.
func newg (dir bool, l, c []uint, e [][]uint,
           h []string, m, id uint) DistributedGraph {
  g := gra.New (dir, vtx.New(uint(0)), uint16(1)) // g ist ein
     // neuer Graph mit Eckentyp uint und Kanten vom Typ von ports
  g.SetWrite (vtx.W, vtx.W2)
  n := uint(len(e))
  v := make([]vtx.Vertex, n)        // Ecken aller Prozesse erzeugen
  for i := uint(0); i < n; i++ { // und für alle i < n
    v[i] = vtx.New(i)             // mit i als Wert füllen, mit der
    v[i].Set (l[i], c[i])        // Position (l[i],c[i]) versehen
    g.Ins(v[i])                  // und in g einfügen
  }
  for i := uint(0); i < n; i++ {
    for _, j := range e[i] {
      g.Ex2 (v[i], v[j])      // i ist jetzt die kolokale
                              // und j die lokale Ecke in g
      if ! g.Edged() { // wenn es noch keine Kante
                       // von i nach j gibt,
        p := nchan.Port (n, i, j, 0)
        g.Edge (p)      // i mit j durch eine Kante mit dem Wert
                        // des o.a. Ports verbinden
      }
    }
  }
  g.Ex (v[id])      // v[id] ist jetzt die lokale Ecke in g
  g.SetWrite (vtx.W, vtx.W2)
  g = g.Star()    // g ist jetzt nur noch der Stern von v[id]
```

Abb. 15.1 Ungerichteter Graph mit 8 Ecken und 10 Kanten

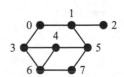

```
d := new_(g).(*distributedGraph) // d ist der verteilte
                      // Graph mit g als zugrundeliegendem Graphen
d.setSize (n)   // Zeilen/Spaltenzahl der Adjazenzmatrix
                // = Anzahl der Ecken von g
if h == nil {   // damit examples.go einfacher wird
  h = make([]string, n)
  for i := uint(0); i < n; i++ {
    h[i] = env.Localhost()
  }
}
for i := uint(0); i < d.n; i++ { // die Namen der Rechner,
  d.host[i] = h[d.nr[i]] // auf denen die Nachbarprozesse
} // laufen, aus examples.go übernehmen (oder s.o.)
d.diameter = m // Durchmesser von g
return d
}
```

Die dabei verwendete Funktion

```
func Localhost() string {
  return localhost()
}
```

liefert den Namen des Rechners, auf dem der aufrufende Prozess gestartet wurde; sie
stammt aus dem schon im Abschn. 13.3.1 erwähnten Paket nU/env.

Damit sind Konstruktionen beliebiger Graphen im Paket dgra möglich, von dem jeder
der beteiligten Prozesse seinen Stern erhält (s. Abschn. 15.1.1).

Sie sollten in einer eigenen Datei – z. B. examples.go – abgelegt werden.

Beispiele dafür sind unser „Standardgraph" G8:

```
package dgra

func G8 (i uint) DistributedGraph {
/*
      0 --- 1 --- 2
     /       \
    /         \
   3 --- 4 --- 5
    \   /     /
     \ /     /
      6 --- 7
*/
  l := []uint { 0, 0, 0, 3, 3, 3, 6, 6 }
  c := []uint { 4,10,16, 1, 7,13, 4,10 }
  return newg (false, l, c, e, nil, 4, i)
}
```

und der etwas größere Graph G12:

```
func G12 (i uint) DistributedGraph {
 g12 (i uint) DistributedGraph {
/*
```

```
     0-----1----2
    /|\   / \    \
   / | \ /   \    \
  3  4  5  6--7----8
   \ /   \ | /
    \/    \|/
     9----10----11
*/
  l := []uint { 0, 0, 0, 3, 3, 3, 3, 3, 3, 6, 6, 6 }
  c := []uint { 5,11,17, 2, 5, 8,11,14,20, 5,11,17 }
  e := [] []uint { []uint { 1, 3, 4, 5 },
                   []uint { 2, 5, 7 },
                   []uint { 8 },
                   []uint { 9 },
                   []uint { 9 },
                   []uint { 10 },
                   []uint { 7, 10 },
                   []uint { 8, 10 },
                   []uint { },
                   []uint { 10 },
                   []uint { 11 },
                   []uint { } }
  return newg (false, l, c, e, nil, 4, i)
}
```

Die Übergabe des Parameters nil führt gemäß Implementierung des Konstruktors newg dazu, dass alle Prozesse auf dem lokalen Rechner laufen.

Wenn die Prozesse dagegen auf verschiedenen Rechnern ausgeführt werden sollen, müssen dem Konstruktor deren Namen übergeben werden. Wenn z. B. im Graphen G8 Prozess 1 auf venus, Prozesse 4 und 5 auf mars, Prozess 7 auf jupiter und die anderen auf terra laufen sollen, muss die letzte Zeile durch

```
v, m, t, j := "venus", "mars", "terra", "jupiter"
h := []string { t, v, t, t, m, m, t, j }
return newg (false, l, c, e, h, 4, i)
```

ersetzt werden.

Dann *muss* natürlich jedem Programmaufruf auf den beteiligten Rechnern die *passende Prozessidentität* als Argument übergeben werden, also auf venus 1, auf mars 4 und 5, auf terra 0, 2, 3 und 6 und auf jupiter 7!

15.5.1 Bildschirmausgabe

Das folgende Programm gibt für jede Ecke von G8 ihren Stern aus:

```
package main
import ("nU/scr"; "nU/ego"; "nU/dgra")
```

```
func main() {
  scr.New(); defer scr.Fin()
  me := ego.Me()
  g := dgra.G8(me)
  g.Write()
}
```

Jeder der acht Prozesse, die dieses Programm starten, muss ihm seine Identität – eine natürliche Zahl < 8 – mitgeben. Zur Vermeidung der Erzeugung von acht verschiedenen Programmtexten geschieht das durch die Verwendung eines Arguments in Form einer dieser Zahlen, das dem Programmaufruf mitgegeben und im Programm ausgewertet wird.

Dazu wird die folgende Funktion aus dem kleinen Paket nU/ego benutzt:

```
package ego

// Vor.: Das erste Argument des Programmaufrufs
//       ist eine natürliche Zahl.
// Liefert diese Zahl.
func Me() uint {
  return me()
}
```

mit der einfachen Implementierung

```
package ego
import ("strconv"; "nU/env")

func me() uint {
  if i, err := strconv.Atoi(env.Arg(1)); err == nil {
    return uint(i)
  }
  return uint(1<<16)
}
```

Nach seiner Übersetzung wird das Programm ausgeführt, indem auf einer graphischen Oberfläche acht kleine Fenster geöffnet werden und in jedem von ihnen das Programm mit einer der Zahlen von 0 bis 7 (in jedem Fenster mit eine anderen!) als Argument aufgerufen wird.

Worauf zu achten ist, wenn die Prozesse auf verschiedenen Rechner laufen, ist am Ende des vorigen Abschnitts beschrieben.

Dieses Prinzip werden wir auch für alle Probeläufe in den nächsten drei Kapiteln anwenden.

Literatur

1. Maurer, C.: Das μUniversum. https://maurer-berlin.eu/mU

Pulsschlag-Algorithmen

16

Zusammenfassung

In diesem Kapitel wird gezeigt, dass es für jeden Prozess in einem Netzwerk, der anfangs nur seine Nachbarn kennt, unter Einsatz netzweiten Botschaftenaustauschs möglich ist, den Graphen des Netzwerks vollständig kennen zu lernen. Dazu wird das Konzept der Pulsschlag-Algorithmen entwickelt.

Eine einfache Lösung dieses Problems arbeitet mit einer Repräsentation von Graphen in Form von Adjazenzmatrizen. Das setzt voraus, dass jeder Prozess globale Informationen über das Netzwerks hat: die Anzahl der Prozesse in ihm (zur Festlegung der Größe dieser Matrix) und den Durchmesser des Netzwerkgraphen. Diese Einschränkung führt zur Entwicklung eines graphenbasierten Algorithmus, der ohne dieses globale Wissen auskommt.

16.1 Die Grundidee

Pulsschlag-Algorithmen verfahren nach folgendem Prinzip (s. z. B. [1] S. 373, [2] S. 450 oder [3] S. 7): Jeder der beteiligten Prozesse beginnt damit, allen seinen Nachbarn über den Netzkanal zu ihnen eine Botschaft mit bestimmten Informationen über seinen Zustand zu senden.

Wenn ein Prozess eine solche Botschaft empfangen hat, verknüpft er die erhaltenen Informationen mit seinen eigenen und sendet sie dann an den Absender zurück, der jetzt auch über die Zustandsinformationen des betreffenden Nachbarn verfügt.

Diese zwei Schritte bezeichnen wir als *Pulsschlag*.

Die Pulsschläge werden solange wiederholt, bis alle Prozesse im Netzwerk über die Zustandsinformationen aller anderen Prozesse verfügen.

© Springer Fachmedien Wiesbaden GmbH, ein Teil von Springer Nature 2019   353
C. Maurer, *Nichtsequentielle und Verteilte Programmierung mit Go*,
https://doi.org/10.1007/978-3-658-26290-7_16

Andrews nennt einen derartigen Algorithmus in [1] und [2] *Herzschlag-Algorithmus* („*heartbeat algorithm – first expand, sending information out; then contract, gathering new information in*"). Raynal und Hélary verwenden in [4] dafür den Begriff *Wellenalgorithmus* („*wave algorithm*").

Diese Algorithmenklasse ist mit der zur *Breitensuche* verwandt: Mit dem n-ten Pulsschlag werden *die* Ecken im Graphen erreicht, zu denen von der Ausgangsecke ein Pfad der Länge n führt. Wir kommen im nächsten Kapitel darauf zurück.

16.2   Kennenlernen des Netzwerks

Das zentrale Problem dieses Kapitels ist folgendes: Wie findet jeder Prozess in einem Netzwerk, der anfangs nur seinen Stern (s. Abschn. 15.1.1) kennt – d. h. *die* Prozesse, mit denen er über einen Netzkanal verbunden ist –, den vollständigen Graphen des Netzwerks heraus?

Pulsschlag-Algorithmen sind gut geeignet, dieses Problem zu lösen. Wir erläutern das am Beispiel des Graphen G8 (s. Abb. 15.1) aus dem Abschn. 15.5 im vorigen Kapitel.

Anfangs haben wir die Situation wie in Abb. 16.1: Jeder Prozess kennt nur seinen Stern.

In dieser Abbildung und den folgenden sind *diejenigen* Ecken des Graphen *schwarz* ausgefüllt, deren Nachbarn der jeweilige Prozess schon kennt.

Jeder Prozess beginnt damit, die Netzwerkkanäle zu seinen Nachbarn zu erzeugen und die Schließung der Kanäle am Ende vorzubereiten. Dazu werden die folgenden Methoden aus dem dgra-Paket gebraucht:

```
func (x *distributedGraph) connect (a Any) {
  for i := uint(0); i < x.n; i++ {
    x.ch[i] = nchan.New (a, x.me, x.nr[i], x.host[i], x.port[i])
  }
}
```

```
func (x *distributedGraph) fin() {
  for i := uint(0); i < x.n; i++ {
    x.ch[i].Fin()
  }
}
```

Abb. 16.1 Situation zu Beginn der Algorithmen

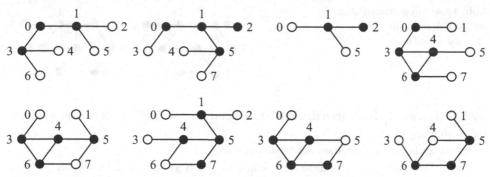

Abb. 16.2 Situation nach dem ersten Pulsschlag

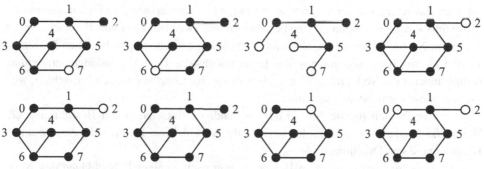

Abb. 16.3 Situation nach dem zweiten Pulsschlag

Dann sendet er den Stern seiner Nachbarschaftsbeziehungen im Netzwerk als Botschaft über diese Netzkanäle an seine Nachbarn und wartet wartet er auf die entsprechenden Botschaften von ihnen. Wenn er sie alle empfangen hat, kennt er die Nachbarbeziehungen seiner Nachbarn.

Damit ergibt sich in unserem Beispiel die Situation aus Abb. 16.2.

Nach dem zweiten gleichartigen Pulsschlag, in dem wiederum jeder Prozess den ihm bisher bekannten Teil des Netzwerkgraphen an alle seine Nachbarn gesendet und die entsprechenden Botschaften von ihnen allen empfangen hat, kennt jeder die Nachbarschaftsbeziehungen der *Nachbarn* seiner Nachbarn.

In unserem Beispiel führt das zur Situation wie in Abb. 16.3.

Nach dem dritten Pulsschlag kennen alle Prozesse mit Ausnahme der mit den Identitäten 2 und 6 das ganze Netzwerk. Die Situation für diese beiden Prozesse ist dann die aus Abb. 16.4.

Sie kennen jetzt zwar alle Ecken, aber noch nicht eventuelle Nachbarn hinter den „diametral gegenüberliegenden" Ecken 6 bzw. 2. Dazu ist für sie noch ein 4. Pulsschlag notwendig.

Im Allgemeinen wird dieses Verfahren *so* oft wiederholt, bis jeder Prozess den Netzwerkgraphen vollständig kennt. Unser Beispiel legt die Vermutung nahe, dass das

Abb. 16.4 Situation nach dem
dritten Pulsschlag für die
Prozesse 2 und 6

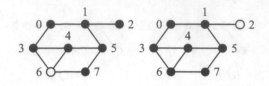

nach höchstens d Pulsschlägen der Fall ist, wobei d der *Durchmesser* des Graphen ist (in unserem Beispiel 4).

Es ist leicht einzusehen, dass das tatsächlich so ist:

Nach Definition des Durchmessers eines Graphen (s. Abschn. 15.1.1 im vorigen Kapitel) ist unmittelbar klar, dass jeder Prozess P nach $d-1$ Pulsschlägen alle Prozesse aus dem Netzwerk bis hin zu denen mit einem maximalen Abstand von ihm kennt – somit *alle*. Im d-ten Pulsschlag kann er also nur noch *Kanten* im Netzwerkgraphen finden, die ihm bis dahin unbekannt sind. Wenn K eine beliebige Kante zwischen zwei von P verschiedenen Ecken im Netzwerkgraphen ist, also eine Verbindung zwischen irgendwelchen Prozessen P_1 und P_2, sind beide von ihm aus über jeweils höchstens $d-1$ Verbindungen erreichbar. Damit findet er die Verbindung K zwischen ihnen spätestens beim d-ten Pulsschlag, weil sie über diese Kante benachbart sind.

Damit ergibt sich für die Anzahl der notwendigen Botschaften zur Bestimmung des Netzwerks $2ned$ als obere Schranke, wobei n die Anzahl seiner Ecken, e die Anzahl seiner Kanten und d sein Durchmesser ist.

Da einige Prozesse in unserem Beispiel schon nach weniger Pulsschlägen den Netzwerkgraphen kennen, bleibt zu untersuchen, inwieweit sich der Botschaftenaustausch reduzieren lässt. Diese Frage wird im Abschn. 16.5 über die graphenbasierte Lösung behandelt.

16.3 Voraussetzungen für die Realisierung in Go

Zur Programmierung brauchen wir weitere Methoden aus dem Interface des Pakets `dgra` über verteilte Graphen.

Die Pulsschlag-Algorithmen zur Berechnung des Netzwerks sind – zwecks Übersichtlichkeit der Spezifikation und zur Wahrung des Geheimnisprinzips – über einen Aufzähltyp im Paket `dgra` erreichbar; dazu die Methoden zur Auswahl eines dieser Algorithmen und zu seinem Aufruf:

```
package dgra

type PulseAlg byte
const (PulseMatrix = PulseAlg(iota); PulseGraph; PulseGraph1)

type Distributed Graph interface {
  ...
```

```
// a ist der aktuelle Pulsschlag-Algorithmus.
   SetPulseAlgorithm (a PulseAlg)

// Liefert den aktuellen Pulsschlag-Algorithmus.
   PulseAlgorithm() PulseAlg

// Der aktuelle Pulsschlag-Algorithmus ist gestartet.
   Pulse()
}
```

16.4 Matrizenbasierte Lösung

Die grundsätzliche Funktionsweise ist aus dem Abschn. 16.2 bekannt.

Die Nachbarschaftbeziehungen sind als Adjazenzmatrix codiert, deren Zeilenzahl die Anzahl der teilnehmenden Prozesse ist, was voraussetzt, dass diese Zahl allen beteiligten Prozessen bekannt ist. Dies ist die erste Stelle, an der die Kenntnis eines jeden Prozesses über die Informationen über seine direkten Nachbarn hinausgeht. Die Einträge in dieser Matrix an den entsprechenden Stellen sind die Werte der Kanten zwischen den Prozessen.

Zuerst muss für jeden Prozess seine anfängliche Adjazenzmatrix bestimmt werden. Das geschieht in der Implementierung des Konstruktors NewG eines verteilten Graphen durch den Aufruf der folgenden Methode:

```
func (x *distributedGraph) setSize (n uint) {
   x.size = n
   x.matrix = adj.New (n, uint(0), uint(0))
   for i := uint(0); i < x.n; i++ {
      x.matrix.Set (x.me, x.nr[i], uint(0), uint(1))
      x.matrix.Set (x.nr[i], x.me, uint(0), uint(1))
   }
}
```

Unter der Voraussetzung, dass jedem Prozess auch der Durchmesser des Netzwerkgraphen bekannt ist – zweite unschöne Stelle im Algorithmus –, werden die Pulsschläge so oft ausgeführt, wie es der Durchmesser vorgibt:

```
package dgra
import "nU/adj"

func (x *distributedGraph) pulsematrix() {
   x.connect (x.matrix)
   defer x.fin()
   x.matrix.Write()
   pause()
   for p:= uint(1); p <= x.diameter; p++ {
      for i := uint(0); i < x.n; i++ {
         x.ch[i].Send (x.matrix)
      }
```

```
  for i := uint(0); i < x.n; i++ {
    a := x.ch[i].Recv().(adj.AdjacencyMatrix)
    x.matrix.Add (a)
    x.matrix.Write()
    pause()
  }
 }
}
```

Zur Ausführung dieses Algorithmus für unser Standardbeispiel G8 benutzen wir das folgende Programm:

```
package main
import ("nU/ego"; "nU/col"; "nU/scr"; "nU/dgra")

func main() {
  me := ego.Me()
  g := dgra.G8 (me)
  g.SetRoot (4)
  g.SetPulseAlgorithm (dgra.PulseMatrix)
  g.Pulse()
  switch g.PulseAlgorithm() {
  case dgra.PulseMatrix:
    scr.ColourF (col.Red())
    scr.Write ("vollständige Adjazenzmatrix", 8, 0)
    scr.ColourF (col.White())
    scr.Warp (9, 0, true)
  case dgra.PulseGraph, dgra.PulseGraph1:
    scr.Warp (7, 0, true)
  }
}
```

Es wird so ausgeführt, wie wir es im Abschn. 15.5.1 des vorigen Kapitels beschrieben haben – in acht kleinen Fenstern auf einer graphischen Oberfläche, wobei dem Programmaufruf in jedem Fenster eine der Zahlen 0 bis 7 als Argument mitgegeben wird. Die Aufrufe liefern für alle Prozesse die Matrix aus Abb. 16.5, was natürlich genau den Kanten in G8 entspricht.

Die „verbesserte" Lösung von Andrews auf S. 375 in [1] benötigt zwar nicht mehr den Durchmesser des Netzwerks, womit *eine* der beiden Einschränkungen beseitigt ist, aber das von ihm verwendete Kriterium zum Verlassen der for !done-Schleife ist falsch:

Abb. 16.5 Adjazenzmatrix
nach 4 Pulsschlägen

$$
\begin{pmatrix}
* & 1 & 0 & 1 & 0 & 0 & 0 & 0 \\
1 & * & 1 & 0 & 0 & 1 & 0 & 0 \\
0 & 1 & * & 0 & 0 & 0 & 0 & 0 \\
1 & 0 & 0 & * & 1 & 0 & 1 & 0 \\
0 & 0 & 0 & 1 & * & 1 & 1 & 0 \\
0 & 1 & 0 & 0 & 1 & * & 0 & 1 \\
0 & 0 & 0 & 1 & 1 & 0 & * & 1 \\
0 & 0 & 0 & 0 & 0 & 1 & 1 & *
\end{pmatrix}
$$

Abb. 16.6 Adjazenzmatrix des Prozesses 5 nach dem ersten Pulsschlag

$$\begin{pmatrix} * & 1 & 0 & 0 & 0 & 0 & 0 & 0 \\ 1 & * & 1 & 0 & 0 & 1 & 0 & 0 \\ 0 & 1 & * & 0 & 0 & 0 & 0 & 0 \\ 0 & 0 & 0 & * & 1 & 0 & 0 & 0 \\ 0 & 0 & 0 & 1 & * & 1 & 1 & 0 \\ 0 & 1 & 0 & 0 & 1 & * & 0 & 1 \\ 0 & 0 & 0 & 0 & 1 & 0 & * & 1 \\ 0 & 0 & 0 & 0 & 0 & 1 & 1 & * \end{pmatrix}$$

Er behauptet, dass der vollständige Netzwerkgraph bekannt ist, wenn in jeder Zeile der Adjazenzmatrix *mindestens eine* 1 vorkommt. Das stimmt aber nicht. (In [2] ist dieser Algorithmus auch nicht mehr enthalten.)

Die Ausführung seines Algorithmus (den wir hier nicht in Go wiedergeben, weil uns das nicht weiterführt) liefert als Gegenbeispiel die gleiche Situation wie beim Prozess mit der Identität 5 in Abb. 16.3:

Nach dem ersten Pulsschlag sieht die Adjazenzmatrix $(a_{ik})_{n,n}$ dieses Prozesses aus wie in Abb. 16.6, d. h., sie enthält zwar in jeder Zeile eine 1, aber es gilt $a_{03} = a_{30} = 0$ und $a_{36} = a_{63} = 0$, es fehlt also die Kante zwischen den Prozessen 0 und 3 und die zwischen 3 und 6.

16.5 Graphenbasierte Lösungen

Eine „saubere" Lösung des Problems bietet unsere Möglichkeit, Objekte unterschiedlicher Größe durch das Netz zu transportieren, indem nicht Adjazenzmatrizen, sondern *Graphen* über das Netz geschickt werden. Dazu muss aus einem empfangenen Strom (s. Abschn. 2.3.2.4 im Kap. über Pakete usw.) wieder der versendete Graph hergestellt werden (s. Abschn. 13.3 im Kap. über den netzweiten Botschaftenaustauscha).

Unsere erste Lösung hat damit den Vorteil, dass das Wissen über die Anzahl der Prozesse im Netzwerk nicht mehr gebraucht wird.

16.5.1 Mit Kenntnis des Durchmessers des Netzwerkgraphen

Zunächst zeigen wir eine Implementierung des Pulsschlag-Algorithmus unter Benutzung des Durchmessers des Netzwerkgraphen – ganz analog zu der aus dem vorigen Abschnitt:

```
package dgra
import . "nU/obj"

func (x *distributedGraph) pulsegraph() {
  x.connect (nil)
  defer x.fin()
  x.tmpGraph.Copy (x.Graph)
```

```
x.tmpGraph.Ex (x.actVertex)
x.tmpGraph.Write()
pause()
for r := uint(1); r <= x.diameter; r++ {
  for i := uint(0); i < x.n; i++ {
    x.ch[i].Send (x.tmpGraph)
  }
  for i := uint(0); i < x.n; i++ {
    g := x.emptyGraph()
    g.Decode (x.ch[i].Recv().(Stream))
    x.tmpGraph.Add (g)
    x.tmpGraph.Write()
    pause()
  }
}
}
```

16.5.2 Ohne globale Kenntnisse

Das geht nun aber tatsächlich *noch* besser – nämlich auch *ohne* die Kenntnis des Durchmessers des Netzwerkgraphen; d. h., es wird *überhaupt kein* globales Wissen über das Netzwerk mehr gebraucht.

Der *Trick* dabei besteht darin, Ecken und Kanten zu *markieren*, Damit wird genau *das* erfasst, was in den Abbildungen im Abschn. 16.2 graphisch dargestellt ist: der Unterschied zwischen der Kenntnis über die Existenz von Ecken, deren Nachbarn bekannt sind – genau diese werden markiert –, und solchen, bei denen noch ungewiss ist, ob sie Nachbarn haben.

Im Unterschied zu der vorigen Lösung verwaltet jeder Prozess nicht nur den temporären Graphen, der von Pulsschlag zu Pulsschlag wächst, sondern auch diese Markierungen. Anfangs sind im Stern eines Prozesses die Kanten zu seinen Nachbarn markiert, aber nicht die Nachbarn. Das spiegelt die Tatsache wieder, dass er zwar seine Nachbarn kennt, aber nicht weiß, ob seine Nachbarn noch andere Nachbarn haben als ihn selbst. Nach jedem Pulsschlag werden – wie vorher – alle Ecken und Kanten aus dem empfangenen Graphen in den temporären Graphen eingefügt, wobei die Markierungen aus dem empfangenen Graphen übernommen werden; zusätzlich werden alle Kanten zu den Absendern markiert.

Folglich ist `tmpGraph` genau *dann* der *ganze* Netzwerkgraph, wenn alle seine Ecken und Kanten markiert sind. Der Beweis dafür ergibt sich unmittelbar aus den Überlegungen zur Terminierung am Ende von Abschn. 16.2.

Weil zu einer sauberen Terminierung einer solchen Folge von Pulsschlägen auch diejenigen Prozesse, die bereits den ganzen Netzwerkgraphen kennen, diesen Graphen, der sich nach dem letzten Pulsschlag geändert hat, noch denjenigen Prozessen zur Kenntnis geben müssen, die noch *nicht* so weit sind, ist etwas mehr Verwaltungaufwand notwendig.

Prozesse werden solange als *nicht fertig* bezeichnet, wie sie noch nicht den ganzen Netzwerkgraphen kennengelernt haben. Mit jeder Botschaft senden sie auch die Information, dass sie noch nicht fertig sind; daher erhalten sie mit jedem Empfang eines Graphen auch die Information, ob der Absender fertig ist.

Nach dem Pulsschlag, mit dem sie Kenntnis des ganzen Netzwerkgraphen erhalten haben, führen sie keinen weiteren mehr aus, sondern senden nur noch ihren Graphen an ihre Nachbarn, verbunden mit der Mitteilung, dass sie jetzt fertig sind.

```
package dgra
import . "nU/obj"

func (x *distributedGraph) pulsegraph1() {
  x.connect (nil)
  defer x.fin()
  ready := make([]bool, x.n)
  x.tmpGraph.Copy (x.Graph)
  x.tmpGraph.Write()
  pause()
  for r := uint(1); true; r++ {
    bs := x.tmpGraph.Encode()
    for i := uint(0); i < x.n; i++ {
      x.ch[i].Send(append(Encode(false), bs...)) // not ready
    }
    for i := uint(0); i < x.n; i++ {
      bs = x.ch[i].Recv().(Stream)
      if Decode (false, bs[:1]).(bool) {
        ready[i] = true
      }
      g := x.emptyGraph()
      g.Decode (bs[1:])
      x.tmpGraph.Add (g)
      x.tmpGraph.Mark2 (x.actVertex, x.nb[i])
      x.tmpGraph.Write()
      pause()
    }
    if x.tmpGraph.AllMarked() {
      break
    }
  }
  for i := uint(0); i < x.n; i++ {
    if ! ready[i] {
      x.ch[i].Send(append(Encode(true), x.tmpGraph.Encode()...))
    }
  }
}
```

Die Ausführung dieses Algorithmus liefert genau die Folge der Situationen, die im Abschn. 16.2 über das Kennenlernen des Netzwerks geschildert sind.

Literatur

1. Andrews, G.R.: Concurrent Programming, Principles and Practice. Addison-Wesley, Menlo Park (1991)
2. Andrews, G.R.: Foundations of Multithreaded, Parallel and Distributed Programming. Addison-Wesley, Reading (2000)
3. Raynal, M.: Distributed Algorithms for Message-Passing Sytems. Springer, Berlin/Heidelberg (2013)
4. Raynal, M., Hélary, J.M.: Synchronization and Control of Distributed Sytems and Programs. Wiley, Chichester/New York (1990)

Traversierungsalgorithmen 17

Zusammenfassung

Tiefen- und Breitensuche – die Standardverfahren zum Durchlaufen von Graphen – sind Grundlage für viele Graphenalgorithmen wie z. B. die Konstruktion von Spannbäumen und Ringen (Kreisen) und die Suche nach kürzesten Wegen.

Wegen ihrer Bedeutung werden in diesem Kapitel Techniken zur Konstruktion von Algorithmen zur Tiefen- und zur Breitensuche in verteilten Graphen entwickelt. Sie liefern die entsprechenden Spannbäume und Tiefensuche ermöglicht es auch, Kreise zu finden.

In vielen Lehrbüchern über Verteilte Programmierung werden nur die Prinzipien der Algorithmen dargestellt, ohne auf konkrete Realisierungen einzugehen. Der nennenswerte Aufwand dafür in diesem Kapitel zeigt, dass das keineswegs vernachlässigbar ist.

17.1 Voraussetzungen für die Realisierung in Go

Unsere Algorithmen zum Traversieren in einem verteilten Graphen sind – ganz analog zu den Pulsschlag-Algorithmen – als „Aufzähltyp" im Paket der verteilten Graphen enthalten, dazu die Methoden zur Auswahl eines dieser Algorithmen und zu seinem Aufruf:

```
package dgra
import . "nU/obj"

type TravAlg byte
const (DFS = TravAlg(iota); DFS1; DFSfm1; Awerbuch; Awerbuch1;
       HelaryRaynal; Ring; Ring1; BFS; BFSfm; BFSfm1)
```

© Springer Fachmedien Wiesbaden GmbH, ein Teil von Springer Nature 2019
C. Maurer, *Nichtsequentielle und Verteilte Programmierung mit Go*,
https://doi.org/10.1007/978-3-658-26290-7_17

```
type DistributedGraph interface {
...
// a ist der aktuelle Traversierungsalgorithmus.
  SetTravAlgorithm (a TravAlg)

// Liefert den aktuellen Traversierungsalgorithmus.
  TravAlgorithm() TravAlg {
}
```

Der Aufruf `Trav(o Op)` ist nicht im Interface von `dgra` enthalten, weil er per Durchgriff in das Graphenpaket `gra` erfolgt, dessen Interface von `dgra` erweitert wird. Dazu sei ausdrücklich noch einmal auf die Erläuterungen zur Vererbbarkeit von Interfaces am Ende von Abschn. 2.3.4 im Kapitel über Pakete etc. verwiesen!

Zur Programmierung werden – wie im Abschn. 15.4.2 angekündigt – weitere Komponenten der Repräsentation verteilter Graphen gebraucht:

- ein Baum und ein Kreis vom Typ `gra.Graph`,
- die Identität des `root`-Prozesses,
- eine temporäre Ecke und eine temporäre Kante zur Verwendung in den Algorithmen,
- der Vater jeder Ecke und ihre Kinder,
- die Information darüber, von welcher Ecke schon Botschaften empfangen wurden oder welche Ecke schon besucht wurde,
- die Zeiten beim ersten Besuch einer Ecke und bei ihrem Verlassen,
- eine weitere natürliche Zahl für verschiedene Zwecke.

Sie sind durch

```
package dgra
import ("nU/vtx"; "nU/gra"; "nU/nchan")

type distributedGraph struct {
  ...
  tmpVertex vtx.Vertex
  tree, cycle gra.Graph
  root uint
  tmpEdge uint16
  labeled bool
  parent uint
  child []uint
  visited []bool
  time, time1 uint
  distance uint
}
```

realisiert und werden im Konstruktor wie folgt initialisiert:

```
const inf = uint(1<<16)
```

```
func new_(g gra.Graph) DistributedGraph {
  ...
  x.tmpVertex = vtx.New(x.actVertex.Content())
  v0 := g.Neighbour(0).(vtx.Vertex)
  g.Ex2 (x.actVertex, v0)
  if g.Edged() {
    x.tmpEdge = g.Get1().(uint16)
  } else {
    g.Ex2 (v0, x.actVertex)
    x.tmpEdge = g.Get1().(uint16)
  }
  x.tree = gra.New (true, x.tmpVertex, x.tmpEdge)
  x.tree.SetWrite (vtx.W, vtx.W2)
  x.cycle = gra.New (true, x.tmpVertex, x.tmpEdge)
  x.cycle.SetWrite (vtx.W, vtx.W2)
  x.visited = make([]bool, x.n)
  x.parent = inf
  x.child = make([]bool, x.n)
```

Außerdem brauchen wir noch einen internen Kanal zur sauberen Beendigung des Algorithmus

```
var done = make(chan int, 1)
```

und die Codelänge von uint(0)

```
var c0 = C0()
```

aus dem Paket nU/obj sowie zwei weitere Methoden eines verteilten Graphen:

```
// Liefert die Identität des Nachbarn, mit dem der aufrufende
// Prozess über den j-ten Netzkanal (j < x.n) verbunden ist;
// für alle j < x.n gilt also genau dann x.channel(i) == j,
// wenn x.nr[j] == i.
func (x *distributedGraph) channel (id uint) uint {
  j := x.n
  for i := uint(0); i < x.n; i++ {
    if x.nr[i] == id {
      j = i
      break
    }
  }
  return j
}
```

```
// Liefert die Nummer eines Netzkanals, auf dem noch keine
// Botschaft gesendet wurde, falls es einen solchen gibt;
// andernfalls die Anzahl der Nachbarn.
func (x *distributedGraph) next (i uint) uint {
  for u := uint(0); u < x.n; u++ {
```

```
  if u != i && ! x.visited[u] {
    return u
  }
 }
 return x.n
}
```

17.2   Verteilte Tiefensuche

Wir orientieren uns an dem Algorithmus aus dem Abschn. 23.3 *Depth-first search* im Buch von Cormen, Leiserson und Rivest [3].

Das grundsätzliche Prinzip der *verteilten* Tiefensuche ist das gleiche wie bei der rekursiven Funktion für die Tiefensuche in Graphen:

```
func dfs (v Vertex) {
  mark[v] = true
  for all Neighbours n of v {
    if ! marked[n]
      dfs (n)
    }
  }
}
```

Dem Aufruf von dvs(v) für eine Ecke v entspricht die Sendung einer Botschaft an diese Ecke; der Beginn der Ausführung der Funktion entspricht dem Empfang und die Rückkehr aus der Rekursion der Sendung einer Botschaft.

Der einzige nennenswerte Unterschied besteht darin, dass Ecken nicht „wissen", ob ein Nachbar schon besucht wurde, weil es sich bei den Ankunfts- und Abgangszeiten („*discovery time*" und „*finishing time*") und beim *Markieren* von Ecken (in [3] mit „Farben") und dem Test darauf, ob sie schon markiert sind oder noch nicht, um die Manipulation *gemeinsamer Daten* handelt.

Daher liegt die Anzahl der versendeten Botschaften in der Größenordnung der Summe aus der Anzahl der Ecken und der Kanten des Netzwerkgraphen (s. [3], S. 479).

Wir bezeichnen das gesendete Objekt, mit dem ein Prozess in der Suche fortschreitet, als *Probe* und die Antwort darauf als *Echo*.

Die Botschaften, die in diesem Algorithmus versendet werden, sind Zeiten vom Typ uint.

Zu Beginn baut jeder Prozess erst einmal die Netzkanäle dieses Typ zu seinen Nachbarn auf. Ist er der root-Prozess – Fall (a) –, startet er die Suche mit der Sendung der mit 0 initialisierten Ankunftszeit x.time als Probe an seinen Nachbarn nr[0], der damit sein Kind ist, und markiert den 0-ten Kanal als visited[0].

visited[i] hat für einen Prozess genau *dann* den Wert true, wenn er von der Ecke nr[i], mit der er über seinen i-ten Netzkanal verbunden ist, schon eine Zeit empfangen hat. Beim Start des Algorithmus von root hat das zur Folge, dass root bei einer Antwort von diesem Prozess kein Echo mehr senden darf, was zur Terminierung seines Prozesses führt. Anschließend initialisiert er `distance` mit der Anzahl n seiner Nachbarn und `diameter` mit `inf`.

Wenn ein Prozess auf seinem j-ten Netzkanal eine Zeit empfängt, prüft er zuerst, ob sie ein Echo mit der gleichen Zeit (`diameter == t`) als Reaktion auf eine Probe ist, die er auf diesem Netzkanal (`distance == j`) gesendet hat. Wenn das der Fall ist, verwirft er beim Versenden dieser Probe seine vorläufige Annahme, dass der Empfänger ein Kind von ihm ist. Danach ruft er `next(j)` auf und setzt die Variable u auf den Wert des Ergebnisses dieses Aufrufs, der genau *dann* die Anzahl seiner Nachbarn ist, wenn er schon von ihnen allen eine Zeit empfangen hat – andernfalls die Nummer eines Netzkanals, von dem die Sendungen noch ausstehen. Jetzt setzt er die Nummer k des Netzkanals, auf dem er später seine Antwort sendet, auf diesen Wert.

Nun muss er zwei Fälle unterscheiden:

Entweder hat er den j-ten Netzkanal schon markiert, weil er bereits eine Probe auf ihm erhalten hat, oder noch nicht. Im ersten Fall handelt es sich bei der Sendung also um ein Echo, im zweiten um eine Probe.

Wenn im *ersten Fall* u mit der Anzahl seiner Nachbarn übereinstimmt, d. h., wenn er schon alle seine Netzkanäle markiert hat, erhöht er die empfangene Zeit t um 1 und setzt seine Abgangszeit `time1` auf diesen Wert. Wenn er `root` ist, sendet er eine (inhaltlich belanglose) Botschaft über den Kanal `done` und terminiert. Im anderen Fall (b) ersetzt er den Wert von k durch die Nummer des Netzkanals zu seinem Vater.

Andernfalls gibt es noch eine unmarkierte Netzkanalnummer u,

Im *zweiten Fall* – also wenn er eine Probe erhalten hat – markiert er seinen j-ten Netzkanal.

Wenn er seinen Vater schon kennt, ersetzt er – Fall (d) – die Kanalnummer k durch j. War sein Vater noch undefiniert, ist der Absender – der Prozess mit der Identität `nr[j]` – sein Vater. In diesem Fall erhöht er die empfangene Zeit um 1 und setzt seine Ankunftszeit auf diesen Wert. Wenn seine Netzkanäle alle markiert sind – Fall (f) –, erhöht er die empfangene Zeit noch einmal um 1, setzt seine Abgangszeit auf diesen Wert; wenn nicht, haben wir den Fall (e).

Die Fälle (a) bis (f) sind mit dem Wert k der Netzkanalnummer für die spätere Sendung, der zu versendenden Zeit t und der Art der Sendung (Probe oder Echo) der Übersichtlichkeit halber noch einmal in Tab. 17.1 zusammengefasst (v ist dabei die Nummer des Netzkanals zum Vater).

Danach markiert er den k-ten Netzkanal. Im Fall `k == u` „rettet" er die Werte von k und t zum Zweck der oben geschilderten Prüfung in den temporären (zweckentfremdeten) Variablen `distance` und `diameter` und betrachtet den über Kanal k erreichbaren Nachbarn `nr[k]` vorläufig als eins seiner Kinder. (Da der Fall `u == n` oben schon abgefangen war, ist `u < n` gesichert, d. h., es gibt noch einen solchen Nachbarn.)

Zum Schluss sendet er die Zeit t über den k-ten Netzkanal als Probe weiter bzw. als Echo zurück und sendet eine Botschaft über den internen Kanal `done`.

Tab. 17.1 Die Fälle für die Sendungen in der Tiefensuche

Fall	empfangen	k	Zeit t	Art der Sendung und Adressat
(a)	–	0	x.time == 0	Probe an x.nr[0]
(b)	Echo	v	x.time1	Echo an Vater
(c)	Echo	u	unverändert	Probe an x.nr[u]
(d)	Probe	j	unverändert	Echo an Absender x.nr[j]
(e)	Probe	u	x.time	Probe an x.nr[u]
(f)	Probe	j	x.time1	Echo an Absender (Vater)

Jeder Prozess empfängt bei diesem Verfahren auf jedem Netzkanal *genau eine* Botschaft und sendet anschließend eine. Deshalb ist es sinnvoll, seine Routinen zum Empfang der Botschaften für jeden seiner Netzkanäle in eine Goroutine auszulagern. Das Abwarten auf das Ende dieser Goroutinen wird dadurch gesichert, dass dazu erst die entsprechende Anzahl von Botschaften über done empfangen sein muss.

Diese Goroutinen arbeiten nicht nebenläufig, weil ein Empfang auf einem anderen Netzkanal als demjenigen, auf dem die erste Probe eingetroffen ist, erst möglich ist, wenn auf ihm vorher eine Botschaft gesendet wurde, und diese Sendungen in der Reihenfolge aufsteigender Netzkanalnummern erfolgen. Aus diesem Grund ist der gegenseitige Ausschluss der Goroutinen gesichert.

Damit haben wir den Tiefensuche-Algorithmus mit der Protokollierung von Ankunfts- und Abgangszeit für jede besuchte Ecke:

```
package dgra
import . "nU/obj"

func (x *distributedGraph) dfs (o Op) {
  x.connect (x.time) // Netzkanäle sind vom Typ uint
  defer x.fin()
  x.Op = o
  if x.me == x.root {
    x.parent = x.root
    x.time = 0
    x.ch[0].Send(x.time) // (a) root sendet als Erster
    x.child[0] = true
    x.visited[0] = true
  }
  x.distance, x.diameter = x.n, inf
  for i := uint(0); i < x.n; i++ { // (x.n == Anzahl der Nachbarn !)
    go func (j uint) {
      t := x.ch[j].Recv().(uint)
      if x.distance == j && x.diameter == t { // t unverändert aus
                              // j-ten Netzkanal zurück, also Annahme
        x.child[j] = false // verwerfen, dass x.nr[j] Kind von x.me
      }
```

```
      u := x.next(j) // == x.n genau dann, wenn alle
                     // Netzkanäle != j schon markiert sind
   k := u // Kanal für die nächste Sendung
   if x.visited[j] { // d.h. Echo
      if u == x.n { // kein Netzkanal ist mehr unmarkiert
         t++
         x.time1 = t
         if x.me == x.root { // root darf kein Echo mehr senden
            done <- 0
            return
         }
         k = x.channel(x.parent) // (b) Echo an Vater
      } else {
         // (c) k == u < x.n, t unverändert als Probe an x.nr[u]
      }
   } else { // ! x.visited[j], d.h. Probe
      x.visited[j] = true
      if x.parent < inf { // Vater schon definiert
         k = j // (d) t unverändert als Echo an Absender
      } else { // x.parent == inf, d.h. Vater noch
              // undefiniert (nicht für root!)
         x.parent = x.nr[j]
         t++
         x.time = t // if u < x.n:
                    //    (e) k == u, Probe x.time weiter an x.nr[u]
         if u == x.n { // alle Netzkanäle markiert
            t++
            x.time1 = t // (f) Echo an Absender (Vater)
            k = j // == x.channel(x.parent)
         }
      }
   }
   x.visited[k] = true
   if k == u {
      x.distance = k // k und
      x.diameter = t // t für obige Prüfung retten
      x.child[k] = true // vorläufige Annahme
   }
   x.ch[k].Send(t) // für k == u Probe, sonst Echo
   done <- 0
}(i)
}
for i := uint(0); i < x.n; i++ { // Beendigung aller
   <-done                       // Goroutinen abwarten
}
x.Op (x.me) // übergebene Operation ausführen
}
```

Zur Ausführung dieses Algorithmus für unser Standardbeispiel G8 mit dem Prozess 4 als Wurzel benutzen wir ein ähnliches Programm wie das zur Ausführung der Pulsschlag-Algorithmen im Abschn. 16.4 aus dem vorigen Kapitel über die matrizenbasierte Lösung.

Es wird hier – mit dem Blick auf spätere Anwendungen – vollständig angegeben, obwohl wir erst einmal nur einen Teil davon brauchen:

```
package main
import (. "nU/obj"; "nU/ego"; "nU/col"; "nU/scr"; "nU/dgra")

func main() {
  scr.New(); defer scr.Fin()
  me := ego.Me()
  g := dgra.G8(me)
  g.SetRoot(4)
/*
  g.SetTravAlgorithm (dgra.DFS)
  g.SetTravAlgorithm (dgra.DFS1)
  g.SetTravAlgorithm (dgra.DFSfm1)
  g.SetTravAlgorithm (dgra.Awerbuch)
  g.SetTravAlgorithm (dgra.Awerbuch1)
  g.SetTravAlgorithm (dgra.HelaryRaynal)
  g.SetTravAlgorithm (dgra.Ring)
  g.SetTravAlgorithm (dgra.Ring1)
  g.SetTravAlgorithm (dgra.BFS)
  g.SetTravAlgorithm (dgra.BFSfm)
  g.SetTravAlgorithm (dgra.BFSfm1)
*/
  g.SetTravAlgorithm (dgra.DFS)
  g.Trav (Ignore)
  switch g.TravAlgorithm() {
  case dgra.DFS, dgra.Awerbuch, dgra.HelaryRaynal,
       dgra.BFS, dgra.BFSfm:
    scr.Write ("Vater:     Kind[er]:", 0, 0)
    scr.ColourF (col.LightBlue())
    scr.WriteNat (g.Parent(), 0, 7)
    scr.ColourF (col.Orange())
    scr.Write (g.Children(), 0, 21)
    if g.TravAlgorithm() == dgra.DFS {
      scr.ColourF (col.White())
      scr.Write ("Ankunft   / Abgang    ", 1, 0)
      scr.ColourF (col.Green())
      scr.WriteNat (g.Time(), 1, 8)
      scr.ColourF (col.Red())
      scr.WriteNat (g.Time1(), 1, 19)
    }
  case dgra.Ring:
    scr.ColourF (col.Yellow())
    scr.Write ("   ist Nummer    im Ring.", 0, 0)
    scr.WriteNat (g.Me(), 0, 0)
```

```
      scr.ColourF (col.Green())
      scr.WriteNat (g.Time(), 0, 14)
   }
}
}
```

Die Methoden `Parent()`, `Children()`, `Time()` und `Time1()` aus dem Paket `nU/dgra`
liefern die entsprechenden Komponenten:

```
func (x *distributedGraph) Parent() uint { return x.parent }
func (x *distributedGraph) Children() string {
   s, n := "", uint(0)
   for i := uint(0); i < x.n; i++ {
      if x.child[i] {
         n++; if n > 1 { s += ", " }
         s += strconv.Itoa(int(x.nr[i]))
      }
   }
   if n == 0 { s = "-" }
   return s
}
func (x *distributedGraph) Time() uint { return x.time }
func (x *distributedGraph) Time1() uint { return x.time1 }
```

Weil bei der Traversierung nichts weiter geschehen soll, wird ihr die Funktion

```
func Ignore (a Any) { }
```

aus dem Paket `nU/obj` übergeben, die keine Operation ausführt.

Das Programm liefert für die Prozesse 0 bis 7 die Angaben zu Vätern und Kindern
aus Tab. 17.2 und zur Protokollierung des bei der Tiefensuche zurückgelegten Wegs die
Ankunfts- und Abgangszeiten aus Tab. 17.3.

Daraus kann zwar jemand, der diese Angaben nach einem Programmlauf für alle
Prozesse erhält, den dabei erzeugten Spannbaum ermitteln: Er sieht aus wie in Abb. 17.1.

Den einzelnen Prozessen bleibt er dagegen verborgen, weil jeder von ihnen nur seine
eigenen Vater-Kind-Beziehungen ermittelt. Im nächsten Abschnitt wird dieser Nachteil
durch eine Erweiterung des Algorithmus beseitigt.

Tab. 17.2 Vater und Kind[er]
der Prozesse 0 bis 7 bei der
Tiefensuche

Prozess	Vater	Kind[er]
0	3	1
1	0	2, 5
2	1	
3	4	0
4	4	3
5	1	7
6	7	
7	5	6

Tab. 17.3 Ankunfts- und
Abgangszeiten der Prozesse 0
bis 7 bei der Tiefensuche

Prozess	Ankunftszeit	Abgangszeit
0	2	13
1	3	12
2	4	5
3	1	14
4	0	15
5	6	11
6	8	9
7	7	10

Abb. 17.1 Spannbaum der
Tiefensuche in G8 mit Prozess
4 als Wurzel

Abb. 17.2 Spannbaum der
Tiefensuche in G8 mit Prozess
1 als Wurzel

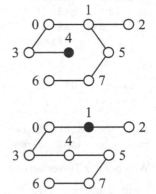

Wenn das Programm mit dem Prozess 1 statt 4 als Wurzel ausgeführt wird, liefert die Tiefensuche nach Interpretation der Ausgaben in den Tabellen den Spannbaum aus Abb. 17.2.

Abschließend zeigen wir noch in Abb. 17.3 die Details der einzelnen Schritte der Tiefensuche, um sie genau nachverfolgen zu können: In jeder Ecke sind dabei ihre Ankunfts- und Abgangszeiten eingetragen. Durchgezogene Bögen bezeichnen die Proben und gestrichelte die Echos; die Einträge daran geben an, die wievielte Botschaft das ist, welche Zeit gesendet wurde und um welchen Fall es sich handelt.

17.2.1 Weitergabe des Spannbaums an alle Prozesse

Im Grunde ist es ganz einfach, allen Prozessen die Kenntnis des ganzen Spannbaums zu verschaffen: Wir lassen die Protokollierung der Zeiten weg und machen stattdessen den laufend aktualisierten Spannbaum zum Inhalt der Botschaften.

Im Quelltext wird dazu im Einzelnen folgendes geändert:

Alle Programmzeilen, die Zeiten manipulieren, entfallen ersatzlos.

Die Initialisierung der Netzkanäle wird für Objekte unterschiedlicher Codelänge eingerichtet:

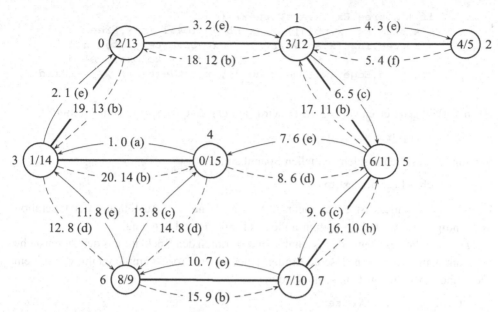

Abb. 17.3 Reihenfolge der Schritte bei der Tiefensuche in G8 mit Prozess 4 als Wurzel

```
x.connect (nil)
```

Der aktuelle Spannbaum ist anfangs leer:

```
x.tree.Clr()
```

Der root-Prozess sendet als erste Botschaft den Spannbaum, der nur aus ihm als (markierter) Ecke besteht.

```
x.tree.Ins (x.actVertex)
x.tree.Mark (x.actVertex)
x.ch[0].Send (x.tree)
```

Nach jedem Empfang wird aus dem erhaltenen Strom der versendete Spannbaum decodiert und die anfängliche Prüfung, ob die Annahme über das Kind verworfen werden muss, findet nicht durch den Zeitvergleich, sondern durch den Vergleich des empfangenen Spannbaums mit dem geretteten statt:

```
bs := x.ch[j].Recv().(Stream)
x.tree = x.decodedGraph(bs)
if x.distance == j && x.tree.Eq (x.tmpGraph) { // Spannbaum
                // unverändert aus dem j-ten Netzkanal zurück,
    x.child[j] = false // also ist x.nr[j] kein Kind von x.me
}
```

Wenn es sich um eine Probe handelt und der Empfänger noch nicht im Spannbaum enthalten ist, wird er eingefügt und durch eine Kante mit dem Absender verbunden:

```
if ! x.tree.Ex (x.actVertex) {
  x.tree.Ex (x.nb[j]) // x.nb[j] lokal in x.tree
  x.tree.Ins (x.actVertex) // x.actVertex lokal und
                           //  x.nb[j] kolokal, beide
  x.tree.Edge (x.edge(x.nb[j], x.actVertex)) // verbinden
}
```

Beim vorläufigen Setzen von `x.child` wird statt der Zeit der Spannbaum gerettet:

```
x.tmpGraph.Copy (x.tree)
```

Sendungen bestehen aus dem aktuellen Spannbaum:

```
x.ch[k].Send (x.tree)
```

Lediglich am Schluss ist etwas mehr Aufwand als nur die Ausführung der Operation notwendig: eine zweite Botschaftenrunde aus Empfang und Sendung.

Der `root`-Prozess kennt den Spannbaum jetzt durch den Rücklauf aus der Tiefensuche vollständig und sendet ihn an seine Kinder; jeder andere Prozess empfängt ihn von seinem Vater und sendet ihn auch an seine Kinder:

```
x.tree.Ex (x.actVertex)
var bs Stream
if x.me == x.root {
  bs = x.tree.Encode()
} else {
  bs = x.ch[x.channel(x.parent)].Recv().(Stream)
  x.tree = x.decodedGraph (bs)
}
x.tree.Ex (x.actVertex)
for k := uint(0); k < x.n; k++ {
  if x.child[k] {
    x.ch[k].Send(bs)
  }
}
x.Op (x.me)
x.tree.Write()
```

Folglich ist er nach dieser Runde allen Prozessen bekannt.

Bei unserem Beispielgraphen G8 ergibt sich durch die letzte Anweisung zur Ausgabe des Spannbaums das (erwartete) Ergebnis aus Abb. 17.1.

Wenn nach jeder Zeile im Quelltext, an der `x.tree` erneuert ist, die Anweisung zur Ausgabe `x.tree.Write()` (am besten von einer kurzen Pause `x.time.Sleep(1e9)` gefolgt) eingefügt wird, lässt sich der Algorithmus in den Fenstern schrittweise verfolgen.

17.2.2 Realisierung mit fernen Monitoren und Spannbaumweitergabe

Das Ganze geht natürlich auch mit fernen Monitoren – meines Erachtens eleganter.

Um sie für Algorithmen im dgra-Paket verwenden zu können, wird in die Repräsentation der verteilten Graphen noch ein Slice von fernen Monitoren

```
mon [] fmon.FarMonitor
```

eingefügt, der im Konstruktor new_ mit

```
x.mon = make([]fmon.FarMonitor, x.n)
```

initialisiert wird; dazu kommt die Methode

```
func (x *distributedGraph) finMon() {
  for i := uint(0); i < x.n; i++ {
    x.mon[i].Fin()
  }
}
```

zur sauberen Beendigung aller Monitore und die Methode

```
func (x *distributedGraph) awaitAllMonitors() {
  for k := uint(0); k < x.n; k++ {
    for x.mon[k] == nil {
      time.Sleep (100 * 1e6)
    }
  }
}
```

zum Abwarten jedes Prozesses als Kunde der fernen Monitore seiner Nachbarprozesse darauf, dass die alle ihren Monitor als Anbieter gestartet haben.

Den Monitorfunktionen wird der jeweils aktuelle Spannbaum als Parameter übergeben, der anfangs für alle Prozesse nur aus ihrer Identität besteht.

Für die Tiefensuche werden zwei Monitoroperationen gebraucht: search zum rekursiven Fortschreiten in der Tiefensuche und deliver zur rekursiven Weitergabe des Spannbaums von jedem Prozess an seine Kinder – beginnend beim root-Prozess. Damit wird erreicht, dass am Ende alle Prozesse den Spannbaum kennen.

Die Funktionsweise des Algorithmus wird in den Kommentaren in der folgenden Implementierung genau erläutert:

```
package dgra
import (. "nU/obj"; "nU/vtx"; "nU/fmon")

const (search = iota; deliver)

func (x *distributedGraph) dfsfm1 (o Op) {
  go func() {
    fmon.New (nil, 2, x.d1, AllTrueSp,
              x.actHost, p0 + uint16(2 * x.me), true)
  }()
  for i := uint(0); i < x.n; i++ {
    x.mon[i] = fmon.New (nil, 2, x.d1, AllTrueSp,
                         x.host[i], p0 + uint16(2 * x.nr[i]), false)
  }
```

```
defer x.finMon()
x.awaitAllMonitors()
x.Op = o
x.tree.Clr() // anfangs besteht der Spannbaum jedes Prozesses
x.tree.Ins (x.actVertex) // nur aus seiner eigenen Ecke
x.tree.Mark (x.actVertex)
if x.me == x.root {
  x.parent = x.me
  for k := uint(0); k < x.n; k++ {
    x.tree.Ex (x.actVertex) // x.actVertex lokal in x.tree
    bs := x.mon[k].F(x.tree, search).(Stream) // suchen
    if len(bs) == 0 {                // Empfänger schon
      x.vitited[k] = true            // im Spannbaum enthalten
    } else {              // andernfalls ist der Empfänger ein
      x.child[k] = true              // Kind von root und sein
      x.tree = x.decodedGraph(bs) // Spannbaum wird übernommen
    }
  }
  x.tree.Ex (x.actVertex) // x.actVertex lokale Ecke in x.tree
  for k := uint(0); k < x.n; k++ {
    if x.child[k] {                  // Spannbaum an alle
      x.mon[k].F(x.tree, deliver) // Kinder weitergeben
    }
  }
  x.Op (x.me)
} else {
  <-done // abwarten, bis root fertig ist
}
  x.tree.Write()
}

func (x *distributedGraph) d1 (a Any, i uint) Any {
  x.awaitAllMonitors()
  bs := a.(Stream)
  x.tree = x.decodedGraph(bs)
  if i == search {
    if x.tree.Ex (x.me) { // Empfänger schon im Spannbaum enthalten,
      return nil // deshalb entsprechende Mitteilung an Absender
    }            // und nicht weitersuchen
    s := x.tree.Get().(vtx.Vertex).Val() // der Wert der Ecke des
    j := x.channel(s) // Absenders x.nr[j], j ist die Nummer des
    x.parent = x.nr[j] // Kanals zu ihm. Absender ist jetzt Vater
    x.tree.Ins (x.actVertex)   // die Ecke des Prozesses einfügen
                    // und die Ecke seines Vaters mit ihm durch
    x.tree.Edge (x.edge(x.nr[j], x.me)) // eine Kante verbinden
    for k := uint(0); k < x.n; k++ {
      if k != j {
        if ! x.tree.Ex (x.nb[k]) {
          x.tree.Ex (x.actVertex) // x.actVertex ist lokale Ecke
```

```
            bs = x.mon[k].F(x.tree, search).(Stream) // weitersuchen
            if len(bs) == 0 {
              return nil // siehe oben
            } else {         // andernfalls ist der Empfänger ein
              x.child[k] = true            // Kind von x.me und sein
              x.tree = x.decodedGraph (bs)
                                       // Spannbaum wird übernommen
            }
          }
        }
      }
    }
  } else { // i == deliver
    x.tree.Ex (x.actVertex) // x.actVertex lokale Ecke in x.tree
    for k := uint(0); k < x.n; k++ { // den Spannbaum
      if x.child[k] {                  // an alle Kinder
        x.mon[k].F(x.tree, deliver)   // weitergeben
      }
    }
    x.Op (x.me) // übergebene Operation ausführen und
    done <- 0 // Signal zur Beendigung an dfs1fm1 schicken
  }
  return x.tree.Encode()
}
```

Ein Probelauf mit unserem Standardbeispiel ergibt natürlich das gleiche wie vorher.

Mir gefällt diese Version besser als die vorige, weil in ihrem Quelltext der *rekursive Charakter der Tiefensuche* viel klarer sichtbar wird.

17.3 Algorithmus von Awerbuch

Einen anderen Algorithmus für die Tiefensuche hat Awerbuch in [1] veröffentlicht. Bei ihm gibt es vier Botschaften: discover, return, visit und ack und er verwendet zur Buchhaltung für jede Ecke zwei boolesche – über ihre Nachbarn indizierte – Felder visited und flag. Seinen Algorithmus beschreibt er wie folgt:

Als erste Botschaft empfängt eine Ecke discover. Damit ist der Absender ihr Vater. Sie sendet dann visit an alle Nachbarn mit Ausnahme des Vaters und setzt flag[j] für den Netzkanal j, auf dem sie die Botschaft empfangen hat, auf true. Danach wird solange abgewartet, bis alle visit-Botschaften quittiert sind.

Nach dem Empfang von visit auf dem Netzkanal j markiert sie diesen Kanal als visited[j] und sendet ack („*acknowledge*") als Quittung auf ihm zurück.

Wenn sie auf dem Netzkanal j die Quittung ack empfangen hat, setzt sie flag[j] zurück auf false. Wenn jetzt !flag[i] für alle Nachbarn gilt, sendet sie ein return an sich selbst.

Beim Empfang von return geht die Suche weiter: Falls die Ecke noch einen Nachbarn hat, zu dem der Kanal k noch nicht als visited[k] markiert ist, sendet sie ein discover an ihn und markiert ihn. Andernfalls – also wenn alle Netzkanäle als `visited[k]` markiert sind –, terminiert der Algorithmus, wenn er von ihr mit der ersten `discover`-Botschaft gestartet wurde; sonst sendet sie ein `return` an ihren Vater.

Laut Awerbuch ist die Anzahl der Botschaften in seinem Algorithmus $= O(v)$ für $v =$Anzahl der Kanten: Im Laufe der Tiefensuche wird längs jeder Kante auf ihrem Weg ein Paar `discover` und `return` (in entgegengesetzter Richtung) gesendet; dazu kommen für jeden `discover`-Schritt in eine weitere Ecke ein Paar `visit` und `ack` für jede von ihr abgehende Kante.

17.3.1 Realisierung mit fernen Monitoren

Der Algorithmus von Awerbuch wird verständlicher, wenn er mit fernen Monitoren konstruiert wird. Damit werden die Botschaften `ack` und `return` obsolet, weil sie implizit als Ergebnisse des Aufrufs der Monitorfunktionen der fernen Monitore enthalten sind. Es bleiben also nur die Botschaften `discover` und `visit`, die jetzt die Rolle von Monitorfunktionen spielen.

Jedem Aufruf einer dieser Monitorfunktionen wird die eigene Identität mitgegeben:

```
x.mon[k].F(x.me, f)
```

für `f = discover` oder `f = visit`.

Beim Aufruf der Monitorfunktion `visit` muss ein Monitor lediglich den Absender als `visited` markieren. Die Arbeit beim Aufruf der Monitorfunktion `visit` ist umfangreicher, weil sie letztlich den rekursiven Charakter der Tiefensuche ausmacht: Beim Aufruf von `discover` wird

* der Absender als Vater eingetragen,
* die Monitorfunktion `visit` für alle Nachbarmonitore (außer dem Absender) aufgerufen, dann
* für jeden Nachbarn (außer dem Absender), der noch nicht als `visited` markiert ist,
  - nach seiner Markierung mit `visited` und seinem Eintrag als Kind
  - die Funktion `discover` seines Monitors aufgerufen
  - und auf deren Antwort gewartet
* und schließlich die Operation ausgeführt.

Die Botschaften auf dem Kanal `done` sind notwendig, damit der gestartete Monitor eines von `root` verschiedenen Prozesses nicht sofort wieder beendet wird.

Zu Beginn startet jeder Prozess seinen Monitor als Anbieter, indem er seine Initialisierung (mit dem letzten Parameter `true`) als Goroutine abspaltet. Danach startet er – dual dazu – als Kunde (letzter Parameter `false`) die fernen Monitor aller Nachbarn, bereitet die Beendigung aller Monitore vor und wartet, bis alle Nachbarn auch ihren Monitor als Anbieter gestartet haben.

Als root-Prozess trägt er sich anschließend selber als Vater ein und setzt das Ganze mit der oben geschilderten Abfolge in Gang: Aufruf der Monitorfunktion `visit` aller Nachbarn, anschließender Aufruf der Monitorfunktion `discover` für jeden noch nicht als `visited` markierten Nachbarn ... bis zur Ausführung der übergebenen Operation, nach der am Schluss eine Botschaft auf dem Kanal `done` gesendet wird, um die Ausführung der Funktion `awerbuch` zu beenden.

Daraus ergibt sich die Implementierung:

```
package dgra
import (. "nU/obj"; "nU/fmon")

const (visit = uint(iota); discover)

func (x *distributedGraph) awerbuch (o Op) {
  go func() {
    fmon.New (uint(0), 2, x.a, AllTrueSp,
              x.actHost, p0 + uint16(2 * x.me), true)
  }()
  for i := uint(0); i < x.n; i++ {
    x.mon[i] = fmon.New (uint(0), 2, x.a, AllTrueSp,
                         x.host[i], p0 + uint16(2 * x.nr[i]), false)
  }
  defer x.finMon()
  x.awaitAllMonitors()
  x.Op = o
  if x.me == x.root {
    x.parent = x.me
    for k := uint(0); k < x.n; k++ {
      x.mon[k].F(x.me, visit)
    }
    for k := uint(0); k < x.n; k++ {
      if ! x.visited[k] {
        x.visited[k] = true
        x.child[k] = true
        x.mon[k].F(x.me, discover)
      }
    }
    x.Op (x.me)
  } else {
    <-done
  }
}

func (x *distributedGraph) a (a Any, i uint) Any {
  x.awaitAllMonitors()
  s := a.(uint)
  j := x.channel(s)
  switch i {
  case visit:
```

```
      x.visited[j] = true
  case discover:
    x.parent = x.nr[j]
    for k := uint(0); k < x.n; k++ {
      if k != j {
        x.mon[k].F(x.me, visit)
      }
    }
    for k := uint(0); k < x.n; k++ {
      if k != j && ! x.visited[k] {
        x.visited[k] = true
        x.child[k] = true
        x.mon[k].F(x.me, discover)
      }
    }
    x.Op (x.me)
    done <- 0
  }
  return x.me
}
```

Diese abgewandelte Version mit ineinandergeschachtelten fernen Monitoren ist wohl eleganter als das doch etwas spröden Original von Awerbuch.

Wer die einzelnen Schritte genau verfolgt, wird feststellen, dass sich der Ablauf nicht wesentlich von dem bei der verteilten Tiefensuche aus dem Abschn. 17.2 unterscheidet. Deswegen ist klar, dass sich bei einem Durchlauf des Programms aus diesem Abschnitt mit dgra.Awerbuch auf dem Beispielgraphen G8 mit dem Prozess 4 als Wurzel die gleichen Vater-Kind-Beziehungen wie in Tab. 17.2 ergeben.

17.3.2 Weitergabe des Spannbaums an alle Prozesse

Der Algorithmus aus dem vorigen Abschnitt hat natürlich den gleichen Nachteil wie der aus dem ersten Abschn. 17.2. Aber auch in diesem Fall lässt sich das Defizit durch den Transport der Spannbäume über das Netzwerk beheben.

Im vorigen Algorithmus werden die Identitäten der Prozesse als Botschaften ausgetauscht. Sie werden im Funktionsspektrum a der fernen Monitore gebraucht, um den Aufrufer der zweiten Monitorfunktion (discover) über seine Kanalnummer zu identifizieren, damit er im Monitor beim Aufruf der gleichen Funktion der Nachbarmonitore ausgelassen wird (s. Programmzeilen mit if k != j).

Wenn der Inhalt der Botschaften nun durch die jeweils aktuellen Spannbäume ersetzt wird, ist die Identifizierung des Aufrufers einer Monitorfunktion weiterhin möglich. Dazu wird der Ausdruck

```
g.Get().(vtx.Vertex).Val()
```

benutzt; er holt die lokale Ecke aus g und liefert deren Wert. Damit das funktioniert, muss vor jeder Versendung eines Spannbaums die Ecke des Absenders mit der Anweisung `x.Ex(x.actVertex)` zur lokalen Ecke gemacht werden.

Die Funktion

```
func (x *distributedGraph) awerbuch1 (o Op)
```

wird in enger Anlehnung an `awerbuch` konstruiert. Der Anfang mit der Initialisierung aller fernen Monitore ist quasi identisch; es muss lediglich das Funktionsspektrum a durch a1 ersetzt werden.

Anfangs wird der Spannbaum gelöscht; d. h., die nächste Anweisung ist

```
x.tree.Clr()
```

und der root-Prozess initialisiert ihn, indem er wie im Abschn. 17.2.1 seine Ecke in ihn einfügt und sie markiert:

```
x.tree.Ins (x.actVertex)
x.tree.Mark (x.actVertex)
```

Jedem Aufruf der Monitorfunktion F wird nicht die Identität x.me als Parameter übergeben, sondern der jeweils aktuelle Spannbaum; der Aufruf in der ersten for-Schleife des root-Prozesses lautet also

```
x.mon[k].F(x.tree, visit)
```

Damit im Funktionsspektrum der Absender des Aufrufs identifiziert werden kann, muss er aus dem übergegebenen Spannbaum ermittelt werden. Dazu wird er in der zweiten for-Schleife des root-Prozesses zur lokalen Ecke gemacht. Außerdem wird in dieser Schleife der Spannbaum durch das Ergebnis des Aufrufs der Monitorfunktion aktualisiert; nach der Setzung von x.child[k] auf true werden also die Anweisungen

```
x.tree.Ex (x.actVertex) // x.actVertex lokale Ecke in x.tree
bs := x.mon[k].F(x.tree, discover).(Stream)
x.tree = x.decodedGraph(bs)
```

eingefügt.

Es wird eine dritte Monitorfunktion gebraucht, die beim Aufruf dafür sorgt, dass der Spannbaum – beginnend beim root-Prozess – rekursiv an alle Kinder durchgereicht wird. Dazu erweitern wir die Konstantendeklaration:

```
const (visit = uint(iota); discover; distribute)
```

Ganz analog wie bei der Erweiterung der verteilten Suche zur Weitergabe des Spannbaums an alle Prozesse im Abschn. 17.2.1 gibt der root-Prozess den Spannbaum am Schluss aus und sendet ihn danach an seine Kinder:

```
    x.tree.Write ()
    x.tree.Ex (x.actVertex)
    for k := uint(0); k < x.n; k++ {
    if x.child[k] {
       x.mon[k].F(x.tree, distribute)
    }
    }
```

Das Funktionsspektrum

```
func (x *distributedGraph) a1 (a Any, i uint) Any
```

unterscheidet sich stärker von dem aus dem vorigen Abschnitt.

Zu Beginn wird der Spannbaum aus dem empfangenen Strom decodiert und daraus der Absender ermittelt:

```
x.tree = x.decodedGraph(a.(Stream))
s := x.tree.Get().(vtx.Vertex).Val()
```

Beim Aufruf der zweiten Monitorfunktion (discover) wird anfangs die Identität des Empfängers und eine Kante vom Absender zu ihm eingefügt:

```
    x.tree.Ins (x.actVertex) // x.nb[j] colokal, x.actVertex lokal
    x.tree.Edge (x.edge(x.nb[j], x.actVertex))
```

In der ersten for-Schleife wird – wie beim root-Prozess – die Ecke des Aufrufers zur lokalen Ecke gemacht; ihr Rumpf lautet also

```
        x.tree.Ex (x.actVertex)
        x.mon[k].F(x.tree, visit)
```

Auch in der zweiten for-Schleife wird das Gleiche wie beim root-Prozess erledigt, d. h., es werden die gleichen Anweisungen eingefügt. Darüberhinaus wird der aktuelle Spannbaum als Ergebnis des Monitoraufrufs zurückgegeben:

```
    return x.tree.Encode()
```

Beim Aufruf der dritten Monitorfunktion (distribute) wird analog wie beim root-Prozess verfahren:

Jeder andere Prozess empfängt den Spannbaum von seinem Vater und sendet ihn an seine Kinder. Erst danach führt er die übergebene Operationo aus, gibt den Spannbaum aus und sendet das Signal zur Beendigung von awerbuch1 auf dem Kanal done. Das Funktionsspektrum wird mit der Rückgabeanweisung

```
    return nil
```

abgeschlossen, damit der Übersetzer zufrieden ist (die wichtige Rückgabe ist schon vorher erfolgt – s. voriger Absatz).

Natürlich liefert unser „Standardtest" mit G8 das gleiche Ergebnis aus Abb. 17.1 wie bei der Erweiterung der verteilten Suche.

17.3.3 Algorithmus von Hélary/Raynal

Hélary und Raynal haben in [5] eine alternative Version des Algorithmus von Awerbuch veröffentlicht.

Sie ersparen sich die Synchronisierung des Versands der Botschaften `discover` und `return` mit den Botschaften `visited` und `ack`, indem sie bei jeder Sendung die Identitäten aller bisher besuchten Prozesse mitschicken. Der entscheidende Vorteil ist die Reduktion der Anzahl der Botschaften auf eine Maximalzahl von $2(e-1)$, also auf $O(e)$ mit e =Anzahl der Ecken.

Der Hauptzweck ihrer Arbeit ist die Verwendung der Grundidee ihres Algorithmus zur Konstruktion von ringförmigen Graphen, was hier aber nicht weiter verfolgt wird.

Als Typ für die Botschaften verwenden wir `UintStream` – Ströme natürlicher Zahlen unterschiedlicher Länge (s. Abschn. 2.3.2.4).

Im Unterschied zu dem im Abschn. 17.5 über verteilte Breitensuche verwendeten Verfahren benutzen wir hier zur Beendigung des Algorithmus einen etwas „schmutzigen" Trick:

Wenn beim Versuch des Empfangs einer Botschaft einer der `Read`-Fehler *„no more input available"* oder *„use of closed network connection"* auftritt, wird die Beendigung der großen `for`-Schleife erzwungen und die abgezweigte Goroutine beendet.

```go
package dgra
import . "nU/obj"

const (DISCOVER = uint(iota); RETURN)
var chanus = make(chan UintStream)

func (x *distributedGraph) helaryRaynal (o Op) {
  x.connect (nil); defer x.fin()
  x.Op = o
  if x.me == x.root {
    x.parent = x.root
    us := append(UintStream {DISCOVER}, x.me)
    x.ch[0].Send (us)
    x.child[0] = true
  }
  for i := uint(0); i < x.n; i++ {
    go func (j uint) {
      loop:
      for {
        t := x.ch[j].Recv()
        if t == nil {
          chanus <- nil
          break loop
        }
```

```
      us := Decode (UintStream{}, t.(Stream)).(UintStream)
      chanus <- append (UintStream{j}, us...)
    }
  }(i)
}
for {
  us := <-chanus
  if us == nil {
    break
  }
  j := us[0]
  us = us[1:]
  neighbours := us[1:]
  existUnvisitedNeighbours := false
  for i := uint(0); i < x.n; i++ {
    for _, n := range neighbours {
      if n == x.nr[i] {
        x.visited[i] = true
      }
    }
    if ! x.visited[i] {
      existUnvisitedNeighbours = true
    }
  }
  k := x.n // Kanalnummer des kleinsten unbesuchten Nachbarn
  if existUnvisitedNeighbours {
    for i := uint(0); i < x.n; i++ {
      if ! x.visited[i] {
        k = i
        break
      }
    }
  }
  if us[0] == DISCOVER {
    x.parent = x.nr[j]
    us = append(us, x.me)
    if ! existUnvisitedNeighbours {
      us[0] = RETURN
      x.ch[j].Send (us)
    } else { // existUnvisitedNeighbours
      x.ch[k].Send (us) // DISCOVER
      x.child[k] = true
    }
  } else { // us[0] == RETURN
    if existUnvisitedNeighbours {
      us[0] = DISCOVER
      x.ch[k].Send (us)
      x.child[k] = true
    } else { // ! existUnvisitedNeighbours
```

```
        if x.parent == x.me {
          x.Op(x.me)
          return
        } else {
          x.ch[x.channel(x.parent)].Send (us)
        }
      }
    }
  }
  x.Op(x.me)
}
```

17.4   Konstruktion eines Rings

Da die klassischen Algorithmen zur *Auswahl eines Leiters* in einem Netzwerk (z. B. [2,4,7] and [6]) auf Netzwerke beschränkt sind, die die Form eines uni- oder bidirektionalen *Ringes* haben, wird zu ihrer Anwendung ein Verfahren gebraucht, die Ecken eines Netzwerkgraphen *so* anzuordnen und zu verbinden, dass sie einen Ring bilden.

Das Prinzip der Tiefensuche lässt sich dafür hervorragend ausnutzen. Wir zeigen das am Beispiel einer Modifizierung des Algorithmus von Awerbuch aus dem Abschn. 17.3.1.

Der zusätzliche Aufwand besteht nur darin, jeden Prozess seine Ankunftszeiten in der Komponente `time` protokollieren zu lassen, indem er die erhaltene Zeit erhöht und sie – kombiniert mit seiner Identität – im Aufruf *so* an den nächsten Prozess weitergibt, dass der aus dem erhaltenen Wert sowohl die Identität des Absenders als auch die versendete Zeit restaurieren kann. Auf diese Weise lassen sich die Prozesse vermöge ihrer Ankunftszeiten linear ordnen.

Wir erhalten die Implementierung der Funktion

```
func (x *distributedGraph) ring()
```

mit dem Funktionsspektrum

```
func (x *distributedGraph) r (a Any, i uint) Any
```

also durch folgende Änderungen der Funktionen `awerbuch` und `a`:

Alle Programmzeilen in beiden Funktionen, die `x.Op`, `x.parent` oder `x.child` enthalten, entfallen.

Der `root`-Prozess initialisiert `x.time` mit `0`.

Bei allen Aufrufen von

```
x.mon[k].F(x.me, discover}
```

wird in beiden Funktionen `x.me` um `x.time*inf` erhöht übergeben; im Funktionsspektrum `r` wird dazu passend die Zuweisung `s := a.(uint)` durch

```
s := a.(uint) % inf}
```

und die Rückgabe durch

```
return x.me + inf * t
```

ersetzt, die empfangene Zeit mit

```
x.time = a.(uint) / inf + 1
```

decodiert und erhöht und in jeder Ausführung der zweiten `for`-Schleife als Rückgabewert des Monitoraufrufs

```
t = x.mon[k].F(x.me + x.time * inf, discover).(uint) / inf
```

neu gesetzt.

Das Ausführungsprogramm für die Tiefensuche aus den vorigen Abschnitten liefert mit

```
func (x *distributedGraph) Me() uint {
  return x.me
}
```

und der Ausgabeanweisung

```
println (g.Me(), "ist #", g.Time())
```

in der letzten Zeile mit dem Traversierungsalgorithmus `dgra.Ring` auf unserem Standardbeispiel die Nummerierung aus Tab. 17.4.

Diese Nummern sind natürlich mit den „zusammengeschobenen" Ankunftszeiten der Tiefensuche in Tab. 17.3 aus dem Abschn. 17.2 identisch.

Wenn noch eine Kante von der Ecke 6 (die mit der höchsten Nummer) zur Ecke 4 (die mit der Nummer 0) hinzugefügt wird, lässt sich diese Folge als gerichteter Ring wie in Abb. 17.4 interpretieren.

Tab. 17.4 Ausgaben der Prozesse 0 bis 7 bei der Ringkonstruktion

Ausgabe
0 ist Nummer 2 im Ring.
1 ist Nummer 3 im Ring.
2 ist Nummer 4 im Ring.
3 ist Nummer 1 im Ring.
4 ist Nummer 0 im Ring.
5 ist Nummer 5 im Ring.
6 ist Nummer 7 im Ring.
7 ist Nummer 6 im Ring.

Abb. 17.4 Ring nach Tiefensuche in g8 mit Prozess 4 als Wurzel

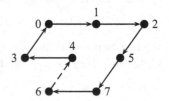

17.4.1 Weitergabe des Rings an alle Prozesse

Der Algorithmus aus dem vorigen Abschnitt leidet an einem analogen Nachteil wie die Algorithmen in den Abschn. 17.2 und 17.3.1: Die Prozesse kennen den Ring nicht, weil jedem nur seine eigene Nummer bekannt ist. Wie sich das verbessern lässt, ahnen Sie sicherlich schon: mit dem Transport der Spannbäume über das Netzwerk.

Der Algorithmus ähnelt dabei stark der Erweiterung des Algorithmus von Awerbuch im Abschn. 17.3.2 zu dem mit der Weitergabe des Spannbaums an alle Prozesse.

Statt `x.tree` benutzen wir `x.cycle` und alle Programmzeilen, in denen `x.Op` oder `x.parent` vorkommt, entfallen.

Größere Teile der Funktion `awerbuch1` können für `ring1` übernommen werden.

Das Funktionsspektrum unterscheidet sich stärker von `a1`, weil nicht mit jedem Aufruf der aktuelle Ring mit der Identität des Aufrufers als lokale Ecke weitergegeben wird, sondern Paare von Identitäten und Graphen in Form von Strömen.

Ein solches Paar aus einer Identität `i` (der Codelänge `c0`) und einem Graphen `g` wird so als Strom `bs` vom Typ `Stream` codiert:

```
bs = append(Encode(i), x.g.Encode()...)
```

und aus einem Strom `bs` so wieder decodiert:

```
i = Decode(uint(0), bs[:c0]).(uint)
g = x.decodedGraph(bs[c0:])
```

Mit diesen Hinweisen wird Ihnen eine Implementierung, die das Ergebnis aus Abb. 17.4 liefert, sicherlich nicht schwerfallen, weshalb das als Übungsaufgabe überlassen ist. (Die Lösung finden Sie in den Quelltexten zu diesem Buch.)

17.5 Verteilte Breitensuche

Zur Breitensuche stellen wir als ersten Algorithmus den von Zhu und Cheung aus [8] vor. Die Grundidee bei ihrem Algorithmus ist folgende:

Einer der Prozesse beginnt als root damit, an alle Nachbarn eine Botschaft zu senden, die seine Identität und ihre Distanz 1 zu root enthält. Die Nachbarn reagieren darauf mit einer Antwort. Damit sind alle Ecken im Graphen mit der Distanz 1 von root erreicht.

Es folgt eine zweite Runde:

root sendet an alle Nachbarn eine Botschaft mit der Distanz 2, die von ihnen an ihre Nachbarn weitergeleitet wird. Diese Ecken senden ihre Antwort auf dem gleichen Weg an root zurück.

In der n-ten Runde werden damit – kaskadenförmig – alle Ecken mit der Distanz n von root erreicht. Ob mit einer Runde noch weitere Ecken erreicht werden oder nicht, hängt davon ab, welche Botschaften in den Antworten gesendet werden.

Die Botschaften bestehen aus Tripeln, gebildet aus einer Konstante (die Autoren nennen sie „status") aus dem Bereich

```
const (label = uint(iota); keepon; stop; end; term)
```

sowie der Identität der sendenden Ecke und ihrem Abstand distance von root (von den Autoren level genannt).

Weil sich solche Tripel mit inf = 1«16 als Variable t vom Typ uint mit

```
t := status + 8 * distance + inf * id
```

und

```
status = (t % inf) % 8
distance = (t % inf) / 8
id = t / inf
```

codieren und decodieren lassen, versenden wir Botschaften vom Typ uint.

Für die Übertragung des Algorithmus in das Paket der verteilten Graphen brauchen wir noch die folgenden Komponenten in ihrer Repräsentation:

```
type distributedGraph struct {
   ...
   sendTo, echoed []bool
   labeled bool
   chan1 chan uint
```

die im Konstruktor new_ mit

```
sendTo = make([]bool, x.n)
labeled = false // eigentlich überflüssig, weil default-Wert
chan1 = make(chan uint, 1)
```

initialisiert werden. Ihre Bedeutung ist die folgende:

Mit x.sendTo markiert ein Prozess diejenigen Nachbarn, an die er im Laufe der Tiefensuche noch weitere label-Botschaften senden muss, und mit x.echoed diejenigen, die auf eine label-Botschaft schon mit einer keepon-, stop- oder end-Botschaft geantwortet haben. Mit x.labeled merkt er sich, ob er schon eine label-Botschaft empfangen hat.

Zur Ermittlung des Tiefensuche-Baums wird an den passenden Stellen natürlich mit x.parent und x.child Buch über die Vater-Kind-Beziehungen geführt und zur sauberen Beendigung benutzen wir auch wieder den Kanal done.

Der Algorithmus wird vom root-Prozess gestartet, indem er nach den notwendigen Initialisierungen eine label-Botschaft an alle Nachbarn sendet.

Der wesentliche Teil des Algorithmus ist eine Endlos-Schleife, innerhalb der die Prozesse auf dem Empfang einer Botschaft mit dem Inhalt t reagieren. Zunächst ermittelt jeder Empfänger den Absender der Botschaft über die Nummer j des Empfangskanals, bestimmt den Rest von t modulo inf und decodiert die gesendete Distanz:

```
j := x.channel (t / inf)
t %= inf
x.distance = t / 8
```

Jetzt unterscheidet er – nach der Art der Botschaft t%8 – vier Fälle:

1. Es handelt sich um eine `label`-Botschaft.

Wenn das seine erste empfangene `label`-Botschaft ist, ist der Absender `x.nr[j]` sein Vater. Er setzt dann `labeled` auf `true` und erhöht seine Distanz um 1. Dann merkt er sich, dass an alle Nachbarn `x.nr[k]` mit Ausnahme des Vaters noch weitere `label`-Botschaften zu senden sind, indem er für sie `x.sendTo[k]` auf `true` setzt. Wenn er außer seinem Vater keine weiteren Nachbarn hat, sendet er eine `end`-Botschaft an ihn, andernfalls eine `keepon`-Botschaft.

Wenn er dagegen schon `label`-Botschaften empfangen hatte (was er an `x.labeled` sieht), dann sendet er, wenn der Absender sein Vater ist, an alle Nachbarn `x.nr[k]`, an die er noch `label`-Botschaften senden muss, eine solche Botschaft mit seiner Distanz und merkt sich, dass die noch nicht geantwortet haben; andernfalls, d. h., wenn der Absender ein anderer Nachbarn ist, reagiert er mit der Sendung einer `stop`-Botschaft an ihn.

2. Es ist eine `keepon`-Botschaft.

In diesem Fall ist der Absender eins seiner Kinder. Er merkt sich in `echoed[j]`, dass seine vorige Botschaft an den Absender beantwortet ist und in `x.sendTo[j]`, dass er dem Absender keine weiteren `label`-Botschaften mehr senden muss.

3. Es handelt sich um eine `stop`-Botschaft.

Zhu und Cheung geben in ihrer Arbeit nur an, dass in diesem Fall die erfolgte Reaktion in `echoed[j]` vermerkt wird und an den Absender keine weiteren `label`-Botschaften mehr gesendet werden müssen. Das reicht aber nicht aus. Der Empfänger hat mehr zu tun:
    Wenn der Absender `x.nr[j]` sein Vater war, sendet er an alle Kinder eine `stop`-Botschaft, führt die Operation aus und sendet eine `term`-Botschaft an alle Nachbarn. Wenn er dann von allen Nachbarn eine Botschaften auf `done` empfangen hat, verlässt er die Schleife mit `return`, d. h., er terminiert.
    War der Absender jemand anders, verfährt er so, wie es in der Originalarbeit angegeben ist (siehe oben).

4. Eine `end`-Botschaft wurde empfangen.

Wie im 2. Fall ist der Absender `x.nr[j]` ein Kind von ihm. Danach macht er das gleiche wie im Kern des 3. Falls: Er merkt sich, dass der Absender ein Echo gesendet hat und dass er an ihn keine weiteren `label`-Botschaften mehr senden muss.
    In jedem der vier Fälle ist danach noch folgendes zu erledigen:
    Wenn es noch Nachbarn gibt, an die noch `label`-Botschaften zu senden sind, und jeder von ihnen schon auf eine `label`-Botschaft reagiert hat, dann sendet er als root-Prozess an alle diese Nachbarn eine weitere `label`-Botschaft mit der eigenen Distanz und setzt

`x.echoed[k]` auf `false`; ist er nicht der root-Prozess, sendet er eine `keepon`-Botschaft an seinen Vater.

Wenn an keine Nachbarn mehr noch `label`-Botschaften zu senden sind, sendet er als root-Prozess eine `stop`-Botschaft an alle Kinder, führt die übergebene Operation aus, sendet eine `term`-Botschaft an alle Nachbarn und `x.n` Botschaften über `done` und verlässt mit `return` die Schleife, d. h., er terminiert; andernfalls sendet er eine `end`-Botschaft an seinen Vater.

Weil in Go abgezweigte Goroutinen nicht einfach „von außen" gestoppt werden können, verfahren wir in diesem Fall etwas anders als bei der verteilten Tiefensuche im Abschn. 17.2:

Jeder Prozess zweigt – wie dort – für jeden Netzkanal eine Goroutine ab, die in einer Endlosschleife die Botschaften auf diesem Netzkanal empfängt. Dabei wird unterschieden, ob es eine `term`-Botschaft ist oder nicht. Im ersten Fall wird diese Schleife verlassen und eine Botschaft auf dem Kanal `done` gesendet, im zweiten Fall wird die Botschaft über den internen Kanal `chan1` weitergesendet; damit ist die Goroutine sauber beendet.

Im ersten Fall führt das zu einer sauberen Beendigung eines jeden Prozesses, weil am Ende auf genauso viele Botschaften aus `done` wartet, wie er Nachbarn hat.

In der Empfangsschleife der einzelnen Prozesse empfangen sie also die Botschaften aus dem Kanal `chan1`.

Am Ende hat jeder Prozess *genau einen* Vater:

Für den `root`-Prozess ist das unmittelbar klar.

An jeden anderen Prozess, der `labeled` noch nicht auf `true` gesetzt hat, müssen seine Nachbarn noch `label`-Botschaften senden. Deshalb empfängt er irgendwann mindestens einmal eine solche Botschaft, also *hat* er einen Vater; *mehr* als einen kann er wegen der Buchführung in `labeled` nicht haben.

Weil jedes Kind eines Prozesses eine Distanz hat, die um 1 größer ist als die seines Vaters, können in der Vater-Kind-Beziehung auch keine Kreise entstehen; folglich liefert der Algorithmus einen *Baum*.

Aus den obigen Erläuterungen folgt, dass auf jede `label`-Botschaft irgendwann mit einer `stop`- oder `end`-Botschaft reagiert wird, d. h., dass bei jeder solchen Botschaft die Anzahl `numSendTos()` der noch ausstehenden Botschaften um 1 erniedrigt wird und deswegen irgendwann 0 ist. Folglich *terminiert* der Algorithmus.

Damit haben wir die folgende Implementierung:

```
package dgra
import . "nU/obj"

const (label = uint(iota); keepon; stop; end; term)

// Liefert die Anzahl der Nachbarn, an die
// noch label-Botschaften gesendet werden müssen.
func (x *distributedGraph) numSendTos() uint {
  v := uint(0)
  for k := uint(0); k < x.n; k++ {
```

```go
      if x.sendTo[k] { v++ }
   }
   return v
}


// Liefert genau dann true, wenn für alle Nachbarn gilt,
// dass keine label-Botschaften mehr an ihn zu senden sind
// oder er schon auf eine label-Botschaft reagiert hat.
func (x *distributedGraph) allSendTosEchoed() bool {
   for k := uint(0); k < x.n; k++ {
      if x.sendTo[k] && ! x.echoed[k] {
         return false
      }
   }
   return true
}


func (x *distributedGraph) bfs (o Op) {
   x.connect (uint(0)) // alle Botschaften sind vom Typ uint
   defer x.fin() // Schliessen aller Kanäle am Ende vorbereiten
   x.Op = o // die auszuführende Operation
   m := inf * x.me // um nicht immer dieses Produkt auszurechnen
   if x.me == x.root {
      x.parent = x.root // root ist sein eigener Vater, der
      x.labeled = true   // muss nicht auf label-Botschaften warten
      x.distance = 0     // Abstand von sich selbst
      for i := uint(0); i < x.n; i++ { // für alle Nachbarn
         x.child[i] = false // - die sind (noch) kein Kind - eine
         x.ch[i].Send (label + 8 * x.distance + m) // label-Botschaft
         x.echoed[i] = false // senden,
                             // aber die Reaktion steht noch aus
         x.sendTo[i] = true // später weitere label-Botschaften senden
      }
   }
   done = make(chan int, x.n)
   for j := uint(0); j < x.n; j++ { // für jeden Nachbarkanal
      go func (i uint) { // eine Goroutine abzweigen
      loop: // die in einer Endlosschleife arbeitet
         for {
            t := x.ch[i].Recv().(uint)
            if t % 8 == term { // wenn eine term-Botschaft da ist,
               break loop      // wird die Schleife verlassen,
            } else {           // andernfalls die Botschaft
               x.chan1 <- t    // über chan1 weitergesendet
            }
         }
         done <- 1 // eine Botschaft zum Beendigen schicken
      }(j)
   }
```

```
for {
  t := <-x.chan1 // Botschaft aus chan1 auslesen
  j := x.channel (t / inf) // Kanalnummer des Absenders
  t %= inf
  x.distance = t / 8
  switch t % 8 { // Art der Botschaft
  case label: // Fall 1
    if ! x.labeled { // das war die erste label-Botschaft
      x.labeled = true
      x.parent = x.nr[j] // Absender ist Vater
      x.distance++        // Zeit = empfangene Zeit + 1
      for k := uint(0); k < x.n; k++ { // an alle Nachbarn
        x.sendTo[k] = k != j            // außer dem Absender
      }                    // sind noch label-Botschaften zu senden
      if x.n == 1 { if x.numSendTos() > 0 { panic("Pisse") }
        x.ch[j].Send (end + m) // keine weiteren Nachbarn mehr
      } else {
        x.ch[j].Send (keepon + m) // mach weiter, Vater!
      }
    } else { // schon vorher label-Botschaften erhalten
      if x.parent == x.nr[j] { // Absender ist Vater
        for k := uint(0); k < x.n; k++ { // an alle Nachbarn,
          if x.sendTo[k] { // an die noch label-Botschaften
            // zu senden sind, wird eine weitere gesendet
            x.ch[k].Send (label + 8 * x.distance + m)
            x.echoed[k] = false // aber deren Reaktion
          }                     // steht noch aus
        }
      } else { // Absender jemand anders als Vater
        x.ch[j].Send (stop + m) // Absender: aufhören!
      }
    }
  case keepon: // Fall 2
    x.echoed[j] = true // Absender hat reagiert
    x.child[j] = true  // Absender ist Kind
  case stop: // Fall 3
    x.echoed[j] = true // Absender hat reagiert
    if x.nr[j] == x.parent { // wenn Absender der Vater ist,
      for k := uint(0); k < x.n; k++ { // dann an alle
        if x.child[k] { // Kinder die Botschaft senden:
          x.ch[k].Send (stop + m) // aufhören
        }
      }
    }
    x.Op (x.me) // übergebene Operation ausführen
    for k := uint(0); k < x.n; k++ { // für alle Nachbarn die
      x.ch[k].Send (term) // Beendigung der Goroutine veranlsssen
    }
    for k := uint(0); k < x.n; k++ { // warten,
      <-done // bis alle Nachbarn fertig sind
```

```
      } // dann verlässt der aufrufende Prozess
      return // die Schleife, d.h., er terminiert
    } else { // Absender - nicht der Vater - hat reagiert,
      x.sendTo[j] = false // also keine labels mehr an ihn
    }
  case end: // Fall 4
    x.echoed[j] = true   // Absender hat reagiert
    x.child[j] = true    // Absender ist Kind
    x.sendTo[j] = false // keine labels mehr an ihn
  }
  if x.numSendTos() == 0 { // im Grunde fertig
    if x.me == x.root {
      for k := uint(0); k < x.n; k++ {
        if x.child[k] {
          x.ch[k].Send (stop + m)
        }
      }
      x.Op (x.me)
      for k := uint(0); k < x.n; k++ { // s. Fall 3
        x.ch[k].Send(term)
      }
      for k := uint(0); k < x.n; k++ {
        <-done
      }
      return // Algorithmus terminiert für root
    } else { // aufrufender Prozess ist nicht root
      k := x.channel(x.parent) // Kanal zum Vater
      x.ch[k].Send (end + m) // Botschaft an ihn: Ende
    }
  } else { // x.numSendTos() > 0: weiter in der Tiefensuche
    if x.allSendTosEchoed() { // für alle Nachbarn gilt,
      // dass keine label-Botschaften mehr an sie zu senden sind
      // oder sie schon auf eine label-Botschaft reagiert haben
      if x.me == x.root {
        for k := uint(0); k < x.n; k++ { // an alle Nachbarn,
          if x.sendTo[k] { // an die noch label-Botschaften
            // zu senden sind, wird eine weitere gesendet
            x.ch[k].Send (label + 8 * x.distance + m)
            x.echoed[k] = false // Reaktions steht noch aus
          }
        }
      } else { // aufrufender Prozess ist nicht root
        k := x.channel(x.parent) // Kanal zum Vater
        x.ch[k].Send (keepon + m) // Botschaft an ihn: weitermachen
      }
    }
  }
}
}
```

Tab. 17.5 Vater und Kind[er]
der Prozesse 0 bis 7 bei der
Breitensuche mit Wurzel 4

Prozess	Vater	Kind[er]
0	3	
1	5	2
2	1	
3	4	0
4	4	3, 5, 6
5	4	1
6	4	7
7	6	

Abb. 17.5 Spannbaum der
Breitensuche in G8 mit
Prozess 4 als Wurzel

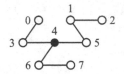

Die Ausführung des Hauptprogramms aus dem Abschn. 17.2 mit dem Traversierungsalgorithmus dgra.BFS zur Breitensuche liefert für das Standardbeispiel G8 mit 4 als Wurzel
die Ausgaben aus Tab. 17.5. Daraus lässt sich der Baum aus Abb. 17.5 ablesen.

Es ist als Übungsaufgabe überlassen, zu zeigen, dass die Zahl der Botschaften bei
diesem Algorithmus $O(v^2)$ beträgt (v =Anzahl der Ecken im Graph).

(Hinweis dazu: Betrachten Sie den Fall eines Graphen ohne Verzweigungen.)

17.5.1 Realisierung mit fernen Monitoren

Der Algorithmus von Zhu und Cheung leidet auch an der Krankheit, die wir inzwischen
gut kennen: Er verschafft den Prozessen nicht den Spannbaum, sondern nur ihre Vater-
Kind-Beziehungen.

Wir werden auch die Lösung *dieses* Problems – ähnlich wie im Schritt vom
Abschn. 17.2.1 über die Weitergabe des Spannbaums an alle Prozesse zum Abschn. 17.2.2
über die Realisierung mit fernen Monitoren und Spannbaumweitergabe – im nächsten
Abschnitt mit unserem „Universalwerkzeug" aus der Verteilten Programmierung
vorstellen: den fernen Monitoren.

Doch dazu müssen wir erst einmal den ersten Schritt machen, d. h. den Algorithmus
aus dem vorigen Abschnitt unter Bewahrung seiner Grundideen in eine Version mit fernen
Monitoren verwandeln. Die Grundidee dieser Version ist die gleiche wie bei Zhu-Cheung;
es wird aber alles deutlich einfacher.

Die Antwort-Botschaften keepon usw. entfallen, weil das, was mit ihnen mitgeteilt
werden soll, als Ergebnis eines Monitoraufrufs geliefert wird; d. h., wir kommen mit *einer*
Monitorfunktion aus.

Der Inhalt der Botschaften – also hier die Parameter der Monitorfunktion – sind damit auch nur Paare (Identität des Absenders und Distanz), die etwas einfacher als im vorigen Abschnitt als Werte vom Typ `uint` codiert und decodiert werden.

Die beteiligten fernen Monitore werden ganz analog zu allen bisher vorgestellten derartigen Algorithmen initialisiert.

Zu Beginn setzen alle Prozesse `x.parent` auf `inf`, der root-Prozess auf `x.root`.

root führt im Hauptprogramm eine Schleife aus, in der er die Monitorfunktion aller derjenigen Nachbarn mit seiner Distanz 0 aufruft, für die `echoed[k]` noch den Wert `false` hat.

Wenn der Aufruf `inf` als Ergebnis liefert, hat es keinen Zweck mehr, bei dem Nachbarn weiterzusuchen; das merkt er sich, indem er `echoed[k]` für diesen Nachbar auf `false` setzt. Andernfalls ist der Nachbar ein Kind von ihm. Dabei zählt er mit, bei wievielen Nachbarn das noch der Fall ist. Wenn dieser Zähler den Wert danach 0 ist, verlässt er seine Schleife, andernfalls erhöht er die Distanz um 1 und fährt mit der nächsten Runde fort. Am Ende führt er die übergebene Operation aus.

Alle anderen Prozesse warten im Hauptprogramm lediglich auf root.

Im Funktionsspektrum wird – wie im vorien Abschnitt – beim Aufruf der Monitorfunktion zuerst der Absender über die Nummer des Empfangskanals und die Distanz ermittelt; da die Aufrufe bei den fernen Monitoren nur Werte vom Typ `Any` liefern, ist natürlich eine Typanpassung erforderlich:

```
j := x.channel(a.(uint) % inf)
x.distance = a.(uint) / inf
```

Danach wird `echoed[j]` auf `true` gesetzt, damit der Absender bei der weiteren Breitensuche ausgelassen wird. Wenn die übermittelte Distanz 0 ist, ist das Ende einer Runde der Aufrufe erreicht. Dabei sind zwei Fälle zu unterscheiden:

Entweder ist dem Prozess, der dieses Funktionsspektrum ausführt, sein Vater schon bekannt oder nicht. Im ersten Fall reagiert er mit der Rücksendung von `inf`, wodurch dem Aufrufer mitgeteilt wird, dass weitere Suche hier sinnlos ist; andernfalls ist der Absender sein Vater; er führt die übergebene Operation aus und sendet seine Identität zurück.

Andernfalls fährt er mit der Breitensuche mit einer um 1 verminderten Distanz bei denjenigen Nachbarn (mit Ausnahme seines Vaters, s. o.) fort. Dabei setzt er – genauso wie der root-Prozess im Hauptprogramm – `echoed[k]` und `x.child[k]` und zählt mit, wieviele Nachbarn *kein* `inf` zurücksenden.

Wenn der Wert des Zählers größer als 0 ist, liefert der Aufruf der Monitorfunktion die Identität des Absenders als Ergebnis, was dem Aufrufer verrät, dass er noch weiter suchen soll. Ist er 0, sind keine weiteren Kinder mehr erreichbar, was das Funktionsspektrum dem Aufrufer dadurch mitteilt, dass es den Wert `inf` liefert, nachdem es zur Beendigung noch eine Botschaft auf dem `done`-Kanal gesendet hat.

Mit diesen Überlegungen ist bewiesen, dass dieses Verfahren terminiert und dass es korrekt ist.

Damit haben wir die Implementierung:

```
package dgra
import (. "nU/obj"; "nU/fmon")

func (x *distributedGraph) bfsfm (o Op) {
  go func() {
    fmon.New (uint(0), 1, x.b, AllTrueSp,
              x.actHost, p0 + uint16(x.me), true)
  }()
  for i := uint(0); i < x.n; i++ {
    x.mon[i] = fmon.New (uint(0), 1, x.b, AllTrueSp,
                         x.host[i], p0 + uint16(x.nr[i]), false)
  }
  defer x.finMon()
  x.awaitAllMonitors()
  x.Op = o
  x.parent = inf
  if x.me == x.root {
    x.parent = x.root
    for {
      c := uint(0)
      for k := uint(0); k < x.n; k++ {
        if ! x.echoed[k] {
          if x.mon[k].F(x.me + inf * x.distance, 0).(uint) == inf {
            x.echoed[k] = true
          } else {
            x.child[k] = true
            c++
          }
        }
      }
      if c == 0 { break }
      x.distance++
    }
    x.Op (x.me)
  } else {
    <-done // auf root warten
  }
}

func (x *distributedGraph) b (a Any, i uint) Any {
  x.awaitAllMonitors()
  s := a.(uint) % inf
  j := x.channel(s)
  x.distance = a.(uint) / inf
  x.echoed[j] = true
  if x.distance == 0 {
    if x.parent < inf {
      return inf
    }
```

```
      x.parent = s // == x.nr[j]
      x.Op (x.me)
      return x.me
   }
   c := uint(0)
   for k := uint(0); k < x.n; k++ {
      if k != j && ! x.echoed[k] {
         if x.mon[k].F(x.me + (x.distance - 1) * inf, 0)
                     .(uint) == inf {
            x.echoed[k] = true
         } else {
            x.child[k] = true
            c++
         }
      }
   }
   if c == 0 {
      done <- 0
      return inf
   }
   return x.me
}
```

Diese Lösung darf wohl zu Recht als eleganter bezeichnet werden als der Algorithmus aus dem vorigen Abschnitt.

Eine Anwendung auf unser Standardbeispiel G8 mit Prozess 4 als Wurzel liefert die gleiche Tab. 17.5 wie im vorigen Abschnitt, mithin den gleichen Spannbaum.

17.5.2 Realisierung mit fernen Monitoren und Spannbaumweitergabe

Wir liefern keine Erläuterungen zu der Version in diesem Abschnitt, sondern überlassen das vollständig als Übungsaufgabe – frei nach dem Motto „emphThe source is the doc".

Mit Ihrem bisherigen Training – insbesondere aus dem Abschn. 17.2.2 und nach Ihrer Lösung der Übungsaufgabe aus dem Abschn. 17.4.1 – sollte es Ihnen leicht fallen, die folgende Implementierung zu verstehen und ihre Korrektheit einzusehen:

```
package dgra
import (. "nU/obj"; "nU/vtx"; "nU/fmon")

func (x *distributedGraph) bfsfm1 (o Op) {
   go func() {
      fmon.New (nil, 2, x.b1, AllTrueSp,
               x.actHost, p0 + uint16(2 * x.me), true)
   }()
   for i := uint(0); i < x.n; i++ {
      x.mon[i] = fmon.New (nil, 2, x.b1, AllTrueSp,
                           x.host[i], p0 + uint16(2 * x.nr[i]), false)
   }
```

```
defer x.finMon()
x.awaitAllMonitors()
x.Op = o
x.parent = inf
x.tree.Clr()
x.tree.Ins (x.actVertex)
x.tree.Mark (x.actVertex)
x.tree.Write()
pause()
if x.me == x.root {
  x.parent = x.root
  for {
    c := uint(0)
    for k := uint(0); k < x.n; k++ {
      if ! x.visited[k] {
        x.tree.Ex (x.actVertex)
        bs := append(Encode(x.distance), x.tree.Encode()...)
        bs = x.mon[k].F(bs, search).(Stream)
        if len(bs) == 0 {
          x.visited[k] = true
        } else {
          x.child[k] = true
          c++
          x.tree = x.decodedGraph(bs[c0:])
          x.tree.Write()
          pause()
        }
      }
    }
    if c == 0 {
      break
    }
    x.distance++
  }
  bs := append(Encode(uint(0)), x.tree.Encode()...)
  for k := uint(0); k < x.n; k++ {
    if x.child[k] {
      x.mon[k].F(bs, deliver)
    }
  }
  x.Op (x.me)
} else {
  <-done // wait until root finished
}
x.tree.Write()
}

func (x *distributedGraph) b1 (a Any, i uint) Any {
  x.awaitAllMonitors()
```

```
bs := a.(Stream)
x.distance = Decode(uint(0), bs[:c0]).(uint)
x.tree = x.decodedGraph(bs[c0:])
x.tree.Write()
pause()
s := x.tree.Get().(vtx.Vertex).Val()
j := x.channel(s)
if i == search {
  if x.distance == 0 {
    if x.parent < inf {
      return nil
    }
    x.parent = s // == x.nr[j]
    if ! x.tree.Ex (x.actVertex) {
      x.tree.Ins (x.actVertex)
    }
    x.tree.Edge (x.edge(x.nb[j], x.actVertex))
    x.tree.Ex (x.actVertex)
    x.tree.Write()
    pause()
    x.Op (x.me)
    return append(Encode(x.distance), x.tree.Encode()...)
  }
  c := uint(0) // x.distance > 0
  for k := uint(0); k < x.n; k++ {
    if k != j && ! x.visited[k] {
      x.tree.Ex (x.actVertex)
      bs = append(Encode(x.distance - 1), x.tree.Encode()...)
      bs = x.mon[k].F(bs, search).(Stream)
      if len(bs) == 0 {
        x.visited[k] = true
      } else {
        x.tree = x.decodedGraph(bs[c0:])
        x.tree.Write()
        pause()
        x.child[k] = true
        c++
      }
    }
  }
  if c == 0 {
    return nil
  }
  x.tree.Ex (x.actVertex)
  bs = append(Encode(uint(0)), x.tree.Encode()...)
} else { // i == deliver
  x.tree.Ex (x.actVertex)
  bs = append(Encode(uint(0)), x.tree.Encode()...)
  for k := uint(0); k < x.n; k++ {
```

```
    if x.child[k] {
       x.mon[k].F(bs, deliver)
    }
  }
  done <- 0
}
return bs
}
```

Literatur

1. Awerbuch, B.: A new distributed depth-first-search algorithm. Inf. Proc. Lett. **20**, 147–150 (1985). https://doi.org/10.1016/0020-0190(85)90083-3
2. Chang, E., Roberts, R.: An improved algorithm for decentralized extrema-finding in circular configurations of processes. Commun. ACM **22**, 281–283 (1979). https://doi.org/10.1145/359104.359108
3. Cormen, T.H., Leiserson, C.E., Rivest, R.L.: Introduction to Algorithms. MIT Press, Cambridge/London (1990)
4. Dolev, D., Klawe, M., Rodeh, M.: An o($n$log$n$) unidirectional distributed algorithm for extrema finding in a circle. J. Algorith. **3**, 245–260 (1982)
5. Hélary, J.-M., Raynal, M.: Depth-first traversal and virtual ring construction in distributed systems. Research report RR-0704, INRIA, 1987. https://hal.inria.fr/inria-00075848
6. Hirschberg, D.S., Sinclair, J.B.: Decentralized extrema finding in circular configurations of processes. Commun. ACM **23**, 627–628 (1980). https://doi.org/10.1145/359024.359029
7. Peterson, G.L.: An $n$log$n$ unidirectional algorithm for the circular extrema finding problem. ACM Trans. Program. Lang. Syst. **4**, 758–762 (1982). https://doi.org/10.1145/69622.357194
8. Zhu, Y., Cheung, T.-Y.: A new distributed breadth-first-search algorithm. Inf. Proc. Lett. **25**, 329–333 (1987)

Auswahlalgorithmen

18

Zusammenfassung

Für viele Aufgaben in Netzwerken werden Anbieterprozesse benötigt, um Dienstleistungen zu erbringen, z. B. zur Bereitstellung von Daten oder zur Koordinierung verteilter Daten. Um den gravierenden Auswirkungen des Ausfalls eines solchen Prozesses zu entgehen, müssen seine Dienste von einem anderen Prozess übernommen werden. Dazu ist es notwendig, dass sich die beteiligten Prozesse darüber einigen, wer von ihnen diese Rolle spielen soll.

Damit sind wir bei dem Problem der Auswahl eines Leiters, zu dem in diesem Kapitel einige Algorithmen vorgestellt werden, die das Problem für ringförmige Graphen lösen. In Verbindung mit unserer Ringkonstruktion aus dem vorigen Kapitel ist das Problem im Prinzip für jeden Graphen lösbar.

18.1 Grundlegendes

Die erste Lösung dieses Problems hat Le Lann in [6] veröffentlicht. Danach erschienen viele weitere Arbeiten, deren Ziel die Verbesserung der Kommunikationskomplexität $O(n^2)$ seines Algorithmus war. Einige von ihnen werden in den folgenden Abschnitten vorgestellt.

Im ganzen Kapitel gilt grundsätzlich das Gleiche wie in den vorigen:

- Alle Prozesse haben unterschiediche natürliche Zahlen als Identitäten.
- Keiner verfügt über globale Informationen im Ring; jeder kennt nur seine beiden Nachbarn, mit denen er über die Netzkanäle zu ihnen Botschaften austauschen kann.
- Jeder führt den gleichen Algorithmus aus.

© Springer Fachmedien Wiesbaden GmbH, ein Teil von Springer Nature 2019
C. Maurer, *Nichtsequentielle und Verteilte Programmierung mit Go*,
https://doi.org/10.1007/978-3-658-26290-7_18

Abb. 18.1 Ringförmiger
Graph mit 8 Prozessen

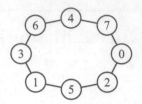

Das Grundprinzip bei jedem Algorithmus ist, dass die Prozesse solange ihre Identitäten als Botschaften untereinander austauschen, bis einer von ihnen – der mit der höchsten Identität – als Leiter ausgewählt und am Ende jedem Prozess bekannt ist. Folglich sind die Inhalte der Botschaften Werte vom Typ uint.

Der Botschaftenaustausch kann sowohl durch das Versenden nur in *einer* Richtung oder in *beiden* Richtungen erfolgen. Für den ersten Fall sei festgelegt, dass grundsätzlich in mathematisch positiver Richtung gesendet wird – also entgegen dem Uhrzeigersinn. Dabei „blicken" die Prozesse in Innere des Rings, d. h., ihr Nachfolger im Ring ist der rechte Nachbar.

Da die zunächst möglicherweise naheliegende Idee, das Auswahlverfahren nur von *einem* Prozess durchführen zu lassen, zu einem Widerspruch führt – (Warum? Denken Sie an den Barbier und die Kreter aus der Einführung ...) – müssen immer *alle* Prozesse daran teilnehmen.

Der Beispielgraph, auf dem wir arbeiten, ist in Abb. 18.1 dargestellt.

18.2 Voraussetzungen für die Realisierung in Go

Unsere Algorithmen zur Auswahl eines Leiters in einem Ring sind – wie die anderen verteilten Algorithmen im Paket dgra – auch in ihm als „Aufzähltyp" enthalten, zusammen mit den Methoden zur Auswahl eines Algorithmus und zu seinem Aufruf:

```
package dgra

type ElectAlg byte
const (ChangRoberts = ElectAlg(iota); HirschbergSinclair; Peterson)

type DistributedGraph interface {
  ...

// a ist der aktuelle Algorithmus zur Auswahl eines Leiters.
  SetElectAlgorithm (a ElectAlg)

// Liefert den aktuellen Algorithmus dafür.
  ElectAlgorithm() ElectAlg
```

```
// Vor.: Der aktuelle Algorithmus ist gestartet.
// Er liefert die Identität des ausgewählten Leiters.
  Leader() uint
}
```

18.3 Algorithmus von Chang/Roberts

Der erste Algorithmus zur Lösung dieses Problems nach dem von Le Lann ist der von Chang und Roberts aus [1].

Er arbeitet auf einem *unidirektionalen* Ring, d. h., alle Botschaften werden nur in *eine* Richtung gesendet.

Zu Beginn werden die Netzkanäle für Botschaften vom Typ uint initialisiert und es wird ihre Schließung vorbereitet und die Orientierung der Empfangs- und Sendekanäle an die des Rings angepasst.

Wir brauchen eine Unterscheidung, ob der Inhalt einer Botschaft die Identität des ausgewählten Prozesses ist oder nicht.

Dazu vereinbaren wir als „Codierung" dafür, dass es sich bei der versendeten Identität um die des ausgewählten Prozesses handelt, die Addition von inf, einer Zahl, die größer als die Identitäten aller beteiligten Prozesse ist; ein Empfänger decodiert das ggf. mit der Subtraktion von inf.

Am Anfang sendet jeder Prozess seine Identität an den rechten Nachbarn. Danach tritt er in eine Endlosschleife ein, deren Rumpf mit dem Empfang einer Botschaft beginnt, und in der er dann wie folgt reagiert:

Zuerst prüft er, ob der Inhalt der Botschaft kleiner als inf ist oder nicht.

Im ersten Fall handelt es um die Identität eines Prozesses. Wenn die größer als seine eigene ist, leitet er sie weiter; ist sie kleiner, tut er nichts. Andernfalls stimmt sie mit seiner eigenen Identität überein und er ist der Gewinner der Auswahl. In diesem Fall sendet er die Summe aus inf und seiner Identität an seinen rechten Nachbarn und verlässt danach verlässt die Schleife mit return.

Im zweiten Fall weiß er, dass die Differenz aus dem Inhalt und inf die Identität des ausgewählten Prozesses ist; er kennt also den Gewinner der Auswahl. Er leitet den Inhalt weiter und beendet seine Arbeit durch der Verlassen der Schleife.

Aufgrund der ringförmigen Struktur und der Tatsache, dass Botschaften immer in die gleiche Richtung gesendet werden, wird jede gesendete Botschaft von allen anderen Prozesse empfangen, bevor sie wieder zum Absender zurückkommt. Nur die Botschaft mit der größten Identität trifft bei ihrem Lauf durch den Ring auf keine größere; daher ist der einzige Prozess, der seine eigene Identität empfängt, genau der mit der größten Identität.

Die Kommunikationskomplexität des Algorithmus beträgt im schlimmsten Fall, z. B. wenn die Identitäten der Prozesse im Ring in Senderichtung absteigend geordnet sind, – wie bei Le Lann – $O(n^2)$, denn in diesem Fall muss die Identität i des i-ten

Prozesses $i + 1$-mal weitergeleitet werden, d. h., die Anzahl der Botschaften beträgt $1 + 2 + \cdots + n = \frac{1}{2}n(n + 1)$.

Die Autoren beweisen aber, dass im Durchschnitt $O(n \log n)$ Botschaften ausreichen; wer sich dafür interessiert, möge ihre Arbeit konsultieren.

Damit haben wir die folgende Implementierung:

```
package dgra

func (x *distributedGraph) changRoberts() {
  x.connect(uint(0))
  defer x.fin()
  out, in := uint(0), uint(1)
  if x.Graph.Outgoing(1) { in, out = out, in }
  x.ch[out].Send (x.me)
  for {
    id := x.ch[in].Recv().(uint)
    if id < inf {
      if id > x.me {
        x.ch[out].Send (id)
      } else if id == x.me {
        x.leader = x.me
        x.ch[out].Send (inf + x.me)
        return
      }
    } else { // n > inf
      x.leader = id - inf
      if x.leader != x.me {
        x.ch[out].Send (id)
      }
      return
    }
  }
}
```

Ein Probelauf dieses Algorithmus für unser Standardbeispiel G8 mit einem gleichartigen Programm wie zur Durchführung der Pulsschlag- und Traverierungsalgorithmen aus den beiden vorigen Kapiteln

```
package main
import ("nU/ego"; "nU/dgra")

func main() {
  g := dgra.G8ringdir (ego.Me())
  g.SetElectAlgorithm(dgra.ChangRoberts)
  println ("der Leiter ist", g.Leader())
}
```

liefert den Prozess 7 als Leiter.

18.4 Algorithmus von Hirschberg/Sinclair

Hirschberg und Sinclair haben in [4] einen *bidirektionalen* Algorithmus veröffentlicht, der auch im schlimmsten Fall nur mit $O(n \log n)$ Botschaften auskommt. Er arbeitet in einem *bidirektionalen* Ring, Botschaften können also in *beide* Richtungen gesendet werden.

In enger Anlehnung an das Original geben wir erst einmal die Beschreibung der Autoren ihres Algorithmus und ihren Quelltext wieder.

Ein Prozess kann in beide Richtungen eine *both*-Botschaft senden; er kann eine empfangene Botschaft – eventuell nach Veränderung ihres Inhalts – im Ring als *pass*-Botschaft weiterleiten und er kann eine *echo*-Botschaft als Antwort zurück in *die* Richtung senden, aus der er die Botschaft empfangen hat.

Die Prozesse senden *both*-Botschaften bestimmter Reichweiten – aufeinanderfolgenden Potenzen von 2 – in beide Richtungen. Prozesse innerhalb dieser Reichweite empfangen die Botschaft. Wenn für einen Prozess aus ihrem Inhalt folgt, dass er die Auswahl nicht gewinnen kann, leitet er sie weiter und erzeugt keine weiteren eigenen Botschaften mehr. Wenn klar ist, dass der ursprüngliche Absender der Botschaft die Auswahl nicht gewinnen kann, sendet er eine *echo*-Botschaft zurück, die ihn darüber informiert. Der Prozess am Ende des Weges sendet eine *echo*-Botschaft zurück, mit der der ursprüngliche Absender darüber informiert wird, dass alle Prozesse innerhalb der Reichweite dem ursprünglichen Absender den Vortritt lassen.

Ein Prozess, der mit der Botschaft seine *eigene* Identität empfängt, hat alle anderen Prozesse geschlagen, also die Auswahl gewonnen. Er sendet dann eine Botschaft an alle anderen Prozesse, mit der er ihnen den Abschluss der Auswahl mitteilt.

Ihr Algorithmus lautet – mit etwas modifizierter Syntax –:

```
const (candidate = byte(iota); lost; won
var status byte  // candidate, lost or won
var maxnum uint
const (ok = true; no = false)

To run for election {
  status = candidate
  maxnum = 1
  for status == candidate {
    sendboth ("from", me, 0, maxnum)
    await both replies // but react to other messages
    if either reply == no {
      status = lost
    }
    maxnum *= 2
  }
}
```

```
On receiving message ("from", value, num, maxnum) {
  if value < me {
    sendecho (no, value)
  } else if value > me {
    status = lost
    num++
    if num < maxnum {
      sendpass ("from", value, num, maxnum)
    } else {
      sendecho (ok, value)
    }
  } else { // value == me
    status = won
  }
}

On receiving message (no, value) or (ok, value) {
  if value == me {
    this is a reply the process was awaiting
  } else {
    sendpass the message
  }
}
```

Aus diesen – doch recht knappen – Angaben leiten wir jetzt eine Implementierung in Go
her, natürlich wieder in einer Methode im Paket dgra über verteilte Graphen.

Die Inhalte der Botschaften sind Quintupel, die aus ihrem Typ, der Identität eines
Prozesses, der Anzahl ihrer zurückgelegten Schritte, ihrer maximalen Reichweite und
einem booleschen Wert bestehen. Sie müssen in Ströme codiert und aus ihnen decodiert
werden können und im Paket nchan werden Kopien von ihnen gebraucht.

Zur besseren Verständlichkeit lagern wir sie in ein internes Paket mit der folgenden
Spezifikation aus:

```
package internal
import . "nU/obj"

const (Candidate = byte(iota); Reply; Leader)

type Message interface {
  Equaler
  Coder

// Liefert den Typ von x.
  Type() byte

// Liefert das Quadrupel (id, num, maxnum, ok) von x.
  IdNumsOk() (uint, uint, uint, bool)
```

```
// x besteht aus Typ Candidate, id i, num n, maxnum m
// und undefiniertem ok.
  SetPass (i, n, m uint)

// x besteht aus Typ Reply und ok b,
// die anderen Komponenten sind unverändert.
  SetReply (b bool)

// x besteht aus Typ Leader and id i,
// die anderen Komponenten sind unverändert.
  SetLeader (i uint)
}

// Liefert eine neue Botschaft, bestehend
// aus zero values in allen Komponenten.
func New() Message { return new_() }
```

Weil die Implementierung von dgra/internal trivial ist, geben wir sie hier nicht wieder (natürlich ist sie in den Quelltexten zum Buch enthalten).

Zuerst werden die Netzkanäle vorbereitet:

```
package dgra
import ("sync"; "nU/dgra/internal")

const (candidate = iota; lost; won)

func (x *distributedGraph) hirschbergSinclair() {
  x.connect (internal.New())
  defer x.fin()
```

Danach setzt jeder Prozess seinen Status auf candidate, die maximale Reichweite seiner ersten Botschaft auf 1 und deklariert die Variable replyOk, mit der er später überprüft, ob er von beiden Seiten positive Antworten erhalten hat:

```
status := candidate
maxnum := uint(1)
var replyOk bool
```

Zum Schutz dieser Variablen in beiden Goroutinen wird ein Schloss benötigt:

```
var mutex sync.Mutex
```

Für die Prüfung darauf, ob von *beiden* Seiten (x.n == 2) eine Antwort eingetroffen ist, und zur sauberen Beendigung des Algorithmus erzeugt er zwei interne Kanäle

```
gotReply := make(chan uint, x.n)
done := make(chan uint, x.n)
```

Dann lagert er den Botschaftenaustausch zwischen ihm und seinen beiden Nachbarn in zwei Endlosschleifen aus, die er als Goroutinen nebenläufig startet:

```
for i := uint(0); i < x.n; i++ {
  go func (j uint) {
    loop:
    for {
```

Der Rumpf dieser Schleife beginnt mit dem Empfang einer Botschaft, deren Inhalt er in der Variablen `msg` speichert. Anschließend wird der gegenseitige Ausschluss gesichert:

```
msg := x.ch[j].Recv().(internal.Message)
mutex.Lock()
```

Aus `msg` extrahiert er die gesendete Identität, die Schrittzahl der Sendung, ihre maximale Reichweite und – für den Fall, dass es sich um eine Antwort handelt – deren `ok`. Dann verzweigt er – in Abhängigkeit vom Typ der Botschaft – in die drei möglichen verschiedenen Fälle:

```
id, num, maxnum, ok := msg.IdNumsOk()
switch msg.Type() {
```

Als ersten Fall behandeln wir den Empfang der Botschaft eines anderen Kandidaten.

```
case internal.Candidate:
```

Der Prozess vergleicht die empfangene Identität `id` mit seiner eigenen `x.me`, wobei es drei Möglichkeiten gibt. Falls seine Identität größer ist,

```
if id < x.me {
```

sendet er eine negative Antwort zurück,

```
msg.SetReply (false)
x.ch[j].Send (msg)
```

im umgekehrten Fall

```
} else if id > x.me {
```

hat er verloren, setzt seinen Status entsprechend und erhöht die Schrittzahl der Botschaft um `1`.

```
status = lost
num++
```

Wenn die Schrittzahl noch unterhalb der maximalen Reichweite liegt,

```
if num < maxnum {
```

sendet er die Botschaft mit seiner eigenen Identität und der neuen Schrittzahl weiter (`j<2!`),

```
msg.SetPass (id, num, maxnum)
x.ch[1 - j].Send (msg)
```

andernfalls

```
} else { // num >= maxnum
```

hat die Botschaft die maximale Reichweite erreicht. In diesem Fall sendet er, weil er verloren hat, eine positive Antwort zurück:

```
        msg.SetReply (true)
        x.ch[j].Send (msg)
    }
```

Die dritte Möglichkeit ist der Empfang seiner eigenen Identität,

```
    } else { // id == x.me
```

der dazu führt, dass er die Auswahl gewonnen hat. Er ändert seinen Status auf won und sendet eine entsprechende Antwort an den Prozess zurück, von dem er die Botschaft erhalten hat:

```
        x.leader = x.me
        status = won
        msg.SetLeader (x.me)
        x.ch[1 - j].Send (msg)
    }
```

Der zweite Fall ist der Empfang einer Antwort.

```
    case internal.Reply:
```

Stimmt dabei die empfangene Identität mit seiner eigenen überein,

```
    if id == x.me {
```

merkt er sich das in der Variablen replyOk und quittiert das mit einer Sendung auf dem Kanal gotReply,

```
        replyOk = replyOk && ok
        gotReply <- j
```

andernfalls

```
    } else { // id != x.me
```

leitet er die Botschaft ungefiltert an den nächsten Nachbarn weiter:

```
        x.ch[1 - j].Send (msg)
    }
```

Es bleibt der dritte Fall, nämlich dass er die Botschaft erhält, dass der Gewinner der Auswahl ermittelt wurde:

```
    case internal.Leader:
```

Ist er es selbst,

```
    if id == x.me {
```

sendet er auf beiden internen Kanälen eine Botschaft und verlässt nach dem Öffnen des Schlosses die Endlosschleife,

```
        gotReply <- j
        done <- 0
        mutex.Unlock()
        break loop
```

andernfalls

```
    } else { // id != x.me
```

hat er die Auswahl verloren, sendet die empfangene Identität des Gewinners an den
Prozess zurück, von dem er die Botschaft erhalten hat, vermerkt den Gewinner in
x.leader, sendet zur Beendigung eine Botschaft auf dem Kanal done, entsperrt das
Schloss und verlässt die Schleife.

```
        status = lost
        msg.SetLeader (id)
        x.ch[1 - j].Send (msg)
        x.leader = id
        done <- 0
        mutex.Unlock()
        break loop
    }
```

Wenn mutex noch geschlossen ist, weil keiner der Fälle aufgetreten ist, der ein break
loop zur Folge hatte, wird es jetzt wieder geöffnet, damit von Neuem mit dem Rumpf der
Schleife begonnen werden kann:

```
    }
    mutex.Unlock()
}
```

Nach dem Ende der Abspaltung der Goroutinen

```
    }(i)
}
```

initialisiert der Prozess die Variable replyOk mit true.

```
    replyOk = true
```

Dann sendet er – auch wiederum in einer Schleife bis zur Beendigung seiner
Kandidatur –

```
for status == candidate {
```

weiterhin laufend Botschaften mit seiner Identität, der Schrittzahl 0 und der maximalen
Reichweite maxnum an seine beiden Nachbarn

```
    msg := internal.New()
    msg.SetPass (x.me, 0, maxnum)
    x.ch[0].Send (msg)
    x.ch[1].Send (msg)
```

und erwartet deren Antwort:

```
<-gotReply; <-gotReply // await 2 respomses
```

Wenn die beiden Antworten eingetroffen sind und beide negativ waren, hat er verloren:

```
if ! replyOk {
    status = lost
}
```

Ist er nicht mehr Kandidat, beendet er die Schleife und damit seinen Algorithmus,

```
if status != candidate {
    break
}
```

andernfalls wiederholt er als Kandidat die Schleife mit Botschaften verdoppelter maximaler Reichweite:

```
maxnum *= 2
}
```

Zur sauberen Beendigung des Programms wartet er am Schluss das Eintreffen zweier Botschaften auf dem Kanal ab:

```
<-done; <-done
}
```

Ein Probelauf mit unserem Standardbeispiel liefert natürlich das erwartete Ergebnis.

Wir beschließen diesen Abschnitt mit der Analyse der Kommunikationskomplexität der Autoren.

Ein Prozess erzeugt nur dann Botschaften mit einer Reichweite von 2^i, wenn er nicht von einem Prozess innerhalb der Reichweite 2^{i-1} (in beiden Richtungen) geschlagen wurde. Innerhalb jeder Gruppe von $2^{i-1} + 1$ aufeinanderfolgenden Prozessen kann höchstens einer Botschaften mit der Reichweite 2^i erzeugen. Alle n Prozesse können Botschaften mit der Reichweite 1 erzeugen, aber nur höchstens $\lceil n/2 \rceil$ Prozesse solche mit der Reichweite 2, höchstens $\lceil n/3 \rceil$ mit der Reichweite 4, höchstens $\lceil n/5 \rceil$ mit der Reichweite 8 und so weiter.

Bei der Erzeugung einer Botschaft mit der Reichweite 2^i werden höchstens $4 \cdot 2^i$ Botschaften gesendet. Die Gesamtsumme aller gesendeten Botschaften ist deshalb höchstens $4 \cdot (1 \cdot n + 2 \cdot \lceil n/2 \rceil + 4 \cdot \lceil n/3 \rceil + 8 \cdot \lceil n/5 \rceil + \cdots + 2 \cdot \lceil n/(2^{i-1}+1) \rceil + \ldots)$.

Jeder der höchstens $1 + \lceil \log n \rceil$ Terme innerhalb der Klammern ist kleiner als $2n$. (Kein Prozess sendet Botschaften mit einer Reichweite $2n$ oder mehr, denn wenn ein Prozess einmal eine Botschaft mit einer Reichweite von mindestens n erzeugt hat und diese auf dem ganzen Weg durch den Ring akzeptiert wird, ist er ausgewählt und hört auf, weitere Botschaften zu erzeugen.) Deshalb ist die Gesamtsumme aller Botschaften kleiner als $8n + 8\lceil n \log n \rceil = O(n \log n)$.

18.5   Algorithmus von Peterson

Peterson hat in [7] zwei *unidirektionale* Algorithmen zur Auswahl eines Leiters in Ringen
mit der Kommunikationskomplexität $O(n \log n)$ entwickelt, von denen wir hier nur die
erste vorstellen. Alle Prozesse durchlaufen in seinen Algorithmen zwei Endlosschleifen,
die Peterson *active* und *relay* nennt.

Prozesse in der *active*-Schleife arbeiten in Phasen, wobei die Anzahl dieser Prozesse in
jeder Phase halbiert wird. Jeder Prozess beginnt mit seiner eigenen Identität als *temporäre
Identität* `tid`. In jeder Phase empfängt jeder Prozess die temporäre Identität seines linken
Nachbarn in `ntid` und die dessen linken Nachbarn in `nntid`. Wenn `ntid` die größte dieser
drei temporären Identitäten ist, setzt er `tid` auf diesen Wert und startet mit der nächsten
Phase in der *active*-Schleife; andernfalls springt er in die *relay*-Schleife. Prozesse in dieser
zweiten Schleife senden nur alle empfangenen Botschaften weiter.

Allerdings behandelt Peterson den Fall, dass ein Prozess durch den Empfang einer
Botschaft mit dem Inhalt seiner eigenen Identität zum ausgewählten wird, etwas lax;
er schreibt dazu nur „*then an exception occurs and that process will consider itself
elected and will perform whatever action it is required to do.*" Wir erledigen das wie
beim Algorithmus von Chang/Roberts mit der Codierung der Identität des ausgewählten
Prozesses durch `inf` und erreichen so einen sauberen Abschluss.

Der Algorithmus ist in die Funktion

```
func (x *distributedGraph) peterson() {
```

verpackt und startet mit den gleichen Maßnahmen zur Initialisierung wie im Algorithmus
von Chang/Roberts:

```
x.connect(uint(0))
defer x.fin()
out, in := uint(0), uint(1)
if x.Graph.Outgoing(1) { in, out = out, in }
```

Zu Beginn weist jeder Prozess der Variablen `tid` seine Identität zu, tritt in die *active*-
Schleife ein und sendet `tid` an seinen rechten Nachbarn:

```
tid := x.me
for { // active
  x.ch[out].Send (tid)
```

Beim Empfang der ersten Botschaft in dieser Phase weist er deren Inhalt der Variablen
`ntid` zu. Stimmt dieser Wert mit seiner eigenen Identität überein, ist er ausgewählt; er
sendet dann die Summe aus seiner Identität und `inf` an seinen rechten Nachbarn und
beendet seine Arbeit mit `return`:

```
ntid := x.ch[in].Recv().(uint)
if ntid == x.me {
  x.ch[out].Send (ntid + inf)
  x.leader = x.me
  return
}
```

Ist der Wert von `ntid` größer oder gleich `inf`, weiß er, dass die Differenz von `ntid` und `inf` die Identität des ausgewählten Prozesses ist; er kennt also den Gewinner der Auswahl. Er leitet dann `ntid` weiter und beendet seine Arbeit mit `return`:

```
if ntid >= inf {
    x.leader = ntid - inf
    x.ch[out].Send (ntid)
    return
}
```

Andernfalls ist der Wert von `ntid` kleiner als `inf`, stellt also eine Identität dar. Ist der Wert von `tid` größer als der von `ntid`, sendet er `tid` weiter, sonst `ntid`:

```
if tid > ntid {
    x.ch[out].Send (tid)
} else {
    x.ch[out].Send (ntid)
}
```

Er erreicht also die nächste Phase genau dann, wenn das seinem Nachfolger nicht gelingt; damit halbiert jede Phase die Anzahl der Prozesse, die in der ersten Schleife verbleiben. Insbesondere ist damit klar, dass der Algorithmus terminiert.

Den Inhalt der zweiten empfangenen Botschaft in dieser Phase weist er der Variablen `nntid` zu

```
nntid := x.ch[in].Recv().(uint)
```

und macht mit `nntid` genau das Gleiche wie beim Empfang von `ntid` davor:

```
if nntid == x.me {
    x.ch[out].Send (nntid + inf)
    x.leader = x.me
    return
}
if nntid >= inf {
    x.leader = nntid - inf
    x.ch[out].Send (nntid)
    return
}
```

Andernfalls prüft er, ob `ntid` die größte der drei betrachteten temporären Identitäten ist. Wenn das so ist, ersetzt er den Wert von `tid` durch den von `ntid`

```
if ntid >= tid && ntid >= nntid {
    tid = ntid
```

und kommt in die nächste Phase, durchläuft also ein weiteres Mal die Schleife; andernfalls verlässt er mit `break` die Schleife und tritt damit in die *relay*-Schleife ein:

```
    } else {
        break
    }
}
```

Der Rumpf der *relay*-Schleife beginnt mit dem Empfang einer Botschaft, deren Inhalt er der Variablen n zuweist:

```
for { // relay
  n := x.ch[in].Recv().(uint)
```

Stimmt der Wert von n mit seiner Identität überein, ist er der ausgewählte Prozess:

```
if n == x.me {
  x.leader = x.me
```

und sendet die Summe von x.me und inf an seinen Nachfolger. Nach dem Empfang der nächsten Botschaft beendet er den Algorithmus mit einem return:

```
    x.ch[out].Send (x.leader + inf)
    x.ch[in].Recv()
    return
}
```

Der Empfang dieser letzten Botschaft ist für den ausgewählten Prozess deswegen notwendig, weil er seinem Vorgänger noch die dessen Botschaft abnehmen muss, die die größte Identität enthält, um den Netzkanal von ihm zu leeren; deswegen ist die Auswertung auch nicht mehr notwendig.

Ist der Wert von n andernfalls mindestens so groß wie inf, weiß er, dass er nach Subtraktion von inf die Identität des ausgewählten Prozesses erhält, kennt ihn also und beendet das Ganze mit return:

```
if n >= inf {
  x.ch[out].Send (n)
  x.leader = n - inf
  return
}
```

Andernfalls ist der empfangene Wert die Identität eines Prozesses, die er an seinen rechten Nachbarn weiterleitet

```
    x.ch[out].Send (n)
  }
}
```

und damit seine Arbeit beendet.

Da keiner der Prozess außer dem mit der größten Identität jemals wieder eine Botschaft mit dem Inhalt seiner eigenen Identität empfangen kann, weil sie in irgendeiner der Phasen in der ersten Schleife nicht weitergeleitet wird, ist klar, dass im Algorithmus genau *der Prozess mit der größten Identität* als Leiter ausgewählt wird.

Weil jede Phase die Anzahl der in der ersten Schleife verbleibenden Prozesse halbiert und in jeder von ihnen jeder Prozess zwei Botschaften sendet (als ausgewählter Prozess nocn eine dritte), ist die Anzahl der versendeten Botschaften durch $O(n \log n)$ beschränkt und damit auch im schlimmsten Fall deutlich besser als der Algorithmus von Chang/ Roberts.

Für seine zweite Version dieses Algorithmus hat Peterson nachgewiesen, dass höchstens $c \cdot n \log n + O(n)$ Botschaften mit der Konstanten $c \approx 1,440$ notwendig sind, wobei $c = 1/\log_2 \Phi$ mit $\Phi = \frac{1}{2}(1 + \sqrt{5})$. Diese Konstante wurde – etwa zeitgleich – von Dolev, Klawe und Rodeh in [2] auf $c \approx 1,356$ gedrückt. Damit war die Vermutung von Hirschberg/Sinclair in [4] widerlegt, dass ein *unidirektionaler* Auswahlalgorithmus im Ring für n Prozesse mindestens die Kommunikationskomplexität $O(n^2)$ haben müsse.

18.6 Auswahl mit Tiefensuche

Wenn wir die Forderung, dass alle Prozesse in gleicher Weise am Auswahlverfahren teilnehmen, fallen lassen und einen Prozess als root auszeichnen, lässt sich die Auswahl auch mit Algorithmen zur Tiefensuche aus Kap. 17 erledigen.

Das widerspricht zwar dem Grundgedanken der Auswahl, sei aber trotzdem als Übungsaufgabe gestellt, weil es sich um eine hübsche Anwendung der Tiefensuche handelt. (Eine Lösung finden Sie in den Quelltexten zum Buch.)

Hier einige Hinweise dazu:

Der Algorithmus zur verteilten Tiefensuche aus dem Abschn. 17.2 oder der Algorithmus von Awerbuch aus dem Abschn. 17.3 müssen dazu lediglich *so* erweitert werden, dass sie das jeweils aktuelle Maximum der Identitäten der beteiligten Prozesse weitergeben. Jeder Prozess vergleicht dabei seine Identität mit dem empfangenen Wert und sendet das Maximum der beiden weiter. Am Ende muss – wie im Abschn. 17.2.1 – das Ergebnis der Auswahl noch über den Spannbaum der Tiefensuche weitergegeben werden.

Die Botschaften bestehen also nicht nur aus der Zeit, sondern aus der Kombination von Zeit und aktuell ermitteltem Leiter in der Form t + inf * x.leader. Nach dem Empfang einer Zahl n wird das Paar (t,1) durch t, 1 = n%inf, n/inf ermittelt und falls 1 größer als x.leader ist, der Wert von x.leader durch den von 1 ersetzt.

Auf diese Weise ist die Auswahl eines Leiters für *jeden* zusammenhängenden Graphen möglich, nicht nur für ringförmige.

Verglichen mit den Veröffentlichungen, die sich mit diesem Thema befassen und – teils mit gewissen Einschränkungen – Algorithmen zu seiner Lösung vorstellen (z. B. [3,5] und [8]) ist das natürlich viel einfacher, denn alle diese Algorithmen sind ziemlich kompliziert und es ist schwer, ihre Korrektheit einzusehen und sie zu implementieren. Zum Algorithmus aus [5] ein Zitat von Peterson aus [8]: „this algorithm is extremely long and complicated and it is very difficult to determine its correctness."

Literatur

1. Chang, E., Roberts, R.: An improved algorithm for decentralized extrema-finding in circular configurations of processes. Commun. ACM **22**, 281–283 (1979). https://doi.org/10.1145/359104. 359108
2. Dolev, D., Klawe, M., Rodeh, M.: An o($n\log n$) unidirectional distributed algorithm for extrema finding in a circle. J. Algorith. **3**, 245–260 (1982)
3. Gafni, E., Afek, Y.: Election and traversal in unidirectional networks. In: Proceeding of ACM Symposium Principles of Distributed Computing, pp. 190–198 (1984). https://doi.org/10.1145/ 800222.806746
4. Hirschberg, D.S., Sinclair, J.B.: Decentralized extrema finding in circular configurations of processes. Commun. ACM **23**, 627–628 (1980). https://doi.org/10.1145/359024.359029
5. Korach, E., Moran, S., Zaks, S.: Tight lower and upper bounds for some distributed algorithms for a complete network of processors. In: PODC'84, ACM Symposion, pp. 199–207 (1984). https:// doi.org/10.1145/800222.806747
6. Le Lann, G.: Distributed systems—towards a formal approach. In: IFIP congress toronto, pp. 155–160 (1977). https://www.rocq.inria.fr/novaltis/publications/IFIP~Congress~1977.pdf
7. Peterson, G.L.: An $n\log n$ unidirectional algorithm for the circular extrema finding problem. ACM Trans. Program. Lang. Syst. **4**, 758–762 (1982). https://doi.org/10.1145/69622.357194
8. Peterson, G.L.: Efficient Algorithms for Elections in Meshes and Complete Graphs. TR 140, Department of Computer Science, University of Rochester (1985)

Anhang A: Weiterführende Literatur

Literatur

1. Abdallah, A.E., Jones, C.B., Sanders, J.W. (eds.): Communicating Sequential Processes, The First 25 Years. Springer, Berlin/Heidelberg (2005)
2. Andrews, G.R.: A method for solving synchronization problems. Sci. Comput. Program. **13**, 1–21 (1989). https://doi.org/10.1016/0167-6423(89)90013-0
3. Andrews, G.R.: Paradigms for process interaction in distributed programs. ACM Comput. Surv. **23**, 49–90 (1991). https://doi.org/10.1145/103162.103164
4. Andrews, G.R., Schneider, F.B.: Concepts and notations for concurrent programming. ACM Comput. Surv. **15**, 3–43 (1983). https://doi.org/10.1145/356901.356903
5. Annot, J.K., Janssens, M.D., Van de Goor, A.J.: Comments on Morris's starvation free solution to the mutual exclusion problem. Inf. Proc. Lett. **23**, 91–97 (1986)
6. Apt, K.R., de Boer, F.S., Olderog, E.-R.: Verification of Sequential and Concurrent Programs. Springer, New York (2009). https://doi.org/10.1007/978-1-84882-745-5
7. Attiya, H., Welch, J.: Distributed Computing: Fundamentals, Simulations, and Advanced Topics. Wiley, Hoboken (2004)
8. Axford, T.: Concurrent Programming. Wiley, New York (1989)
9. Bacon, J.: Concurrent Systems. Operating Systems, Distributed and Database Systems, 3rd edn. Addison-Wesley, Harlow (2003)
10. Bernstein, A.J.: Output guards and nondeterminism in "Communicating sequential processes". ACM Trans. Program. Lang. Syst. **2**, 234–238 (1980). https://doi.org/10.1145/357094.357101
11. Birrell, A.D., Nelson, B.J.: Implementing remote procedure calls. ACM Trans. Comput. Syst. **2**, 39–59 (1984). https://doi.org/10.1145/2080.357392
12. Breshears, C.: The Art of Concurrency: A Thread Monkey's Guide to Writing Parallel Applications. O'Reilly, Sebastopol (2009)
13. Block, K., Woo, T.-K.: A more efficient generalization of Peterson's mutual exclusion algorithm. Inf. Proc. Lett. **35**, 219–222 (1990). https://doi.org/10.1016/0020-0190(90)90048-3
14. Brinch Hansen, P.: Java's insecure parallelism. ACM SIGPLAN Not. **34**, 38–45 (1999). https://doi.org/10.1145/312009.312034
15. Brinch Hansen, P. (ed.): The Origin of Concurrent Programming. Springer, New York (2002)

© Springer Fachmedien Wiesbaden GmbH, ein Teil von Springer Nature 2019
C. Maurer, *Nichtsequentielle und Verteilte Programmierung mit Go*,
https://doi.org/10.1007/978-3-658-26290-7

16. Carvalho, O.S.F., Roucairol, G.: On mutual exclusion in computer networks. Commun. ACM **26**, 146–147 (1983)
17. Carvalho, O.S.F., Roucairol, G.: Further Comments on Mutual Exclusion In Computer Networks. Laboratoire de Recherche en Informatique – Université de Paris-Sud Rapport de Recherche N° 166 (1982). https://doi.org/10.13140/2.1.2085.5043
18. Chandy, K.M., Misra, J.: Parallel Program Design: A Foundation. Addison-Wesley, Reading (1988)
19. Chandy, K.M., Misra, J.: Distributed computation on graphs: shortest path algorithms. Commun. ACM **25**, 833–837 (1982). https://doi.org/10.1145/358690.358717
20. Chang, E.J.H.: Echo algorithms: depth parallel operations on general graphs. IEEE Trans. Softw. Eng. **SE-8**, 391–401 (1982). https://doi.org/10.1109/TSE.1982.235573
21. Cheung, T.-Y.: Graph traversal techniques and the maximum flow problem in distributed computations. IEEE Trans. Softw. Eng. **SE-9**, 504–512 (1983)
22. Cidon, I.: Yet another distributed depth-first-search algorithm. Inf. Proc. Lett. **26**, 301–305 (1988). https://doi.org/10.1016/0020-0190(55)
23. Downey, A.B.: The Little Book of Semaphores. http://greenteapress.com/semaphores/LittleBookOfSemaphores.pdf
24. Dowsing, R.D.: An Introduction to Concurrency Using Occam. Van Nostrand Reinhold, London (1988)
25. Eisenberg, M.A., McGuire, M.R.: Further comments on Dijkstra's concurrent programming control problem. Commun. ACM **11**, 999 (1972). https://doi.org/10.1145/355606.361895
26. Franklin, R.: On an improved algorithm for decentralized extrema finding in circular configurations of processors. Commun. ACM **25**, 336–337 (1982). https://doi.org/10.1145/358506.358517
27. Gallager, R.G., Humblet, P.A., Spira, P.M.: A distributed algorithm for minimum-weight spanning trees. ACM Trans. Program. Lang. Syst. **5**, 66–77 (1983). https://doi.org/10.1145/357195.357200
28. Garcia-Molina, H.: Elections in a distributed computing system. IEEE Trans. Comp. **C-31**(1), 48–59 (1982). https://doi.org/10.1109/TC.1982.1675885
29. Garg, V.K.: Principles of Distributed Systems. Springer, Berlin (1996)
30. Garg, V.K.: Elements of Distributed Computing. Wiley, Chichester (2002)
31. Gehani, N., McGattrick, A.D. (eds.): Concurrent Programming. Addison-Wesley, Wokingham (1988)
32. Genuys, F. (ed.): Programming Languages. Academic, London (1968)
33. Gjessing, S.: Semantics and verification of monitors and systems of monitors and processes. Distrib. Comput. **2**, 190–200 (1988). https://doi.org/10.1007/BF01872845
34. Goetz, B., Bloch, J., Bowbeer, J., Lea, D., Holmes, D., Peierls, T.: Java Concurrency in Practice. Addison-Wesley, Upper Saddle River (2006)
35. Hartley, S.J.: Operating Systems Programming: The SR Programming Language. Oxford University Press, New York (1995)
36. Hartley, S.J.: Concurrent Programming: The Java Programming Language. Oxford University Press, New York (1998)
37. Hemmendinger, D.: A correct implementation of general semaphores. Oper. Syst. Rev. **22**, 42–44 (1988). https://doi.org/10.1145/47671.47675
38. Hemmendinger, D.: Comments on "A correct implementation of general semaphores". Oper. Syst. Rev. **23**, 7–8 (1989). https://doi.org/10.1145/65762.65763
39. Herlihy, M.: Wait-free synchronization. ACM Trans. Program. Lang. Syst. **11**, 124–149 (1991). https://doi.org/10.1145/114005.102808
40. Hélary, J.-M., Plouzeau, N., Raynal, M.: A distributed algorithm for mutual exclusion in an arbitrary network. Comput J. **31**, 289–295 (1988)

41. Hélary, J.-M., Raynal, M.: Distributed Evaluation: a Tool for Constructing Distributed Detection Programs (S. 184–194). IRISA, ISTIC Université de Rennes
42. Hesselink, W.H., Ijbema, M.: Starvation-free mutual exclusion with semaphores. Formal Asp. Comput. 25, 947–969 (2013). https://doi.org/10.1007/s00165-11-0219-y; https://www.rug.nl/research/portal/files/2400325/2013FormAspCompHesselink.pdf
43. Hewitt, C.: Viewing Control Structures as Patterns of Passing Messages. TR 410 MIT, Artificial Intelligence Laboratory (1976)
44. Hoare, C.A.R.: An axiomatic basis for computer programming. Commun. ACM 12, 576–580 (1969). https://doi.org/10.1145/363235.363259
45. Hull, M.E.C.: Occam – a programming language for multiprocessor systems. Comp. Lang. 12, 27–37 (1987). https://doi.org/10.1016/0096-0551(87)90010-5
46. Johansen, K.E., Jørgensen, U.L., Nielsen, S.H., Nielsen, S.E., Skyum, S.: A distributed spanning tree algorithm. LNCS 312, 1–12 (1987). https://doi.org/10.1007/BFb0019790
47. Kearns, P.: A correct and unrestrictive implementation of general semaphores. ACM SIGOPS Oper. Syst. Rev. 22, 42–44 (1988). https://doi.org/10.1145/54289.54293
48. Kishon, A., Hudak, P., Consel, C.: Monitoring Semantics: A Formal Framework for Specifying, Implementing, and Reasoning about Execution Monitors. In: PLDI (S. 338–352). ACM Press (1991). https://doi.org/10.1145/113446.113474
49. Lakshmanan, K.B., Meenakshi, N., Thulasiraman, K.: A time-optimal message-efficient distributed algorithm for depth-first-search. Inf. Proc. Lett. 25, 103–109 (1987). https://doi.org/10.1016/0020-0190(87)90228-6
50. Lamport, L.: Proving the correctness of multiprocess programs. IEEE Trans. Softw. Eng. SE-3, 125–143 (1977). https://doi.org/10.1109/TSE.1977.229904; https://research.microsoft.com/.../lamport/pubs/lamport-how-to-make.pdf
51. Lamport, L.: Fast mutual exclusion. ACM Trans. Comput. Syst. 5, 1–11 (1987). https://doi.org/10.1145/7351.7352; https://research.microsoft.com/.../lamport/pubs/fast-mutex.ps
52. Lamport, L.: A new approach to proving the correctness of multiprocess programs. ACM Trans. Program. Lang. Syst. 1, 84–97 (1979). https://doi.org/10.1145/357062.357068; https://research.microsoft.com/en-us/um/people/lamport/pubs/new-approach.pdf
53. Lamport, L.: Solved problems, unsolved problems and nonproblems in concurrency. Oper. Syst. Rev. 19, 34–44 (1985). https://doi.org/10.1145/858336.858339
54. Lamport, L.: The mutual exclusion problem: Part II – statement and solutions. J. ACM 33, 327–348 (1986). https://doi.org/10.1145/5383.5385
55. Lamport, L.: On interprocess communication: Part II – algorithms. Distrib. Comput. 1, 86–101 (1986). https://doi.org/10.1007/BF01786228
56. Lavallee, I., Roucairol, G.: A fully distributed (minimal) spanning tree algorithm. Inf. Proc. Lett. 23, 55–62 (1986). https://doi.org/10.1016/0020-0190(86)90043-8
57. Lea, D.: Concurrent Programming in Java, 2nd edn. Addison-Wesley, Reading (1999)
58. Lehmann, D., Rabin, M.O.: A symmetric and fully distributed solution to the dining philosophers problem. In: ACM Symposium on Principles of Programming Languages (S. 133–138) (1981). https://doi.org/10.1145/567532.567547
59. Lynch, N.A.: Distributed Algorithms. Morgan Kaufmann, San Francisco (1996)
60. Magee, J., Kramer, J.: Concurrency: State Models & Java Programs. Wiley, Chichester (1999)
61. Makki, S.A.M., Havas, G.: Distributed algorithms for depth-first-search. Inf. Proc. Lett. 60, 7–12 (1996). https://doi.org/10.1016/S0020-190(96)00141-X
62. May, D.: Occam. ACM SIGPLAN Not. 18, 69–79 (1983). https://doi.org/10.1145/948176.948183
63. Neilsen, M.L., Mizuno, M.: A dag-based algorithm for distributed mutual exclusion. In: IEEE 11th International Conference on Distributed Computing Systems (S. 354–360) (1991)

64. Parnas, D.L.: The non-problem of nested monitor calls. ACM SIGOPS Oper. Syst. Rev. **12**, 12–14 (1978). https://doi.org/10.1145/775323.775324
65. Perrott, R.H.: Parallel Programming. Addison-Wesley, Wokingham (1987)
66. Peterson, G.L.: Concurrent reading while writing. ACM Trans. Program. Lang. Syst. **5**, 46–55 (1983). https://doi.org/10.1145/357195/357198
67. Peterson, G.L., Fischer, M.J.: Economical solutions for the critical section problem in a distributed system. In: STOC '77 Proceedings of the Ninth Annual ACM Symposium on Theory of Computing (S. 91–97) (1977). https://doi.org/10.1145/800105.803398
68. Raynal, M.: Algorithms for Mutual Exclusion. MIT Press, Cambridge (1986)
69. Raynal, M.: Networks and Distributed Computation. MIT Press, Cambridge (1988)
70. Raynal, M.: Concurrent Programming: Algorithms, Principles and Foundations. Springer, Heidelberg (2013)
71. Raynal, M.: A simple taxonomy for distributed mutual exclusion problems. ACM SIGOPS Oper. Syst. Rev. **25**, 47–50 (1991). https://doi.org/10.1145/122120.122123
72. Raynal, M., Hélary, J.-M.: Synchronization and Control of Distributed Systems and Programs. Wiley, Chichester (1990)
73. Ricart, G., Agrawala, A.K.: Author's response to 'An optimal algorithm for mutual exclusion in computer networks' by Carvalho and Roucairol. Commun. ACM **26**, 147–148 (1983). https://doi.org/10.1145/358699.383423
74. Roscoe, A.W.: Understanding Concurrent Systems. Springer, Berlin (2010)
75. Roscoe, A.W., Jones, C.B., Wood, K.: Reflections on the Work of C. A. R. Hoare. Springer, London (2010)
76. Santoro, N.: Design and Analysis of Distributed Algorithms. Wiley, Hoboken (2006)
77. Schneider, F.B.: Synchronization in Distributed Programs. ACM Trans. Program. Lang. Syst. **4**, 179–195 (1982). https://doi.org/10.1145/357162.357163
78. Schneider, F.B.: On Concurrent Programming. Springer, Berlin (1997)
79. Silberschatz, A., Galvin, P.B., Gagne, G.: Operating System Concepts. Wiley, Hoboken (2009)
80. Suzuki, I., Kasami, T.: A distributed mutual exclusion algorithm. ACM Trans. Comput. Syst. **3**, 344–349 (1985). https://doi.org/10.1145/6110.214406
81. Tanenbaum, A.S., Van Steen, M.: Distributed Systems: Principles and Paradigms. Pearson, Harlow (2007)
82. Taubenfeld, G.: Synchronization Algorithms and Concurrent Programming. Pearson Education, Harlow (2006)
83. Taft, S.T., Duff, R.A. (eds.): ADA 95 Reference Manual, Language and Standard Libraries. Springer, Berlin (1997)
84. Weber, M.: Verteilte Systeme. Spektrum Akademischer Verlag, Heidelberg (1998)
85. Wegner, P., Smolka, S, A.: Processes, tasks and monitors: A comparative study of concurrent programming primitives. IEEE Trans. Softw. Eng. **SE-9**, 446–462 (1983). https://doi.org/10.1109/TSE.1983.234781
86. Weske, M.: Deadlocks in Computersystemen. International Thomson Publ., Bonn (1995)
87. Wellings, A.: Concurrent and Real-Time Programming in Java. Wiley, Chichester (2004)

Stichwortverzeichnis

A

Abgangszeit 368
Ablaufreihenfolge 7, 19
Abschnitt, kritischer 21, 23
AdjacencyMatrix *Siehe* Adjazenzmatrix
Adjazenzmatrix 339, 340, 357
Adressraum 13
Algorithmus 2
   des Bankiers 193
   determinierter 2, 4
   deterministischer 2, 3
   nichtsequentieller 2, 3, 6, 14
   paralleler 2, 9
   sequentieller 2, 21
   verteilter 2
   von Andrews 354
   von Awerbuch 377
   von Barz 123
   von Chang/Roberts 403
   von Courtois/Heymans/Parnas 134
   von Dekker 74
   von Dijkstra 79
   von Dolev/Klawe/Rodeh 415
   von Doran/Thomas 75
   von Habermann 83
   von Hélary/Raynal 383
   von Hirschberg/Sinclair 405
   von Hyman 76
   von Kessels 73, 88
   von Knuth 81
   von Koch/Moran/Zaks 415
   von Lamport 85
   von Le Lann 401
   von Morris 90, 105
   von Peterson 70, 77, 412
   von Ricart/Agrawala 302
   von Szymanski 93
   von Udding 105
   von Zhu/Cheung 387
   zur Konstruktion eines Rings 385
Anbieter 276
Animation 119, 146, 150, 308, 322
Ankunftszeit 368
Antinomie 27
Anweisung 12, 14, 19
   nichtsequentielle 12
   rekursive 7
Anweisungsfolge 12, 14, 19, 21, 22
   atomare 19, 21
   bedingte atomare 20
   unterbrechbare 19, 21
Any 39
Arbeitsspeicher 2, 4, 20
Aufruf
   geschlossener 236
   offener 236
Ausführungsfaden 13
Ausschluss, gegenseitiger 20, 21, 22
Austrittsprotokoll 22
Auswahl 401
   symmetrische 276

B

Bäckerei-Algorithmus 85
Barbier-Algorithmus 117
Barbier, schlafender 172, 249
Barriere 130
Barrierensynchronisation 250
Bedingung 23

Printed in the United States
by Bookmasters

Printed in the United States
By Bookmasters